DunHuang WenXian Yu TangDai SheHui WenHua YanJiu

# 敦煌文献与唐代社会文化研究

赵 贞 著

北京师范大学出版集团
BEIJING NORMAL UNIVERSITY PUBLISHING GROUP
北京师范大学出版社

**图书在版编目（CIP）数据**

敦煌文献与唐代社会文化研究／赵贞著. —北京：北京师范大学
出版社，2017.2
　　（北京师范大学史学探索丛书）
　　ISBN 978-7-303-20043-6

　　Ⅰ.①敦…　Ⅱ.①赵…　Ⅲ.①敦煌学-文献-研究 ②文化史-
研究-中国-唐代　Ⅳ.K870.64　K242.03

　　中国版本图书馆 CIP 数据核字（2016）第 016582 号

营　销　中　心　电　话　010-58805072　58807651
北师大出版社学术著作与大众读物分社　http://xueda.bnup.com

DUNHUANGWENXIAN YU TANGDAI SHEHUI WENHUAYANJIU
出版发行：北京师范大学出版社　www.bnup.com
　　　　　北京市海淀区新街口外大街 19 号
　　　　　邮政编码：100875
印　　刷：北京中印联印务有限公司
经　　销：全国新华书店
开　　本：787 mm×1092 mm　1/16
印　　张：24.75
字　　数：380 千字
版　　次：2017 年 2 月第 1 版
印　　次：2017 年 2 月第 1 次印刷
定　　价：78.00 元

策划编辑：刘松弢　　　责任编辑：齐　琳　王一夫
美术编辑：王齐云　　　装帧设计：王齐云
责任校对：陈　民　　　责任印制：马　洁

# 出版说明

在北京师范大学的百余年发展历程中，历史学科始终占有重要地位。经过几代人的不懈努力，今天的北师大历史学院业已成为史学研究的重要基地，是国家"211"和"985"工程重点建设单位，首批博士学位一级学科授予权单位。拥有国家重点学科、博士后流动站、教育部人文社会科学重点研究基地等一系列学术平台。科研实力颇为雄厚，在学术界声誉卓著。

近年来，北师大历史学院的教师们潜心学术，以探索精神攻关，陆续完成了众多具有原创性的成果，在历史学各分支学科的研究上连创佳绩，始终处于学科前沿。特别是崭露头角的部分中青年学者的作品，已在学术界引起较大反响。为了集中展示北师大历史学院的这些探索性成果，也为了给中青年学者的后续发展创造更好条件，我们组编了这套"北京师范大学史学探索丛书"，希冀在促进北师大历史学科更好发展的同时，为学术界和全社会贡献一批真正立得住的学术力作。这些作品或为专题著作，或为论文结集，但内在的探索精神始终如一。

当然，作为探索丛书，特别是以中青年学者作品为主的学术丛书，不成熟乃至疏漏之处在所难免，还望学界同仁不吝赐教。

北京师范大学历史学院

北京师范大学史学理论与史学史研究中心

北京师范大学史学探索丛书编辑委员会

2014 年 3 月

# 前　言

　　近 10 余年来，敦煌学界普遍思索"敦煌学向何处去"的重大问题，未来敦煌学的发展出路何在？在资料刊布基本完成的 21 世纪，敦煌学还会是学术新潮流吗？尤其是进入 21 世纪，敦煌学在继承与发展的基础上该如何转型？对于这些问题，学界从不同的角度作了回答，尽管目前尚未达成共识①，但越来越多的学者倾向于"让敦煌学回归各学科"，敦煌学的发展趋向应当是从文献研究转向历史学研究。

　　当然，"从文献到历史"的研究路径并不排斥文献的调查、刊布、整理与考订。相反，敦煌文献的整理、校录及相关的定名、定性和定年工作是开掘"新材料"社会历史文化信息的第一步，因而对于中古史研究而言同样重要。尽管目前，随着《国家图书馆藏敦煌遗书》和《敦煌秘笈》的

---

　　①　比如，方广锠教授认为，现在谈敦煌学"转型"还为时尚早。他在《漫谈敦煌遗书》中说："按照有些学者的说法，似乎敦煌遗书大多已经公布，新资料已经很少了，现有的资料也已经整理得差不多了。所以主张各自拿敦煌资料回归自己的学科，丰富发展本学科的建设，这就是转型。……因此，说现有资料整理得差不多了，可以转型了的说法，完全站不住脚。仅就资料整理的工作而言，我同意季羡林先生在 2000 年的论断：敦煌学还要再搞一百年。"参见刘进宝主编：《百年敦煌学：历史·现状·趋势》，317～318 页，甘肃人民出版社，2009。

刊布，敦煌吐鲁番文献的调查与刊布接近尾声。但是，正如王素教授所言：“中国的博物馆、图书馆为数不少，世界的博物馆、图书馆为数更加众多，到目前为止，我们的调查和搜寻可以说还远远没有穷尽，实际上还有很多工作可做。”① 因此，对于敦煌吐鲁番文献的全面调查，特别是那些长期以来秘而不宣的公私藏品的著录，仍将是未来敦煌学研究的重要内容。

事实上，“从文献到历史”的研究路径客观上还对“新材料”提出了新的要求。百年敦煌学的发展历程中，传统学科的研究取得了辉煌的成果，敦煌资料对于中古社会“百科全书”式的意义已昭然若揭，融会性和共通性的价值得到了学者的广泛认可。原来分类整理、运用的材料处理方式虽然取得了很大成功，但深度和广度往往不够，因而制约了有关问题的深入研究，也影响了对敦煌资料整体价值的判定。因此，在全面探讨中古社会的过程中，原来的社会经济文献资料已显得力不从心，于是那些隶属文学范畴的变文、诗赋、小说，隶属佛教领域的疑伪经、释门偈赞和愿文，乃至那些隶属阴阳术数的卜法、禄命、宅经、杂占等，都是探讨中古社会生活的资料。

郝春文师指出，交叉学科研究是敦煌学新的增长点，这要求研究者对不同学科的资料作历史学的考察。因为从整体上看，“以往历史研究者所关注的主要是纯粹的历史文献，但其他学科资料其实也往往具有重要史学价值，也可以用之解决重要的历史问题。对不属于历史学科的资料作历史学的考察，不仅可以拓展史料范围，同时也是最大限度地发掘敦煌文献中的学术信息。……对其他学科的资料作历史学考察，既是历史学学科的重要成果，同时也为其他学科对这些资料作进一步探讨提供了必要的历史背景”② 。从这个意义上说，藏经洞发现的所有材料，都是中古史研究中可资利用与参照的重要素材。

① 王素：《敦煌学当前工作漫议》，刘进宝主编：《百年敦煌学：历史·现状·趋势》，92 页。

② 郝春文：《交叉学科研究——敦煌学新的增长点》，载《中国史研究》，2009（3），103～108 页；收入《郝春文敦煌学论集》，319～325 页，上海古籍出版社，2010。

应当说明的是，"从文献到历史"的路径还要求将敦煌文献放到更大的背景下进行考察。正如郝春文师所言："在对敦煌文献和传世文献、石刻文字中的相关资料作彻底调查的基础上，将敦煌文献中有关某一专题的资料放到唐宋时期甚至中古时期的历史背景下进行考察，才有可能将敦煌文献中蕴含的全部信息因子激活，充分发挥它的功用。"① 唯有如此，敦煌资料所具有的地域社会特性和反映中古时代普遍现象的一般性特征才能较为清晰地呈现出来，这对中古社会历史文化的研究尤为重要。

总之，"从文献到历史"，这是新时期敦煌学研究路径的基本趋向。一方面要求研究者对敦煌资料进行文献学的探究与梳理；另一方面以文献学的考察为基础，将敦煌资料作为一种加深、拓展或提升主题的"新材料"，纳入中国中古社会的研究中。正如陈寅恪《敦煌劫余录序》所言："一时代之学术，必有其新材料与新问题。取用此材料，以研求问题，则为此时代学术之潮流。"②

本书由 17 篇专题论文改写而成，现有十三章，分为四编，大致围绕敦煌吐鲁番文献而展开。

第一编"律令制度"。首先，结合敦煌吐鲁番文书，对唐尚书六部二十四司的格条进行梳理，并对唐格的编纂特点、性质及其与律、令、式的关系作了辨析。简言之，唐格以另一种制敕的形式贯穿了律、令、式的精神，成为唐代立法活动中最具有灵活性、针对性和可操作性的法律形式，对唐代法律体系的完善以及维护唐朝统治秩序的稳定起了积极的作用，而且也对五代两宋的国家立法有着直接的影响。其次，利用敦煌出度文书 P. 4072、P. 3952、P. 5579、S. 515v1、S. 1563、S. 4291 等，结合《不空和尚表状集》，探讨了唐代度牒的申领与发放问题，指出度牒的发放一般经过"正度僧尼"（官方认定的新度僧尼）—"具名申省"（地方州府代受度者向尚书省祠部司申请度牒）—"省司给牒"（尚书省祠部司颁发度牒）三个流程，最后完成"为凭入籍"（根据度牒将受度者列入僧尼籍中）的

① 郝春文：《二十世纪的敦煌学》，124、144 页，上海古籍出版社，2006。
② 陈垣：《敦煌劫余录》，历史语言研究所专刊，1931；黄永武主编：《敦煌丛刊初集》，第三册，5 页，新文丰出版公司，1985。

工作。从敦煌发现的出度文书来看，归义军时期的度牒程式一般包括敕牒（敕归义军节度使牒）、出度者乡贯户主信息、出度原因、出度道场和签署押印五部分内容，这对复原唐代尚书祠部颁发的度僧告牒具有一定的借鉴意义。最后，"三贾均市"是唐代政府评估市场物价、规范市场秩序的基本准则，它源于汉代每月对市场货物定期评估的"月平"制度。具体说来，唐代市司每旬要定期对市场上的商品进行评估，并按照质量好坏定为上、中、下三种价格。本篇结合大谷文书，对"三贾均市"的渊源、制作、运行、实践和影响作了全面考察。

第二编"社会经济"。首先，充分利用敦煌吐鲁番文书，详细钩稽出唐前期"中男"承担杂徭或差科的名目。如夫役、征行、村正、曲长、侍丁、执衣、门夫、烽子、郡史、渠头、斗门、堰夫、渡子、守桥丁等差役，但具体差配时往往还要考虑中男的身份特征及家庭背景因素。其次，将传世文献与敦煌文书结合起来，较为系统地论述了"春衣""冬衣"的发放情况，指出"春衣"原是国家对募兵制下官兵（健儿）及中央内外诸司的官奴婢、番户、杂户等供给的春季衣装，作为他们执勤服役的报酬。同时，"春衣"也用于赏赐统军在外的将领、抚绥地方藩镇及身居要职的朝臣。"春衣"作为官员俸料钱的重要内容，始于中唐的南衙十六卫和北门禁军，以后扩及诸道节度使及文武百官，这种扩充之势在晚唐五代宋初表现得尤为明显。此外，在敦煌所出雇工契中，"春衣"作为雇价的补充形式，已是当地民众日常穿着的一种衣服了。至于杏雨书屋藏羽 34 号《群牧见行籍》的考察，较为客观地展示了 10 世纪后期曹氏归义军群牧（驼、马、牛、羊）"算会"制度的若干细节，从中可见归义军对唐代畜牧管理举措的继承与延续。

第三编"学术与教育"。对中古学术文化和州县官学教育进行阐释。在学术文化方面，通过英藏 S.1393《晋书·列传》、国图藏 BD14685《搜神记》两件残卷写本情况的描述，揭示中古时期《晋书》《搜神记》《孝子传》等典籍传抄与流布的特点。如以《晋书》而言，结合 P.3481《晋书·何曾传》和 P.3813《晋书·载记》，可知《晋书》在中古社会曾经相当流行，这在敦煌本类书《励忠节钞》征引的《晋书》史迹和人物中有明确反映。若与中华书局标点本《晋书》相较，S.1393 写卷文字精练，所记人物言行事迹均极简略。其中言论、奏表和上疏，常选取一些有代表性的语言，其他则以"云云"二字省略，颇似《晋书》之节略本。查《隋书·经籍志》，唐初时有《晋书》十八家，中唐以后相继亡佚，仅官修《晋书》流传至今。所以，此件也有可能是亡佚诸家《晋书》的一部分①。又如《搜神记》，此前敦煌文书共有 6 个写本（中村不折旧藏、S.525、S.6022、P.2656、P.5545 和 BD11871），BD14685 的发现及其文本上的差异，使得敦煌本《搜神记》的写卷至少达到 7 件，这对准确复原东晋干宝《搜神记》的原貌，以及考察《搜神记》在中古社会的传抄与流行情况提供了依据。此外，本篇还依据敦煌所出的《沙州都督府图经》，对唐代《图经》定期编修与报送中的有关问题（材料来源、体例、格式及续修、补修等）作了详细考察。

在教育层面，本篇重点对吐鲁番所出、现藏日本书道博物馆的《唐人日课习字卷》（简称《日课》）和敦煌所出现藏日本杏雨书屋的《杂字一本》进行专题研究。前者是唐代学生习字作业中保存最为连续、完整的一件，其中描述"放假""行礼"等信息，都能与唐《假宁令》《学令》《祠令》的记载相契合，特别是由州县官主持的社祭和"释奠之礼"，学生都要参与。另一方面，《日课》所见的"当直""迎县明府"等活动，由于能与县衙、县令联系起来，故可推知，这些广泛参与各种社会活动的学生当来自西州官学（州学或县学）系统，而《日课》亦应是出自州县学生之手的一份习字作业。后者是沙州归义军官学中为推行童蒙识字教育而编写的教材。其中所收"杂字"，涉及归义军政权的地理、政治、经济、军事、职官、外交、民族、宗教、社会生活等方面，是反映沙州社会实际和归义军整体面貌的重要语词。这些融入童蒙教材中的"时用要字"，显示了沙州官学童蒙教育较强的实用性和通识性特点，对弘扬敦煌乡土文化，凝结瓜、沙官民的地方保护意识，激发民众给予归义军的浓厚热情，乃至巩固

① 郝春文编著：《英藏敦煌社会历史文献释录》，第六卷，67～68 页，社会科学文献出版社，2009。

归义军政权，都有一定的积极意义。

第四编"占卜与历日"。对敦煌占卜文书和具注历日进行考察。在占卜方面，重点关注了乌鸣占和七曜占两种推占方法。乌鸣占，顾名思义，就是通过乌鸦鸣叫的时间、方位来预测吉凶。以俄藏 Дx. 6133 而言，此件文书包含了《乌鸣占》和《祭乌法》两方面的内容，在文本传抄和推占方式上与其他写本（P. t. 1045、I. O. 746、P. 3479、P. 3888、P. 3988）略有不同，表明诸如《乌鸣占》之类鸟占著作的编纂和传抄，在中晚唐社会中曾经十分流行。另一方面，P. t. 1045《乌鸣占》所见乌鸦"天神鸟""天神使者"的地位以及吐蕃民众敬奉乌鸦的习俗，或与传统中原汉文语境中乌鸦"反哺之德""慈孝之鸟""祥瑞之鸟"的形象以及奉乌祈福的风气相联系。因此，P. t. 1045《乌鸣占》来自汉文鸟占传统的可能性更大。至于归义军曹氏时期敦煌地区出现的飞鸟献瑞现象，以及在各种物资财赋档案和行政文书中作为曹氏长官签署而使用的鸟形押，很可能都是吐蕃时期鸟占流行与积淀的历史产物。

至于七曜占，这是一种以七曜（蜜、莫、云汉、嘀、嗢没斯、那颉、鸡缓）值日为据而进行禄命推占和择吉避凶的占卜方法。从《宿曜经》的描述来看，七曜占至少包括时日宜忌、生人吉凶、五月五日占和日月蚀地动占四方面的内容。这些占法，在敦煌所出的七曜历术文献（P. 2693、P. 3081、P. 3779、S. 1468、S. 2404、S. 1473、P. 3403）中也有反映，由此不难看出佛教文化向具注历日渗透的痕迹。作为日曜日，"蜜日"不单是摩尼教的星期日和持斋、礼拜吉日，还是密教修持密法仪轨的吉祥时日，表现在具注历中，"蜜日"的适宜之事相当广泛，呈现更多的是民众生活中择吉避凶的社会文化内容。随着七曜推灾之术的普及，律令法典对于"七曜历"的严禁与控制进一步加强，这说明不论是推演日月五星行度的七曜历法，还是规范时日宜忌的七曜历日，其实都有七曜吉凶推占的内容，某种程度上正是七曜占在中古社会广为流行的反映。

本篇关注的另一问题是具注历日。前辈学者如王重民、施萍婷、邓文宽等①，均有重要创获。本篇则从社会史的角度出发，透过历日界定的时间秩序，重新审视并开掘历日蕴含的形制、内容及社会历史文化信息。进而指出，中古时期的历日有官修和私造之别。官修"新历"由太史局（司天台）官员编定而成，并始终与帝国的政治、礼仪活动相结合，切实可行地制定出国家政务活动与大祀礼典的时间秩序，然后奏请朝廷审核、裁定后颁行天下。每当官颁历日不能及时送达地方时，民间便有私造历日者，这在中晚唐、五代尤为明显。历日的书写形式是"朱墨分布，具注星历"，这是中古社会最为常见的历日撰述格式。然就形制而言，中古历日又有繁简之分。繁本历日，总体呈现出择吉避凶的宜忌特征，从而给人们的立身行事和日常生活提供时间指南。不唯如此，中古时期的具注历日还通过五姓修造、八门占雷、九曜行年、十干推病、十二属相、周公出行等术数元素的渗透，在民间社会中还扮演着"检吉定凶"和"阴阳杂占"的作用，并对人们的日常生活和各种活动（如公务、医疗、农事、丧葬）施加影响。因此，在某种程度上，具注历日丰富多彩的社会文化具有中古社会"百科全书"的象征意义。

至于 S.P12《上都东市大刀家印具注历日》，这是公元 9 世纪末在长安东市"大刀家"店铺刻印的一件历日残本。参照 S.P6《乾符四年具注历日》，可知 S.P12 渗透着浓烈的"阴阳杂占"元素，其中杂有周公五鼓逐失物法、周公八天出行图以及"八门占雷"三方面的内容，据此进行失物、出行和年岁光景的推占，在民众的日常生活和社会实践中起着"决万民之犹豫"的作用。晚唐五代，民间私造、印历之风屡禁不止，某种程度上应与私家历日渗透的禄命推占和趋吉避凶内容有很大关系。

以上所述，就是本书着力阐释的内容，大致可视为唐代社会文化和沙

---

① 王重民：《敦煌本历日之研究》，载《东方杂志》，1937，34（9），13～20 页；王重民：《敦煌遗书论文集》，116～133 页，中华书局，1984；施萍婷：《敦煌历日研究》，见敦煌文物研究所编：《1983 年全国敦煌学术讨论会论文集：文史·遗书编》上，305～366 页，甘肃人民出版社，1987；邓文宽：《敦煌天文历法文献辑校》，江苏古籍出版社，1996；邓文宽：《敦煌吐鲁番天文历法研究》，甘肃教育出版社，2002；邓文宽：《敦煌天文历法考索》，上海古籍出版社，2010。

州归义军有关问题的探讨，自然也涉及敦煌吐鲁番文献的梳理与解读。若以"文献到历史"的学术潮流来检核，本书的工作更多地体现了基础性的文献研究，尤其是对英藏 S. 1393、俄藏 Дx. 6133、国图藏 BD14685 的解读，都以"跋"的形式判定它们的文献价值。当然，在跋语中，也尽可能与中古社会的典籍流传、学术文化以及鸟占习俗联系起来，因而也蕴含着历史学研究的痕迹。当然，由于学识肤浅、视野所限，故考证粗疏、挂一漏万之处，尚不在少数。敬请专家学者批评指正。

# 目　录

## 第一编　律令制度

# 第二编　社会经济

# 第三编　学术与教育

# 第一编　律令制度

# 第一章　唐尚书六部二十四格初探

律、令、格、式是唐代法律体系的重要组成部分。作为其中之一，格的研究最早是围绕敦煌石室发现的《神龙散颁刑部格》而展开的①。20 世纪80 年代，敦煌吐鲁番法制文书的整理取得了重要成果②，进一步推动了"格"类法典研究的深入。先后有马小红、刘俊文、胡留元以及日本学者池田温、中村裕一等先生，围绕格的渊源、性质、形制及与唐律的关系等问题，从不同侧面对"格"作了深入探讨③。曾经备受国内外学者普遍关注的

---

① 董康：《敦煌发见散颁格研究》，见［日］仁井田陞：《唐令の复旧について》，1934；［日］大谷胜真：《敦煌遗文所见录（二）敦煌出土散颁刑部格残卷について》，见《青丘学丛》，17，1934；［日］那波利贞：《唐钞本唐格の一断简》，见《神田博士还历纪念书志学论集》，1957；［日］仁井田陞：《唐の律令および格の新资料——スタイン敦煌文献》，见《东洋文化研究所纪要》，13，1957；唐长孺：《敦煌所出唐代法律文书两种跋》，见《中华文史论丛》，第 5 辑，1964。

② 敦煌吐鲁番法制文书的整理，目前可资借鉴者有三种。［日］山本达郎、池田温、冈野诚等，*Tun-huang and Turfan Documents concerning social and economic history*，Ⅰ Legal Texts（A）Introduction and Texts，The Toyo bunko，1980；刘俊文：《敦煌吐鲁番唐代法制文书考释》，中华书局，1989；唐耕耦、陆宏基：《敦煌社会经济文献真迹释录》，第二辑，499～632 页，全国图书馆文献缩微复制中心，1990。

③ 相关研究有马小红：《"格"的演变及其意义》，载《北京大学学报》，1987（3），110～117 页；刘俊文：《敦煌吐鲁番唐代法制文书考释》，246～306 页，中华书局，1989；《论唐格——敦煌写本唐格残卷研究》，见《敦煌吐鲁番学研究论文集》，524～560 页，汉语大词典出版社，1991；此文又以《唐格初探》为题，收入刘俊文：《唐代法制研究》，120～163 页，文津出版社，1999；胡留元：《从几件敦煌法制文书看唐代的法律形式——格》，载《西北政法学院学报》，1993（2），73～79 转 83 页；［日］池田温：《北京图书馆藏开元户部格残卷简介》，见《敦煌吐鲁番学研究论集》，159～175 页，书目文献出版社，1996；［日］中村裕一：《唐格に关する文书的考察——"通典"刑法典所载の"开元格"をに中心——问题の所在》，见氏著《唐代公文书研究》，432～467 页，汲古书院，1996；周东平：《唐格》，见胡戟主编：《二十世纪唐研究》，151～153 页，中国社会科学出版社，2002。

《神龙散颁刑部格》并没有受到冷遇，以致近年仍有讨论①。最近，郑显文据日本《令集解》及相关文献，对唐代有关佛、道事务管理的法规——《道僧格》做了复原工作，应是唐格研究中的一篇力作②。然而由于材料的限制，长期以来学者对唐尚书六部二十四格的条文很少注意，通常只是在相关论著中略有提及。鉴于此，本章结合敦煌吐鲁番文书，拟对唐尚书六部二十四格的条文略作梳理，并就唐格的性质及相关问题试作说明，以期对未来唐格的复原工作有所裨益。

## 第一节　唐格的编纂及特点

作为立法活动的形式之一，格的起源最早可溯于战国时代的"王命入律"，其原形为晋之故事及汉魏之科。唐格则以东魏《麟趾格》为蓝本，后经北齐格、隋格发展而来③。唐格的取材主要来源于帝王制敕。史载："盖编录当时制敕，永为法则，以为故事。"④也就是说，格是在选编、修撰帝王制敕的基础上形成的。如贞观格就是"删武德以来敕三千余条而为七百条"⑤，去其重复，加以整理和润饰而成。不过，有时臣僚有关律令的奏议，经过皇帝的准许也能形成格文。《旧唐书·刑法志》载：

> 会昌元年九月，库部郎中、知制诰纪干泉等奏："准刑部奏，犯赃官五品已上，合抵死刑，请准狱官令死于家者，伏请永为定格。"从之。⑥

① 郑显文：《关于唐神龙年间〈散颁刑部格残卷〉的文献价值》，见《中国古代法律文献研究》，第二辑，124～144 页，中国政法大学出版社，2004；收入郑显文：《唐代律令制研究》，37～51 页，北京大学出版社，2004；王斐弘：《敦煌写本〈神龙散颁刑部格残卷〉研究——唐格的源流与递变新论》，载《现代法学》，2005(1)，14～21 页。

② 郑显文：《唐代〈道僧格〉研究》，载《历史研究》，2004(4)，38～54 页；收入郑显文《唐代律令制研究》，286～309 页，北京大学出版社，2004。

③ 刘俊文指出："唐格的编纂相当频繁。今可考见有唐一代共修格十四次、十九部。"(《唐代法制研究》，124 页)又《全唐文》卷九七〇《王蟠应归吏部考试奏》载"宏词拔萃，准长庆二年格"，表明穆宗长庆二年(822)唐廷亦有一次"格"典的编纂活动。

④ 《唐六典》卷六《刑部郎中员外郎》，185 页，中华书局，1992。

⑤ 《新唐书》卷五六《刑法志》，1410 页，中华书局，1975。

⑥ 《旧唐书》卷五〇《刑法志》，2156 页，中华书局，1975。

北京师范大学史学探索丛书

这里"定格"即刑部格条。虽然它是由知制诰纥干泉奏请编定的，但中间还是经过了武宗"敕旨"的准许，故仍可归入制敕之类，同样说明帝王制敕是唐格编纂的前提和基础。

唐格所要达到的预期目的是"永为法则"，即成为官民百姓共同遵循的法规和准则。但随着政治形势、阶级矛盾和社会秩序的变化，原来编定的"格"往往不能适应时局的变化。因此，从维护政治和社会秩序的考虑出发，需要编纂新格以应对复杂多变的社会形势。终唐一代，"格"类法典的编纂相当频繁。据不完全统计，唐代共修格十五次，编纂成文法典十九部①。由此可见，格的调整在唐代的立法活动中占有不同寻常的地位。

格的纂修方式，一般来说与律、令、式的修订相同。通常由皇帝指派某一位官员为首，并组织其他官员组成专门的立法修撰班子，然后具体从事"格"类法典的修订和编纂活动。有唐一代，主持或参与"格"类法典编修的主要有三公、三省(尚书省、中书省和门下省)长官或次官，刑部、大理寺长官或次官，尚书六部及九卿长官和次官，靠近京畿的地方官中熟悉法律的参军、县尉，此外还有皇帝和中书门下专门指定的"删定官"，由他们共同来修订和编纂格典。唐后期以后，由于政治形势的动荡，法典的主旨由于要凸显刑狱特色，因而"格"的编修主要由刑部和大理寺官员完成。成于文宗太和七年(833)的《新编格后敕》和武宗开成四年(839)的《开成详定格》就是至为明显的事例。

"格"类法典的具体编纂，一般来说核心工作有两方面：一是选编。唐格编纂的前提是整理历代帝王的制敕。因为并非所有制敕都是可以选编入"格"的，所以要从数量众多的诏敕中选取那些具有普遍意义而又有立法价值的敕文。通常而言，这些制敕既有前朝皇帝颁布的，也有当朝帝王颁行的。比如，《垂拱格》选取的范围是武德以来，垂拱以前"便于时者"②，也就是从高祖、太宗、高宗、武后四朝的制敕中选择那些能适应当时社会变化的敕文。二是删定。这是对选取的诏敕进行加工、整理和润饰的过程。

---

① 刘俊文：《唐代法制研究》，124 页。
② 《唐会要》卷三九《定格令》，702 页，中华书局，1955。

大历十四年(779)德宗即位诏曰：

> 律令格式条目有未折衷者，委中书门下简择理识通明官共删定。
> 自至德以来制敕，或因人奏请，或临事颁行，差互不同，使人疑惑。
> 中书门下与删定官详决，取堪久长行用者，编入条格。①

诏文强调：肃宗至德年间以来颁布的诏敕，或者"因人奏请"，或者"临事颁行"，随意性很大，且前后矛盾，使人难以遵循。鉴于此，德宗令中书门下二省组织"删定官"，选取那些"堪久长行用"的敕文，编入格条之中，作为官民共同遵守的法则。

其实，删定工作还涉及以什么标准来取舍制敕的问题。根据唐代的立法实践和经验，格的选编主要着眼于适应政治形势和社会情况的变化。由此出发，文献中所见的"取便于时"②"便于人者"③"便于时者"④"堪久长行用者"⑤"合长行者"⑥就成为立法者删定诏敕的重要标准。这是因为制敕的颁布往往局限于具体的人和事，且有特定的适用范围和时效，体现着帝王本人的意志。而将皇帝的意志上升为官民普遍遵守的法则，必须要把统治阶级的长远利益与皇权的干预、国家的制度建设与现实形势结合起来加以考虑。《唐律》第486条"辄引制敕断罪"云："诸制敕断罪，临时处分，不为永格者，不得引为后比。"⑦即使将制敕引入司法中，也只能是那些被定为"永格"的具有普遍意义并可长期行用的制敕，才能成为量刑断罪的依据。

唐格的编纂体例大致有三种情况。一是保留诏敕原貌，完全引录或照抄敕文，不加任何改动。如永淳元年(682)五月高宗《禁私铸钱敕》原封不动地被收入《刑部格》中。开元十三年(725)玄宗《流酷吏来子珣等敕》亦被

---

① 《册府元龟》卷六一二《刑法部·定律令四》，7349 页，中华书局，1960。

② 《旧唐书》卷五〇《刑法志》，2134 页。

③ 《旧唐书》卷五〇《刑法志》，2138 页。

④ 《唐会要》卷三九《定格令》，702 页。

⑤ 《旧唐书》卷一二《德宗纪上》，321 页。

⑥ 《唐会要》卷三九《定格令》，704 页。

⑦ 《唐律疏议》卷三〇《断狱·辄引制敕断罪》，此据刘俊文《唐律疏议笺解》，2067～2068 页，中华书局，1996。

编入《开元新格》中，其间没有任何文字上的细微改动，且将敕文颁布的具体时间也附于末尾。

二是对制敕稍作文字上的增删或改动。S.1344《开元户部格残卷》第2—3行云：

> 2　敕：诸色应食实封家，封户一定已后，不得辄有移改。
> 3　　　　　　　景龙二年九月廿日。①

这条格文依据的制敕，《唐会要·缘封杂记》略有记载，其内容与此条基本相同。稍有不同的是，时间上《会要》没有具体到"廿日"；格文中的"家"和"封户"，《会要》均无；格文中的"已"，《会要》则为"以"②。故总体来看，此条只是在文字上作了稍为改动。又如，天宝元年(742)二月敕："官吏准律应犯枉法赃十五匹合绞者，自今以后，特加至二十四。仍即编诸格律，著自不刊。"③在编入《刑部格》时，立法官员删除了"准律"和"著自不刊"，又将"特加"增改为"特宜加"④，其他文字则完全保留。

三是对诏敕整理、加工和润色。通常是将制敕删省为比较简要的文字，称为"敕节文"。然后根据实际需要，对"敕节文"进行增补、归纳，或者以"敕节文"为基础，进行改写，最后修订成"格"⑤。《宋刑统》卷29《不合拷讯者取众证为定》云："准《刑部格》敕节文，其有挟情托法，枉打杀人者，宜科故杀罪。"就是这种情况的反映。

需要说明的是，立法官员对于格条的编排，并不是依照时代的先后顺序进行的。这在S.1344《开元户部格残卷》中有明确体现，此处不赘。至于唐格的形制，文献记载中亦有三种情况。其一，每条格前皆冠有"敕"字，且在末尾署有年月日。如S.1344《开元户部格残卷》、国图周字51号《开元

---

① 刘俊文：《敦煌吐鲁番唐代法制文书考释》，276页；唐耕耦、陆宏基等编：《敦煌社会经济文献真迹释录》，第二辑，570页。

② 诏敕原文，详见《唐会要》卷九〇《缘封杂记》，1642页。

③ 《通典》卷一七〇《刑八·宽恕》，900页，中华书局，1984。

④ 格条原文，详见《宋刑统》卷一一《枉法赃不枉法赃》，177页，中华书局，1984。

⑤ 刘俊文：《唐代法制研究》，138页。

户部格残卷》以及吐鲁番文书 TⅡT《神龙吏部留司格》所载格条都是这种情况。其二，如 P. 3078＋S. 4673《神龙散颁刑部格》和 P. 4978《开元兵部选格》所载，每条格前仅有"一"字以示区别，亦无纪年。可以肯定，此类格文编纂时，立法官员对选编的帝王诏敕做了大量的整理、加工、修改和润饰工作。其三，《白孔六帖》和《宋刑统》收录的格条中，其形制通常为"××格，敕"，接着是格文内容，文末亦无纪年。或可注意者，俄藏Дx. 6521 收有一件《户部格》残片，根据雷闻先生的复原，此件前冠"户部格"，有"敕"字，正文后题"开元八年十一月十二日"①，应是目前所见唐代格条中形制最为完整的一件②。

唐格因其适用范围和性质的不同，可分为《留司格》和《散颁格》两大类。《留司格》是随着贞观十一年(637)《贞观格》的颁行而出现的。《贞观格》由中书令房玄龄等所修，共十八卷，"留本司施行"，其中另有《留司格》一卷③。以后，永徽二年(651)太尉长孙无忌修成《永徽留本司行格》十八卷，龙朔二年(662)高宗诏令司刑太常伯源直心重新刊定，"唯改官曹局名而已"④，始成《永徽留本司行格中本》。仪凤二年(677)左仆射刘仁轨修成《永徽留本司行格后本》十一卷，垂拱元年(685)内史裴居道修成《垂拱留司格》六卷，此外还有神龙年间撰修的《留司格》等，皆是有关"曹司常务"和"本司行用"的格条。其特点有二：一是内容上侧重于行政办公事务的规范和制约；二是适用于中央诸司机构的官吏。正因为此，文明元年(684)睿宗令将诸司行用的格条"书于厅事之壁"，以便各司官员"俯仰观瞻，使免遗忘"⑤，更好地处理行政事务。

---

① 雷闻：《俄藏敦煌 Дx. 6521 残卷考释》，载《敦煌学辑刊》，2001(1)。
② 《通典》卷一七○《刑八·开元格附》有一条《开元新格》的记载，从内容判断为刑部格条。此条前无"敕"字，正文后有"敕依前件"，且有题名"开元十三年三月十三日"。日本学者中村裕一先生以此为例，对《开元格》的形制作了复原。笔者以为，中村先生所做的工作其实是唐代制敕形制的复原，而不是唐格的形制。因此，俄藏 Дx. 06521 所收户部格应是目前所见唐格中形制最为完整的一件。参见［日］中村裕一：《唐代公文书研究》，432～467 页。
③ 《旧唐书》卷五○《刑法志》，2138 页。
④ 《新唐书》卷五八《艺文志》，1495 页。
⑤ 《唐会要》卷三九《定格令》，705～706 页。

北京师范大学史学探索丛书

20 世纪初发现于吐鲁番吐浴沟的一件写本残片（现编号为 TIIT 或 ch. 3841），经学者考证为神龙年间的《吏部留司格》①，现移录如下：

（前缺）

1　陈其□□□□□□

2　敕：诸司有大事及军机，须仗下□□□□□□

3　须奏者，并宜进状。仍令仗家觉□□□□□

4　其应仗下奏事人，夏中炎热，每日□□□□□

5　肆刻停。长寿三年腊月十一日。敕□□□□

6　宜令日午以前早进，如有军机及□□□□□

7　封上注日辰早晚，皆令本司官□□□□□

8　若经两时无处分，任即放去。状过时□□□□

9　奏请。若急事，宜当日即请。万岁通天□□□□

10　敕：文昌台郎官已下，自今后并令早□□□□

11　必自中门，不得侧门来去。日别受事□□□□

12　勾迟者更催，仍令都司壹勾勤惰□□□□

13　敕：冬官、屯田两司，宜各于令史员内补□□

14　敕：鸾台事务繁多，其令史宜□□□□

15　敕：夏官勾三卫令史，宜补起家□□□□

16　考经两□□□□

（后缺）

以"敕"字为标志，可知此件有格文 6 条，其中第一条仅存两字。2—5 行是长寿三年（694）武后对百官"仗下奏事"的规定：若事情紧急"须奏者"，

---

①　录文参照刘俊文：《敦煌吐鲁番唐代法制文书考释》，270 页；唐耕耦、陆宏基编：《敦煌社会经济文献真迹释录》，第二辑，574 页。此件刘俊文原定名《垂拱后常行格断片》，后在《论唐格》及《唐格初探》中修正为《神龙留司格》；唐耕耦、陆宏基定名为《唐神龙年代（公元 705—706 年?）吏部留司格残卷》，此从之。

可以用"状"来奏事。参照永徽二年(651)十二月高宗"五品以上上封事，不能进，听仗下面奏"的诏敕①，格文显然放宽了百官"仗下奏事"的限制。此外，百官奏事的时间还因季节的不同而略有变化。特别是"夏中炎热"之时，似乎百官奏事可在某时肆刻提前结束。6—9行是万岁通天年间(696—697)的敕文，其中特别规定了诸司奏事所能许可的时间范围，可以看出这是武后提高行政办公效率和官员办事水平的一种尝试。10—12行强调尚书省(文昌台)郎官入门之制，13—15行则是尚书工部内工部(冬官)和屯田二司令史、门下省(鸾台)令史及兵部(夏官)三卫令史补充与简选的相关规定。令史因是流外官，故其选任由吏部郎中主持。因此总的来看，以上各条均属于吏部"曹司常务"，而非"天下共享"者，故此件所载应为《神龙吏部留司格》。

《散颁格》"颁之天下"②，或"下州县"③，是官民百姓普遍遵循的法规。唐代《散颁格》的修撰及颁行基本上是与《留司格》同步的。自永徽二年高宗颁布《散颁天下格》后，还有乾封元年《永徽散行天下格中本》、仪凤二年《永徽散行天下格后本》以及中宗神龙元年(705)颁布的《散颁天下格》。敦煌文书P.3078＋S.4673《散颁刑部格》就是《神龙散颁天下格》中的《刑部格》残卷。太极元年(712)睿宗又颁布《太极格》十卷，自永徽二年析分出来的散颁、留司二格，至此合为一部。这是唐格编纂中的一大变化④。

## 第二节　六部二十四格的初步复原

《唐六典》卷六《尚书刑部》云："凡格二十有四篇。"其下注曰："以尚书省诸曹为之目，共为七卷。"又曰："皆以尚书省二十四司为篇名。"根据唐代中央三省六部的建置，尚书省有吏、户、礼、兵、刑、工六部，长

---

① 《唐会要》卷二五《百官奏事》，477页。

② 《新唐书》卷五六《刑法志》，1413页。

③ 《唐会要》卷三九《定格令》，702页。

④ 刘俊文：《唐代法制研究》，38页。

官为尚书、侍郎。每部属下又有四司，长官为郎中、员外郎，辅助尚书、侍郎处理本部各种具体事务。"尚书省二十四司"指隶属于六部之下的二十四个行政机构，即二十四司。每司皆有相关的管理条例或法规，称作"格"，作为各司处理行政、礼仪、军事、司法及宗教等事务的法律准则。

### 一、吏部

尚书吏部是六部之首，"掌天下官吏选授、勋封、考课之政令"①。大致说来，凡官员之铨选、考课、封爵和勋赏，吏部均要参与其中并发挥主导作用。其属有吏部、司封、司勋和考功四司。

#### 1. 吏部格

吏部司有郎中、员外郎各二人。郎中一人掌文官阶品、朝集、禄赐、告身及节假等事，另一人负责流外官（即九品以外职事官）的选任；员外郎一人掌选院，即检勘选人文书和档案资料，因其地在选曹之南，又称"判南曹"。另一人处理本司日常事务，故称"判曹务"②。《吏部格》即是与此相关的法规或格条。

天宝十三载(754)五月，吏部奏："准格，伎术官各于当色本局署员外置，不得同正员之数。"③所谓"伎术之官"指诸司机构中那些从事医术、阴阳、卜筮、图画、工巧、造食、音声及天文等的伎艺人员。唐制，"凡伎术之官，皆本司铨注讫，吏部承以附甲焉"。比如，秘书、殿中、太仆寺等机构中的伎术官员，"唯得本司迁转，不得外叙"④，并由尚书吏部具体负责实施。因此，吏部奏中的"准格"即指《吏部格》，而其所奏应是吏部格中有关"伎术官"迁转的规定。

《吏部格》中也有流外官选任与补充的规定。贞元三年(787)八月，秘书监刘太真对秘书省新近补充的楷书手极为不满。他说："又当司准格，

---

① 《唐六典》卷二《吏部尚书侍郎》，27页。
② 张国刚：《唐代官制》，64页，三秦出版社，1987。
③ 《唐会要》卷六七《伎术官》，1183页。
④ 《唐六典》卷二《尚书吏部》，28页。

楷书八年试优，今所补召，皆不情愿。"①唐制，秘书省有楷书手八十人，掌抄写御书，"职同流外也"②。而流外官之考选，由吏部郎中一人负责。由此看来，刘太真援引的"准格"其实就是《吏部格》，他所提到的"楷书八年试优"应是《吏部格》中的一条。

《吏部格》中规定最多的是职事官铨选及有关贡举的条文。其中为配合铨选，吏部还专门制定了《选格》。《新唐书·选举志下》载："每岁五月，颁格于州县，选人应格，则本属或故任取选解，列其罢免、善恶之状，以十月会于省，过其时者不叙。其以时至者，乃考其功过。"③《选格》每年五月颁布一次，内容主要是铨选程序和规则的说明，以及选人资格的规定。由于有固定的时限和适用范围，因而性质上属于吏部颁行的一种单行格。开元十八年（730）侍中裴光庭奏请施行《循资格》，"以注拟六品已下选人"④，对各种考生的参选条件作了严格规定，从而使《选格》的内容和程序向法定化与规范化迈进了一步。

通常情况下，对于选人中冒名顶替和弄虚作假的行为，《选格》亦有规定。如其中之一条："文按《选格》铨状，选人自书，试日书迹不同，即驳放殿选违格文者，皆不覆验。"⑤就是针对考生的作弊行为而规定的。开成二年（837）文宗颁布了"长定选格"，试图将《选格》的内容长期稳定下来，以便使考生更好地了解和熟悉参选的条件和资格。然而长定格仅行用了一年就停止了，以后也未见认真实行。但在五代时期，长定格却得到了很好的贯彻和执行，并成为五代选官制度中必不可少的一环。这在后唐同光二年（924）八月中书门下奏请详定《长定格》《循资格》和《十道图》的状文中有生动的体现⑥。

值得注意的是，穆宗长庆二年（822）唐廷亦有一次"格"类法典的编纂

---

① 《唐会要》卷六五《秘书省》，1125 页。
② 《唐六典》卷一〇《楷书手》，298 页。
③ 《新唐书》卷四五《选举志下》，1171 页。
④ 《旧唐书》卷四二《职官志一》，1805 页。
⑤ 《唐会要》卷七四《掌选善恶》，1347 页。
⑥ 《全唐文》卷九六九《请详定长定格循资格十道图奏》，10062 页，中华书局，1983。

活动。这次立法的内容和特点我们尚不清楚。根据后唐天成二年(927)中书门下的回忆:"宏词拔萃,准长庆二年格,吏部差考试官二人,与知铨尚书侍郎同考试闻奏。"①我们略可推知,长庆二年格似对原来《吏部格》中有关贡举和铨选的格条作了修订。

2. 司封格

吏部司封司掌封爵诸事务,有郎中、员外郎各一人。唐代封爵自亲王以下至县男,凡有九等。又有内外命妇之制,据等级各有封赠。《司封格》是有关封命、朝会与赐予等级的规定。贞元七年(791)十二月五日,兵部上奏说:"应用赠荫者,须承前历任清资,事兼门地,与格文相当者。其赠荫降品,请准格处分。"②兵部奏言中讨论的因是"赠荫"之事,故其所引"准格"应是《司封格》。后晋天福三年(938)十一月,起居郎殷鹏奏曰:"窃闻司封格式,内外文武臣僚才升朝籍者,无父母便与追封赠,父母在即未叙未封。"③考虑到唐《开成格》在后周仍然行用的史实④,我们推测,殷鹏所言"格式"很可能就是唐《司封格》的条文。

3. 司勋格

吏部司勋司有郎中、员外郎各一人,掌官吏勋级的授予。唐代的勋官自武骑尉以上至上柱国,共有十二等。与此相应,反映勋官授予标准的《司勋格》《勋格》自武骑尉七品至上柱国正二品,凡十二转,"群官得叙勋首,并请自武骑尉依次叙进,无容隔越"⑤。授勋至上柱国尚有余者,可以允许回授子孙,称为"赏延"。若无子孙,"回充赐物",予以折勋。天宝三载(744)九月,玄宗诏敕:"其准格上柱国外有余勋,无周亲,折给赐物

---

① 《全唐文》卷九七〇《王蟾应归吏部考试奏》,10068 页。

② 《唐会要》卷七一《十二卫》,1287 页。

③ 《旧五代史》卷一四九《职官志》,2004 页,中华书局,1976。

④ 后周显德四年(957)五月,中书门下《请删定法书奏》:"今朝廷之所行用者一十二卷、律疏三十卷、式二十卷、令三十卷、《开成格》一十卷、《大中统类》一十二卷、后唐以来至汉末编敕三十二卷,及皇朝制敕等,折狱定刑,无出于此。"可见《开成格》在后周显德中仍在行用。参见《全唐文》卷九七三《请求删定法书奏》,10096 页。

⑤ 李盈休:《禁叙勋越次奏》,见《全唐文》卷八四九,8916 页。

宜停，仍永为例程。"①原来《司勋格》规定的回授周亲和赐物折给的授勋制度被彻底取消了。

《司勋格》的条文，《唐会要》有一条记载："司勋格：加累勋，须其小勋摊衔送中书省及门下省勘会，并注毁小勋甲，然许累加。"②大意是说，官员累加勋位的授予，须出示原勋位（小勋）的档案资料（勋甲），并送中书门下二省勘验真伪，待核实无误后，将原来的档案资料注销，然后准予授累加勋位。

4. 考功格

吏部考功司有郎中、员外郎各一人，"掌内外文武官吏之考课"。《考功格》就是对官员政绩进行考核的相关规定。开元二十八年（740）六月，淮南道采访使李知柔奏："县令考满，准格交付户口食粮。"③显然，李知柔提到的"准格"即指《考功格》。凡应考核的官员，都应出示包含其功过、才能与品行的"行状"，作为本司长官评定等级，"议其优劣"的依据。若官员死后，史官立传，太常议定谥号，皆要以"行状"作为参照。《唐会要》卷 80《杂录》载：

> （元和）五年二月，考功奏："当司三品以上，准格合请谥官。准贞元七年格文，奉宝应二年正月十八日敕节文，佐史录行状，陈请考功详覆讫，下太常定谥者。近日以来，撰录行状，多非佐史，既乖事实，又违格文。伏请从今以请谥行状，准敕文须是佐史。"敕旨："宜令门下佐史撰录行状，以凭详覆。"④

根据考功司的奏请，我们可以复原出贞元七年（791）《考功格》的一条格文："佐史录行状，陈请考功详覆讫，下太常定谥。"我们知道，德宗贞元年间的立法活动，文献记载只有贞元元年一次。其标志是同年十月《贞元定格后敕》30 卷的完成。此次立法的主旨是删定"至德以来制敕"，故宝

---

① 《唐会要》卷八一《用荫》，1499 页。
② 《唐会要》卷八一《勋》，1492 页。
③ 《唐会要》卷六九《县令》，1216 页。
④ 《唐会要》卷八〇《杂录》，1488 页。

应二年(763)代宗敕很有可能被编入《贞元定格后敕》中，但由于德宗"留中不出"①，最终没有颁行，所以很难知道其具体情况。所幸的是，宝应二年制敕又被编入贞元七年格中，这说明贞元时代唐王朝另有一次以编纂格敕为核心的立法活动。

### 二、户部

尚书户部"掌天下土地、人民、钱谷之政、贡赋之差"。其属有四：一曰户部，二曰度支，三曰金部，四曰仓部。

#### 1. 户部格

户部司有郎中、员外郎各二人，"掌户口、土田、赋役、贡献、蠲免、优复、姻婚、继嗣之事"②，凡天下户口和土地的管理、户籍的编制、行政区域的改易、各地土特产的进贡、赋税的征收以及课税的减免等，均由户部司掌管。《户部格》是有关户口、土地、赋税、土贡等管理的行政法规。

《户部格》的条文，比较典型的见于 S. 1344《开元户部格残卷》。此卷共有格文 17 条，内容涉及封户、孝义旌表优复、禁断长发、诸山隐逸人、排山社、降户、诸蕃商胡和部落、牂牁及岭南风俗、化外人及贼招慰、男女质卖、绝户宅地、逃人田宅、执人白衣等服役、诸州进物及岭南朝集等事③，每条前冠"敕"字，后有敕文颁布之年月日，较为真实地反映了诏敕颁布时的原貌。

国家图书馆藏周字 69 号文书，经池田温先生考证亦为《开元户部格残卷》。此卷共 45 行，残存格文 4 条，每条前有"敕"字，其后纪年分别为开元廿三年(12 行)、开元十□年(28 行)、太极元年三月(34 行)和开元廿年(43 行)，内容涉及禁止永业、口分田买卖典帖、职田收租定准、限制宽乡给田与借占、岭南置庄之限制、灾害免赋等方面④。从 12 行"开元廿三"的

---

① 《唐会要》卷三九《定格令》，704 页。

② 《新唐书》卷四六《百官志》，1192 页。

③ S. 1344《开元户部格残卷》的内容，参见刘俊文：《敦煌吐鲁番唐代法制文书考释》，276~294 页；唐耕耦、陆宏基编：《敦煌社会经济文献真迹释录》，第二辑，570~573 页。

④ ［日］池田温：《北京图书馆藏开元户部格残卷简介》，见《敦煌吐鲁番学研究论集》，159~175 页，书目文献出版社，1996。

纪年来看，残卷很有可能是成于开元二十五年《开元新格》中的一部分。

另外，俄藏敦煌文献 Дx.6521 残卷中亦有一条《户部格》的记载，因残缺严重，雷闻据《唐会要》卷 24《诸侯入朝》已作了复原①，现移录如下（其中〔〕为复原文字）：

10　户部格：敕，诸州应朝〔使〕〔长〕〔官〕〔上〕〔佐〕，〔分〕〔蕃〕〔入〕

11　计。如次到有故，判〔司〕〔代〕〔行〕，〔未〕〔经〕〔考〕〔者〕，〔不〕〔在〕

12　集限。其员外同正员，〔次〕〔正〕〔官〕〔后〕〔集〕。

13　　　　　开〔元〕〔八〕〔年〕〔十〕〔一〕〔月〕〔十〕〔二〕〔日〕。

格文规定的是诸州朝集使入京应考的情况。《唐六典》卷 3《尚书户部》云："凡天下朝集使皆令都督、刺史及上佐更为之。"所述与格文略同。又《六典》之制，诸州朝集使皆以"十月二十五日至于京都，十一月一日户部引见讫，于尚书省与群官礼见，然后集于考堂，应考绩之事"②。这与格文强调的"分蕃入计"还是有很大不同。或可注意者，此件标明"户部格"，前有"敕"字，后有具体纪年，无论从形制还是格式上说，应是现存唐格中最完整的一条。

《户部格》的条文，除上述敦煌文献所见的 22 条外，传统文献中也有发现。《通典》卷 12《食货一二·轻重》载：

高宗永徽二年九月颁新格：义仓据地取税，实是劳烦，宜令户出粟，上上户五石，余各有差。③

这里"新格"规定的是义仓按户等征收的情况，其适用范围显然是"天下共享"，而非"本司行用"，正说明"新格"是指《永徽散颁天下格》。此条格文则是《永徽散颁天下格》中属于《户部格》的内容。

---

① 雷闻：《俄藏敦煌 Дx.6521 残卷考释》，载《敦煌学辑刊》，2001(1)。

② 《唐六典》卷三《户部郎中员外郎》，79 页。

③ 《通典》卷一二《食货一二·轻重》，291 页，中华书局，1988。

开元格中的户部格条，文献亦有记载。《唐会要·用荫》开元四年条："户部格敕：应用五品以上官荫者，须相衔告身三道。若历任官少，据所历任勘。如申送人色有假滥者，州县长官、上佐、判官、录事参军，并与下考，仍听人纠告。每告一家，赏钱五十千，钱出荫人及与荫家。"①开元年间，唐有四次"格"类法典的编纂活动，其成果分别集结在《开元格》《开元后格》《格后长行敕》和《开元新格》中。《开元格》共六卷，由紫微令（中书令）姚崇等人删定，开元三年颁行，开元七年废止。《开元后格》的编纂始于开元六年，是在删定《开元格》及开元格后至开元六年发布之制敕而成，共有七卷，由侍中宋璟主持编纂②。因此，从开元年间的立法过程来看，上引户部格条应是《开元后格》中的内容。

《册府元龟》卷 159《帝王部·革弊》载："（开元）十六年二月癸未诏曰：……比来公私举放，取利颇深，有损贫下，事须厘革。自今已后，天下私举质，宜四分收利，官本五分收利。"针对高利贷的巨额利润而造成的贫富分化，玄宗以诏令的形式对官方和民间借贷的利率作了调整。其中"天下私举质，宜四分收利，官本五分生利"被原封不动地编入开元二十五年的户部格中，标志性的"敕"字照例冠于格文前面③。这显然是立法编纂者对于"诏"字的替换，正说明"敕"字对"格"来说确有一种特殊的含义。

此外，《白孔六帖》卷 78《迁徙》也有一条："格云：非沿边州及侧户千里内军府百姓，欲于缘边州府附户居住，并听与本管计会，具申所由司准丁授田，给复十年。有事于本州岛道防御，不须差外征镇，自此为格。"④此条允许内地百姓向沿边州府迁徙，"准丁授田"，免除十年赋税，涉及了户部司户口和土地管理以及赋税征收三方面的内容，因而名副其实地属于《户部格》的条文。

---

① 《唐会要》卷八一《用荫》，1499 页。

② 刘俊文认为，开元年间，格典的编纂共有三次。开元十九年编撰的法典《格后长行敕》并不是格，而是与格并行的独立法典。参见《唐代法制研究》，43、130～131 页。

③ 《宋刑统》卷二八《受寄财物辄费用》，413 页。

④ （唐）白居易原本，（宋）孔传续撰：《白孔六帖》，见《景印文渊阁四库全书》，第892 册，291 页，台湾商务印书馆，1983。

## 2. 度支格

户部度支司有郎中、员外郎各一人，"掌支度国用、租赋少多之数，物产丰约之宜，水陆道路之利，每岁计其所出而支其所用"①，是唐代最高财会主管机构。比照吐鲁番阿斯塔那地区发现的《仪凤度支式残卷》②，《度支格》应是有关赋税（包括庸调）征收、分配、折纳、转输以及"支度国用"等方面的规定。至于具体格条，目前尚未发现。

## 3. 金部格

《新唐书·百官志》载："金部郎中、员外郎各一人，掌天下库藏出纳、权衡度量之数，两京市、互市、和市、宫市交易之事，百官、军镇、蕃客之赐，及给宫人、王妃、官奴婢衣服。"③其中互市方面，《白孔六帖》卷83《市》有相关记载：

> 金部格云：勅：松、当、悉、维、翼等州熟羌，每年十月已后即来彭州互市易法时，差上佐一人于蚕崖关外，依市法致市场交易，勿令百姓与往还。④

按唐制，中原汉人不得与外蕃私相交易，若私有交易者，"各计赃准盗论，罪止流三千里"⑤。通常情况下，朝廷认可的互市是官府指定时间、地点，并在有司官员的监督下进行的。如《关市令》所载："诸外蕃与缘边互市，皆令互官司检校，其市四面穿堑，及立篱院，遣人守门。市易之日卯后，各将货物畜产，俱赴市所。官司先与蕃人对定物价，然后交易。"⑥但对靠近内地且汉化程度较高的"熟羌"来说，他们与中原汉人的交易规则，《关市令》其实并没有涉及。《金部格》对此补充说，诸州羌人每年十月

---

① 《唐六典》卷三《度支郎中》，80 页。

② 《仪凤度支式残卷》是刘俊文先生的定名，相关内容参见《敦煌吐鲁番唐代法制文书考释》，310～325 页。实际上，此卷由数十件残片辍合、拼结而成，日本学者大津透做了复原工作，并定名为《仪凤三年度支抄》。详细的研究参见李锦绣：《唐代财政史稿》上卷，15～72 页，北京大学出版社，1995。

③ 《新唐书》卷四六《百官志》，1193 页。

④ 《景印文渊阁四库全书》，第 892 册，368 页。

⑤ 《唐律疏议》卷八《卫禁·越度缘边关塞》，870 页。

⑥ ［日］仁井田陞著，栗劲等译：《唐令拾遗》，643 页，长春出版社，1989。

以后到蚕崖关以外的指定区域与汉人互市，并由彭州刺史差遣一名上佐官监督交易过程。《全唐文》卷981《对熟羌市易判》提到："当州熟羌，十月来导江县市易，按察使科彭州刺史罪。诉云'并蚕崖外'，不伏。"①根据唐代的州郡建置，彭州领有九陇、导江、蒙阳和唐昌四县，官方指定的互市地点"蚕崖关"即位于导江县内②。当州羌人之所以违反《金部格》来导江县交易，不排除有县城近便，蚕崖关僻远的因素在内，但很大程度上是因为在导江县市易没有官员监督，容易与汉人进行私下交易，从中牟取厚利。这种行为自然扰乱了官府精心培育的互市秩序，彭州刺史也因管理和引导不善而牵连受罚。因此，从这则判文来看，《金部格》弥补了《关市令》的未备之处，且在社会实际中得到了很好的贯彻和执行。

### 4. 仓部格

唐制，仓部司"掌天下库储，出纳租税、禄粮、仓廪之事"③。与金部司掌管钱帛不同，仓部掌管的则是源于租税征收的粟米斛斗，凡将士受赐、军资粮饷、百官俸料及凶年备荒，皆从仓部所储中支出。如《白孔六帖》卷57《军资粮》载："仓部格：诸处不得擅用兵赐及军粮，纵令要用，亦须递表奏闻。"④除对兵赐和军粮的配给方式有专门的规定外，《仓部格》还有夏、秋两税征收和管理方面的条文。《全唐文》卷80宣宗《两税外不许更征诏》云：

> 天下仓场所纳斛斗，如闻广索耗物。别置一仓斛斗，又随斗纳耗物，率以为常，致疲仁转困。职此之由，自今委长吏切加提举，一切依《仓部格》。……其天下诸州府百姓，两税之外，辄不许更有差率。

诏文的核心内容是说，两税在征收过程中不能附加任何耗物，"辄不许更有差率"。两税的征纳标准，即一切以《仓部格》作为依据。如有违犯，

---

① 《全唐文》卷九八一《对熟羌市易判》，10159 页。
② 《新唐书》卷四二《地理志六》云："彭州蒙阳郡，紧。……县四：九陇、导江、唐昌、蒙阳。"其中"导江"，注曰："西有蚕崖关。"1080 页。
③ 《新唐书》卷四六《百官志》，1193 页。
④ 《景印文渊阁四库全书》，第 891 册，898 页。

主事官罢职，"仍殿两选"，所由决杖二十，准法处分①。由此来看，限制或禁止两税以外其他索耗的征收，应是《仓部格》中的一项重要内容。

值得注意的是，《仓部格》中还有蒲州盐池经营与课税情况的特别规定。《通典》卷10《食货十》载：

> （开元）二十五年仓部格：蒲州盐池，令州司监当租分与有力之家营种之，课收盐。每年上中下畦通融收一万石，仍差官人检校。若陂渠穿穴，所须功力，先以营种之家人丁充。若破坏过多量力不济者，听役随近人夫。②

此条关于蒲州盐池的格条，与后文《屯田格》有关幽州盐屯的内容十分相似。所不同者，《仓部格》强调的是基于诸处盐池之上盐税的课纳和征收，而《屯田格》则侧重于盐屯之下国营土地的经营和管理。

### 三、礼部

尚书礼部"掌天下礼仪、祠祭、燕飨、贡举之政令"③，是唐代文教、外交、礼仪等方面的政务机构。其属有礼部、祠部、膳部和主客四司。

#### 1. 礼部格

作为礼部头司，礼部司的职掌十分繁杂，凡礼乐、学校、衣冠、符印、表疏、图书、册命、祥瑞、铺设，以及百官、宫人丧葬"赠赗之数"，皆在其职司之内。开元二十四年（736），吏部贡举的职责部分转移礼部，由此扩大了礼部在学校和贡举方面的权限。特别是进士和举人及第的标准和要求，在体现礼部职司的行政法规——《礼部格》中有所反映。比如，进士、举人策试帖经，"准格明经例问十条"，并对众"略问大义"④，即是《礼部格》中的一条。《全唐文》卷727《上论贡士书》载："臣又见每岁礼部格下天下，未有不言察访行实无颇邪，然后上贡，苟不如格，抵罪举主。"⑤可见《礼部格》详定的贡举考察，也是非常严格的。

① 宣宗：《两税外不许更征诏》，见《全唐文》卷八〇，839页。

② 《通典》卷一〇《食货十》，231页。

③ 《唐六典》卷四《礼部尚书侍郎》，108页。

④ 《唐会要》卷七六《贡举中·进士》，1381页。

⑤ 舒元舆：《上论贡士书》，见《全唐文》卷七二七，7448页。

目前所见的礼部格文，尚有三条，皆与学校、贡举相关。

（1）准格，九年不及第者，即出监。

这是元和元年（806）国子祭酒冯伉奏请加强国子监学生管理和经学教育时援引的格文。据冯伉描述，当时国子监学生"艺业不勤，游处非类，樗蒲六博，酗酒喧争，凌慢有司，不修法度"，或有"文章帖义，不及格限，频经五年，不堪申送者"，并请解退。至于礼部后来补充的学生，"准格帖试"，若试经一年而"等第不进"的话，就应停发他们的厨食。最后他向宪宗建议，应逐年对国子监学生进行"试经"考核，若九年仍不及第的话，即逐出国子监①。

（2）准格，学官为开讲，质定疑义，常参及致仕官观礼。

此条对举人参谒先师的礼节及内容有所规定。但自元和九年十一月以后，"并不复行"②，并没有认真施行下去。

（3）准太和元年（827）十月二十三日敕：应礼部诸色贡举人，及吏部诸色科目选人，凡无出身及未有官，只合于礼部应举。有出身有官，方合于吏部赴科目选。

此条对于礼部和吏部贡举的对象给予区分，其标准是有无出身及是否有官。此标准在后唐天成二年（927）的贡举中仍然适用，这在中书、门下两省议定"应宏词举前进士"王蟾应归吏部考试的奏文中有明确体现③，也说明《太和格》对后唐王朝的制度建设具有一定的借鉴意义。

《礼部格》还对官员、百姓及奴婢、部曲的衣服形制和颜色有所规定。《全唐文》卷448《准敕详度诸司制度条件奏》载："诸司一品二品许服玉及通犀，三品许服花犀及班犀及玉，又服青碧者许通服绿。余请依礼部式。诸部曲客女奴婢服通服青碧，其命妇客女及婢听同庶人，奴及部曲请许通服黄白皂，共命妇准格客女及婢得同庶人，其衣服婢及庶人女妇请兼许服夹缬。"④从奏文中"礼部式"描述的衣服形制来看，"准格"即准《礼部格》，它

---

① 《唐会要》卷六六《东都国子监》，1159 页。

② 《唐会要》卷三五《释奠》，643 页。

③ 《全唐文》卷九七〇《王蟾应归吏部考试奏》，10068 页。

④ 王涯：《准敕详度诸司制度条件奏》，见《全唐文》卷四四八，4579 页。

对庶人、部曲、奴婢与客女衣服的颜色、衣料及种类作了特别规定。

2. 祠部格

祠部司有郎中、员外郎各一人，"掌祠祀、享祭、天文、漏刻、国忌、庙讳、卜筮、医药、僧尼之事"①。《祠部格》是有关祠庙与神祇祭祀、巫术医药及佛道事务等方面管理的法规。

《祠部格》的条文，目前所见较多的佛道事务及相关活动的规定。比如，出家入道，《白孔六帖》卷89《僧》引《祠部格》载："私家部曲、客、奴婢等不得入道。如别敕许出家，后犯还俗者，追归旧主，各依本色。"又如，超度亡灵的法事活动，《祠部格》规定说："王公已下薨，别敕许度人者，亲王二十、三品已上三人，并须亡者子孙及妻媵，并通取周亲，妻媵不须试业；若数不足，唯见在度，如有假冒，不在原首之限也。"此外还有僧尼、道士行为规范的规定。开元二十九年(741)，河南采访使、汴州刺史齐澣奏："其道士僧尼女冠等，有犯，望准道格处分。"②表明《道格》是唐代道士、僧尼管理的法规。郑显文认为，这里的《道格》还应包括《僧格》，确切地说是《道僧格》。它应是唐《祠部格》中的内容，独立成篇。并据日本《令集解》及传统文献，复原出《道僧格》25条③。周世宗《毁私建寺院禁私度僧尼诏》云："僧尼俗士，自前多有舍身烧臂炼指，钉截手足，带铃挂灯，诸般毁坏身体，戏弄道具，符禁左道，妄称变现，还魂坐化，圣水圣灯妖幻之类，皆是聚众眩惑流俗。今后一切止绝，如有此色人，仰所在严断，递配边远，仍勒归俗，其所犯罪重者，准格律处分。"④就内容而言，周世宗的诏令与《道僧格》的规定是相通的，说明唐代的佛道法规在五代时期同样适用。

3. 膳部格

膳部司有郎中、员外郎各一人，"掌邦之牲豆、酒膳，辨其品数"⑤。

---

① 《新唐书》卷四六《百官志》，1195页。

② 《唐会要》卷五〇《尊崇道教》，865页。

③ 郑显文：《唐代〈道僧格〉研究》，载《历史研究》，2004(4)，38～54页；收入氏著《唐代律令制研究》，286～309页，北京大学出版社，2004。

④ 《全唐文》卷一二五，1256页。

⑤ 《唐六典》卷四《膳部郎中员外郎》，128页。

北京师范大学史学探索丛书

凡郊祀天地、日月、星辰、山岳海渎，享祭宗庙、百神，皆要配备祭品与祭具。此外，大礼、大节之时诸司供奉的口味，亦由其掌管。《膳部格》是唐代膳食、祭品(牲、豆、酒、脯之类)与口味等方面管理的法规。其具体格条，目前未见。

### 4. 主客格

《唐六典》卷4《尚书礼部》云："主客郎中、员外郎掌二王后及诸蕃朝聘之事。"凡蕃客入朝，由主客司及鸿胪寺典客负责接待和迎送，其他官民不得私与蕃客接触。根据《唐律》的规定，若与"化外蕃人"私相交易，计赃一尺徒二年半，三匹加一等，十五匹加役流。若越度缘边关塞，将禁兵器私自给与蕃人者，处以绞刑；若与蕃人共为婚姻者，罪流二千里。其中与蕃人共为婚姻，疏议另有说明：

> 准别格："诸蕃人所娶得汉妇女为妻妾，并不得将还蕃内。"又准《主客式》："蕃客入朝，于在路不得与客交杂，亦不得令客与人言语。州、县官人若无事，亦不得与客相见。"……如是蕃人入朝听住之者，得娶妻妾，若将还蕃内，以违敕科之。①

就限制官民与蕃人私自接触而言，这里"别格"与《主客式》表达的主旨是一致的。所以"别格"无疑应是《主客格》。这条格文，因其内容与贞观二年六月十六日太宗诏敕"诸蕃使人所娶得汉妇女为妾者，并不得将还蕃"完全相同②，故而应是立法官员在删定贞观二年制敕的基础上制作而成。诸蕃若违反此条，即将所娶汉人妻妾带回蕃内，依"违敕"罪论处。按照《唐律》第112条"被制书施行有违"的规定，将受到"徒二年"的科罚③。

### 四、兵部

尚书兵部"掌天下军卫武官选授之政令"④，是唐代全国军政的最高领导机构。有尚书一人，侍郎二人。其属有兵部、职方、驾部和库部四司。

---

① 《唐律疏议》卷八《卫禁·越度缘边关塞》，670页。
② 《唐会要》卷一○○《杂录》，1796页。
③ 《唐律疏议》卷九《职制·被制书施行有违》，775页。
④ 《唐六典》卷五《兵部尚书侍郎》，150页。

1. 兵部格

按唐制，兵部司有郎中、员外郎各二人。郎中一人掌管武官阶品及选授之事，另一人"总兵戎差遣"，即有兵马调遣之权；员外郎一人掌贡举（武举），另一人掌判南曹，负责审核选人资历及档案的工作①。《通典》卷148《兵一》载："按兵部格，破敌战功各有差等，其授官千才一二。"②说的是开元年间武官的选授情况。武宗会昌年间宰相李德裕回忆了开元二年(714)兵部军功格中跳荡功的设置情况：

> 开元格：临阵对寇，矢石未交，先锋挺入，陷坚突众，贼徒因而破败者，为跳荡。
>
> （中略）
>
> 开元格：跳荡功，破贼阵不满万人，所叙不得过十人；若万人以上，每一千人听加一人。其先锋第一功，所叙不得过二十人，第二功所叙不得过四十人。
>
> （中略）
>
> 开元格：招得一万人已上，其头首一人准跳荡功例；一千人已上，准第一等例；贼数不满千人，量差等处分。
>
> （中略）
>
> 开元格：每获一生，酬获人绢十四。③

根据李德裕的描述，开元二年《军功格》对跳荡功的条件、叙功的名额及酬功的奖励办法作了具体规定，成为兵部评定将士军功和酬劳的标准。大致说来，跳荡功是根据杀获敌军数量的多少来确定的，"杀获十之四，曰上获；十之二，曰中获；十之一，曰下获"④。与此相应，对于将士的酬功也相应地分为上资、次资、下资和无资四个标准。《唐六典》卷5《尚书兵部》云"凡酬功者，见任、前资、常选为上资"，"凡跳荡人，上资加两阶，

① 张国刚：《唐代官制》，71 页。

② 《通典》卷一四八《兵一》，3780 页。

③ 李德裕：《请准兵部依开元二年军功格置跳荡及第一第二功状》，见《全唐文》卷七〇二，7206～7207 页。

④ 《新唐书》卷四六《百官志》，1189 页。

即优与处分，应入三品、五品，不限官考"①。因此，基于跳荡之上的酬功不仅意味着军功的赏赐，而且也伴随着品阶的提高和地位的上升。换句话说，《军功格》其实是兵部专门制定的一种评功授奖、论酬行赏的赏格。所谓"应酬功赏，须依格式"，即此之谓。

与吏部一样，兵部也有一种《选格》。P.4978《开元兵部选格残卷》②云：

（前缺）

1 ☐☐☐☐☐☐☐☐☐☐☐☐☐☐

2 节度管内诸军健儿，其中所有勋官☐☐

3 诸色有资劳人及前资、常选☐☐☐☐

4 劳考，每年为申牒所由，并先在军☐☐☐

5 已上有柱国、上柱国勋者，准勋官例满☐

6 听简试。十五年已上者，授武散官。两个上柱

7 国已上者放选，各于当色量减次上定留放。

8 其中有先立战功，得上柱国勋，长征☐☐☐

9 军由分明者，免简听选，余依本条。

10 一准《兵部格后敕》，同、华、☐、蒲☐☐等，如简免团

11 结二万人数者，其中有得劳番考人☐☐

12 免，并申所司，准式合☐，选日任依常例。

13 一准《兵部格》，诸色有番考，资策出身☐☐☐☐

14 者，初至年及去军年经三个月已上☐☐

15 折成一年劳，中间每年与一年，不得累折。

16 一准开元七年十月廿六日敕，上柱国及柱国子

17 年廿一已上，每年征资一千五百文，准本色宿

18 卫人，至八年满，听简，其及第者，随文武☐

（后缺）

---

① 《唐六典》卷五《尚书兵部》，161 页，中华书局，1992。

② 录文参照刘俊文：《敦煌吐鲁番唐代法制文书考释》，301～302 页；唐耕耦、陆宏基编：《敦煌社会经济文献真迹释录》，第二辑，576 页。

以上共有格文四条，核心部分是武官参选资格的规定。第一条(2—9行)强调的是参选者的"资劳"或"劳考"，即居官两考以上，或因特恩，而具有一定数目之资及一定数量之年劳①。《唐六典》卷5《尚书兵部》云："凡酬功者，见任、前资、常选为上资，文武散官、卫官、勋官五品已上为次资，五品子孙、上柱国柱国子、勋官六品已下、诸色有番考人为下资，白丁、卫士、杂色人为无资。"②这种依照军功赏赐而获得的"资"其实就是皇帝特恩授予的，在武选资格的获得上占有很大优势。显然，此条与上文我们讨论的赏格有着密不可分的交叉关系。

第二条(10—12行)是专门针对团结兵的格文。史载："凡关内团结兵，京兆府六千三百二十七人，同州六千七百三十六人，华州五千二百二十三人；蒲州二千七百三十五人。"③统计起来，关内团结兵的总数(21021人)与"团结二万人"大致吻合，亦说明此格仅适用于唐关内地区。

最后两条(13—18行)是有关卫士和品子劳考叙进的规定。其中品子的考核，完全是按照三卫(左右卫亲卫、左右勋卫、左右翊卫)番上的标准来规定的。比如，品子纳资代役的数目一千五百文(17行)，与《唐六典》所载"三卫违番者，征资一千五百文"相同。又如，"八年满"(18行)，《唐六典》卷5《尚书刑部》曰：

> 诸卫及率府之翊卫考以八。考满，兵部校试，有文，堪时务，则送吏部；无文，则加其年阶，以本色迁授。若有才用，考内得补主帅及监门校尉、直长。④

唐代服役一年一番，考核亦一年一考。服役八年即有八考，番上期间考核成绩好的，可以在内部迁转。八考完全通过后，才算取得了入选职事官的资格。

2. 职方格

职方司是唐代军事要塞和边境防御与警报系统中的领导机构。《新唐

---

① 刘俊文：《敦煌吐鲁番唐代法制文书考释》，305页。

② 《唐六典》卷五《尚书兵部》，161页，中华书局，1992。

③ 《唐六典》卷五《尚书兵部》，157页。

④ 《唐六典》卷五《尚书兵部》，155页。

书》卷 46《百官志》载："职方郎中、员外郎各一人，掌地图、城隍、镇戍、烽候、防人道路之远近及四夷归化之事。"国家图书馆藏周字 51 号《开元职方格断片》有对军情递报失时的惩罚：

> 1　竟不来，遂使军州伫望消息。于今后，仰放火之处约
> 2　述逗留，放火后续状递报，勿稽事
> 3　意，致失权宜。辄逢□刻，捉官别追决卅；所由知烽建（健）儿
> 4　决六十棒。①

可见，一旦边境出现紧急情况时，当值健儿要放火以示预警，同时还要"续状递报"，即以"状"的形式向军州报告敌方消息。如逗留违时，"致失权宜"，主烽官员决杖三十，当值健儿决杖六十。反观《唐律》第 90 条"烽候不警"列举的六种情况中（诸烽候不警、应举烽燧而不举、应放多烽而放少烽、不应举烽燧而举、应放少烽而放多烽及逺烽二里内辄放烟火）②，并无"放火续状递报"的规定及稽失时宜的相应处罚。故可以认为，此条对《唐律》"烽候不警"条有所补充和完善，在某种程度上也扩大了它的适用范围。

3. 驾部格

驾部司有郎中一人，员外郎一人，"掌邦国之舆辇、车乘，及天下之传驿、厩牧官私马牛杂畜之簿籍，辨其出入阑逸之政令，司其名数。"③长庆元年（821）四月，穆宗诏敕云：

> 如闻馆驿递马，死损转多，欲令提举吏人，悉又推委中使。驿吏称不见券，则随所索尽供。既无凭据，肯有定数。自今以后，中使乘递，宜将券示驿吏，据券供马。如不见券，及分外索马，辄不得勒供。下后从长乐、临皋等驿，准此勘合，如不遵守，要速闻知。仍委所在长官，当时具名衔闻奏。其常参知官出使，及诸道幕府军将等，合乘递者，并须依格式。如有违越，当加科贬。④

---

①　刘俊文：《敦煌吐鲁番唐代法制文书考释》，295 页。
②　《唐律疏议》卷八《卫禁·烽候不警》，681～682 页。
③　《唐六典》卷五《驾部郎中员外郎》，162～163 页。
④　《唐会要》卷六一《馆驿》，1063～1064 页。

这次诏敕，《全唐文》卷 65 亦有收录，题名为《禁乘驿官格外征马诏》①。敕文指出，凡中使、常参官和诸道幕府将军出使，皆依官方颁发的公券配给驿马。如无公券，驿吏不予供马。文中提到的"格式"，是唐代"官驿递马"管理的法规。《唐律》第 127 条"增乘驿马"疏议引《驾部式》曰："六品以下前官、散官、卫官，省司差使急速者，给马。使回及余使，并给驴。"②比照《驾部式》有关官驿马匹的规定，可知诏文中提到的"驿官格"应属于《驾部格》。不过，从文中描述的适用范围来看，"驿官格"很可能是《驾部格》内一种有固定适用时限的单行格。

4. 库部格

库部司有郎中一人，员外郎一人，"掌邦国军州之戎器、仪仗"。凡冬至、元正朝会之陈设、丧葬和祭祀之羽仪以及军州所用之甲仗和戎器，皆由库部统一调拨与配给③。《库部格》是有关戎器和仪仗管理方面的法规。《唐律》第 243 条"私有禁兵器"疏议曰："其甲非皮、铁者，依《库部式》，亦有听畜之处，其限外剩畜及不应畜而有者，亦准禁兵器论。"④根据《唐律》的解释，戎器中之"甲"有皮甲和铁甲之分，一般均归入违禁兵器之内。如私有或私造非皮、铁之甲，且符合《库部式》的规定，则不应治罪。若违反式文的规定，"限外剩畜及不应畜而有者"，即超出了式文所能允许的范围，则按私有或私造矛、稍等违禁兵器罪论处。如果参照《库部式》的规定，我们推测，《库部格》中很可能亦有禁止民间私有兵器和甲仗的条文。

**五、刑部**

尚书刑部有尚书一人，侍郎一人，"掌天下刑法及徒隶句（勾）覆、关禁之政令"⑤，是唐代中央的司法行政机构。其属有刑部、都官、比部、司门四司。

---

① 穆宗：《禁乘驿官格外征马诏》，见《全唐文》卷六五，692 页。
② 《唐律疏议》卷一〇《职制·增乘驿马》，823 页。
③ 《唐六典》卷五《尚书兵部》，164 页。
④ 《唐律疏议》卷一六《擅兴·私有禁兵器》，1218 页。
⑤ 《唐六典》卷六《尚书刑部》，179 页。

1. 刑部格

刑部司有郎中、员外郎各二人，"掌律法，按覆大理及天下奏谳"①。《刑部格》是刑部有关正刑定罪和按覆诸狱的法规。这以敦煌石室发现的法制文书 P. 3078＋S. 4673《神龙散颁刑部格残卷》最为典型。此卷首全尾残，存五纸 120 行，有格文 18 条。其首部 1—3 行云：

1　散颁刑部格卷。

2　　银青光禄大夫、行尚书右丞、上柱国丞苏瑰等奏。

3　　　刑部　都部　比部　司门。②

这里"都部"即尚书刑部四司之一都官司。它与其他三司并列，表明《神龙散颁刑部格》其实包含了刑部四司的格文，而非刑部之下纯粹的刑部司之格。根据我们的理解，现存的 18 条格文中，有伪造官文书印、流外行署和州县杂任犯赃、雪免、私铸钱、自首、告密、光火劫贼、盗及煞官驰马、夜宵行道、私造违样绫锦及别敕推事等《刑部格》11 条，另有《都官格》2 条，《比部格》5 条，《司门格》则因残缺而未见记载。

若与《唐律》比较，《神龙散颁刑部格》有三方面值得注意。其一，对违法者的处罚加重。以伪造官文书印的处罚为例：

4　一伪造官文书印若转将行用，并盗用官文书

5　印及亡印而用者，其伪造前代官文书印若

6　将行用，因得成官，假与人官、情受假，先决

7　杖一百，头首配流岭南远恶处，从配缘边有

8　军府小州。并不在会赦之限。其同情受用伪

9　文书之人，亦准此。③

根据《唐律》的规定，伪造官文书印者流二千里，盗用官文书印及亡印

　　①　《新唐书》卷四六《百官志》，1199 页。

　　②　刘俊文：《敦煌吐鲁番唐代法制文书考释》，246 页；唐耕耦、陆宏基编：《敦煌社会经济文献真迹释录》，第二辑，563 页。

　　③　刘俊文：《敦煌吐鲁番唐代法制文书考释》，246～247 页；唐耕耦、陆宏基编：《敦煌社会经济文献真迹释录》，第二辑，563 页。

而行用者同，伪造前代官文书若将行用者徒刑二年，因之得成官者流二千里。格文强调，上述违法行为首先决杖一百，然后区分首犯和从犯，首犯"配流岭南"，从犯配流缘边军府小州。其中岭南，又称岭表、岭外，唐前期仍为蛮夷落荒之地，其最北部的桂州距离京师3705里，最南端的驩州距京城6875里①。韩愈《泷吏》诗云："潮州底处所，有罪乃窜流。……岭南大抵同，官去道苦辽。下此三千里，有州始名潮。"即使开发相对较好的潮州距京师也有三千里以上。这样看来，格文"配流岭南"的处罚远较《唐律》为重，且不在会赦之内，总体上加重了违法者的惩罚。

其二，突出了决杖的处罚。唐代的刑罚，主要有笞、杖、徒、流和死刑五种，且在一般情况下，是一罪一刑。《神龙散颁刑部格》的处罚较重，常常是一罪两刑，其中特别突出了"决杖"的处罚。如6—7行"先决杖一百，头首配流岭南及远恶处"、14行"先决一百，并配入军"、39行"先决杖一百，仍依法与罪"、49—50行"仍先决杖一百，然后依法"、56—57行"先决仗一百，然后依法科罪"、75行"先决杖一百，仍与贼同罪"、102—103行"先决杖一百，然后禁身奏闻"及110行"先决杖一百，造意者徒三年"等，俱是一罪两刑的规定。显然，"决杖"已成为量刑定罪中一种额外的附加处罚，这其实也是格文加重违法惩处的重要方面。另外，14行"并配入军"类似于后来的发配充军，这是《唐律》没有的处罚规定。

其三，增加了新的律条。如99—100行云："一夜宵行道，男女交杂，因此聚会，并宜禁断。其邻保徒一年，里正决杖一百。"此条《唐律》不曾涉及，可以视为是对《唐律》的进一步补充和完善。

除了《神龙散颁刑部格》外，传统文献中也有若干《刑部格》的条文。如太极元年(712)颁行的《太极格》中亦有相关内容。张廷珪《论别宅妇女入宫第二表》云：

臣廷珪言：检贞观、永徽故事，妇人犯私，并无入宫之例；准天授二年有敕，京师神都妇女犯奸，先决杖六十，配入掖庭，至太极修

---

① 王雪玲：《两〈唐书〉所见流人的地域分布及其特征》，载《中国历史地理论丛》，2002，17(4)，79～85页。

格，已从除削，唯决杖六十，仍依法科罪。今不依贞观、永徽典故，又舍太极宪章，而依天授之法，臣愚窃谓未便。①

表文讨论的主要是妇女犯奸的处罚。《唐律》第 11 条"应议请减"曰："及妇女犯奸，亦不得减赎。"又曰："若男夫犯盗，断徒以上及妇人犯奸者，并合免官。"②贞观年间，大臣褚遂良先后两次上表，奏请"五品以上妻犯奸没官"，充为官奴婢③。天授二年（691）武后加重了处罚，即先决杖六十，并配入掖庭。以后，《太极格》又作了调整，妇女犯奸，"唯决杖六十"，并不配遣入宫，较前而言处罚有很大减轻。但是，随着开元三年（715）《太极格》的废止，妇女犯奸又重新回到了"配入掖庭"的处罚当中。

相比之下，《开元格》和《开成格》中的刑部格条，文献记载相对较多。根据《唐会要》和《宋刑统》的记载，我们摘引了《开元格》《开成格》及其它格典中《刑部格》的 16 条格文（参见表1-1），这些格文或对《唐律》有所修改和调整，或对《唐律》有所补充和完善，或者扩大了《唐律》的适用范围。更为重要的是，格文的规定带有具体问题具体分析和具体解决的味道，因而远较《唐律》具体和生动，在司法实践中可操作性较强。以致在五代时期，我们看到《开元格》和《开成格》不仅在实践中参酌使用，而且也是五代法典编纂的必备资料。需要说明的是，《开元格》和《开成格》的性质，后唐御史大夫李琪总结说："《开元格》多是条流公事，《开成格》关于刑狱。"④应当是公允的。后唐刑部郎中李元龟《请令贬降官归葬疏》云："开成格：凡贬降官，本处春秋以存亡报省。如没于贬所，有骨肉许归葬。如无骨肉，本处便与埋葬。"⑤看来，《开成格》并非全然关乎刑狱之制，其中也有"条流公事"的格条和内容。

---

① 《全唐文》卷二六九，2737 页。

② 《唐律疏议》卷二《名例·应议请减》，135～136 页。

③ 褚遂良：《谏五品以上妻犯奸没官表》《再谏五品以上妻犯奸没官表》，见《全唐文》卷一四九，1506～1507 页。

④ 李琪：《请行开成格奏》，见《全唐文》卷八四七，8899 页。

⑤ 李元龟：《请令贬降官归葬疏》，见《全唐文》卷八四九，8916 页。

表 1-1　文献所见刑部格条简表

| 序号 | 刑部格条 | 比较说明 | 材料出处 |
|---|---|---|---|
| 1 | 私铸钱及造意人，及句合头首者，并处绞，仍先决杖一百。从及居停主人加役流，仍各先决杖六十。若家人共犯，坐其家长。若老弱残疾不坐者，则归罪其以次家长。其铸钱处，邻保配徒一年，里正、坊正、村正各决杖六十。若有纠告者，即以所铸钱毁破，并铜物等赏纠人。同犯自首告者免罪，依例酬赏 | 格文据永淳元年五月敕制成，可与《神龙散颁刑部格》40—47行相对照，较律文而言，适用范围扩大，对违反者的处罚也相应加重，反映了唐代私铸钱类犯罪活动的猖獗及对社会危害的严重 | 通典/9/52；宋刑统/26/407（第一个阿拉伯数字为卷数，第二个数字为页码，下同） |
| 2 | 内外官犯赃贿，及私自侵渔入己，至解免已上，有诉寃雪及减罪者，并令大理审详犯状，申刑部详覆。如实寃滥，仍录名送中书门下。其有远年断雪，近请除罪，亦准此 | 据开元八年敕制成，格文中"合雪""雪免"可与《神龙散颁刑部格》20—28行相参照，可补《唐律》"雪免"制度之不足 | 唐六典/18/502；唐会要/66/1148 |
| 3 | 应合决杖人，若有便流移左贬之色，决讫，许一月内将息，然后发遣。其缘恶逆指斥乘舆者，临时发遣 | 据开元十年六月十二日敕制成，属《开元新格》内容 | 唐会要/41/734 |
| 4 | 周朝酷吏来子珣、万国俊、王弘义、侯思止、郭霸、焦仁亶、张知默、李敬仁、唐奉一、来俊臣、周兴、丘神绩、索元礼、曹仁悊、王景昭、裴籍、李秦授、刘光业、王德寿、屈贞筠、鲍思恭、刘景阳、王处贞。右二十三人，残害宗支，毒陷良善，情状尤重，身在者宜长流岭南远处。纵身没，子孙亦不许仕宦。陈嘉言、鱼承晔、皇甫文备、傅游艺。右四人，残害宗支，毒陷良善，情状稍轻，身在者宜配岭南。纵身没，子孙亦不许近任 | 据开元十三年三月十二日敕制成，属《开元新格》内容 | 通典/170/905 |
| 5 | 如闻诸司用例破敕，及令、式深乖道理，自今以后，不得更然 | 据开元十四年九月三日敕制成，属《开元新格》内容 | 唐会要/39/706；宋刑统/30/485 |

| 6 | 勋官、散试官不许赎罪 | 唐律规定，职事官、散官、卫官和勋官可以当徒，格文强调"不许赎罪"，属于以格破律的情况 | 宋 刑 统/2/29 |
|---|---|---|---|
| 7 | 官吏应犯枉法赃十五匹合绞者，自今以后，特宜加至二十匹，仍编诸格律 | 据天宝元年二月十二日敕文制成。格文对官吏犯赃合绞作了修改，赃物由十五匹改至二十匹 | 宋 刑 统/11/177 |
| 8 | 诸州解代官人及官人亲识并游客，并不得于所在官司及百姓间乞取，若官人处分及率敛与者，并同自乞取法。其诸王公以及百姓家人，所在官人不得令供给，其强索供给者，先决杖三十 | 格文可补《唐律》第148条"挟势乞索"之不足 | 宋 刑 统/11/184 |
| 9 | 受雇载运官物公案，受领因而隐盗及贸易者，并同监主法 | 格文对载运官物而隐盗及贸易者特设专条，为《唐律》283条"监临主守自盗"所无，扩大了律文的适用范围 | 宋 刑 统/19/304 |
| 10 | 州县职（左）〔在〕监临，百姓尤资礼奉，其有谋杀及殴，并咆悖陵忽者，先决杖一百。若杀皆斩，不在赦原之限 | 格文可与《神龙散颁刑部格》101—103行规定相同，较律文处罚加重 | 宋 刑 统/21/335 |
| 11 | 官人有被告者，不须即收禁，待知的实，然后依常法 | 格文为官人被告特设专条，可补《唐律》第468条"囚应禁不禁"之不足 | 宋 刑 统/29/467 |
| 12 | 其有挟情托法，枉打杀人者，宜科故杀罪 | 据格文，挟私拷囚而不依法，以致枉法杀人者，准故杀人之罪。可补《唐律》第477条"拷囚不得过三度"之不足 | 宋 刑 统/29/477 |
| 13 | 其徒以下罪，非除免官当及赦杖者，宜准外州县例，量事处分 | 据建中三年四月京兆尹严郢奏，知为刑部格条 | 唐 会 要/41/735 |
| 14 | 其犯十恶、杀人、监守内盗及略人、受财枉法并强盗、造伪头首等情状，蠹害不可与□□□□□□会恩至流者，望请不在官当 | 此为开成格条文，可补《唐律》17条"官当"之不足 | 宋 刑 统/2/29 |

| | | | |
|---|---|---|---|
| 15 | 大理寺断狱及刑部详覆，其有疑似比附不能决者，即须于程限内并具事理，牒送都省。大理寺本断习官，刑部本覆郎官，各将法直，就都省十日内辩定断结。其有引证分明，堪为典则者，便录奏闻，编为例程 | 此为开成格条文，可补《唐律》第486条"辄引制敕断罪"之不足 | 宋 刑 统/30/486 |
| 16 | 应盗贼须得本赃，然后科决。如有推勘因而致死者，以故杀罪论 | 据后唐长兴二年大理正剧可久奏文，可知为开成格条文 | 册府元龟/613/7358 |

### 2. 都官格

都官司有郎中、员外郎各一人，掌管配入诸司的奴婢及俘囚的簿籍，"给衣粮医药，而理其诉免"①。此外，凡公私良贱及各类贱民，都官"必周知之"②，俱在其职司之内。

《都官格》是有关官私奴婢、俘虏、囚徒和各种贱民等管理的法规。前引P.3078＋S.4673《神龙散颁刑部格》载：

> 34　一眩诱官奴婢及藏隐并替换者，并配流岭南，
>
> 35　无官荫者于配所役三年，有官荫者不得当、
>
> 36　赎。官奴婢犯者，配远州苦使。
>
> 37　一工、乐、杂户犯者，没为官奴婢。并不在赦限。③

上引两条格文，一条是有关官奴婢的犯罪处罚，一条是关于官奴婢的来源，基本上没有涉及官奴婢的管理。大历十四年(779)八月，都官奏曰："伏准格式，官奴婢，诸司每年正月造籍二通，一通送尚书，一通留本司，并每年置簿，点身团貌，然后关金、仓部给衣粮。"④根据都官格式的规定，官奴婢的管理主要通过建立类似奴婢档案的籍、簿来调控，他们的身形体貌也在籍、簿中有所圈点和说明，在经过仔细辨别和区分后，通过尚书户部的金部、仓部二司授给奴婢衣粮。

---

① 《新唐书》卷四六《百官志》，1200页。
② 《旧唐书》卷四三《职官志》，1838页。
③ 刘俊文：《敦煌吐鲁番唐代法制文书考释》，248～249页。
④ 《唐会要》卷八六《奴婢》，1570页。

北京师范大学史学探索丛书

其实，都官所奏中还有一条格文："又准格式：官户受有勋及入老者，并从良。"官户即隶属官府的一种贱民，又称番户。按照《户令》的规定，官户变为良民，一般是通过以皇帝赦宥为标志的放免政策来获得的。唐制："凡反逆相坐，没其家为官奴婢。一免为番户，再免为杂户，三免为良人，皆因赦宥所及则免之。"①若官户、奴婢有废疾及年过七十者，并免为良人。在此基础上，《都官格》对官户"从良"的适用范围又有扩大，官户一旦因功受勋，亦可从贱民变为良人。

3. 比部格

比部司有郎中、员外郎各一人，"掌句会内外赋敛、经费、俸禄、公廨、勋赐、赃赎、徒役课程、逋欠之物，及军资、械器、和籴、屯收所入。"②这里"句会"，等同于勾会，即钩稽、复核之意。也就是说，比部是唐代财务勾检系统的中央领导机构③。

前已提到，《神龙散颁刑部格》是尚书省刑部之格，根据比部的职司之责，我们发现《神龙散颁刑部格》中也有《比部格》的条文。现存的18条格文中，第2条"官人在任赃贿"（10—12行）、3条"监主犯赃"（13—19行）、8条"盗计赃满一匹以上"（38行），以及14条"官人被推赃"（92—98行）等俱是有关"赃赎"的内容，而第5条"盗及诈请两京及九成宫库物""盗司农诸仓及少府监诸库物并及军粮军资"（29—33行）涉及军资、器械的名目，同样是比部的职司范围，故上述各条应是《比部格》的相关条款。

传世文献中虽然未见《比部格》的直接条文，但征之史籍仍有迹可寻。开元十六年（728）五月三日，御史中丞李林甫奏："请天下定赃估，绢每匹计五百五十价为限"。玄宗诏曰："敕依。其应征赃入公私，依常式。"李林甫的此次建议经过玄宗的敕旨而被收入比部格式中。但是，这条格文并没有行用多久，至上元二年（761）正月二十八日为肃宗诏敕所修改。其文曰："先准格例，每例五百五十价，估当绢一匹。自今已后，应定赃数，宜约

① 《唐六典》卷六《尚书刑部》，193页。
② 《新唐书》卷四六《百官志》，1200页。
③ 王永兴：《唐勾检制研究》，66页，上海古籍出版社，1991。

当时绢估，并准实钱，庶叶从宽，俾在不易。"①肃宗强调的是，对犯人的定赃量刑，应根据当时的物价（即绢与庸的比例折算）来进行估量。这实际上重申了《唐律》第 34 条"平赃及平功庸"所谓"诸平赃者，皆据犯处当时物价及上绢估"的内容②。所不同的是，犯赃的估量通过绢的中间环节最终按照"实钱"来折算，《唐律》描述的那种"庸功计值"被取消了。这看似肃宗的贸然之举，但其实正是唐商品经济蓬勃发展的体现。

长庆元年（821）六月，比部奏："准制，诸道年终句帐，宜依承前敕例。……其诸州府仍请各委录事参军，每年据留州定额钱物数，破使去处，及支使外余剩见在钱物，各具色目，分明造帐，依格限申比部。"③唐后期，地方上的赋税分上供（上交中央政府）、送使（输送节都使府）、留州（留作本州用度）三部分。为避免或杜绝地方"非利破使"和恣意挥霍的发生，比部要求诸州府建立钱物破用明细账目，分别就各州用度的定额钱物、破用支出及剩余部分，"分明造帐"，按照《比部格》的规定限期报送比部勾覆和审查。

4. 司门格

武德九年（626）八月，太宗诏敕："关梁之设，襟要斯在，义止惩奸，无取苛暴。近世拘刻，禁御滋章，非所以绥安百姓，怀来万邦者也。其潼关以东缘河诸关，悉宜停废。其金银绫绢等杂物，依格不得出关者，不得须禁。"④唐制，司门郎中、员外郎掌天下诸门及关出入往来的审查与批复，"凡关呵而不征，司货贿之出入"，凡欲度关者，先需向刑部司门司请求准许通行的过所⑤。根据《唐律》的规定，"诸私度关者，徒一年"，而携带"禁物"私自度关者，按坐赃罪论处⑥。反观上引金银绫绢"依格"不得出关的诏书，可以推知此"格"只能是掌控关津桥梁之禁的《司门格》了。

①　《唐会要》卷四〇《定赃估》，726～727 页。

②　《唐律疏议》卷四《名例·平赃及平功庸》，337 页。

③　《唐会要》卷五九《比部员外郎》，1036 页。

④　《唐会要》卷八六《关市》，1578 页。

⑤　《旧唐书》卷四三《职官志》，1839 页。

⑥　《唐律疏议》卷八《卫禁·私度及越度关》，640 页；同卷《卫禁·赍禁物私度关》，665 页。

## 六、工部

尚书工部有尚书一人,侍郎一人,"掌山泽、屯田、工匠、诸司公廨纸笔墨之事"。① 其属有工部、屯田、虞部、水部四司。工部司负责城池土木工程的建设,虞部司"掌京都衢阛、苑囿、山泽草木及百官蕃客时蔬薪炭供顿、畋猎之事"。水部司"掌津济、船舻、渠梁、堤堰、沟洫、渔捕、运漕、碾硙之事"②,是唐代水利事业方面的行政主管部门。唐制,工部、虞部和水部三司各有专门的办事章程和行政管理法规。然因材料所限,三司之具体格条,目前尚未发现。

屯田司有郎中、员外郎各一人,掌管天下屯田诸事务,并依官品授予在京文武官员职田和诸司公廨田。《屯田格》的条文,目前所考的仅有一条。《通典》卷10《食货十》载:

> 又屯田格:"幽州盐屯,每屯配丁五十人,一年收率满二千八百石以上,准营田第二等,二千四百石以上准第三等,二千石以上准第四等。大同横野军盐屯配兵五十人,每屯一年收率千五百石以上准第二等,千二百石以上准第三等,九百石准第四等。又成州长道县盐井一所,并节级有赏罚。蜀道陵、绵等十州盐井总九十所,每年课盐都当钱八千五十八贯。若闰月,共计加一月课,随月征纳,任以钱粮兼纳。其银两别常以二百价为估。其课依都数纳官,欠即均征灶户。"③

这里描述的是开元二十五年(737)屯田管理的有关情况,依例应在《田令》中有所涉及。根据戴建国先生对《开元二十五年令·田令》的复原,第38—49条涉及了屯田的类别(营田和军屯)、耕牛的分配、收获物的解纳和损欠、田亩的好坏以及屯官的考核等方面④,但是唯独没有盐屯信息的任何说明。《屯田格》恰好弥补了这方面的不足:一是以营田为参照,分配盐屯的定额丁夫,大约分为四等,各依收获物的多寡而定;二是与此相应,

---

① 《新唐书》卷四六《百官志》,1201 页。
② 《新唐书》卷四六《百官志》,1202 页。
③ 《通典》卷一〇《食货十·盐铁》,231~232 页。
④ 戴建国:《唐〈开元二十五年令·田令〉研究》,载《历史研究》,2000(2),36~50 页。

对诸处盐井的课税和征纳标准也有具体规定。由此看来,《屯田格》是唐代屯田管理中必须遵循的法规和准则,对《田令》的执行起到了一种调节和补充作用。

## 第三节　唐格的性质问题

以上我们对唐尚书六部二十四司的格条做了初步梳理。可以看出,"格"对中央诸司机构的行政规章制度及相应官员的行为规范作了规定和说明。这些内容既有《唐六典》"禁违正邪"的规定,也有"正刑定罪"的条文,还有诸司机构的管理法规。而在这些法规的背后,始终体现着李唐王朝的政治制度。《新唐书》卷56《刑法志》曰:"格者,百官有司之所常行之事也",或许是更好的总结和概括。

我们知道,格来源于帝王制敕,而制敕通常是帝王随人随事而发,其中不乏涉及律、令、式和刑狱的内容。由于皇帝的意志高于一切,帝王制敕往往可以代行法律,所以律、令、式必须符合"格"的精神,而不能与之相抵牾。从这个意义上说,唐代依据制敕编定的格,其实也渗透着律、令、式的条文和内容。且由于格是皇帝制敕的汇编,因而具有较高的法律效力,在司法实践中往往制约着律、令、式等其他法律形式。另一方面,唐代诏敕及官员奏文中常常是格律、格令、格式并称,说明格与律、令、式之间有着密不可分的交叉关系。因此,讨论唐格的性质,除了辨别格、敕的关系以外,还应当从格律、格令及格式的关系方面来考虑。

### 一、格与律的关系

格、律之间的关系可以具体为《刑部格》与《唐律》的关系。就共同点而言,二者都是刑法条流,是司法实践中量刑定罪的重要依据。但由于律法一旦修订即具有很大的稳定性,不会轻易改变。加之律条的制定也极其有限,因而在具体复杂的司法实践和刑狱案件中,《唐律》的量刑显得比较牵强,特别是对那些《唐律》没有规定的违法行为,司法官员常常无所适从。为解决这种问题,唐初沿袭隋制,将基于礼仪、道德而建立起来"例"也引入司法实践中。开元十四年(726)九月,玄宗诏敕:

如闻用例破敕及令式，深非道理，自今以后，不得更然①。

这里的"例"，相当于现在我们通常所说的习惯法。在唐前期的司法实践中，由于经常会出现一些案情复杂而又无法援引律令来量刑定罪的情况，因而基于礼仪、道德、亲情以及习惯等因素在内的"例"（惯例）往往被引入司法实践中。但是，一旦"例"被频繁地引用，反过来势必要对律令的适用和法律效力产生不利影响。正因为此，玄宗颁布诏令纠正"用例破敕及令式"的现象。以后在立法调整的过程中，负责法典编纂的官员将此敕编入"格"中②。

在一定程度上，唐格可以弥补《唐律》量刑定罪的不足，不失时机地对律法有所补充和修改。同时在制作上将《唐律》的条文进一步具体化和细致化，尽可能地将各种相关因素考虑进去，因此表面看起来，唐格的牵扯面相较更多，其处罚也相较加重，但事实上扩大了《唐律》的适用范围，更为有效地维护了《唐律》的稳定性。如《神龙散颁刑部格》云：

101　一州县职在亲人，百姓不合陵忽。其有欲害及

102　殴所部者承前已令斩决，若有犯者，先决一

103　百，然后禁身奏闻。③

格文强调，凡百姓殴打本部长官者，皆科斩刑，先决杖一百，"然后禁身奏闻"。百姓"陵忽"和殴打长官的行为，《唐律》没有专门的法律规定。或可参照的是，吏卒殴打当司九品以上官者徒一年，工户、乐户、公廨户、奴婢及吏卒谋杀本部长官者，流二千里，"已伤者绞，已杀者皆斩"④。这些处罚与格文相较起来显然是比较轻的。另一方面，格文关于百姓"陵忽"长官的规定，事实上也扩大了《唐律》252条"谋杀制使府主"和312条"殴制使府主"的适用范围。以后，此条作为对《唐律》必要的补充一直被行

---

① 《唐会要》卷三九《定格令》，706页。

② 《宋刑统》卷三〇《断罪引律令格式》，485页。

③ 刘俊文：《敦煌吐鲁番唐代法制文书考释》，253页；唐耕耦、陆宏基编：《敦煌社会经济文献真迹释录》，第二辑，568页。

④ 《唐律疏议》卷一七《贼盗·谋杀制使府主》，1259页；卷二一《斗讼·殴制使府主》，1499页。

用下来。《宋刑统》卷 21《殴制使刺史县令》所载刑部格条云："州县职（左）〔在〕监临，百姓尤资礼奉，其有谋杀及殴，并咆悖陵忽者，先决杖一百。若杀皆斩，不在赦原之限。"很显然，这与《神龙散颁刑部格》的处罚规定是相同的。

应当看到，《刑部格》有关条文的规定，有时随着政治形势和社会问题的变化而略有调整和修正，因而也有一个动态变化的过程。比如，私铸钱币的问题，终唐一代一直厉行禁止。如《唐律》规定："诸私铸钱者流三千里，作具已备未铸者徒二年，作具未备者杖一百。"①永淳元年（682）五月，高宗诏敕曰：

> 私铸钱造意人及句（勾）合头首者，并处绞，仍先决杖一百。从及居停主人加役流，各决杖六十。若家人共犯，坐其家长；老疾不坐者，则罪归其以次家长。其铸钱处，邻保配徒一年；里正、坊正、村正各决六十。若有纠告者，即以所铸钱毁破并铜物等赏纠人。同犯自首免罪，依例酬赏。②

敕文对私自铸钱者处以绞刑，"仍先决杖一百"，较《唐律》"流三千里"的规定明显加重。将处罚范围由"私铸钱"首从扩及居停主人、家长、邻保、里正、坊正和村正。即居停主人决杖六十，加役流；家长连坐；邻保徒一年；里正、坊正、村正各决杖六十。并鼓励纠告，允许自首。通过这些严厉的惩罚措施，重申"私铸钱"之禁。以后，这条敕文被原封不动地搬入《刑部格》中，但行用没有多长时间（确切地说应是 23 年）后有关条文即被再次修改。前引敦煌文书《神龙散颁刑部格》云：

> 40　一私铸钱人勘当得实，先决杖一百。头首处尽，
>
> 41　家资没官；从者配流，不得官当、荫赎。有官
>
> 42　者仍除名。勾当头首及居停主人虽不自铸，
>
> 43　亦处尽，家资亦没官。若家人共犯，罪其家

---

① 《唐律疏议》卷二六《杂律·私铸钱》，1779 页。
② 《通典》卷九《食货九》，52 页。

44 长，资财并没；家长不知，坐其所由者一房资财。

45 其铸钱处邻保处徒一年，里正、坊正各决杖一百。

46 若有人纠告，应没家资并赏纠人。同犯自首

47 告者，免罪，依例酬赏。①

此格的体例与处罚范围，基本上与永淳元年敕文相同，但在量刑上较前又有加重。铸钱人不分首从皆先决杖一百，谋首、勾合头首及居停主人皆处绞刑，并籍没家资；从者配流，且不得当赎；坊正、里正各杖一百，从而使私铸钱罪成为谋反、逆叛以外最重之罪，反映出唐代私铸钱类犯罪活动之猖獗及其造成危害之严重②。

由于格是根据形势的变化和实际的需要而对帝王制敕进行选编和修订，因而较律法而言易于适合社会变化的具体情况，在司法实践中自然具有较强的法律效力。如《唐六典》卷6所载："凡有罪未发及已发未断而逢格改者，若格重则依旧条，轻从轻法。"③又《唐律》32条"彼此俱罪之赃"疏议曰："其铸钱见有别格，从格断。余条有别格见行破律者，并准此。"④换言之，对于同一案件律、格皆有规定者，量刑定罪则以格文为据，这就从法律上赋予了"以格破律"和"以格断狱"的合理性。

但唐后期，随着制敕地位的提高及其在立法活动中核心地位的确立，格的法律效力亦受到"敕"的制约。长庆三年(823)穆宗诏敕："御史台奏，伏缘后敕，合破前格。自今以后，两司检详文法，一切取向最后敕为定。"由此确立了"敕"在唐代诸多法律形式中的最高地位，"以敕破格"作为司法实践中法律适用的又一种先后顺序被延续了下来。《宋刑统》卷30《断罪引律令格式》载：

> 准唐长兴二年八月十一日敕，今后凡有刑狱，宜据所犯罪名，须具引律、令、格、式，逐色有无正文，然后检详后敕，须是名目条件

① 刘俊文：《敦煌吐鲁番唐代法制文书考释》，249 页；唐耕耦、陆宏基编：《敦煌社会经济文献真迹释录》，第二辑，565 页。

② 刘俊文：《唐律疏议笺解》，1782 页。

③ 《唐六典》卷六《尚书刑部》，191 页。

④ 《唐律疏议》卷四《名例律·彼此俱脏之罪》，317 页。

同，即以后敕定罪。后敕内无正条，即以格文定罪，格内又无正条，即以律文定罪。律、格及后敕内并无正条，即比附定刑，亦先自后敕为比。①

我们看到，后唐的法律形式中，法律效力最高的是敕，其下依次为格、律及令式，从而确立了正刑定罪中的一种先后顺序。究其实质，是与唐后期"有敕不依格，有格不依律"的规定相同的。

**二、格与令的关系**

刘俊文指出，唐格亦有修改、补充或变通令的规定②，这是格、令关系的一个方面。令的性质，《唐六典》总结为"设范立制"，《新唐书·刑法志》定义为"尊卑贵贱之等数，国家之制度也"③。其实，就制度的规范而言，"格"同样有这方面的条文。比如，吏部格、兵部格中关于文武官员铨选和考核的规定，就是唐代选官制度的体现。吏部格和礼部格有关贡举的规定，是规范唐科举制度良性运作的反映。文明元年（684）敕文强调："当司格令，书于厅事之壁，俯仰观瞻，使免遗忘。"④其目的在于让百官熟悉"格令"规定的本司程序和职责，更好地处理行政办公事务。

首先，格、令的不同来自于它们的篇目结构。我们知道，格"以尚书省诸曹为目"，分二十四篇，基本上是按照尚书六部的职能来划分篇目的。令的划分和归属比较特殊，根据日本学者仁井田陞《唐令拾遗》的复原，唐令有33类，俱是按照制度的分层来区分的。比如，关于官员品级、职责、俸禄及休假等方面，唐令具体划分为《官品令》、《职员令》（其中又分为三师三公台省职员令、寺监职员令、卫府职员令、东宫王府职员令、州县镇守岳渎关津职员令五类）、《禄令》和《假宁令》等类。这些分类从不同的侧面对官员的地位和待遇进行诠释。但若按唐格的规定，以上各令的内容，基本上在《吏部格》中全部涉及。又如，关于户口管理的《户令》和有关赋税征收的《赋役令》，从两个层面对户部的职责予以说明，而唐格则以《户部

① 《宋刑统》卷三〇《断罪引律令格式》，486 页。
② 刘俊文：《唐代法制研究》，152 页。
③ 《新唐书》卷五六《刑法志》，1407 页。
④ 《唐会要》卷三九《定格令》，705～706 页。

格》全部包括。至于有关丧葬制度的《丧葬令》、关于授业学生管理的《学令》、关于官员衣服颜色和形制的《衣服令》，关于宴享、祠祀及庙堂之音的《乐令》，是礼部职司的进一步划分，唐格则以《礼部格》总而扩之。因此，在对制度建设的规定上，格是总体上的一种规范和制约，而令则是从不同的层面或角度来对制度进行分解和说明。

其次，如《唐六典》所云，格要达到的目的是"禁违正邪"，是有强制性的禁令。而令的情况则不是这样。唐《赋役令》第 19 条"孝子顺孙同籍免课役"云："诸孝子顺孙、义夫节妇，老行闻于乡间者，州县申尚书省闻奏，表其门间、同籍悉免课役。有精诚致应者，则加优赏。"①与此条可以对照的是，敦煌文书 S.1344《开元户部格残卷》亦有相关记载：

4　敕：孝义之家，事须旌表。苟有虚滥，不可褒称。其孝必

5　须生前纯至，色养过人。殁后孝思，哀毁踰礼，神明通感，

6　贤愚共伤。其义必须累代同居，一门邕穆，尊卑有

7　序，财食无私；远近钦承，州间推伏；州县亲加案验，知

8　状迹殊尤，使覆同者，准令申奏。其得旌表者，孝门复

9　终孝子之身；义门复终旌表时同籍人身。仍令所管长

10　官以下及乡村等，每加访察。其孝义人，如中间有声

11　实乖违，不依格文者，随事举正。若容隐不言，或检

12　覆失实，并妄有申请者，里正、村正、坊正及同检人等

13　各决杖六十，所由官与下考。

14　　　　　证圣元年四月九日。②

格文对孝义之家的优复有特别的规定，并令州县官员"严加访察"。为配合孝义之家优复、旌表的实行及监督复核、案验的公平，格文强调了相关的惩罚措施。如不依格文办事，"随事举正"。基层的坊里乡官若不尽

---

① ［日］仁井田陞著，栗劲等译：《唐令拾遗》，612 页。

② 刘俊文：《敦煌吐鲁番唐代法制文书考释》，276～277 页，唐耕耦、陆宏基编：《敦煌社会经济文献真迹释录》，第二辑，570 页。

责，"容隐不言"，判以决杖六十的刑罚。比起《赋役令》的规定来说，格文禁人违犯的强制性禁令是十分明显的。后晋天福四年(939)，深州参军李自伦"六世同居"，朝廷奉敕准格，以其所居飞凫乡为孝义乡，匡圣里为仁和里，"准式旌表门闾"①。看来，唐代的孝义旌表之格的确得到了很好的贯彻和实行。

### 三、格与式的关系

唐代的法律形式中，格式并称的现象十分普遍，有时很难区分。如景龙三年(709)八月九日敕："应酬功赏赐，须依格式，格式无文，然后比例。"②建中二年(781)正月诏："天下钱谷皆归金部、仓部，中书门下简两司郎官，准格式条理。"③格式之所以并称，很大程度上是由于它们的篇目大部分可以重合。我们知道，唐格有二十四篇，唐式有三十三篇，其中的二十四篇亦是按照尚书六部二十四司的篇目来命名的。也就是说，这二十四式从篇目上完全与唐格可以重合。如前面提到的驾部格和驾部式，均是官驿马匹管理的规定。主客格和主客式是入唐蕃人行为规范的条文。国图周字51号《开元职方格断片》有关"续状递报"的条文，《职方式》规定说："放烽讫而前烽不举者，即差脚力往告之。"若不及时告知者，判处徒刑三年的惩罚④。又《兵部式》规定："叙功计杀获及输失数。若输多，除跳荡及斩将外，自余并节级酬勋，不在与官放选限。"这与前引《兵部格》"跳荡功"的酬劳和授勋方法大致相同。至于《刑部格》和《刑部式》，均是有关刑法条流的规定，因而区分起来似更困难。总之，由于篇目上的重合，加之格、式对同一问题的规定大致相同或接近，因而在一定程度上将格、式近视地等同起来，从而出现了格、式并称的说法。

除了上述二十四篇外，唐式还有秘书、太常、司农、光禄、太仆、太府、少府、监门宿卫、记帐及勾帐九篇，基本上覆盖了唐中央六部九卿诸

---

① 《新五代史》卷三四《李自伦传》，373 页，中华书局，1974。

② 《唐会要》卷五四《中书省》，927 页。

③ 《唐会要》卷五九《仓部员外郎》，1021 页。

④ 《唐律疏议》卷八《卫禁律·烽候不警》，682 页。

司的所有机构。唐式的性质，《唐六典》描述为"轨物程事"，即诸司官员处理行政事务所遵循的办事流程和具体细则，其实也就是《新唐书·刑法志》所说的"常守之法"。这与唐格所谓百官有司"常行之事"还是有很大区别的。另外，格来源于制敕，通常由立法官在数量众多的单行敕文中选编而成，具有较高的法律效力。而式主要是增损前代旧文，经过统一制定和修改而成，只在很少的场合才将制敕转化为式①，其法律效力是不能与格相比的。

## 本章小结

作为唐代立法的重要形式之一，唐格的发展有一个动态的变化过程。武德元年(618)，高祖制定新格53条，"入于新律"，完全属于刑法的范畴。至贞观十一年(637)，律令格式建立起来后，格有二十四篇，皆以尚书省二十四司为目，格的性质也相应发生了变化。其中以六部之一的刑部及属下四司(刑部、都官、比部、司门)为名的格文，依然具有"正刑定罪"的性质，并不失时机地对唐律有所补充和调整。而尚书省其他二十司的格条，"编录当时制敕，永为法则"，对中央诸司机构的行政规章制度及相应官员的行为规范作了规定和说明，当为诸司机构的管理法规，其中不同程度地渗透着令、式的规定，从而达到一种"禁违正邪"的目的。另一方面，唐格是在不断排比、选编帝王制敕的基础上形成的，这不仅保证了它较高的法律效力，而且也能根据李唐王朝统治的需要和社会情况的变化，随时对律、令、式做出必要的修改、补充或变通②。因此可以说，唐格以另一种制敕的形式贯穿了律、令、式的精神，成为唐代立法活动中最具有灵活性、针对性和可操作性的法律形式，对唐代法律体系的完善以及维护李唐王朝统治秩序的稳定起了积极的作用，而且也对五代、两宋的国家立法有着直接的影响。

---

① 霍存福：《唐式性质考论》，载《吉林大学社会科学学报》，1992(6)。

② 刘俊文：《唐代法制研究》，155页。

表 1-2　唐代"格"类法典编纂表

| 格名 | 卷数 | 修撰人员 | 相关说明 | 材料出处 |
|---|---|---|---|---|
| 武德新格 | 53条 | 纳言刘文静等撰定 | 凡五十三条,"皆入新律",武德元年颁行,七年四月废止 | 旧唐书/50/2134;唐会要/39/701 |
| 贞观格 | 18卷 | 中书令房玄龄、右仆射长孙无忌、蜀王府法曹参军裴弘献等撰 | 贞观十一年正月颁布,系取武德及贞观以来发布的三千余条制敕,删定格文700条。"以尚书省诸曹为目" | 旧唐书/50/2138;新唐书/56/1410;新唐书/58/1494 |
| 贞观留司格 | 1卷 | 中书令房玄龄、右仆射长孙无忌、蜀王府法曹参军裴弘献等撰 | 曹之常条,因留本司,故曰《留司格》 | 旧唐书/50/2138;新唐书/58/1494 |
| 永徽散颁天下格 | 7卷 | 太尉无忌、司空李勣、左仆射于志宁、右仆射张行成,侍中高季辅、黄门侍郎宇文节柳奭、尚书右丞段宝玄、太常少卿令狐德棻、吏部侍郎高敬言、刑部侍郎刘燕客、给事中赵文恪、中书舍人李友益、少府丞张行实、太府丞王文端、大理丞元绍、刑部郎中贾敏行等奉诏撰定 | 永徽二年闰九月颁行,乾封元年废止。系以贞观格为基础,并删改贞观格后直至永徽元年陆续发布之敕而成。分格为两部,天下所共为"行格"或"散颁格",颁下州县。曹司常务为留司格,仅留本司使用 | 新唐书/58/1495;唐会要/39/702 |
| 永徽留本司行格 | 18卷 | | | |
| 永徽散行天下格中本 | 7卷 | 司刑太常伯源直心、少常伯李敬玄、司刑大夫李文礼等撰刊定 | 龙朔二年始修,唯改易官号、曹、局之名,而不易篇目。麟德二年奏尚上,乾封元年颁行,仪凤二年三月废止 | 旧唐书/46/2010;旧唐书/50/2142;新唐书/58/1495;唐会要/39/702 |
| 永徽留本司行格中本 | 18卷 | | | |

| | | | | |
|---|---|---|---|---|
| 永徽散行天下格后本 | 7卷 | 左仆射刘仁轨、右仆射戴至德、侍中张文瓘、中书令李敬玄、右庶子郝处俊、黄门侍郎来恒、左庶子高智周、右庶子李义琰、吏部侍郎裴行俭马载、兵部侍郎萧德昭裴炎、工部侍郎李义琛、刑部侍郎张楚金、金部郎中卢律师等奉诏撰 | 仪凤元年始修，仪凤二年三月颁行，垂拱元年三月废止 | 旧唐书/46/2010；新唐书/58/1495 |
| 永徽留本司格后本 | 11卷 | | | |
| 垂拱格 | 10卷 | —— | —— | 新唐书/58/1495 |
| 垂拱新格 | 2卷 | 秋官尚书裴居道、夏官尚书同凤阁鸾台三品岑长倩、凤阁侍郎同凤阁鸾台平章事韦方质、删定官袁智弘、咸阳尉王守慎奉诏撰 | 垂拱元年颁行，神龙元年废止。整理和删辑武德以来、垂拱以前诏敕中"便于时者"而成。武后自制序。"识者称为详密" | 旧唐书/46/2011；新唐书/56/1413；新唐书/58/1496；唐会要/39/702 |
| 垂拱留司格 | 6卷 | | | |
| 垂拱散颁格 | 3卷 | —— | —— | 新唐书/58/1496 |
| 神龙散颁格 | 7卷 | 尚书左仆射唐休璟、中书令韦安石、散骑常侍李怀远、礼部尚书祝钦明、尚书右丞苏瑰、兵部郎中姜师度、户部郎中狄光嗣等删定 | 神龙元年颁行，太极元年二月废止。系删定《垂拱格》及格后敕及垂拱后至神龙元年正月以前制敕而成 | 旧唐书/50/2149 唐会要/39/702；新唐书/58/1496 |
| 太极格 | 10卷 | 户部尚书同中书门下三品岑羲、中书侍郎同中书门下三品陆象先、右散骑常侍徐坚、右司郎中唐绍、刑部员外郎邵知新、大理寺丞陈义海、评事张名播、右卫长史张处斌、左卫率府仓曹参军罗思贞、刑部主事阎义颛等删定 | 景云元年始修，太极元年二月颁行，开元三年废止 | 旧唐书/50/2149；新唐书/58/1496；唐会要/39/703 |

北京师范大学史学探索丛书

| 开元格 | 6卷 | 黄门监卢怀慎、刑部尚书李乂、紫微侍郎苏颋、紫微舍人吕延祚、给事中魏奉古、大理评事高智静、韩城县丞侯郢班、瀛州司法参军阎义颛等同修 | 开元元年始修，开元三年颁行，开元七年废止。系删定《太极格》及太极格后至开元初发布之敕而成。又称《开元新格》 | 旧唐书/50/2150；新唐书/58/1496；唐会要/39/703 |
|---|---|---|---|---|
| 开元后格 | 7卷 | 吏部尚书宋璟、中书侍郎苏颋、尚书左丞卢从愿、吏部侍郎裴璀慕容珣、户部侍郎杨缘、中书舍人刘令植、大理司直高智静、幽州司功参军侯郢班等同修 | 开元六年始修，开元七年三月颁行，开元二十五年废止。系删定《开元格》及开元格后至开元六年发布之敕而成 | 旧唐书/50/2150；唐会要/39/703 |
| 开元格后长行敕 | 6卷 | 侍中裴光庭、中书令萧嵩等删定 | 成于开元十九年。"以格后制敕行用之后，与格文相违，于事非便"，故撰《格后长行敕》 | 旧唐书/50/2150；新唐书/58/1497；唐会要/39/703 |
| 开元新格 | 10卷 | 中书李林甫，侍中牛仙客，中丞王敬从，前左卫胄曹参军崔冕，卫州司户参军直中书陈承信，酸枣县尉直刑部俞元杞等撰 | 开元二十二年始修，二十五年九月颁行，天宝四载废止。系删定《开元后格》《格后长行敕》及开元十九年至二十五年间敕文而成 | 旧唐书/50/2150 |
| 格式律令事类 | 40卷 | 中书李林甫，侍中牛仙客，中丞王敬从，前左武卫胄曹参军崔冕，卫州司户参军直中书陈承信，酸枣县尉直刑部俞元杞等撰 | 成于开元二十五年，其体例是"以类相从，便于省览"，敕于尚书都省写五十本，颁于天下 | 旧唐书/50/2150；新唐书/58/1496；唐会要/39/704 |
| 开元格令科要 | 1卷 | 裴光庭 | —— | 新唐书/58/1497 |
| 天宝新定开元新格 | —— | 诏刑部尚书萧炅稍增损之 | 天宝四载颁行，贞元七年废止。系增损《开元行格》及开元二十五年至天宝四载之敕而成 | 新唐书/56/1413 |
| 贞元格 | —— | 初由中书门下删定，建中二年移属刑部修订 | 大历十四年始修，贞元元年十月，成《贞元定格后敕》三十卷，但"留中不出"，贞元七年正式颁行 | 册府元龟/612/7349；唐会要/39/704 |

| | | | | |
|---|---|---|---|---|
| 元和格敕 | 30 卷 | 刑部尚书权德舆、凤翔节度使郑馀庆、左司郎中崔郾、吏部郎中陈讽、礼部员外郎齐庾敬休、著作郎王长文、集贤校理元从质、国子博士林宝用、刑部侍郎许孟容和蒋乂、刑部侍郎刘伯刍等详定 | 元和十年始修，元和十三年奏上。系以《元和删定制敕》为底本，将元和五年至十年间发布之敕中"合长行者"选编而成 | 旧唐书/50/2154；新唐书/58/1497；唐会要/39/704 |
| 长庆二年格 | —— | —— | 目前所知的是：长庆二年格对原《吏部格》中有关铨选和贡举的格条作了修正 | 全唐文/970/4464 |
| 太和格后敕 | 40 卷 | 刑部侍郎冯宿纂修 | 太和元年始修，"取元和以来制敕，参详删定"而成 | 旧唐书/12/527；新唐书/56/1413 |
| 格后敕 | 50 卷 | 大理丞谢登纂修 | 成于太和七年。初 60 卷，后刑部详定，去其繁复，始定为 50 卷。 | 旧唐书/50/2155；新唐书/58/1497 |
| 开成详定格 | 10 卷 | 刑部侍郎狄兼谟纂修 | 成于开成三年。采开元二十六年以后至于开成制敕，删其繁者，为《开成详定格》 | 唐会要/39/705；新唐书/56/1414 |
| 大中刑法总要格后敕 | 60 卷 | 刑部侍郎刘瑑等纂修 | 大中五年四月始修。起贞观二年六月二十日，至大中五年四月十三日，凡二百二十四年杂敕 | 旧唐书/50/2156；新唐书/58/1497 |

说明：

1. 表格"材料出处"栏中，第一个阿拉伯数字表示卷数，第二个数字为页码。比如，旧唐书/50/2134 表示《旧唐书》卷五〇，第 2134 页。以下同，不另说明。

2. 表格中，凡数据"不明"或空缺时，均用"——"符号表示。以下同，不另说明。

# 第二章 敦煌出度文书所见唐代度牒的申领与发放

度牒是僧尼取得合法地位的凭证，也是僧尼免除赋役和远行游历的身份证明。对于度牒的研究，国内外学者从僧尼的出度、僧尼籍的编造与管理以及公文中"牒"的程式等角度，对度牒的颁授、形制及相关问题作了深入探讨①。在此基础上，本章结合敦煌石室所出的僧尼出度文书，拟对唐代度牒的申领与发放问题进行论述。

## 第一节 唐代度牒的申领

度牒出现的时间，《大宋僧史略》卷中《祠部牒附》说："若夫稽其乡贯，则南朝有之（见高僧传），唯为搜扬，便生名籍。系之限局，必有凭由，凭由之来即祠部牒也。"②赞宁所说的"凭由"因依托于"名籍"（即僧尼籍帐），寓有身份凭证的意义，故就性质而言，这种体现身份属性的"凭由"与唐宋

北京师范大学史学探索丛书

---

① ［日］道端良秀：《唐代佛教史の研究》，29～94 页，法藏馆，1957；［日］竺沙雅章：《中国佛教社会史研究》，19～82 页，同朋社，1982；［法］谢和耐著、耿昇译：《中国五—十世纪的寺院经济》，71～77 页，甘肃人民出版社，1987；曹旅宁：《唐代度牒考略》，载《陕西师大学报》（哲学社会科学版），1990（2），74～77 页；曹旅宁：《试论宋代的度牒制度》，载《青海师范大学学报》，1990（2），52～56 转 61 页；［日］中存裕一：《唐代官文书研究》，420～437 页，中文出版社，1991；［日］竺沙雅章：《寺院文书·度牒》，见池田温主编：《讲座敦煌·5·敦煌汉文文献卷》，589～594 页，大东出版社，1992 年；曹旅宁：《南北朝隋唐五代僧籍制度探究》，载《长沙水电师院学报》，1992（1），115～118 转 127 页；曹旅宁：《宋元明清僧籍制度概说》，载《长沙水电师院学报》，1992（4），73～77 页；张弓：《汉唐佛寺文化史》，378～387 页，中国社会科学出版社，1997；郝春文：《唐后期五代宋初敦煌僧尼的社会生活》，7～20 页，中国社会科学出版社，1998；白文固：《元代的僧籍管理》，载《佛学研究》，1999，327～330 页；白文固：《宋代僧籍管理制度管见》，载《世界宗教研究》，2002（2），120～127 页；周奇：《唐代国家对僧尼的管理——以僧尼籍帐与人口控制为中心》，载《中国社会经济史研究》，2008（3），8～19 页；孟宪实：《论唐朝的佛教管理——以僧籍的编造为中心》，载《北京大学学报》（哲学社会科学版），2009（3），136～143 页。

② No.2126《大宋僧史略》，见《大正藏》，第 54 册，246 页。

时期的祠部牒（度牒）具有先后因袭和继承关系，因而宋人高承直言"度牒自南北朝有之"。

唐代僧尼的管理机构屡有变化，但总体来说，尚书祠部在相当长的时间里掌握着僧尼出度与名籍的管理。对于合法出度的僧尼，祠部依例颁发牒文，即为度牒，又称祠部牒。《大宋僧史略》卷中《祠部牒附》载：

> 天宝六年（载）五月，制僧尼依前两街功德使收管，不要更隶主客，其所度僧尼仍令祠部给牒（唐祠部牒皆绫素锦素铀轴盖纶诰也。非官何谓），给牒自玄宗朝始也。①

赞宁认为祠部给牒始于唐玄宗。但考诸史实，武后延载元年（694）敕令"天下僧尼隶祠部"，开元二十五年诏"僧尼令祠部检校"，天宝二年（743）玄宗又令"僧尼隶祠部"②，祠部给牒的初始时间其实并不明确。不过，从度僧"仍令祠部给牒"来看，祠部给牒显然要早于天宝六载（747）。至于度牒的形制，由于是尚书祠部所出，故用"绫素锦素铀轴"制作而成，大致与朝廷的诏令文告相类似。

度牒既为度僧的凭证，故遵照官方公认的度僧方式，依例即可获得祠部颁发的牒文。按唐制，朝廷认可的"公度"方式大体有试经度僧（策试经业）③、特恩度僧（皇帝诏敕恩度）、进纳度僧（缴纳钱物）三种④。需要说明的是，特恩度僧尽管是皇帝在特定时期诏告天下、布施恩泽的度僧方式，但在操作的过程中亦非常注重经业的策试。《不空表状集》卷2《请降诞日度僧五人制一首》⑤略云：

> 行者毕数延年五十五无州贯，诵梵本贤护三昧经一部，并诵诸陀罗尼，请法名惠达，住庄严寺。

---

① No.2126《大宋僧史略》，见《大正藏》，第54册，246页。

② 《唐会要》卷四九《僧尼所隶》，859～860页，中华书局，1955。

③ 关于试经度僧，白文固《唐宋试经剃度制度探究》（《史学月刊》，2008(8)，31～36页）一文论述甚详，可参看。

④ ［日］道端良秀：《唐代佛教史の研究》，29～59页，法藏馆，1957。

⑤ No.2120《代宗朝赠司空大辨正广智三藏和上表制集》，见《大正藏》，第52册，835～836页。

行者康守忠年四十三无州贯，诵经一百二十纸，并诵诸陀罗尼，请法名惠观，住东京广福寺大弘教三藏毗卢舍那院。

行者毕越延年四十三无州贯，诵梵本楞伽经一部，诵金刚般若经并诸陀罗尼，请法名惠日，住庄严寺。

童子石惠璨年十三无州贯，诵梵本大吼雀王经一部，诵随求陀罗尼并经，请法名惠光，住西明寺。

童子罗诠年十五无州贯，诵梵本出生无边门经，诵随求陀罗尼咒并经，请法名惠俊，住西明寺。

以上五人①定于代宗皇帝的生日（"降诞日"）受度，显然属于特恩度僧之列。尽管如此，五人研习、诵读的佛经（如陀罗尼经等）均一一标注出来，正说明特恩度僧亦十分注重对受度者"经业"的考察。又《请降诞日度三僧制一首》中，罗文成、罗伏磨、童子曹摩诃三人亦在"降诞日"受度，其中罗文成诵《金刚般若经》《起信论》《菩萨戒经》，童子曹摩诃诵《法花经》一部，唯罗伏磨以"宝应功臣武校尉守右羽林军大将军员试大常卿上柱国赐紫金鱼袋"②的身份受度，或许真正享受到了皇帝降诞日"特恩"度僧的好处。

进纳度僧是为解决经济困境和财政危机而实行的一种以交纳钱财为前提条件的出度方式。《大宋僧史略》卷下《度僧规利》载："唐肃宗在灵武新立，百度惟艰，最阙军须，因成诡计。时宰臣裴冕随驾至扶风，奏下令卖官鬻度。僧尼道士以军储为务，人有不愿，科令就之。其价益贱，事转成弊。鬻度僧道，自冕始也。"③赞宁所说的"鬻度僧道"，其中就包括了进纳

① 日本学者池田温指出，以上五人均无籍贯，从其姓氏来看，"可以视为胡姓而系从中亚西亚来的迁居者"，其中43岁而以汉语命名的康守忠亦注为"无州贯"，由此"便可窥见理应附籍者却被忽视过去了的情形"。考虑到此牒是中书门下发往祠部的实用文本，"以这种中枢的公文书看，通用无籍的注记，这事实雄辩地说明，当时从籍帐中的脱漏是如何的普遍化，以及对此所施加的制度上的抑制，又是怎样的无效"。［日］池田温著，龚泽铣译：《中国古代籍帐研究》，191～192页，中华书局，2007。

② No.2120《代宗朝赠司空大辨正广智三藏和上表制集》卷2，见《大正藏》，第52册，836～837页。

③ No.2126《大宋僧史略》，见《大正藏》，第54册，252页。

度僧。P.4072(3)《乾元二年(759?)新度僧道张嘉礼等纳钱告牒》①云：

（前缺）

1　合管内六军州新度未得祠部告牒僧尼道士女道士，已奏
未□□□

2　陆伯陆拾陆人，计率得写告牒钱，共当壹阡肆伯陆拾伍贯
伍□□□

3　叁伯贰拾柒人僧，壹伯陆拾玖人尼，壹伯叁拾柒人道士，叁
拾叁人女道士，

4　张嘉礼年拾伍　法名□□沙州　敦煌县　神沙乡　灵□里兄
庆为户

（后缺）

此件第4行钤有"尚书祠部之印"多方，可知为祠部所属官文书之一。
牒文中管内六军州内新度僧、尼、道士、女道士666人，共交纳"写告牒
钱"1465.5贯，大致平均每人交纳2.2贯(2200文)钱即可领到祠部颁发的
度牒。比照乾元三年(760)年"米斗至一千五百文"②的物价，僧尼道士交纳
的"告牒钱"并不算高。与此相关的文书还见于P.3952《乾元二年(759?)新
度僧道罗法光等纳钱告牒》③中：

①　上海古籍出版社、法国国家图书馆编：《法国国家图书馆藏敦煌西域文献》，第31
册，84页，上海古籍出版社，2005；此件文书，唐耕耦、陆宏基定为乾元元年(758)，日本
学者池田温定为乾元二年(759)，此从之。参见《敦煌社会经济文献真迹释录》，第四辑，60
页，全国图书馆文献缩微复制中心，1990；[日]池田温：《中国古代籍帐研究》，347页。

②　《旧唐书》卷一〇《肃宗纪》，258页，中华书局，1975。

③　此件文书，竺沙雅章定为乾元元年(758)；唐耕耦、陆宏基定名为《请准乾元元
年(758)敕假授新度僧道罗法光等度牒状》；池田温定名为《乾元二年(759?)沙州罗法光
纳钱尼牒》；《敦煌遗书总目索引新编》《法国国家图书馆藏敦煌西域文献》分为两件，
前者定名为《关于道僧告牒及"各勒纳钱"之事送付祠部会勘残牒》和《乾元元年(758)杨休
明奏》；后者定名为《罗法光受度告牒》和《乾元元年侍御史判凉州长史杨休明奏》。参见
《中国佛教社会史研究》，20～21页，同朋社，1982；《敦煌遗书总目索引新编》，307
页，中华书局，2000；《法国国家图书馆藏敦煌西域文献》，第30册，278页，上海古
籍出版社，2003；《敦煌社会经济文献真迹释录》，第四辑，61～62页；池田温：《中国
古代籍帐研究》，346页。

（前缺）

1 　[⬚]率得写告牒钱共当壹阡[⬚]

2 　[⬚]柒人僧，壹伯陆拾玖人尼，壹伯叁拾柒人道

士 [⬚]

3 罗法光年拾玖 <sup>法名明严，沙州敦煌县从化乡慕道里□□为户。</sup>

4 以前侍御史判凉州长史杨休明奏，奉乾元元年[⬚]

5 月六日敕，委臣勾当前件道僧告牒，各勒纳钱[⬚]

6 [⬚]并令所度人自写，差使送付所司，其了限，各听

7 本勾当使审自商量奏闻者。臣准以今年正月

8 一日奏请，限三月卅日奏毕。天书焕然，特蒙允许。[⬚]

9 [⬚]道应度人等，或先未经奏，或敕以颁行，祠部告牒。

10 　[⬚]请授，臣以准敕勘责，各具乡里户贯姓名、法号

11 　[⬚]配寺观，谨件如前。其钱各令军州长官征纳，别

12 　[⬚]贮讫。其告牒续勒自写，差使送付所司[⬚]

13 　[⬚]所司勘会，准元敕处分。[⬚]

（后缺）

　　此件第1、2行残存"写告牒钱"及新度僧尼道士人数与上件 P.4072 号完全相同，第3行亦钤"尚书祠部之印"多方①，罗法光所属年龄、法名、乡贯、户主等事项，格式上与 P.4072 所见张嘉礼的信息相同。且从书法笔迹来看，此件与 P.4072 甚为相似。由此看来，上述两件纳钱告牒是内容上密切相关的同类文书，甚至很有可能，此二件原本就是一卷文书②。

---

　　① ［法］谢和耐《中国五—十世纪的寺院经济》（第76～77页）认为印文为"尚书司勋告身之印"，此件文书仅仅是吏部司勋司所提供的告身样书，而非告身定本。因为定本实际上由附属于礼部的祠部司颁发。施萍婷《敦煌遗书总目索引新编》（307页，中华书局，2000）指出，"全件有朱文印七方，陈祚龙释文为'中书门下之印'，而法国目录则释文为'尚书祠部告身之印'"。

　　② 唐耕耦、陆宏基指出，这两件文书笔迹相同，内容又相似，很可能是一件，或者是两件密切相关的文书。如果两者原是一件，则此件（P.4072）在前，下件（P.3952）在后。参见《敦煌社会经济文献真释录》，第四辑，60页。

北京师范大学史学探索丛书

据牒文可知，罗法光是沙州从化乡人，从化乡的居民主体为安、康、曹等昭武九姓及西域诸胡。从化乡中的罗氏，"应出自粟特地区南面相邻接的吐火罗"①。前引《请降诞日度三僧制一首》中的罗文成，年三十，"贯土火罗国"②，即为例证。这样看来，罗法光应是已经汉化的吐火罗人。又S.2729《吐蕃辰年(788)三月沙州僧尼部落米净辩牒》所见灵修寺名下尼姑中亦有罗法光。从池田温将 P.3952 定名为《唐乾元二年(759?)沙州罗法光纳钱尼告牒》来看，显然认为是同一人，是时罗法光已经 48 岁了。

从牒文来看，河西节度使帐下的凉州长史杨休明③负责管内六州新度僧道告牒钱的征收以及勘责、审核受度者自己填写的个人信息(如姓名、年龄、法名、经业、乡贯、户主、所配寺观等)，待核实无误后，上报尚

---

① [日]池田温：《八世纪中叶敦煌的粟特人聚落》，见《唐研究论文选集》，15、60页(注 56)，中国社会科学出版社，1999。

② No.2120《代宗朝赠司空大辨正广智三藏和上表制集》卷 2，见《大正藏》，第 52册，836 页。

③ 乾元年间，河西节度使为杜鸿渐(参见吴廷燮：《唐方镇年表》，1224 页，中华书局，1980)，杨休明既为凉州长史，当在河西使主杜鸿渐帐下驱使。《新唐书》卷六七《方镇四》载："景云元年，置河西诸军州节度支度营田督察九姓部落、赤水军兵马大使，领凉、甘、肃、伊、瓜、沙、西七州，治凉州。副使治甘州，领都知河西兵马使。"(1861~1862页，中华书局，1975)故 P.4072(3)"合管内六军州"当不出以上七州。按唐制，凉州为中州，置有长史一人，正六品上，品级似不高，但却是上佐三官之一。《通典》卷三三《总论郡佐》称："凡别驾、长史、司马，通谓之上佐。"(910 页，中华书局，1988)盖在州府僚佐中品位最尊，故有"上佐"之称。上佐之职司，《唐六典》卷三〇《三府都护州县官吏》谓"掌贰州府之事，以纪纲众务，通判列曹，岁终则更入奏计"(747 页，中华书局，1992)，可知其权责甚重。如果府州长官阙人，或亲王为都督、刺史时，上佐通常代行府州事务(严耕望：《唐代府州僚佐考》，见氏著《唐史研究丛稿》，105~115 页，新亚研究所，1969)。以此来看，杨休明以"侍御史判凉州长史"，权责其实不低，故钦奉王命，主持管内六州僧道告牒之事。广德二年(764)年，吐蕃攻陷凉州，河西节度使杨志烈逃至甘州，永泰元年(765)为沙陀所杀，杨休明继任为河西副元帅。P.2942《唐永泰元年至大历二年(765—767)河西巡抚使判集》所收判文云："瓜州既许相资，计亦即令付了。休明。肃州少物，今请回易皮裘。"这里"休明"是判文署名，即杨休明。永泰二年(766)，吐蕃攻陷甘州。夏五月，"河西节度使杨休明徙镇沙州"，是时已为河西节度使。大历二年(767)，周鼎接替杨休明为河西节度使，可能杨休明已卒。《全唐文》卷五〇《赠杨休明等官诏》"故河西兼伊西北庭节度观察使检校工部尚书兼御史大夫赠太子太保杨休明"云云。此次赠官，《旧唐书·德宗纪》系于建中三年(782)，当是德宗对杨休明执掌河西以来抗击吐蕃、拱卫唐西陲边境的褒奖。

书祠部，祠部"勘会"后，依次给受度者颁发度牒。考虑到是时肃宗平叛因"用度不充"而采取的"召人纳钱，给空名告身""度道士僧尼不可胜计"①，以及河西节度管内新度僧道纳告牒钱的背景，那么此次的祠部给牒自然难以摆脱"空名度牒"的嫌疑。

值得注意的是，凉州长史杨休明"勾当僧道告牒"，在新度僧道与尚书祠部之间无疑起着中间纽带作用。甚至可以说，受度者能否及时有效地获得度牒，在很大程度上取决于杨休明的作为与态度。不可否认，P.3952《罗法光等纳钱告牒》确实具有安史之乱的战时背景，但其反映的度牒申请与颁发程序其实具有普遍意义。特别是唐后期，地方州府在僧尼出度及申请度牒的环节中扮演着重要角色。太和四年(830)尚书祠部《请申禁僧尼奏》②云：

> 起今已后，诸州府僧尼已得度者，勒本州府具法名俗姓，乡贯户头，所习经业，及配住寺人数，开项分析，籍帐送本司，以明真伪。……又诸州府僧尼籍帐，准元敕十年一造，今五年一造。又天下僧尼冒名及非正度者，缘经恩赦，自太和三年十一月十八日敕前，无凭追勘。自今已后，伏请切加禁断。先度者具名申省，省司各给牒知，为凭入籍。又正度僧尼，并列于省司请告牒。其僧尼童子，自今已后，不得令私度。

祠部奏文中除了禁止僧尼冒名、非正度、私度等事项外，还强调了僧尼籍帐管理的流程：即"正度僧尼"(官方认定的新度僧尼)——"具名申省"(地方州府代受度者向尚书省祠部司申请度牒，内附受度者所有信息)——"省司给牒"(尚书省祠部司颁发度牒)——"为凭入籍"(根据度牒将受度者列入僧尼籍中)。在这个流程中，地方州府在"正度僧尼"和"具名申省"两个环节中无疑都起着重要作用。这在《唐会要》卷48《议释教下》③亦有体现：

> 大中六年十二月，祠部奏：……其官度僧尼，数内有阙，即仰本州，集律僧众同议。拣择聪明有道性，已经修炼，可以传习参学者，

北京师范大学史学探索丛书

---

① 《新唐书》卷五一《食货一》，1347页，中华书局，1975。
② 《全唐文》卷九六六《请申禁僧尼奏》，10032页，中华书局，1983。
③ 《唐会要》卷四八《议释教下》，843～844页，中华书局，1955。

度之。贵在教法得人，不以年齿为限。若惟求长老，即难奉律仪。剃度讫，仍具乡贯姓号申祠部请告牒。

尚书祠部的建议，核心是将度僧权正式交给地方州府。诸州"官度僧尼"如有阙员，地方官可邀请本州的僧中大德，集中商议，结合"所习经业"，选出"聪明有道性""可以传习参学者"得度为僧，然后依例写明"乡贯姓号"，仍由州府申请祠部告牒。

## 第二节　归义军度牒的启示

以上论述表明，度牒的发放虽由尚书省祠部司掌管，但在具体操作中，地方州府往往是必不可少的一环。毕竟，受度者的"乡贯户主"信息，祠部无法亲自核实，故而只能依赖于地方州府的"勘责"与审核。出于预防僧尼冒名、滥度以及私度者混入"官度"等方面的考虑，祠部客观上确实需要地方州府的配合与参与，以便确保度牒发放的公正合理。但反过来说，地方官府对于度牒发放的渗透与参与，事实上也为僧尼的滥度、度牒的滥授与出卖埋下了隐患。特别是中唐以后，随着唐王朝的逐步衰落和地方割据与自治倾向的增长，中央王朝"再也没有一套行政法能具有初唐法律的那种绝对权威，而且中央政府也承认它再也不可能取得这种统一的原则了"①。在这种情况下，地方藩镇为扩充实力，往往自置佛堂，广度僧尼，出卖度牒，获取厚利，以至于出现了徐州节度使王智兴"奏置戒坛于临淮佛寺，先纳钱后与度"的现象。宋人赞宁评论说："自唐末已来，诸侯角立，稍阙军须，则召度僧尼道士先纳财，谓之香水钱，后给公牒云。"②是时僧尼的出度、度牒的发放已经达到了"伪滥"、泛滥的程度。

僧尼的出度及授度牒，敦煌石室出土的汉文写本文书提供了沙州（敦煌）地区的度僧景象，这与中原内地的情况略有不同。P.5579(16)《吐蕃时

---

① ［英］崔瑞德主编：《剑桥中国隋唐史》，20页，中国社会科学出版社，1990。

② No.2126《大宋僧史略》，见《大正藏》，第54册，252页。

期僧尼名录》①云：

1　□□<sup>俗名孙荣子，上乞心儿印，巳年</sup>□□<sup>酉年六月至沙州。</sup>

2　□藏<sup>俗名宋盈金，上纥结罗印，未年十二月廿二日</sup>□□<sup>僧统纪谦赞度，□年□月廿□日。</sup>

3　□己<sup>俗名索文奴，宰相论纥频藏印，申年正月对</sup>□□<sup>寺僧统仓孙罗度，酉年六月至沙州上。</sup>

4　法惠<sup>俗名佛奴，宰相尚乞心儿印，酉年二月廿五日到甘州，僧统遍执度，酉年七月至沙州上。</sup>

5　智秀<sup>俗名樊和和，上乞心儿印，申年十二月对廓州僧统度行，</sup>　　　　<sup>上。</sup>

6　法如<sup>俗名董晏奴，尚乞心儿印，未年十月廿日□□僧统度行，正月一日至沙州。</sup>

7　□觉<sup>俗名侯苟子，宰相论勃频藏印，未年十月对肃州僧统行，申年正月一日至次。</sup>

8　法高<sup>俗名张太平，上乞心儿印，未年十月对肃州教授度下，申年二月一日至沙州。</sup>

（后缺）

此件所存 8 名僧尼信息中，其出度及入籍格式完全相同，大体包括法名、僧名、尚论印、出度地、出度僧及入籍时间等事项。尽管 8 名僧尼在不同的地方(沙州、甘州、廓州、肃州)受度，但均由当地的名僧大德(如僧统、教授)主持剃度，此后分批来到沙州。文书中提到的上(尚)乞心儿印、论勃频藏、上(尚)纥结罗印，当为度牒之印。P. 3774《吐蕃丑年(821)十二月僧龙藏牒》"一大兄度女平娘，于安都督处买度印，用驴一头，牸牛一头"②，可知吐蕃时期的度僧权控制在官府手中。作为吐蕃的王公贵族③，宰相尚乞心儿等三人又见于 P. 2583《吐蕃申年(823?)沙州诸人施舍疏》中，如第 2 行"二月

①　上海古籍出版社、法国国家图书馆编：《法国国家图书馆藏敦煌西域文献》，第 34 册，274 页，上海古籍出版社，2005；[日]池田温主编：《讲座敦煌》第 5 卷《敦煌汉文文献》，610 页，大东出版社，1992；唐耕耦、陆宏基编：《敦煌社会经济文献真迹释录》，第四辑，207 页，唐耕耦定名为《吐蕃占领时期具僧法惠等状残片》；施萍婷定名为《僧尼名簿残片》，336 页，中华书局，2000。

②　[日]池田温：《中国古代籍帐研究》，397 页。

③　吐蕃高级官员名号中，往往以"论""尚"形式出现，即在名前冠以"论"或"尚"字。论，一般指与王室有直接亲属关系的大臣；尚，是和王室通婚的各大贵族出身的官员。其中尚乞心儿亦名尚乞律心儿，是吐蕃攻占沙州的军事统帅，历任吐蕃瓜州节度使、宰相兼东道节度使、中书令等职，他曾在敦煌城内建圣光寺，P. 2765(P. t. 1070)《圣光寺功德颂》即为他而写，官号"大蕃敕尚书令赐大瑟瑟告身"。参见邵文实：《尚乞心儿事迹考》，载《敦煌学辑刊》，1993(2)，16～23 页；季羡林主编：《敦煌学大辞典》，348 页，上海辞书出版社，1998。

五日宰相上乞心儿福田入僧金拾伍两"。第 5 行"☐日宰相上讫(?)结罗福田施僧[金]拾伍两"。第 7—8 行"十月九日宰相上乞心儿及论勃颊藏福田八头牛，价折得麴塵绢两匹，绯绢叁匹，紫绫壹匹(折绢叁匹，每牛一头得绢一匹)"①。尚乞心儿等人播种"福田"的施舍活动，某种意义上正是吐蕃尊崇佛教的反映。但即便如此，法惠、智秀等人受度，其过程始终有吐蕃王公贵族予以监督，由此可见吐蕃对于僧尼出度的百般重视。

归义军时期，沙州的佛教势力尽管已深入到社会生活的许多领域，但在政治上已逐渐依附于世俗政权。特别是僧官的任免、升迁通常来说多由归义军长官决定，因而在政治与社会文化生活中往往要对归义军政权负责，最后实际已成为归义军的下属官吏。在这种情势下，僧尼的出度及度牒的发放，亦由归义军长官决定或控制。S.515v1《敕归义军节度使牒稿》、S.1563《西汉敦煌国圣文神武王敕》和 S.4291《后唐清泰五年(938)敕归义军节度使牒》是反映归义军度僧流程及度牒样式的三件文书，因属同类性质，故综合起来予以讨论。

以上三件文书，郝春文先生指出"应该就是证明出家者身份的凭证——度牒"②。其中 S.515v1 是度牒草稿或样式③，其年代大致在天复元年(901)④，是时归义军节度使为张承奉。S.1563 和 S.4291 是正式的实用度牒文书，前者是甲戌年(914)西汉敦煌国圣文神武王张承奉以"敕"的形式颁发给邓自意的出家凭证，后者则是后唐清泰五年(938)归义军节度使曹元德颁发给张胜莲的度牒。从官文书的形制来看，这三件文书基本

---

① 上海古籍出版社、法国国家图书馆编：《法国国家图书馆藏敦煌西域文献》，第16 册，117 页，上海古籍出版社，2001；唐耕耦、陆宏基编：《敦煌社会经济文献真迹释录》，第三辑，64 页，全国图书馆文献缩微复制中心，1990；[日]池田温：《中国古代籍帐研究》，400 页。

② 郝春文：《唐后期五代宋初敦煌僧尼的社会生活》，9 页，中国社会科学出版社，1998。

③ 唐耕耦、陆宏基指出是度牒样式，郝春文认为是度牒草稿。参见《敦煌社会经济文献真迹释录》，第四辑，63 页；郝春文编著：《英藏敦煌社会历史文献释录》，第二卷，463 页，社会科学文献出版社，2003。

④ 荣新江：《归义军史研究》，93 页，上海古籍出版社，1996。

一致，故可据之复原归义军时期度牒的一般内容与程式。具体来说，包括以下部分：

（1）敕牒。即在首行款书"敕归义军节度使牒"，字体稍大，浓墨书写。

（2）出度者名籍。通常小字书写出家人的姓名、年龄、乡贯、户主等信息。

（3）出度原因。如"在小慕道""思慕空门""长慕幽宗"等。

（4）道场剃度。即选择合适的道场法会，"许令出度"。

（5）签署押印。末尾有归义军节度使签署，亦大字书写，笔墨较浓。S.1563虽然没有题名，但钤有"敦煌国天王印"三方，故亦符合此例。

表 2-1　归义军度牒程式对照表

| | S.515v1① | S.1563② | S.4291③ |
|---|---|---|---|
| 敕牒 | 敕归义军节度牒 | 西汉敦煌国圣文神武王敕 | 敕归义军节度牒 |
| 出度者名籍 | 敦煌郡百姓某乙男某乙年多少下 | 押衙知随军参谋邓传嗣女自意，年十一岁 | 洪润乡百姓张留子女胜莲，年十一 |
| 出度原因 | 牒，得前件人状称，其男在小慕道，不乐器尘 | 敕：随军参谋邓传嗣女自意，姿容顺丽，窈窕柔仪。思慕空门，如蜂食蜜 | 牒，得前件人状称，有女胜莲，生之乐善，闻佛声而五体俱欢；长慕幽宗，听梵向而六情顿喜 |
| 道场剃度 | 今因为国荐福，大会之次，许令出度者，故牒 | 今因大会斋次，准奏，宜许出家，可依前件 | 今为父王忌日，广会斋筵，既愿出家，任从剃削者，故牒 |
| 签署押印 | 节度判官兼御史中丞。使检校右散骑常侍兼御史大夫张 | 甲戌年五月十四日 | 清泰五年二月拾日牒。使检校司空兼御史大夫曹元[德] |

度牒包含的这些内容中，出度者的名籍尤为重要，这是归义军政权加强僧尼人口管理中不可或缺的一环。S.2669《唐年次未详［九世纪后半期］(865—875)沙州诸寺尼籍》第26—27行云："大乘寺尼应管总二伯玖人。坚

---

① 郝春文编著：《英藏敦煌社会历史文献释录》，第二卷，463页，社会科学文献出版社，2003。

② 郝春文编著：《英藏敦煌社会历史文献释录》，第七卷，258～260页，社会科学文献出版社，2010。

③ 唐耕耦、陆宏基编：《敦煌社会经济文献真迹释录》，第四辑，65页。

法，沙州敦煌县洪池乡，姓张，俗名太娘，年七十二。"又 236—237 行："圣光寺应管尼总柒拾玖人。正忍，沙州敦煌县慈惠乡，姓王，俗名胜如，年五十一。"①可见僧尼姓名、法号、年龄、乡贯等信息是僧尼籍帐中的重要内容。上述三件文书中有关"某乙男某乙""邓传嗣女自意"和"张留子女胜莲"等信息的说明，形式上与前述张嘉礼（P.4072）、罗法光（P.3952）的情况相同，因而具有普遍意义。吐鲁番新发现的《龙朔二年（662）正月西州高昌县思恩寺僧籍》第 3 行曰："僧崇道，年叁拾伍岁，十五夏，高昌县宁昌乡正道里，户主张延相男，伪延寿十四年四月十五日度，计至今廿五年。"②亦详细记载僧人的年龄、乡贯、户主等信息，这在《不空表状集》所收《降诞日请度七僧祠部敕牒》《请降诞日度僧五人制》《请降诞日度三僧制》中均有反映。当然，这种控制人口的名籍管理，并非仅限于僧尼，从 72TAM225：36（b）《唐军府卫士名籍》所见"永平府卫士胡外生，贯坊□中部县安平乡神安里，父□通"③的信息来看，"乡贯户主"的标注显然是名籍中的核心内容。

不唯如此，上述三件文书还提供了归义军度僧流程的若干信息。郝春文《从俗人到僧尼》指出，敦煌地区的出家程序是：由欲出家者向官府上状提出申请，官府批准后发给度牒，并将其分配到某所寺院④。S.515v1、S.1563 和 S.4291 中"得前件人状称""准奏""可依前件"表明，受度者此前似曾通过"状""奏"等文体向归义军官府提出申请⑤。但从"其男在小慕道"

---

① ［日］池田温：《中国古代籍帐研究》，430、434 页。

② 荣新江、李肖、孟宪实主编：《新获吐鲁番出土文献》，60～61 页，中华书局，2008。

③ 国家文物局古文献研究室等编：《吐鲁番出土文书》，第 7 册，259 页，文物出版社，1986；《吐鲁番出土文书》［叁］，图文，422 页，文物出版社，1996。

④ 郝春文：《唐后期五代宋初敦煌僧尼的社会生活》，20 页。

⑤ 俗人出度为僧，首先要向归义军官府上状提出申请，这在 S.5953《奉唐寺依愿上令公阿郎状》中亦有反映："伏缘依愿先有志愿，为报父母深恩，募求出家。期时忧惶怖惧，虑恐苦果难周，遂于窟窟诸佛御前重发鸿誓。若得披于法服，剃度为僧，并严戒品，心愿周圆，许燃一指，酬诸佛之加威，答谢令公阿郎之大造。伏蒙恩煦，怜念容情，特赐剃度，兼惠三衣，处分令于奉唐寺勾当。"这里"令公阿郎"即归义军长官。状文中依愿的出家，得到了令公阿郎"特赐剃度"的答复，并分配到奉唐寺为僧。参见中国社会科学院历史研究所等编：《英藏敦煌文献（汉文佛经以外部分）》，第 9 卷，229 页，四川人民出版社，1994；郝春文：《唐后期五代宋初敦煌僧尼的社会生活》，11 页。

"有女胜莲"来看，申请出度的"奏""状"其实是由他们的父亲完成的，这很可能由于三位受度者年龄偏小的缘故。S.1563 和 S.4291 所见邓自意和张胜莲均为 11 岁，S.515v1 中"某乙男某乙"的年龄不详，参照《请降诞日度僧五人制》"童子石惠璨年十三""童子罗诠年十五"而得度为僧的现象，上述三件文书亦是归义军时期童子受度情况的反映，对于理解唐代度僧中的童行制度无疑具有借鉴意义。

## 第三节　唐代度牒的复原

讨论至此，还有一个问题值得注意：唐代尚书祠部颁发的度僧告牒是何形制，究竟包含哪些要素？日本学者中村裕一依据《唐公式令》中的"牒式"，结合《不空表状集》中收录的尚书祠部牒不空三藏的公文，对度牒的形制作了初步探讨①。张弓认为《降诞日请度七僧祠部敕牒》是一件完整地显示了请度与审批程序的度牒②。现移录如下：

降诞日请度七僧祠部敕牒一首③

1　无名僧慧通年五十五绛州曲沃县，俗姓王，　无籍，请住千福寺。

2　慧云年二十三京兆府长安县，俗姓段，　无籍，请住大兴善寺。

3　僧慧琳年三十虢州阌乡县方祥乡阌乡里，俗姓　何，名光王，兄眺为户，请住兴善寺。

4　僧慧珍年卅三京兆府万年县洪洞乡福润里，俗姓王，名庭现，伯高为户，请大兴住善寺。

5　僧法雄年廿八京兆府富平县赤阳乡毘　山里，无籍，请住静法寺。

---

①　［日］中村裕一：《唐代官文书研究》，420～437 页，中文出版社，1991；

②　张弓：《汉唐佛寺文化史》，380～381 页，中国社会科学出版社，1997。

③　No.2120《代宗朝赠司空大辨正广智三藏和上表制集》卷 1，见《大正藏》，第 52 册，831 页；［日］池田温：《中国古代籍帐研究》，349 页。

北京师范大学史学探索丛书

6 僧法满年十八京兆府万年县崇德乡文 圆里，俗姓胡，祖宾
为户。

7 僧慧琎年四十。

8 右兴善寺三藏沙门不空奏，上件僧等，自出家来，常寻法教，

9 不阙师资。戒行精修，实堪为器。比虽离俗，迹昌私名。

今因

10 陛下开降诞之辰，朝贺欢欣之日，伏请官名以为正度，用资

11 皇祚，以福无疆。如天恩允许，请宣付所司。

12 中书门下　牒祠部。

13 牒，奉敕宜依。牒至，准敕。故牒。

14 　　　　　　　广德二年十月十九日。

15 中书侍郎平章事杜鸿渐

16 中书侍郎平章事元载

17 黄门侍郎平章事王<sup>使</sup>

18 检校侍中李<sup>使</sup>

19 检校右仆射平章事<sup>使</sup>

20 大尉兼中书令<sup>使</sup>

21 尚书祠部　牒三藏不空。

22 牒，奉中书门下　敕牒，如右。牒至，准敕。故牒。

23 　　　　　　　广德二年十月十九日，令史牒。

24 　　　　　　　　　　　　主事。

　　这件《祠部敕牒》分三部分：第1—11行为不空"请度七僧"奏，奏文中详列七僧名籍，内含姓名、年龄、俗名、乡贯、户主、请主寺等信息，这与乾元二年(759)凉州长史杨休明奏请告牒亦相类似。从不空所言"自出家来"，"迹昌私名"来看，慧通、慧云等7位僧人当为私度出家，鉴于他们"戒行精修，实堪为器"，故陈请于降诞日为慧通等7僧恩赐正度。第12—20行为中书门下颁示祠部的敕牒，内附三省长官(宰相)签署。第21—24行为尚书祠部颁示三藏不空的敕牒，内中传达中书门下的批示，即准许七僧接受官方正度。综合上述内容，此件《祠部敕牒》似可定名为《降诞日不

空请度七僧奏并批答》，其最核心的内容应是不空陈请七僧正度的奏文。考虑到度牒是颁发给僧尼个人的身份凭证及衍生的免除赋役、远行游历的功用，上述《祠部敕牒》显然不是度牒。但是，它对唐代度牒格式的复原仍有积极意义。

首先，《祠部敕牒》第1—7行的僧尼名籍，应是度牒中必不可少的内容。前引太和四年祠部奏文中，明确提到诸州府僧尼得度者，要求本州府"具法名俗姓，乡贯户头，所习经业，及配住寺人数"，如实报送祠部，"以明真伪"①。这是僧尼籍帐制度中的重要一环，在归义军时期的度牒中亦有体现。

其次，《祠部敕牒》第23—24行的尾部签署"广德二年十月十九日，令史牒""主事"所见的年月日和"令史""主事"等信息，同样适用于度牒尾部的官员签署。尽管从功用来说，度牒起着身份凭证的意义，但论其实则为唐代的"牒式"公文。P.2819《唐开元公式令》②第21—27行云：

21　牒式

22　尚书都省　为某事。

23　某司云云。案主姓名，故牒。

24　　　　　年月日。

25　　　　　　　　主事姓名。

26　左右司郎中一人具官封名。令史姓名。

27　　　　　　　　　书令史姓名。

两相对照，《公式令》第24—27行的内容，大体与《祠部敕牒》中的尾部签署(第23—24行)对应。度牒由于是祠部颁发，故《公式令》第22行、第26行中的"尚书都省""左右司郎中"可相应地替换为"尚书祠部""祠部郎中（员外郎）"。按唐制，尚书省祠部司设有祠部郎中、员外郎各一员，"掌祠

①　《全唐文》卷九六六《请申禁僧尼奏》，10032页。

②　上海古籍出版社、法国国家图书馆编：《法国国家图书馆藏敦煌西域文献》，第18册，363页，上海古籍出版社，2001；刘俊文：《敦煌吐鲁番唐代法制文书考释》，222～223页，中华书局，1989。

祀、享祭、天文、漏刻、国忌、庙讳、卜筮、医药、僧尼之事"①，另有主事2人，令史5人，书令史11人。这些官员由于通常在祠部颁示、宣付的释门僧尼牒文中都能看到，因而祠部郎中、员外郎、主事、令史的连署，在尚书祠部的"牒式"文书中具有普遍意义。故可推知，祠部颁发的度牒，其尾部官员签署亦应如此。

表 2-2　唐尚书祠部牒签署表

| 公文 | 尚书祠部牒 | 祠部牒签署<br>（郎中/员外郎/主事/令史） | 材料出处 |
|------|------------|---------------------------------|----------|
| 制许搜访梵夹祠部告牒 | 尚书祠部［牒］大兴善寺三藏沙门不空 | 乾元元年三月十七日，令史门贵牒/主事唐国兴/员外郎韦少游 | 大正藏/828 |
| 制许翻译经论祠部告牒 | 尚书祠部［牒］大兴善寺三藏沙门不空 | 乾元元年六月十八日，令史门贵牒/主事唐国兴/员外郎韦少游 | 大正藏/829 |
| 请置大兴善寺大德四十九员敕 | 尚书祠部牒三藏不空 | 广德二年二月六日，令史蔺玼牒/主事何漪/员外即（郎）岑参 | 大正藏/831 |
| 请再译仁王经制书 | 尚书祠部……兴善寺三藏沙门不空牒 | 永泰元年四月四日，令吏（史）张济牒/主事杨献/郎中崔漪 | 大正藏/831 |
| 请广智三藏登坛祠部告牒 | 祠部牒兴善寺 | 大历六年四月九日令史遐述牒/主事钊意/郎中董晋 | 大正藏/838 |
| 请超悟法师于化度寺修六菩萨讲制 | 祠部牒大广智不空 | 大历七年八月四日，令史尚秀牒/主事刘义/即（郎）中褚长孺 | 大正藏/841 |
| 祠部牒上都章敬寺新罗僧法清 | | 元和二年二月日，令史潘伦牒/主事赵参/员外郎周仲孙 | 入唐求法巡礼行记校注②/184—185 |

这样一来，唐代度牒形制的基本轮廓似可大致勾勒出来。结合前面的讨论，祠部颁发的度牒样式或可复原如下：

①　《旧唐书》卷四三《职官二》，1831 页。

②　［日］圆仁著，白化文、李鼎霞、许德楠校注：《入唐求法巡礼行记校注》，花山文艺出版社，1992。

1　尚书祠部　牒

2　　　僧××年××俗名××贯××州(府)××县××乡××里××为户，请住××寺

3　为某事云云。故牒。

4　　　　　××年××月××日　　令史××牒

5　　　　　　　　　　　　　主事××

6　　　　　〔祠〕〔部〕郎中(员外郎)××

需要说明的是，"为某事云云"是依据《公式令》第22行"为某事"而复原出来的，其意当是牒文事由的简要说明。参照《不空请度七僧奏》和归义军时期的度牒程式，大致应有佛法旨趣和受度事宜的描述。反过来说，这样的复原是否准确，尚需有关史料和实物的进一步佐证。

北京师范大学史学探索丛书

# 第三章　敦煌吐鲁番文书所见唐代
# "三贾均市"的制作与实践

"三贾均市"是唐代政府评估市场物价、规范市场秩序的基本准则。《唐六典》卷 20《太府寺》载："京、都诸市令掌百族交易之事；丞为之贰。凡建标立候，陈肆辨物，以二物平市，以三贾均市。凡与官交易及悬平赃物，并用中贾。"注曰："精为上贾，次为中贾，粗为下贾。"①即言市场上交易的各种商品，按照同类货物质量高低的情况划分为精、次、粗三等，并依次相应地规定为上、中、下三种价格，正所谓"贾有上、中、下之差"，②以此来均平物价，调控市场。有关"三贾均市"的制定、运行及作用，国内外学者如仁井田陞、池田温、王仲荦、张泽咸、卢向前、李锦绣、李维才等，都有较为深入的研究。③ 笔者在研读敦煌吐鲁番文书中的物价材料时，发现"三贾均市"还有一些问题值得探讨，如"三贾"的渊源、制作、影响以及与"三贾"密切相关的"时估""中估"等问题，对于透视中国古代的市场管理及物价调控具有借鉴意义。有鉴于此，本章在梳理敦煌吐鲁番所见"时估"材料的基础上，拟对唐代的"三贾均市"及相关问题予以探讨。不妥之处，敬请方家指正。

---

① 《唐六典》卷二〇《太府寺》，543 页，中华书局，1992。

② 《旧唐书》卷四四《职官三》"以三贾均市"，注曰"贾有上、中、下之差"，1889 页，中华书局，1975。

③ ［日］仁井田陞：《吐鲁番出土的唐代交易法文书》，［日］周藤吉之等著，那向芹译：《敦煌学译文集——敦煌吐鲁番出土社会经济文书研究》，660～740 页，甘肃人民出版社，1985；［日］池田温：《中国古代物价初探——关于天宝二年交河郡市估案断片》，见《唐研究论文选集》，122～189 页，中国社会科学出版社，1999；王仲荦：《高昌物价考》，见《金泥玉屑丛考》，197～214 页，中华书局，1996；卢向前：《唐代前期市估法研究》，见中国敦煌吐鲁番学会编：《敦煌吐鲁番学研究论文集》，693～714 页，汉语大词典出版社，1991；李锦绣：《唐代财政史稿》，上卷，215～225 页，北京大学出版社，1995；张泽咸：《唐代工商业》，358～366 页，中国社会科学出版社，1995；李维才：《唐代物价制定及其作用》，载《唐都学刊》：2007(2)，35～39 页。

# 第一节 "三贾均市"的渊源

物价是关系国计民生和社会秩序的重要问题。中国古代很早就注意对市场上交易货物的价格进行评估定价。《周礼》卷 15《质人》载："质人，掌成市之货贿、人民、牛马、兵器、珍异。"东汉郑玄注曰："成，平也。会者平物贾而来，主成其平也。人民，奴婢也。珍异，四时食物。"唐孔颖达疏云："会谓古人会聚买卖，止为平物而来。质人主为平定之，则有常估，不得妄为贵贱也。"①按照郑玄和孔颖达的解释，质人即为专门评定市场交易货物及奴婢、牛马买卖价格的官员。为保证交易物品价格的公道与合理，《周礼》还规定，"听买卖以质剂"，"以质剂结信而止讼"，"凡卖儥者质剂焉，大市以质，小市以剂"。其中"质剂"，郑司农（郑众）："谓市中平贾，今时月平是也。"又曰："质剂，月平贾也。质，大贾。剂，小贾。"②按质剂，本为交易契约（买卖合同），郑众解释为"市中平贾""月平贾"显然有误，但至少表明东汉时官府已通过"月平"之制来调控市场物价。

郑众所说的"市中平贾"，即"月平"之制，清人孙诒让解释说："月平者，汉时市价，盖每月平定贵贱，若今时朔望为长落也。"③换言之，汉代的市场管理中，每月均要对市场上的货物进行评估，从而制定出切实可行的价格。因每月物价要定期评定一次，故谓之"月平"。至王莽改制时，又规定春、夏、秋、冬四季的"中月"评定一次物价。《汉书·食货志》载：

> 诸司市常以四时中月实定所掌，为物上中下之贾，各自用为其市平，毋拘它所。众民买卖五谷、布帛、丝绵之物，周于民用而不雠者，均官有以考检厥实，用其本贾取之，毋令折钱，万物卬贵，过平一线，则以平贾卖与民，乃贾氏（低）贱减平者，听民自相与市，以防

---

① 《周礼注疏》卷一五《质人》，见《十三经注疏》，影印本，737 页，中华书局，1980。

② 《周礼注疏》卷三《小宰》、卷一四《司市》、卷一五《质人》，见《十三经注疏》，影印本，654、734、737 页。

③ 《周礼正义》卷五《天官·小宰》，173 页，中华书局，1987。

贵庾者。①

这里"中月"之"中"，颜师古注"中读曰仲"，应是，《资治通鉴》即作"仲月"；"平贾"，或作"评贾"，即官府评判、裁定的物价。② 具体来说，汉代各级地方政府在每个季度的仲月（即第二个月）对市场上的实有货物进行一次价格评估，并按照质量好坏定出上、中、下三种价格。在此基础上，制定出各种物品的"本贾"，作为官方平抑物价的依据。③ 又《晋书·石勒载记》载："因此令公私行钱，而人情不乐，乃出公绢市钱，限中绢匹一千二百，下绢八百。然百姓私买中绢四千，下绢二千，巧利者贱买私钱，贵卖于官，坐死者十数人，而钱终不行。"④这里"公绢"有中绢、下绢之分，自是按照绢帛的质地而定，依例也应有上绢。同一品种的公绢，尽管官价、私价相差很大，但可以肯定的是，官、私价格都是按照公绢的等级差别和质地水平来确定的。因此，单就公绢的定价而言，后赵政权无疑继承了汉代"为物上中下之贾"的"平贾"制度。⑤

汉代定期评价物价的"月平"之制，在唐代社会中仍能看到些许痕迹。《新唐书·食货二》载："税物估价，宜视月平，至京与色样符者，不得虚称折估。"⑥陆贽《均节赋税恤百姓六条》"论两税之弊须有厘革"云："所定税物估价，合依当处月平。百姓输纳之时，累经州县简阅，事或涉于奸冒，过则不在户人，重重剥徵，理甚无谓。"⑦即言两税的征纳，应参照本处当

① 《汉书》卷二四下《食货志四下》，1181 页，中华书局，1962；《资治通鉴》卷三七"始建国二年(10)"条，1182 页，中华书局，1956。

② 宋杰：《汉代的"平贾"》，载《首都师范大学学报》（社会科学版），1998(2)，39～45 页。

③ 张泽咸：《唐代工商业》，359 页。

④ 《晋书》卷一〇五《石勒载记下》，2738 页，中华书局，1974。

⑤ 《汉书》卷二九《沟洫志》载，成帝河平三年，"治河卒非受平贾者，为著外繇六月"。苏林注曰："平贾，以钱取人作卒，顾其时庸之平贾也。"(1689～1690 页)即言官方按照评定的市价招募士卒参加治河工程。又如，淳注云："律说，平贾一月，得钱二千。"孙诒让《周礼正义》认为此即"所谓月平也"(173 页)。由此看来，在官府评定物价上，"平贾"与"月平"其实是相通的。

⑥ 《新唐书》卷五二《食货二》，1354 页，中华书局，1975。

⑦ 《全唐文》卷四六五，4751 页，中华书局，1983。

地的"月平"估价折算钱物。贞元八年(792),陆贽在一份奏疏中提到:"据市司月估,斗粟三十七钱。"胡三省注曰:"今之市令司,亦月具物价低昂之数以闻于上。"①这说明"月估"是市司对当月物品价值的总体评估,因而就性质而言,它与汉代市司"常以四时中月实定所掌"的平贾制度相同。

与前代相比,唐代对市场物价的评估与管理更加规范和严格。比如,汉代的"月平",虽然在唐代仍能看到些许痕迹,但已完全被"旬估"所取代。所谓"旬估"者,即每隔十天对市场物价评估一次。正如《唐律》所言:"依令,每月,旬别三等估。其赃平所犯旬估,定罪取所犯旬上绢之价。"②大中六年(852)七月,宣宗诏敕:"犯赃人平赃,据律以当时物价上旬估。请取所犯之处,其月内上旬时估平之。"③据"上旬时估"及大谷文书所见的"中旬时估",④依例自然也有"下旬时估"。换言之,每月的上旬、中旬和下旬,唐代官府(市司)都要定期对市场上的物品进行评估,并按照质量好坏定为上、中、下三种价格。正如仁井田陞所言:"在市上,要在每个摆着交易货物的地方(可能是店铺),竖起标帜(可能是招牌),上面写出同业(行)名。而且,在市上,每月每十天还要估定一次交易货品的价格,定出上、中、下三等的时价。"⑤这样做的目的显然是为了更好地协调供求关系,更加准确、及时地反映市场物价的变化。

## 第二节 "三贾均市"的制作

唐代定期对市场上的同类物品评定为上、中、下三种价格,这在敦煌吐鲁番文书中多有反映。如四川图书馆藏《唐沙州某市时价簿口马行时沽》第4行:"上蕃丁婢壹口,直钱叁拾阡文,次贰拾伍阡文,下贰拾阡文。"又

① 《资治通鉴》卷二三"四德宗贞元八年(792)七月"条,7536页。
② 刘俊文:《唐律疏议笺解》,337～338页,中华书局,1996。
③ 《旧唐书》卷一八下《宣宗纪》,631页。
④ 大谷文书1011号《西州交河郡官厅文书断片》云:"市司状,为七月中旬时估事。"参见[日]小田义久编:《大谷文书集成》,第1卷,3页,法藏馆,1984。
⑤ [日]仁井田陞:《吐鲁番出土的唐代交易法文书》,见《敦煌学译文集》,700页。

第6行："上家生细敦父马壹匹，直柒拾阡文，次陆拾阡文，（下缺）。"①按照朱雷先生的理解，沙州市场中从事奴婢和马匹交易的行业为口马行。在口马行中，成丁的少数民族婢女被划分为上、次、下三个等级，依次标价为 30000 文、25000 文和 20000 文。同样，私家蓄养的"细敦父马"价格，虽然略有残缺，但依然可以看出是按照上、次、下三种等级来定价的。

西州市场上汇聚的各种商品，同样是按照同类货物的等级来估价的。这在《唐天宝二年(743)交河郡市估案》(以下简称《市估案》)中有明确体现，有关学者如仁井田陞、池田温、王仲荦、李锦绣等已有揭示，此处仅列简表，以作说明。

表 3-1　《市估案》所见诸行物品三价表

| 物品 | 诸行 | 上直钱 | 次直钱 | 下直钱 | 文书编号 | 出处 |
|---|---|---|---|---|---|---|
| 常州布壹端 | □布行 | 500 文 | 490 文 | 480 文 | 3044＋3048 | 集成/2/11—12 |
| 乾蒲萄壹胜 | 菓子行 | 17 文 | 16 文 | 15 文 | 3054 | 集成/2/13 |
| 小绵壹屯 | 彩帛行 | 190 文 | 180 文 | 170 文 | 3060 | 集成/2/14 |
| 釜壹口叁斗盛 | 铛釜行 | 800 文 | 700 文 | 600 文 | 3070＋3064 | 集成/2/15—16 |
| 白面壹斗 | 米面行 | 38 文 | 37 文 | 36 文 | 3072 | 集成/2/16 |
| 蔓青子壹胜 | 菜子行 | 20 文 | 16 文 | 15 文 | 3085 | 集成/2/20 |
| 大练壹匹 | 帛练行 | 470 文 | 460 文 | 450 | 3097 | 集成/2/24 |
| 兖壹口叁石 | 凡器行 | 160 文 | 150 文 | 140 文 | | 唐研究论文选集/130 |

说明：

1. 根据池田温的复原，《市估案》(A)第 3 行有"谷麦行"，第 17 行有"□□行"，第 317 行有"□□行"；此外，《市估案》(B)中还有"□□行"和"□□行"。上述诸行因残缺严重，信息有限，故不列入。详细情况参见池田温：《唐研究论文选集》，126～142 页。

2. 上表"出处"一栏中，"集成"指《大谷文书集成》。

需要指出的是，《市估案》所见的货物非常广泛，计有绢帛、布匹、衣

① 张勋燎：《敦煌石室奴婢马匹价目残纸的初步研究》，载《四川大学学报》，1978(3)，85～91 页；朱雷：《敦煌所出〈唐沙州某市时价簿口马行时沽〉考》，见唐长孺主编：《敦煌吐鲁番文书初探》，500～518 页，武汉大学出版社，1983；收入氏著《敦煌吐鲁番文书论丛》，211～224 页，甘肃人民出版社，2000。

物、米面、器物、香料、药物、牲畜、果实等类，大体以行为单位，依次对行内物品按其等级标出上直、次直和下直三种价目。大谷3786《西州用练买牛簿》第9行："已上壹拾壹头，上等，都督判，头别减壹匹取印。"又第24行："已上壹拾壹头，下等，都督注，准前减取印。"①这里"上等""下等"即"上等牛"和"下等牛"，它们的价格依例应有明显差别。大谷8067《唐天宝十四载逃户关系文书》第1—2行②：

1　襆头肆，次，各估拾贰文。鞋叁，下，各估壹拾文 ▢

2　靺肆，下，各估壹拾文。被袋壹，下，估▢ ▢

北京师范大学史学探索丛书

上述四种物品（襆头、鞋、靺和被袋）中，各有"次""下"的等级标注及对应估价，大体与《唐律》所言"三等估"相合。又大谷文书3051＋3057＋3080《物价文书》③载：

1　次绵绅壹尺，上直钱肆拾贰文，次肆拾文，下叁拾捌文。

2　粗绵绅壹尺，上直钱叁拾柒文，次叁拾伍文，下叁拾文。

3　细缘壹尺，上直钱肆拾伍文，次肆拾肆文，下肆拾叁文。

4　次缘壹尺，上直钱叁拾文，次贰拾伍文，下贰拾文。

5　粗缘壹尺，上直钱拾壹文，次壹拾文，下 ▢

可见，唐代西州市场中，绵绅和缘就其质量而言有细、次、粗三等，每等又有上、次、下三种价格，因而对于同类物品绵绅和缘而言事实上形成了三等九价。日本《令义解·关市令》"每肆立标"条："凡市，每肆立标，题行名，市司准货物时价，为三等。十日为一簿，在市案记，季别各申本司。"其中"三等"，其下注曰："谓准货物时价者，凡物各有上、中、下三品，即其价值，亦物别各有上中下三等，故总有九等沽价，即下条云准中沽价，文云准货物价，即知据市廛交关之价，官不别立沽价法也。"④日本

①　[日]小田义久主编：《大谷文书集成》，第2卷，153～154页，法藏馆，1990。
②　[日]小田义久主编：《大谷文书集成》，第3卷，225页，法藏馆，2003。
③　[日]小田义久主编：《大谷文书集成》，第2卷，12、13、18页。
④　转引自《敦煌学译文集》，703页。

学者仁井田陞据此指出，市场上的货物并不限于分为三等，三等中各有上、中、下价格，每种货物就都有九等价格。① 同样的材料还见于羽田氏藏 829 号《市估案》中："细鞋壹量，上直钱柒拾文，次陆拾文，下伍拾文；次鞋壹量，上直钱伍拾伍文，次伍拾文，下肆拾伍文。"② 这里细鞋、次鞋各有上、次、下三种价格，至于粗鞋的三种估价虽然已残，但不难推知此鞋有细、次、粗三等，每等又有上、次、下三价，从而形成了九种价格。

如果将"细"等同于"精"，那么标识质量水平的细、次、粗三种等级，无疑与《唐六典》描述的"精为上贾、次为中贾、粗为下贾"若相契合。参照《令义解》对"三等"的解释："为三等者，假如一旬沽价上市一端或钱三百，或三百五十，或四百，即依中沽三百五十立沽价法，其余中下二品，亦依中沽当定，故云为三等也。"③ 不难得知，唐代律令规定的上贾、中贾和下贾，其实是精（细）、次、粗三等物各自中估价的描述。

由此看来，唐代在评定物价时，通常将所估物品区分为三等，并制定出相应的三种价格。但对于一些特殊商品，划分为三等还远远不够，似乎还要兼顾其产地、原料、色泽等信息，并据此定出九种价格。宋乾道八年（1172）十一月六日诏："诸路没官田产、屋宇并营田，已降旨，令常平司开具三等九则价钱。"④ 诏令要求诸路常平司对没官田产、宅第"开具三等九则价钱"，这说明唐代"三贾均市"中出现的三等九价，不仅在西州市场上广泛推行，而且在中原内地的市场交易中可能亦有适用。

那么，唐代评定物价的"三贾"是如何制作的呢？《天圣令》复原《唐令》云："诸市，每肆各标行名，市司每行准货物时价为三等，十日为一簿，在市案记，季别各申本司。诸官与私交关，以物为价者，准中估价，即悬

---

① ［日］仁井田陞：《吐鲁番出土的唐代交易法文书》，见《敦煌学译文集》，707页；李锦绣：《唐代财政史稿》，上卷，214～215页。日本学者池田温指出，"每隔十日把市场上千余种的物品各定为三等或九等记录下来，这就是市估"。参见《唐研究论文选集》，147页。

② ［日］池田温：《唐研究论文选集》，184页。

③ 转引自《敦煌学译文集》，703页。

④ 《宋会要辑稿》食货六一《官田杂录》，5889页，中华书局，1957。

平赃物者亦如之。"①按照《关市令》的规定，市司每旬要对市场上的货物评估一次，定为上、中、下三等，并制成文簿，呈报上级官府备案。市司的职责，据《旧唐书·职官二》"其二十五曰市廛不扰，奸滥不作，为市司之最"，② 可知主要负责维护市场秩序的稳定，打击奸猾、欺诈及伪滥等不法行为。《唐律》第419条"市司评物价不平"云："诸市司评物价不平者，计所贵贱坐赃论，入己者以盗论。其为罪人平赃不实，致罪有出入者，以出入人罪论。"③表明市司主持市场物价的评定。这在吐鲁番文书所见的市司牒状中多有反映。

表 3-2　吐鲁番文书所见市司牒状表

| 市司牒/状 | 事由 | 呈报机构 | 文书编号 | 材料出处 |
|---|---|---|---|---|
| 市司状 | 为七月中旬时估事 | 仓曹(参军) | 大谷1011(图一九) | 大谷文书集成/1/3 |
| 市司牒 | 为时估事 | 郡仓曹司 | 大谷3159(图二五) | 大谷文书集成/2/35 |
| 市司牒 | 为时估事 | 郡仓曹司 | 大谷3160(图二五) | 大谷文书集成/2/35 |
| 市司牒 | 为柴估事 | 仓曹(?) | 大谷4921(图二二) | 大谷文书集成/3/66 |
| 市司牒 | 为酱估直银钱事 | 仓曹(?) | 大谷1422(图一一) | 大谷文书集成/1/57 |
| 市司牒 | 为报酱估事 | 仓曹 | 大谷1032(图一〇) | 大谷文书集成/1/6 |
| 市司状 | 为报米估事 | 户曹 | 64TAM29：111/8(a) | 吐鲁番出土文书/7/104 |

如表 3-2 所示，市司在呈报交河郡仓曹、户曹的牒状中，均是物价评估及钱物折算方面的内容。牒状的接收者仓曹"掌公廨、度量、庖厨、仓库、租赋、征收、田园、市肆之事"，④ 故有权受理市司的物价报告。另一受理机构户曹"掌户籍、计帐，道路、逆旅，田畴、六畜、过所、蠲符之事"⑤，并不主管市易兴贩诸事，但从吐鲁番文书《唐五谷时估送尚书省案卷》残存"五谷时价以状录申[尚]书省户部听裁""粟时估解一条并目""米粟

---

① 孟彦弘：《唐关市令复原研究》，见《天一阁藏明钞本天圣令校证(附唐令复原研究)》，下册，540页，中华书局，2006。

② 《旧唐书》卷四三《职官志二》，1823页。

③ 《唐律疏议笺解》卷二六《杂律·市司评物价不平》，1863页。

④ 《唐六典》卷三〇《三府都督州县官吏》，748页。

⑤ 《唐六典》卷三〇《三府都督州县官吏》，749页。

北京师范大学史学探索丛书

时估以状录申东"等条来看，① 唐代的五谷时价还要报送户部审核。因此，地方的米谷粮价，市司同样要上呈州府户曹予以备案。

市司是如何评定物价的？《天圣令》复原《唐令》云："市司每行准货物时价为三等"。表明市司每旬评定物价时有两个基本依据。其一是市内诸行对行内物品的评估。其二是"时价"，即各种货物实际交易的价格。池田温认为"时价"只能由此前的市价决定。具体地说就是以前一旬的价格为基础，而某旬的市估实际上是在前旬末按照该旬的交易价格决定的。② 大谷文书 4894＋1012＋1011《唐天宝二年交河郡市估案》③云：

（前缺）

1　　　　天宝二年七月廿一日

2　　　　　府张仙

3　仓曹参军琭

4　　　　　　　史

5　　　　七月十八日受，其月廿一日行判。

6　市司状，为七月中旬时估事。

（后缺）

此件是市司评估物价后上呈郡仓曹的市案记录。市司上状的时间是刚刚完成"中旬时估"的七月十八日，三天后，仓曹府史作了批示。这似表明市司在中旬的旬末完成物价的评估工作。大谷2843《北馆文书》④云：

6　牒捡（检）案连如前，谨牒。

7　　　　二月廿一日　府史藏牒。

8　　　　待市估。恒让白。

---

① 国家文物局古文献研究室等编：《吐鲁番出土文书》，第 7 册，79～85 页，文物出版社，1986；《吐鲁番出土文书》[叁]，图文本，342～344 页，文物出版社，1996。

② ［日］池田温：《唐研究论文选集》，148 页。

③ ［日］小田义久编：《大谷文书集成》，第 1 卷，3 页；《大谷文书集成》，第 3 卷，58 页。

④ ［日］小田义久编：《大谷文书集成》，第 2 卷，112 页；《敦煌学译文集》，815 页。

根据大庭脩的研究，北馆位于唐瓜州、西州的交通线上，地处要冲，是西州都督府管界内的大驿馆。① 按照唐制，西州作为中都督府，管内的仓曹参军事有属员府三人，史六人。据此，上引文书第7行中的"府史藏"即西州仓曹之属官（"藏"为官员名称）。第8行"恒让"是此牒文的行判官员，推测当为仓曹参军事。从牒文的上呈及批示时间（二月二十一日）来看，当时市司主持的"中旬时估"及相关的文簿还没有报送上来，故而恒让做出了"待市估"的批示。这也说明市司大致是在旬末开展物价评估工作。

市司既在旬末进行物价评估工作，故"准货物时价"必然要参考当旬市场上各种货物的实际交易价格。大谷4921号《北馆文书》②云：

8　市司

9　莉柴壹车准次估直银钱壹文五分，

10　牒被责今月上中二旬柴估，依检案内，件捡如前，谨牒。

11　　　　　　　仪凤二年十一月廿日　　　史朱文兴牒。

12　　　　　　　　　　　丞巩　　义恭

13　　　　　　　　　　　令史　　建济

这里"史""丞""令史"分别为市司史、市司丞和市司令史。③ 牒文的上呈时间是"十一月廿日"，此时市司主持的当月中旬物价评估临近尾声，但是官方收购的莉柴，市司仍按十一月"上中二旬柴估"支付酬价（银钱），这说明市司评定物价时，不仅要充分利用当旬物品交易的实际价格，还要适当参考前一旬的市场物价。

市司评定物价的另一依据是诸行行人或行首对行内物品的评估。前引

---

① ［日］大庭脩：《吐鲁番出土的北馆文书——中国驿传史上的一份资料》，［日］周藤吉之等著，那向芹译：《敦煌学译文集——敦煌吐鲁番出土社会经济文书研究》，784～817页，甘肃人民出版社，1985。

② ［日］小田义久编：《大谷文书集成》，第3卷，66页；《敦煌学译文集》，808页。

③ ［日］大庭脩：《吐鲁番出土的北馆文书——中国驿传史上的一份资料》，见《敦煌学译文集》，808页。

《市估案》中，西州市场上的货物都是以行为单位，分上中下三等明码标价的①，较为典型地印证了《关市令》"市司每行准货物时价为三等"的规定。大谷 4893《唐天宝二年(743)八月三日史康登子牒》②云：

（前缺）

1　不同。行人各请求 ☐☐☐☐

2　减，具状牒上郡仓曹司听裁者。谨依牒上☐ ☐☐☐☐

3　　　　　　天宝二年八月三日史康登子牒。

4　　　　　　　　　丞上柱国氾唯表。

（后缺）

在牒文中，行人因对某种物品的市价并不满意，故而提出了加减某物价的要求，并希望郡仓曹司予以批复。③ 由此可见，行人对行内物品的评估在市司评定物价的过程中起着十分重要的作用。这在宋代的赃罪评定及物价评估中有生动体现。《宋会要辑稿·定赃罪》载：

> 国朝之制，凡犯赃者，据犯处当时物准上估绢平赃。……按估时，皆长吏、通判、本判官面勒行人估定实价，其制勘推期者，亦勘官监估。④

---

① 池田温指出，"市估是根据从各个交易价格抽象出来的时价决定的公定市价，所以在理论上它应该代表时价，并且在原则上应和时价一致。然而，由于各种复杂因素的作用，市估事实上往往不能正确反映时价。……通观三等估价，其记载整齐划一，看得出是有意做成这样的。例如药行数十种品目，上次下三等差价的差价各是一文。如果反映实际的质量差别或者交易差价，就不可能出现这种情况"。应当看到，《市估案》对市场物价的评估，既不是市场物价的记录，更不是店家的明码标价。市场价格变动大，档次也不一定是三等，或九等，级差也不会那么整齐。所以，市场上物品价格的实际情况可能还要更复杂一些。参见《唐研究论文选集》，151、153 页。

② ［日］小田义久编：《大谷文书集成》，第 3 卷，57 页。其中第 1 行中的"求"，《大谷文书集成》释作"来"，此据《唐研究论文选集》(142 页)改作"求"；第 4 行中的"唯"，《唐研究论文选集》释作"惟"。

③ 李锦绣：《唐代财政史稿》，上卷，217 页。

④ 《宋会要辑稿》刑法三《定赃罪》，6578 页。

按"上估绢"来平赃本为唐制,《唐律》对此有专门规定,但宋时仍然行用。不过,在具体定罪估价时,各地通判、判官等官员与行人一道,共同勘定赃物的价格。又《宋会要辑稿·杂买务》天禧二年(1018)宋真宗诏云:

> 三司、开封府指挥,自今令诸行铺人户,依先降条约,于旬假日,齐集定夺次旬诸般物色见卖价,状赴府司,候入旬一日牒送杂买务。仍别写一本,具言诸行户某年月日分时估,已于某年月日赴杂买务通下,取本务官吏于状前批凿收领月日,送提举诸司、库务司置簿,押上点检府司。①

诏令中提到的"先降条约",即大中祥符九年(1016)条例:"时估于旬假日,集行人定夺"。按照"条例"的规定,每旬的假日②,官方召集市内行人共同商讨"定夺诸般物色见卖价",并于"入旬一日"(如一日、十一日、二十一日)将商定物价牒送杂买务及相关机构③,并将参与物价评估的"诸行户"姓名附于文簿中。不难看出,北宋三旬"时估"的评定及文簿备案,其实正是唐令"市司每行准货物时价为三等,十日为一簿,在市案记,季别各申本司"规定的"三贾均市"之制的继承和发展。在此过程中,行人的物价评估事实上起着引导作用。

值得注意的是,市司每旬完成物价评估并上报州郡仓曹、户曹后,州郡官员还要将当时物价定期将向中央尚书省申报,正所谓"季别各申本司"。64TAM29:94《唐五谷时估送尚书省案卷》(二)第5—7行:

```
5 □□□□□ 粟时估解一条并目
6 □□□□□ 四月十一日付华州 □□□□□
```

---

① 《宋会要辑稿》食货五五《杂买务》,5756 页。

② 池田温认为"旬假日"指每旬的休息日,即十日、二十日、二十九日或三十日。参见《唐研究论文选集》,148 页。

③ 《宋史》卷一六五《职官五》载:"杂买务,掌和市百物,凡官禁、官府所需,以时供纳。"即专为官廷采办、购置货物的官署。3908 页。

7 ┌─────────┬─────┬─────────┐
　　　　　　　│领送中台│

这里"中台"即尚书省。同案卷（三）、（五）中还有"时估录申中台司元"
"米粟时估以状录申东台"诸条。《旧唐书·高宗上》云："龙朔二年二月，
改京诸司及百官名：尚书省为中台，门下省为东台，中书省为西台。"①由
此可见，当时的米粟时估案四月十一日付华州（的使者），送到了尚书省，
从四月十一日这个时限看，似谷物价格每季送尚书户部。② 又前引
64TAM29：93《唐五谷时估送尚书省案卷》（一）第4—5行："五谷时价以状
录申[尚]书省户部听裁"，表明尚书户部有时还对各地的五谷时价予以裁
决。这很容易使我们与中唐以后出现的"省估"联系起来。《通鉴》卷237元
和三年（808）载："天下留州、送使物，请一切用省估。"胡三省注曰："省
估者，都省所立价也。"③都省即尚书省，省估即尚书省制定的民户两
税钱折纳绢帛等物时的比价，通常远低于初定两税时的绢帛价，又远
高于时价。④ 尽管省估并不是实际的市场价格，但它的最终制定，应
当与来自各地市司的旬估文簿及州郡汇总上报至省的相关文案不无
关系。

---

① 《旧唐书》卷四《高宗纪上》，83 页。
② 李锦绣：《唐代财政史稿》，上卷，218 页。
③ 《资治通鉴》卷二三七"宪宗元和三年（806）"条，7655 页。
④ 关于"省估"，陈寅恪指出"乃官方高抬之虚价"，也即"虚估"，与"实估"
（乃民间现行之实价，即韩愈顺宗实录所谓"本估"）相对而言；张泽咸在《唐五代赋
役史草》中说："两税法时期，史书上有关物估的称呼很多，如省估、中估、元估、
虚估、实估、时估等。简要说来，只有实估与虚估两种。时估是当时当地的价格，
因时因地而不同，它是实估。其他几种通常是由上级规定的价格，往往不符合实际
的物价，都是虚估。……经过裴垍这次改革，对于两税征收见钱有了一定限制，并
规定征收实物时，要按省估（中估）办理。"认为省估即中估，亦是虚估；吴丽娱认
为，元和估是唐政府规定一半纳实钱（现钱和实估物）、一半纳虚钱（虚估折物）的
税价标准。它落实到绢帛折价上，便是"省中估"。参见陈寅恪：《元白诗笺证稿》，
259～260 页，生活·读书·新知三联书店，2001；张泽咸：《唐五代赋役史草》，
157～158 页，中华书局，1986；吴丽娱：《试析唐后期物价中的"省估"》，载《中国
经济史研究》，2000(3)，64～74 转 94 页。

## 第三节 "三贾均市"的运作与实践

"三贾均市"由于对市场上的物品按其质量等级而评定为三种（或九种）价格，因而对于官方评估市场物价及规范经济秩序无疑具有重要意义。比如，官方与民间的和市、和买、和籴及相关的物品交易，其实都以"三贾均市"为依据。吐鲁番出土的北馆文书中，有北馆厨典依据"市估"支付蒴柴、酱料等物价值的牒文，如大谷2842《北馆文书》①云：

  1  酱一石一斗六升主辛德林，七升主竹进君，八斗六升主高志静，

  2  八升二合主阴永智，七升主张录石，三升主康支莫，

  3  二斗一升八合主赵思礼，三升主张汉贞，二斗七升主周处俭，

  4  一斗二升主梁师都，七斗一升主史惠藏。

  5  右件酱，北馆厨典周建智等牒称，上件

  6  酱料供客讫，请处分者。依捡（检）未有

  7  市估。其柴各付价讫。

  8  牒件捡如前，余依本状，谨牒。

  9        十一月廿三日府史藏牒。

10      北馆厨典周建智等牒，

11      请酬蒴柴价，各准估

12      付讫记。其酱牒市勘

13      估上。

可见，北馆厨在招待官方客使的过程中，消耗了大量从民间收购来的蒴柴和酱料，并准备按照"市估"价支付报酬。其中第6—7行"未有市估"、第11行"准估"及第12—13行"市勘估"等，皆指市估案而

---

①   [日]小田义久编：《大谷文书集成》，第1卷，111~112页。

言。大谷 3163《西州都督府官厅文书》第 2 行："蒭柴估，牒市勘上。"①亦按照市司勘定的市估案来支付蒭柴酬值。又前引大谷 4921 号《北馆文书》②云：

8　市司

9　蒭柴壹车准次估直银钱壹文五分，

10　牒被责今月上中二旬柴估，依捡（检）案内，件捡（检）如前，谨牒。

11　　　　　　　　仪凤二年十一月廿日　　　史朱文兴牒。

牒文中的"上中二旬柴估"即市司分别于十一月上旬和中旬主持的两次蒭柴价的评估，这与唐令"每月旬别三等估"规定正相符合。按照唐代上、中、下的三等估价，第 9 行"准次估"即次等物的中估价。如《唐令》所言："诸官与私交关，以物为价者，准中估价，即悬平赃物者亦如之。"即言官府与百姓以"中估价"达成双方交易。大谷 1422 号《北馆文书得市司牒酱估直（银钱）牒》："右得市司牒称，上件酱二升，准次估直银钱一文者，依检案内，件主如前。"③表明酱估亦按"次估"即次等物的中估价来核算。同样的材料还见于大谷 1032《北馆文书》④中：

（前缺）

1　市司　牒上仓曹为报酱估事。

2　酱叁硕陆斗贰胜，准次估贰胜直银钱壹文。

3　　　　右被仓曹牒称，得北馆厨典周建智等牒。□□□□

4　□□□□捡（检），未有市估，牒至□□□□

此件大意是说，北馆厨从民间购得酱料，因"未有市估"而没有支付价

---

①　[日]小田义久编：《大谷文书集成》，第 2 卷，36 页。

②　[日]小田义久编：《大谷文书集成》，第 3 卷，66 页；《敦煌学译文集》，808 页。

③　[日]小田义久编：《大谷文书集成》，第 1 卷，57 页；《敦煌学译文集》，808～809 页。

④　[日]小田义久编：《大谷文书集成》，第 1 卷，6 页；《敦煌学译文集》，810 页。

值。仓曹遂牒下市司，等待市司勘定的酱料"次估"报送上来后予以酬付。显而易见，唐代的官方买卖或交易中，"准次估"（次等物的中估价）已成为约定俗成的物价标准。如有例外，官文书中通常会附加特别说明。如大谷1263《官厅文书（金部关系）》①云：

> 3　八月上旬申到度
>
> 4　□□□□□□状即□□□等杂用，
>
> 5　百姓有情愿依上估纳钱者，宜听州。

由此看来，八月上旬的时估文簿已报送到户部度支司，百姓依例按照当时的旬估交纳钱物。文书特别指出，允许民间百姓"依上估纳钱"。这里"上估"，李锦绣据《唐律》平赃断罪时"上估绢"的规定，认为应是上等物的中估价。百姓据此标价来交纳钱物，当然是特殊情况。至于一般的钱物折纳和官私交易（和市），通常是按照中等物（次等物）的中估价来进行的。②大谷3099《药香等购入价格文书》云：

> （前缺）
>
> 1　桂心壹拾两，两别准估□□□□□
>
> 2　毕拨壹拾两，两别壹伯壹拾文，计壹阡壹伯文。
>
> 3　青木香拾两，两别准估叁拾伍文，计叁伯伍拾文。
>
> 4　紫雪拾两，两别准估壹拾玖文，计壹伯玖拾文。
>
> 5　硇沙伍两，两别准估贰拾文，计壹伯文。
>
> 6　葡酢叁胜，胜别准估肆文，计壹拾贰文。
>
> （后缺）

此件第1、2行处押缝处署有官印，纸背亦有"官印"字样，小田义久据此定为"时价市估案"③，则知此件当为官方购入药香等物的价格文书。故所谓《准估》者，当是官方已经约定的中估价而言。P.4979v《天宝十载

---

①　［日］小田义久编：《大谷文书集成》，第1卷，38页。

②　李锦绣：《唐代财政史稿》，上卷，220页。

③　［日］小田义久编：《大谷文书集成》，第2卷，24页。

北京师范大学史学探索丛书

(751)二月酒行安胡到芬牒》①云：

1　酒行　　状上

2　　供糟廿瓮。

3　右胡到芬比日在于市纳。沽酒经

4　纪，缘无本产，伏来经今日，无于造

5　酒，请乞给价直，谨状。

6　牒，件状如前，谨牒。

7　　　　　　　天宝十载二月　日酒行安胡到芬牒。

8　二月廿三日付生绢壹匹，准时[估]伍伯捌拾文，余欠于估

9　等用。

　　牒文中，安胡到芬的 20 瓮糟酒被官方征用，有司先支付 1 匹生绢，其余酒价暂时赊欠。从"准时[估]"来看，1 匹生绢价值 580 文应是当时的中估价。这与天宝二年《交河郡市估案》"帛练行"所见生绢壹匹"次肆伯陆拾文"、P.3348《河西豆卢军和籴会计牒》所见天宝三载大生绢"匹估四百六十五文"，及天宝四载"匹估四百六十文"的标价相比，绢价显然有很大涨幅。② 唐代官府向民间收购粮食的和籴也是按"次估"进行的。吐鲁番出土

①　唐耕耦、陆宏基编：《敦煌社会经济文献真迹释录》，第三辑，626 页，全国图书馆文献缩微复制中心，1990；《法国国家图书馆藏敦煌西域文献》，第 33 册，329 页，上海古籍出版社，2005。

②　如果将《天宝二年市估案》(A)、(B) 中的丝织品如河南府絁、大生绢、大练及陕州絁与 P.3348《河西豆卢军和籴会计牒》多见的对应物品加以对比，P.3348 中的丝织品价格大致与《市估案》(B) 对应物品的中估价等同。具体情况参见下表：

| 丝织品(壹匹) | 天宝二年市估案(A)中的三价 | 天宝二年市估案(B)中的三价 | 天宝三载(P.3348) | 天宝四载(P.3348) |
|---|---|---|---|---|
| 河南府絁 | 650/640/630 文 | 630/620/610 文 | 620 文 | — |
| 大生绢 | 470/460/450 文 | 470/460/450 文 | 465 文 | 460 文 |
| 大练 | 470/460/450 文 | 470/460/450 文 | — | 460 文 |
| 陕郡(州)熟匹 | 630/620/610 文 | 610/600/590 文 | | 600 文 |

《唐和籴青稞账》①云：

　　　　　　　　　　(一)73TAM214：148(a)

1　|　　　　　|拾文。钱壹文，籴（籴）得青科（稞）一斗。

2　绵壹屯，准次估直银钱伍文。两屯当练壹匹。

　　　　　　　　　　(二)73TAM214：149(a)

1　|　　　　　|练壹匹，籴得青科一石三斗。

2　右同前勘案内，去年六月中旬|　　　　　　|

3　银钱壹文籴得青科一斗三升，又称今|　　　　|

　　不难看出，官府和籴青稞的估价是用银钱来折算的，但实际的支付形式是丝织品大练，这说明在西州市场上，大练其实也充当了货币等价物的职能。账目(一)中，由于1匹大练折合2屯绵，按照官方评定的绵估价格，可知1匹大练准次估直银钱10文，可籴得青稞1石。据此，青稞1斗准次估直银钱1文，这就是官定的和籴价格，即1斗次等青稞的中估价是银钱1文。同样，账目(二)中，1斗3升次等青稞的中估价是银钱1文。两相对比，青稞的估价显然略有下降。又 P.2862《唐天宝年间敦煌郡会计牒》②云：

15　五谷时价

16　小麦壹卧直钱肆拾玖文，粟壹卧直钱叁拾肆文，床壹卧直钱叁拾壹文，

17　豌豆壹卧直钱叁拾伍文，麻壹卧直钱伍拾贰文。

　　据前引《唐五谷时估送尚书省案卷》所见"五谷时价以状录申［尚］书省户部听裁"，"粟时估解一条并目"，"粟时估"，"时估录申中台司元"，"米

---

　　①　国家文物局古文献研究室等编：《吐鲁番出土文书》，第6册，310～311页，中华书局，1985；《吐鲁番出土文书》［叁］，图文本，163页，文物出版社，1996。

　　②　上海古籍出版社、法国国家图书馆编：《法国国家图书馆藏敦煌西域文献》，第16册，333～334页，上海古籍出版社，2001(图)；唐耕耦、陆宏基编：《敦煌社会经济文献真迹释录》，第1辑，469页，书目文献出版社，1986。

粟时估以状录申东"等信息,可知"五谷时价"即五谷时估,也就是中估价。P. 3348《河西豆卢军和籴会计牒》收有天宝三载至四载小麦、青麦、粟、床和豌豆的斗估价(参见表3-3)。据牒文"去载冬季军仓支粮帐,经支度勾,并牒上金部比部度支讫"及多次出现的"准和籴估""准估""斗估""匹估"等信息,可知"准估"为官定的中估价。又 P. 3348 背《天宝六载(747)十一月河西豆卢军军仓收纳籴粟牒》第 17 行:"行客任惎子粟壹伯捌拾陆䰄,䰄估廿一文。"[1]与天宝四载的物价相比,粟价斗估下降了 11 文。由此看来,天宝年间除粟的估价有很大波动外,其他谷物的价格大致变化不大,总体比较稳定。

表 3-3　天宝年间谷物斗估价格表

| 谷物 | 天宝三载(P. 3348) | 天宝四载(P. 3348) | 天宝年间(P. 2862) |
|---|---|---|---|
| 小麦 | 32 文/斗 | 37 文/斗 | 32 文/斗 |
| 粟 | 27 文/斗 | 32 文/斗 | 34 文/斗 |
| 床 | 27 文/斗 | 32 文/斗 | 31 文/斗 |
| 豌豆 | 29 文/斗 | 34 文/斗 | 35 文/斗 |
| 麻 | —— | —— | 52 文/斗 |
| 青麦 | 30 文/斗 | 35 文/斗 | —— |

## 第四节　"三贾均市"的影响

以上论述表明,唐代的"三贾均市"在平赃定罪、和市及和籴等领域都有普遍运用。此外,与"三贾均市"密切关联的"三等估"还在赋税折纳中被广泛推行,这在唐后期表现得尤为突出。贞元九年(793)盐铁使张滂奏:"出茶州县若山及商人要路,以三等定估,十税其一。"[2]即按上、中、下三等估价来征收茶税。元和六年(811)宪宗诏敕:"其诸道留使、留州钱数内

---

① 唐耕耦、陆宏基编:《敦煌社会经济文献真迹释录》,第 1 辑,435 页。
② 《新唐书》卷五四《食货四》,1382 页,中华书局,1975。

绢帛等，但得有用处，随其高下约中估物价优饶与纳。"①可知元和年间，朝廷按照中估价来折纳绢帛。武宗《加尊号后郊天赦文》云："（西川）有机杼之家，依果阆州且织重绢，仍与作三等估，上估一贯一百，下估九百。待此法行后，每年两税，一半与折纳重绢，即冀人少苏息，军用不亏。"②这就是说，西川果、阆二州用于折纳两税的"重绢"，亦是按照"三等估"来评定价格的。

北宋因袭唐制，在物价评定上推行"旬估"之制。开宝六年（973）宋太祖《西川两税折帛依时估诏》称："应西川管内州府军县，自今将两税钱折匹帛者，并与依逐州三旬时估折纳。"③所谓"三旬时估"者，是指每月上旬、中旬、下旬各有一次物价评估活动。天一阁藏明钞本《天圣令》云："诸市四面（面）不得侵占官道以为贾舍，每肆各摽（標）行名，市司每行准平货物时价为三等，旬别一申本司。"④这表明每旬的时估亦将货物划分为上、中、下三等。《宋史·食货上》称："折变之法，以纳月初旬估中价准折。"⑤政和二年（1112）给事中俞桌也说："诸输纳折变物，并以纳月上旬时估中价准折。"⑥折变是宋代赋税输纳的一种方式。由于征科赋税有固定物品，官府常根据一时所需，变而取之，故谓之折变。一般来说，折变按规定要用平估，使其值轻重相当。⑦ 由此看来，在赋税征纳过程中，上旬时估的中估价事实上充当了平估的角色，成为官府实行折变时的一种惯用标准。

南宋绍兴三十一年（1161），户部奏："人户输纳税租应折变物，转运司以纳月上旬时估中价准折。"⑧表明南宋高宗时亦实行"三旬时估"之制。然而，成于宁宗嘉泰二年（1202）的《庆元条法事类》载：

① 《唐会要》卷八三《租税上》，1538～1539 页，中华书局，1955。
② 武宗：《加尊号后郊天赦文》，见《全唐文》卷七八，820 页，中华书局，1983。
③ 《宋大诏令集》卷一八五《政事三十八·蠲复上》，641 页，中华书局，1962。
④ 天一阁博物馆、中国社会科学院历史研究所天圣令整理课题组校证：《天一阁藏明钞本天圣令校证（附唐令复原研究）》，下册，306 页。
⑤ 《宋史》卷一七四《食货上二》，4211 页。
⑥ 《宋会要辑稿》食货九《赋税杂录》，4967 页。
⑦ 参阅《中国历史大辞典》，1432 页，上海辞书出版社，2000。
⑧ 《宋会要辑稿》食货九《赋税杂录》，4984 页。

诸物价每月一估，每物具上中下等，实值时估，结算申价，有增减者，旬具刺状外，县镇寨实直，仍申本州审察（监司若季点，官巡按所至准此）。①

可见南宋后期，三等估法虽然仍在行用，但时估的周期已发生了很大变化，即由原来的旬估（每十天评估一次）变为每月评估一次的月估了。在北方的金朝，"民间市易悉从时估"，从贞祐三年（1215）九月御史台"且（京师）时估月再定之，而民间价旦暮不一，今有司强之，而市肆尽闭"②的奏疏来看，每月定期对市场物价评估两次。

元朝对市场物价的评定工作也非常重视。如中统五年（1264）八月钦奉："诸物价以钞为则，每月一次申报。"又《至元新格》云："诸街市货物，皆令行人每月一平其直，其比前申有甚增减者，各须称说增减缘由。自司县申府州，由本路申户部，并要体度是实，保结申报。"③由此看来，元代的物价每月要评定一次，且将评定结果及物价变动情况，由司县逐级向上申报。④ 至顺二年（1331）十月，文宗"命大都路定时估，每月朔望送广谊司，以酬物价"⑤。广谊司即掌管大都和雇和买、营缮织造、供亿物色等事务的机构。从每月朔望向广谊司报送时估文簿来看，大都的物价每月要评定两次，分别定于每月一日、十五日进行。

明朝建立后，太祖创行权宜之计，命在京兵马指挥司、在外府州各城门兵马兼管市司事务，"每三日一次校勘街市斛斗秤尺，稽考牙会（侩）姓名，时其物价"⑥，通过军权的干预以平抑物价，稳定市场秩序。洪武

---

① ［宋］谢深浦编：《庆元条法事类》卷七《职制门·关市令》，北京大学图书馆藏版，1948。

② 《金史》卷四八《食货三》，1084 页，中华书局，1975。

③ 《大元圣政国朝典章》卷二六《户部卷之十二·物价》，1065 页，中国广播电视出版社，1998。

④ 从大德元年（1297）"今后各处合报诸物时估，司县正官亲行估体实价"的规定来看，司县要亲自参与物价的评定工作。参见《大元圣政国朝典章》卷二六《户部卷之十二·和买》，1061 页。

⑤ 《元史》卷三五《文宗四》，792 页，中华书局，1976。

⑥ 顾炎武：《日知录之余》卷四《校勘斛斗秤尺》，1255 页，上海古籍出版社，2006。

二年(1369)又定"时估"之制:"仰府州县行属,务要每月初旬,取勘诸物时估。……上司收买一应物料,仰本府州县照依,按月时估。"正式确立了每月初旬评估物价的"月估"制度。至于民间市肆买卖中的货物价格,太祖规定"须从州县亲民衙门,按月从实申报合干(于)上司"。①正是州县衙门每月评定、奏报物价的反映。这在清代官方的谷物价格报告流程中仍能看到些许痕迹:

> 各州县衙门每十天对当地谷物价格及银钱比价进行调查,各府对此进行整理并送至布政使司,由布政使司按月制定包含有省内各府最高最低价格的报告。总督、巡抚等高级地方官每月将根据这一报告制成的所谓"粮价清单"表,与奏折一起呈送给皇帝。②

尽管谷物价格的评估标准已无从得知,但从州县衙门每十天调查当地谷价以及布政司按月制定谷价的报表中,我们仍能隐约看到《唐令》"十日为一簿,在市案记,季别各申本司"的痕迹,其中自然也渗透了"三贾均市"的诸多历史信息。

① 《大明会典》卷三七《时估》,664~665 页,上海古籍出版社,1997。
② [日]岸本美绪著,刘迪瑞译:《清代中国的物价与经济波动》,4~5 页,社科文献出版社,2010。

北京师范大学史学探索丛书

# 第二编　社会经济

# 第四章　敦煌吐鲁番文书所见唐代 "中男"承担差役考

唐代的人口统计中，丁男和中男的重要性毋庸置疑。因为丁男的多寡直接影响到国家赋役的征收与摊派。中男虽不缴纳租调，也不承担正役，但也要服若干杂徭或色役。中男承担的杂徭，日本学者宫崎市定①、池田温②，中国学者朱雷③、张泽咸④、杨际平⑤、程喜霖⑥等，在相关论著中多有涉及，但总体比较零散，不成系统。相较而言，李春润、朱淑瑶《略谈唐代中男的徭役负担》⑦、吴树国《试论唐前期中男服杂徭的法定役期》⑧重点探讨了中男服役（杂徭）的情况。然可惜的是，这两篇文章都没有充分利用敦煌吐鲁番资料。本章在汲取前贤成果的基础上，结合敦煌吐鲁番文书，拟对唐前期"中男"承担的杂徭与差科进行全面梳理，进而观察律令体制下"中男"的身份特征。

## 1. 夫役

唐制，"凡丁岁役二旬"，丁男法定的正役期限是 20 日。《唐律》462 条 "丁夫杂匠亡"疏议曰："丁谓正役，夫谓杂徭。"说明唐代的徭役有正役和杂徭之分。正役是以丁为单位，征发丁男从事国家大规模的工程建设；杂

---

① ［日］宫崎市定：《唐代赋役制度新考》，载《东洋史研究》，1953，14(4)，收入《宫崎市定全集·8》，352～382 页，岩波书店，1993；中译文参见刘俊文主编：《日本学者研究中国史论著》，第四卷，378～404 页，中华书局，1992。

② ［日］池田温著，龚泽铣译：《中国古代籍帐研究》，156～162 页，中华书局，2007。

③ 朱雷：《唐代"手实"制度杂识》，载《魏晋南北朝隋唐史资料》，1983(3)，收入《敦煌吐鲁番文书论丛》，97～112 页，甘肃人民出版社，2000。

④ 张泽咸：《唐五代赋役史草》，中华书局，1986。

⑤ 杨际平：《关于唐天宝敦煌差科簿的几个问题》，见韩国磐主编：《敦煌吐鲁番出土经济文书研究》，129～161 页，厦门大学出版社，1986；杨际平：《唐前期的杂徭与色役》，载《历史研究》，1994(3)。

⑥ 程喜霖：《吐鲁番文书所见唐代杂徭》，载《吐鲁番学研究》，2008(1)。

⑦ 载《广西师范大学学报》1981 年 4 期。

⑧ 载《晋阳学刊》2008 年 6 期。

徭是以户为单位，征发户内的丁男或中男"充夫"或充使①。又《唐律》172条"应复除不给"疏议曰："其小徭役，谓充夫及杂使"，可知杂徭又称夫役或"小徭役"②。《白孔六帖》卷78《征役第七》"充夫式"条："户部式：诸正丁充夫四十日免[役]，七十日并免租，百日已上课役俱免；中男充夫，满四十日已上免户内地租，无他税折户内一丁，无丁听傍折近亲户内丁。"③既然丁男"充夫"服杂徭40日，可折免20日正役，说明正役1日相当于杂徭2日。中男服杂徭40日可折免户内一丁之租，由此可知中男法定充夫的役期为10日④。阿斯塔那230号墓所出《唐西州下高昌县牒为差夫役事》⑤载：

［前缺］

1　曹状申者，依检案内□□□旧例，两

2　匹一夫牵，下高昌县，差无役中男兼

3　丁者壹拾叁人发遣，仍递前者蒲昌，

4　□□县□□□□□

5　至伊州，夫壹人准旧例□□□□□

6　壹□□□□□□

7　遣讫。具夫姓名上者。至□□□□□

　　牒文的核心是征调高昌县没有差役的丁男和中男13人去服役，从文中"两匹一夫牵""夫壹人准旧例"和"具夫姓名"来看，这些被差派的丁、中男子扮演了"充夫"的角色，他们承担的显然是一种杂徭（夫役）而非正役。尽管律令规定丁男服正役，中男担任杂徭，但在实际生活中，当丁男人口普遍不足时，官方往往征调中男充任正役。如中宗时，

　　① 刘俊文：《唐律疏议笺解》，1981~1982页，中华书局，1996。

　　② 杨际平：《唐前期的杂徭与色役》，载《历史研究》，1994(3)，76页。

　　③ (唐)白居易原本，(宋)孔传续撰：《白孔六帖》，见《景印文渊阁四库全书》，第892册，294页，台湾商务印书馆，1983。

　　④ 杨际平：《唐前期的杂徭与色役》，载《历史研究》，1994(3)。

　　⑤ 国家文物局古文献研究室等编：《吐鲁番出土文书》，第8册，186页，文物出版社，1987。

韦庶人临朝当国，朝政混乱，出现了"已役中男，重征丁课"①的现象。天宝三载(744)，玄宗诏敕："比者成童之岁，即挂轻徭，既冠之年，便当正役。悯其劳苦，用轸予怀。"②说明当时尚未达到中男年龄的小男已服杂徭，而尚未成丁的中男已服正役了③。较为典型的是，《天宝十载(751)敦煌差科簿》登载了尚未达到法定年龄的 5 名 17 岁男子，其中任景阳、王元璋注为"小男"，这是符合天宝时代的丁中规定的。但矛盾的是，任景阳却以小男身份担任了渠头。至于其余 3 人，公孙悉郎、氾近生、康海元同为 17 岁，却注为"中男"，特别是公孙悉郎，还以中男身份担任村正一职，"可知是因有加入差科的必要，故虽是一七岁，也作为中男处理"④。

2. 征行/番上

有迹象表明，唐前期中男有时还被拣点入军，防戍守边。武德九年(626)十一月，太宗诏敕"以中男十八以上，简取入军"，给事中魏徵固执以为不可："若次男以上尽简入军，租赋、杂徭将何取给"。在魏徵的据理力争下，太宗收回了成命，"所令取中男宜停"⑤。但随着唐王朝边疆防御和军事战斗的吃紧，中男不时被简点征行，以此来弥补兵源的不足。杜甫《兵车行》诗云："道旁过者问行人，行人但云点行频。或从十五北防河，便至四十西营田。去时里正与襄头，归来头白还戍边。"⑥此诗作于天宝年间，是时唐与吐蕃、南诏战事持续胶着，死伤严重，为补充兵力遂征发诸道民夫，甚至十五岁的小男亦不能幸免，那么中男依例也在征发之内。乾元二年(759)，杜甫自东都回华州，途经新安时赋诗《新安吏》一首，其中也有描述简点中男的诗句："客行新安道，喧呼闻点兵。借问新安吏，县小更无丁。府帖昨夜下，次选中男行。中男绝短小，何以守王城。"⑦这就

---

① 《旧唐书》卷一八五下《杨玚传》，4819 页，中华书局，1975。
② 《唐大诏令集》卷七四《亲祭九宫坛大赦天下敕》，417 页，商务印书馆，1958。
③ 张泽咸：《唐五代赋役史草》，320 页，中华书局，1986。
④ ［日］池田温著，龚泽铣译：《中国古代籍帐研究》，161 页，中华书局，2007。
⑤ 《唐会要》卷八五《杂录》，1556 页，中华书局，1955。
⑥ (清)仇占鳌：《杜诗详注》卷二《兵车行》，113～114 页，中华书局，1979。
⑦ (清)仇占鳌：《杜诗详注》卷七《新安吏》，523～526 页。

是说，像新安这样的小县，丁男严重不足，所以州府官员颁下军帖，全然不顾中男身材短小，不堪守卫王城的实际情况，仍然依次拣选中男随军出征①。

吐鲁番出土文书显示，中男甚至还以"替人"的身份替代府兵卫士番上。日本宁乐美术馆藏《唐开元二年(714)二月三十日西州都督府下蒲昌府牒为差替人番上事》②：

1　游奕 ☐

2　处置，咨，庆示。

3　　　　　二（日）

4　依判，玉示，二日。

5　☐　奕人王定远身死 <sup>替行客王</sup>☐

6　☐　检<sup>替人中男氾至尚</sup>白仁轨 <sup>胡</sup>☐ <sup>月</sup>☐

7　☐　四月番长探配悬泉。悬泉游奕☐

8　☐　挎谷游奕人段阿忠<sup>已上</sup>☐

9　已差替讫☐

此件为蒲昌府文书，蒲昌府作为唐府兵制下设于西州的 4 个军府之一，在具体指挥和调度上完全听命于西州都督府，本件文书上钤盖的 3 方"西州都督府之印"可资为证。第 4 行中的"玉示"，即蒲昌府折冲都尉王温玉③，"示"为长官判署用词。文中的"游奕人""长探"，职司大体相同，都是军中负责巡察、刺探情报的士兵。悬泉、挎谷则是蒲昌府防务辖区的两处烽

①　《日知录》卷三二《丁中》曰："杜子美《新安吏》诗：'府帖昨夜下，次选中男行。'是十八以上皆发之也。"参见(清)顾炎武撰，黄汝成释：《日知录集释》，1824 页，上海古籍出版社，2006。

②　陈国灿、刘永增编：《日本宁乐美术馆藏吐鲁番文书》，29、31 页，文物出版社，1997。

③　陈国灿指出，开元二年(714)六月及以前，蒲昌府长官(折冲都尉)是王温玉，七月以后为贺方。参见《日本宁乐美术馆藏吐鲁番文书》，11 页。

燧。第6行中"白仁轨",又见于另两件蒲昌府文书。根据这两件文书的记载,白仁轨原在胡麻泉烽番上,但因"终服","遭忧在服"①,后于"三月改配维磨"②,注文中"胡□□□月□□□□□□",盖即此意。从内容来看,蒲昌府内番上的游奕人或因身死、终服等原因一度欠阙,因而急需征调"替人"予以补充,于是行客王某和中男氾至尚就充当了"替人"的角色,暂时成为游奕人从事番上事务。

3. 村正

唐制,"诸户以百户为里,五里为乡,四家为邻,五家为保。每里置正一人,掌按比户口,课植农桑,检察非违,催驱赋役。在邑居者为坊,别置正一人,掌坊门管钥,督察奸非,并免其课役。在田野者为村,别置村正一人。其村满百家,增置一人,掌同坊正。……诸里正,县司选勋官六品以下白丁清平强干者充。其次为坊正,若当里无人,听于比邻里简用。其村正取白丁充,无人处,里正等并通取十八以上中男、残疾等充。"③村正是田野乡村的基层管理者,其性质与城居街坊的管理者——坊正相同,同样承担着"督察奸非"的职责。村正的充任通常是在白丁中选择,但当白丁不足时,律令规定以十八岁以上中男或残疾来充任。敦煌差科簿中,登载了敦煌县诸乡里正9名,村正13名。具体来说,里正的充任,有上柱国子3人,柱国子1人,品子1人,白丁4人,正好体现了"勋官六品以下白丁清平强干者充"的特征。至于村正的充任,其中有2名白丁(其中1人残疾),10名年龄为18—22岁的中男(18岁2人,19岁2人,20岁4人,22岁2人),另有一名17岁的小男,被官方注为"中男"后也担任了村正。从户等来看,这些充任村正的中男,多来自于地位较低的下中和下下户。

① 《开元二年三月二十日赤亭镇典任瑄牒为检白仁轨闰二月番上事》,见《日本宁乐美术馆藏吐鲁番文书》,52页。

② 《唐开元二年五月十九日蒲昌府索才牒为来月当上番、改补、请替申州处分事》,见《日本宁乐美术馆藏吐鲁番文书》,66页。

③ 《通典》卷三《食货三·乡党》,63~64页,中华书局,1988。

**表 4-1　敦煌差科簿所见中男充任村正表**

| 姓名 | 年龄 | 差役 | 户等 | 出处 |
|---|---|---|---|---|
| 张仙舟 | 20 | 村正 | 下中 | P. 3559(3)《慈惠乡差科簿》 |
| 公孙悉郎 | 17 | 村正 | 下中 | P. 3559(3)《慈惠乡差科簿》 |
| 令狐回回 | 22 | 村正 | 下下 | P. 3559(3)《慈惠乡差科簿》 |
| 荆思言 | 19 | 村正 | 下下 | P. 3559(3)《慈惠乡差科簿》 |
| 安仕德 | 20 | 村正 | 下下 | P. 3559(3)《慈惠乡差科簿》 |
| 张神庆 | 19 | 村正 | 下下 | P. 3559(3)《慈惠乡差科簿》 |
| 阴光儿 | 20 | 村正 | 下下 | P. 3559(3)《慈惠乡差科簿》 |
| 安突昏 | 22 | 村正 | 下下 | P. 3559(3)《从化乡差科簿》 |
| 何抱金 | 18 | 村正 | 下下 | P. 3559(3)《从化乡差科簿》 |
| 罗双利 | 20 | 村正 | 下下 | P. 3559(3)《从化乡差科簿》 |
| 李缪光 | 18 | 村正 | —— | P. 2657《敦煌乡差科簿》 |

4. 曲长

阿斯塔那 61 号墓所出麟德二年(665)至咸亨四年(673)的文书中,《唐阚洛□等点身丁中名籍》①第 8—14 行有中男名籍的记载,其中一名中男范昌□,姓名前注有"曲"字。参照第 7 行"曲长范黑□"的情况,可知范昌□被点选为曲长。再看《唐田丰洛等点身丁中名籍》②的记载:

3　张进达廿六　张未建廿一　张隆贞十八<sup>曲长</sup>　张才住十七

4　冯庆住廿　张尾达十七<sup>侍</sup>　荆武刚十七<sup>侍</sup>　王住海十九<sup>曲长</sup>

5　范隆海十九<sup>侍</sup>　赵建贞廿<sup>执衣</sup>　赵豆豆十八　孙辰住十六

6　范昌辈十八<sup>曲长</sup>　赵图贞十七　张武用十七<sup>侍</sup>　李牛廿六<sup>侍</sup>

唐长孺指出:"唐代丁年虽时有变更,要无少于二十一者","成丁之

---

①　国家文物局古文献研究室等编:《吐鲁番出土文书》,第 6 册,486 页,文物出版社,1985;图录本[叁],250 页。

②　国家文物局古文献研究室等编:《吐鲁番出土文书》,第 6 册,488 页;图录本[叁],249 页。

年自武德以讫天宝三载，除中宗时有变革，均以二十一为度"①。因此，以上名籍中，除李牛、张进达是白丁外，其他人员均为中男。"曲长"，当为街曲或曲巷之长②。这种基层行政的管理者由张隆贞、王住海、范昌辈3名中男来担任。推其性质，应与敦煌差科簿所见中男充任村正的情况相同。

5. 侍丁

唐开元二十五年(737)户令云："诸年八十及笃疾，给侍丁一人，九十二人，百岁三人，皆先尽子孙，次取近亲，皆先轻色。无近亲外取白丁者，人取家内中男者，并听。"③可见，中男可充任侍丁来照顾年迈老者和笃疾之人。阿斯塔那325号墓所出《龙朔三年(663)西州高昌县下宁戎乡符为次男侯子隆充侍及上烽事》中，"侯子隆见是中男，随番上烽"。但因当下"见阙"侍人，故又接受高昌县符命，改为充侍，照顾老人④。吐鲁番所出《唐阚洛□等点身丁中名籍》⑤载：

```
8              中男
9   曲 范昌 憧憧  翟永藉  王住海  蕈驴胡  左洪贞
10  索□安住十九  康守海十六侍  左德君十六侍
11  □□□□张才住十六侍  白石生十八
```

以上中男名籍中，康守海、左德君、张才住同为16岁，且均有"侍"字标注，说明康守海等3人被点选为侍丁。同墓所出《唐田丰洛等点身丁中名

①　唐长孺：《唐书兵志笺正》，14页，科学出版社，1957。
②　曲长之"曲"，当是街曲、曲巷之意。《唐会要》卷八六《街巷》："大历二年五月勅，诸坊市街曲有侵街打墙接檐造舍等，先处分一切不许，并令毁拆。"又大历五年八月勅："其坊市内有桥，不问大小，各仰本街当界共修，仍令京兆府各差本界官及当坊市所由勾当。"从诏敕中提到的"侵街"现象，以及"坊市所由"的管理职能来看，"街曲"当是坊市内临街的小巷，因曲径幽深，地势偏僻，故又称"曲巷"。南朝梁萧统《相逢狭路间》诗："京华有曲巷，巷曲不通舆。"李白《宴陶家亭子》诗："曲巷幽人宅，高门大士家。"即指此意。
③　《通典》卷七《食货七·丁中》，155页。
④　国家文物局古文献研究室等编：《吐鲁番出土文书》，第6册，195～196页。
⑤　国家文物局古文献研究室等编：《吐鲁番出土文书》，第6册，486页。

籍》中，17 岁的张尾达、荆武刚、张武用和 19 岁的范隆海，均有点勘标识，并注有"侍"字①，同样是中男充任侍丁的描述。相比之下，《天宝十载(751)敦煌县差科簿》提供的案例更为丰富，在涉及悬泉、慈惠、从化、敦煌、寿昌、龙勒 6 乡的差科簿残卷中，登载了 18—22 岁的 15 名中男充任侍丁的信息，这说明天宝年间，中男允任侍丁的现象比较普遍②。苏颋《遣王志愔等各巡察本管内制》云："缘山陵所科夫匠等，有父母年老家无中男以上者，容其侍养，不须差遣。"③说明在征发民夫、工匠营建陵寝的过程中，官方也要考虑老人的侍养问题。对于那些父母年迈，家中又没有中男的"夫匠"，官方免其差役，允许他们留在家中照顾老人。无疑，这些"不须差遣"侍奉老年亲属的民夫和工匠，显然充当了"亲侍丁"的角色。

表 4-2　敦煌差科簿所见中男充任侍丁表

| 姓名 | 年龄 | 差役 | 户等 | 出处 |
| --- | --- | --- | --- | --- |
| 曹成金 | 19 | 侍丁 | 下中 | P.3559(2)《悬泉乡差科簿》 |
| 李元晖 | 18 | 侍丁 | 下中 | P.3559(3)《慈惠乡差科簿》 |
| 翟思德 | 20 | 侍丁 | 下下 | P.3559(3)《慈惠乡差科簿》 |
| 曹景崇 | 20 | 侍丁 | 下下 | P.3559(3)《慈惠乡差科簿》 |
| 安罗仙 | 20 | 侍丁 | 下下 | P.3559(3)《慈惠乡差科簿》 |
| 董马思 | 18 | 侍丁 | 下下 | P.3559(3)《慈惠乡差科簿》 |
| 康俊儿 | 20 | 侍丁 | 下上 | P.3559(3)《从化乡差科簿》 |
| 安奴奴 | 20 | 侍丁 | 下下 | P.3559(3)《从化乡差科簿》 |
| 罗乌湿 | 22 | 侍丁 | 下下 | P.3559(3)《从化乡差科簿》 |
| 杨庭振 | 19 | 侍丁 | —— | P.2657《敦煌乡差科簿》 |
| 氾海徽 | 19 | 侍丁 | —— | P.2657《敦煌乡差科簿》 |

①　国家文物局古文献研究室等编：《吐鲁番出土文书》，第 6 册，488 页。

②　李锦绣注意到中男多充任侍丁的现象，认为这是因为政府控制的劳动力增多，"开天时代丁的正役已被庸代替，充侍之丁增多，庸则会减少"，因而中男充侍丁更合适，"中男不服正役，无须纳庸，却有杂摇，可以役使，所以中男则为开天时期的主要充侍者"。参见李锦绣：《唐代制度史略论稿》，361 页，中国政法大学，1998。

③　《唐大诏令集》卷一〇四《政事·按察下》，531 页。

| 贺胡子 | 22 | 侍丁 | —— | P.2657《敦煌乡差科簿》 |
|---|---|---|---|---|
| 张承旦 | 21 | 侍丁 | 下中 | P.3018《寿昌乡差科簿》 |
| 阎朝秀 | 18 | 侍丁 | 下中 | P.3018《寿昌乡差科簿》 |
| 赵小臣 | 19 | 侍丁 | —— | P.2803《龙勒乡差科簿》 |

### 6. 执衣

《新唐书·食货志》载："二品以下又有白直、执衣：二品白直四十人，三品三十二人，四品二十四人，五品十六人，六品十人，七品七人，八品五人，九品四人；二品执衣十八人，三品十五人，四品十三人，五品九人，六品、七品各六人，八品、九品各三人。皆中男为之。"[①]作为官员俸禄的一种补充形式，白直、执衣都由中男来充任。《旧唐书·职官二》载："凡州县官及在外监官，皆有执衣。"[②]《通典》卷35《禄秩》载："诸州县官，流内九品以上及在外监官五品以上，皆给执衣。……初以民丁中男充，为之役使者不得踰境，后皆舍其身而收其课，课入所配之官，遂为恒制。"[③]根据注文"随身驱使，典执笔砚"的解释，执衣是配给主司官员的侍从人员，随时奉命，听候驱使，并随身携带笔墨纸砚，以供官员书写之用[④]。执衣的充任，初唐以来一直由白丁充当，不分丁、中，且只许供身役，"不合收庸"。但自光宅元年(684)武后主政后，执衣仅限于征及中男，可以纳课代役，交纳执衣钱[⑤]。前引《唐田丰洛等点身丁中名籍》中，赵建贞年龄 20 岁，注为"执衣"[⑥]，正是中男承担"执衣"差科的反映。敦煌所出天宝十载(751)差科簿中，登载了 18—21 岁的 10 名中男，他们分别被差充为

---

① 《新唐书》卷五五《食货五》，1398 页，中华书局，1975。
② 《旧唐书》卷四三《职官二》，1826 页。
③ 《通典》卷三五《职官十七·禄秩》，965 页，中华书局，1988。
④ 顾炎武《日知录》卷 24《门子》："《唐志》：二品以下有白直、执衣，皆中男为之。"似将"白直""执衣"与守门之人的"门子"等同，有欠准确。参见(清)顾炎武撰，黄汝成释：《日知录集释》，1379 页，上海古籍出版社，2006。
⑤ 陈国灿：《唐代的"执衣"与执衣钱》，见《魏晋南北朝隋唐史资料》，第 22 辑，2005；载《中华文史论丛》，2006(3)；见《吐鲁番敦煌出土文献史事论集》，409～420 页，上海古籍出版社，2012。
⑥ 国家文物局古文献研究室等编：《吐鲁番出土文书》，第 6 册，488 页。

太守、司马、参军、县令和主簿的执衣。根据敦博 76 号《地志残卷》的记载，沙州敦煌郡为下州，敦煌县为上县①，参照《唐六典》的规定，可知敦煌郡郡守（太守）为正四品下，司马从六品上，参军为从八品，县令从六品上，主簿正九品下，品级上完全符合于"流内九品以上及在外监官五品以上"的规定。

表 4-3　敦煌差科簿所见中男差充执衣表

| 姓名 | 年龄 | 执衣 | 户等 | 出处 |
|------|------|------|------|------|
| 翟庭秀 | 21 | 太守执衣 | 下中 | P.3559(3)《慈惠乡差科簿》 |
| 氾难金 | 18 | 太守执衣 | 下下 | P.3559(3)《慈惠乡差科簿》 |
| 权龙龙 | 18 | 县令执衣 | 下下 | P.3559(3)《慈惠乡差科簿》 |
| 康思计延 | 20 | 太守执衣 | 下下 | P.3559(3)《从化乡差科簿》 |
| 董慈恭 | 18 | 主簿执衣 | —— | P.2657《敦煌乡差科簿》 |
| 氾宣潜 | 18 | 县令执衣 | —— | P.2657《敦煌乡差科簿》 |
| 氾仙仙 | 18 | 太守执衣 | —— | P.2657《敦煌乡差科簿》 |
| 贺崇钦 | 19 | 司马执衣 | —— | P.2657《敦煌乡差科簿》 |
| 张处荣 | 20 | 朱参军执衣 | 下上 | P.3559(1)《寿昌乡差科簿》 |
| 梁思德 | 19 | 太守执衣 | —— | P.2803《龙勒乡差科簿》 |

### 7. 门夫

《通典》卷 35《禄秩》载："诸州县不配防人处，城及仓库门各二人须守护者，取年十八以上中男及残疾，据见在数，均为番第，勿得偏并。每番一旬。……若番上不到，应须征课者，每番闲月不得过一百七十，忙月不得过二百文。满五旬者，残疾免课调，中男免杂徭。其州城郭之下户数不登者，通取于他县，总谓之门夫。"②由此可见，凡 18 岁以上中男和残疾，

---

①　沙州敦煌郡和敦煌县的地位，敦博 76 号地志标为"下州上县"，《旧唐书》卷四〇《地理三》所载沙州的等级为"下州"，《新唐书》卷四〇《地理四》所见州县等级为"下都督府下县"，《元和郡县图志》描述为"中府上县"。

②　《通典》卷三五《职官十七·禄秩》，967 页。

均可以"防人"的角色充任门夫，守护城门和仓库门的安全。他们分番应役，每番 10 天，服满 50 天后，残疾可免租调，中男则免除杂徭。当然，中男差充门夫也可纳资代役，大致每番交纳 170—200 文。另一方面，地方官在分配中男差役及纳资代课时，往往是"任土作制，无有常数"，乃至出现了"每县中男多者，累岁方始一差。中男少者，一周遂役数遍"的现象。鉴于同一州郡内诸县中男服役的这种巨大反差，玄宗于天宝十四载（755）颁布诏敕："自今已后，诸郡所差门夫，宜于当郡诸县通率，准式纳课分配，令得均平。"①要求各县在中男差充门夫之役的分配上做到允执厥中，公平持正。

### 8. 烽子

P. 2574《麟德安西判集残卷》载："比闻烽夫差遣，是残疾中男，远望必阙机宜。闻者即可心寒，所部何能不惧。"这里"烽夫"，盖指诸烽负责候望之人，征夫充之，为徭役之一种，故称烽夫②。烽夫既差遣中男和残疾充任，说明其性质与《赋役令》"取中男配烽子"相同。《日本养老赋役令》"杂徭"条集解："唐令烽条云，取中男配烽子者，无杂徭故也。"③按照胡三省的解释，烽子"盖守烽之卒，候望警急而举烽者也"④，即指军防系统中守卫烽火台的士兵。中男一旦被差配为烽子，其身内杂徭即可免除。前引吐鲁番所出《龙朔三年（663）宁戎乡次男侯子隆充侍及上烽事》中，"侯子隆见是中男，随番上烽"⑤，正是中男差充烽子的案例。

### 9. 郡史

天宝十载敦煌差科簿中，登载了注为"郡史"的 8 名男子。其中上柱国 1 人，上柱国子 4 人，轻车都尉 1 人，品子 1 人，中男 1 人（详见表 4-4）。

---

① 《唐会要》卷八五《逃户》，1564 页。

② 刘俊文：《敦煌吐鲁番唐代法制文书考释》，465、474 页，中华书局，1989。

③ ［日］仁井田陞著，栗劲等译：《唐令拾遗》，304 页，长春出版社，1989。

④ 《资治通鉴》卷二四〇"宪宗元和十二年（817）十月"条，7740 页，中华书局，1956。

⑤ 国家文物局古文献研究室等编：《吐鲁番出土文书》，第 6 册，195 页。

作为外职胥吏之一，郡史是在敦煌郡内的"职事官下从事工作的所谓刀笔吏"①。从出身来看，这名18岁的中男刘大宾可能来自勋官家庭，他的两位兄长刘大忠、刘大庆的身份分别为上柱国（视正二品）和骑都尉（视从五品），勋官品级都在五品以上。考虑到其他7人都是来自五品以上的勋官及其子弟，不难推知，中男虽可充为郡史，但出身必是来自于五品以上的勋官家庭。

表 4-4　敦煌差科簿所见丁中差充郡史表

| 姓名 | 年龄 | 出身 | 品级说明 | 材料出处 |
|------|------|------|----------|----------|
| 翟日昇 | 32 | 上柱国子 | 视正二品之子 | P.3559(2)《悬泉乡差科簿》 |
| 屈思言 | 36 | 品子 | 视从五品至正三品之子 | P.3559(2)《悬泉乡差科簿》 |
| 邓孚 | 28 | 上柱国子 | 视正二品之子 | P.3559(2)《悬泉乡差科簿》 |
| 李崇祖 | 32 | 上柱国 | 视正二品 | P.3559(3)《慈惠乡差科簿》 |
| 索承贞 | 58 | 轻车都尉 | 视从四品 | P.2657《敦煌乡差科簿》 |
| 张神光 | 42 | 上柱国子 | 视正二品之子 | P.2657《敦煌乡差科簿》 |
| 阴令宾 | 39 | 上柱国子 | 视正二品之子 | P.2657《敦煌乡差科簿》 |
| 刘大宾 | 18 | 中男 | 视正二品之弟 | P.3018《寿昌乡差科簿》 |

10. 渠头、斗门

渠头，或为渠长。《新唐书·百官三》载："凡渔捕有禁，溉田自远始，先稻后陆，渠长、斗门长节其多少而均焉。"②P.2507《开元水部式》："诸渠长及斗门长至浇田之时，专知节水多少。其州县每年各差一官检校。"③可知渠长负责河渠灌溉及行水事宜。敦煌所出《天宝十载差科簿》中，登载了8名被差充为渠头的中男，他们分别是18岁的邓庭光，19岁的李玉山、阴思楚、王玉儿、赵祐进，20岁的张英桀、公孙龙儿，22岁的王敬元。

---

① ［日］西村元佑：《通过唐代敦煌差科簿看唐代均田制时代的徭役制度》，见［日］周藤吉之等著，姜镇庆、那向芹译：《敦煌学译文集》，1063～1064页，甘肃人民出版社，1985。

② 《新唐书》卷四八《百官三》，1276页。

③ 刘俊文：《敦煌吐鲁番唐代法制文书考释》，327页。

另有 1 名 17 岁的小男任景阳，因有加入差科的需要，故被官方视为中男同样被差配为渠头。

此外，P.3559(3)《慈惠乡差科簿》载有 1 名 20 岁的中男曹光庭差充为"斗门"。P.2507《开元水部式》："泾渭白渠及诸大渠用水灌溉之处，皆安斗门"，"其斗门皆须州县官司例行安置"，"蓝田新开渠，每斗门置长一人，有水槽处置二人，恒令巡行。……百姓须溉田处，令造斗门节用，勿令废运。"①这说明斗门是官方安置的用于调节河渠水流的一种设施。曹光庭被差配为"斗门"，说明他充任的正是斗门长一职，负责河渠堤堰及引水溉田等事务。

表 4-5　敦煌差科簿所见中男差充渠头、斗门表

| 姓名 | 年龄 | 差科 | 户等 | 出处 |
|------|------|------|------|------|
| 张英桀 | 20 | 渠头 | 下中 | P.3559(3)《慈惠乡差科簿》 |
| 李玉山 | 19 | 渠头 | 下中 | P.3559(3)《慈惠乡差科簿》 |
| 阴思楚 | 19 | 渠头 | 下下 | P.3559(3)《慈惠乡差科簿》 |
| 王玉儿 | 19 | 渠头 | 下下 | P.3559(3)《慈惠乡差科簿》 |
| 任景阳 | 17 | 渠头 | 下下 | P.3559(3)《慈惠乡差科簿》 |
| 王敬元 | 22 | 渠头 | 下下 | P.3559(3)《慈惠乡差科簿》 |
| 公孙龙儿 | 20 | 渠头 | 下下 | P.3559(3)《慈惠乡差科簿》 |
| 邓庭光 | 18 | 渠头 | 下下 | P.3559(3)《慈惠乡差科簿》 |
| 曹光庭 | 20 | 斗门 | 下下 | P.3559(3)《慈惠乡差科簿》 |
| 赵祐进 | 19 | 渠头 | 不明 | P.2803《龙勒乡差科簿》 |

11. 堰夫

P.2507《开元水部式》载："龙首、泾堰、五门、六门、昇原等堰，令随近县官专知检校，仍堰别各于州县差中男廿人、匠十二人分番看守，开

① 刘俊文：《敦煌吐鲁番唐代法制文书考释》，326、328 页。

闭节水。"①可知中男可被差充为堰夫，负责看守堤堰的蓄水与排水事宜。

## 12. 渡子

渡子，即在渡口摆渡的船夫。唐制，凡关津河渡，"皆给船人，量其大小难易，以定其差等"。如白马津船，龙门、会宁、合河等关船，"渡子皆以当处镇防人充"；杭州浙江渡、洪州城下渡、九江渡船，"渡子并须近江白丁便水者充"。至于渭水冯渡船，泾水合泾渡、韩渡、刘栓坂渡、眭城坂渡、覆篱渡船，济州津、平阴津、风陵津、兴德津船，洛水渡口船，"渡子皆取侧近残疾、中男解水者充"②。

## 13. 守桥丁

P. 2507《开元水部式》载："都水监三津各配守桥丁卅人，于白丁、中男内取灼然便水者充，分为四番，仍不在点检及杂徭之限。……京兆府灞桥、河南府永济桥，差应上勋官并兵部散官，季别一人，折番检校。仍取当县残疾及中男分番守当。"③这说明熟悉水性的中男和残疾还被差充为守桥丁，分番服役，看守桥梁，其他杂徭、差科悉皆免除。

以上我们依据传世典籍和出土文献，对唐前期"中男"承担的杂徭和差科做了初步梳理，可以看出中男配充的差役相当广泛，名目繁多。我们知道，唐前期丁中年龄常有变动，若以21岁成丁为例，则16至20岁为中男，"但中男却又因不同年岁而待遇不同"④。吐鲁番所出《唐某乡户口帐》中，中男就有"年十六已上"和"年十八已上"的区分⑤。按照《唐律》的规定，凡家中16岁以上的中男，都有防范与纠告同伍、比伍贼盗等事的义务⑥，因而在法律上已完全具有刑事责任能力。在差役方面，除了《王梵

---

① 刘俊文：《敦煌吐鲁番唐代法制文书考释》，328 页。

② 《唐六典》卷七《尚书工部·水部郎中》，226 页，中华书局，1992。

③ 刘俊文：《敦煌吐鲁番唐代法制文书考释》，332～333 页。

④ 朱雷：《唐代"手实"制度杂识》，见《敦煌吐鲁番文书论丛》，109 页，甘肃人民出版社，2000。

⑤ 国家文物局古文献研究室等编：《吐鲁番出土文书》，第 6 册，354～355、450 页。

⑥ 罗彤华：《唐代的伍保制》，17 页。

志诗》描述的"十六作夫役"外①，吐鲁番所出《唐阚洛□等点身丁中名籍》《唐田丰洛等点身丁中名籍》存有 3 名 16 岁中男、3 名 17 岁中男充任"侍丁"的信息，这可视为 16—18 岁的中男所能承担的一种差役。此外，太常寺司仪署及岳渎斋郎，"取年十六以上中男充，二十放还"，太史局天文生和卜筮生也从年十六以上"性识聪敏"的中男选择②。至于 18—20 岁的中男，他们与丁男一样可受田 100 亩，但无须交纳租调。又如"子孙继绝应析户者"，亦要求年龄在 18 岁以上，"非年十八以上不得析"③。又如太史局历生，"取中男年十八以上、解算数者为之"④。按照唐代律令和出土文献的记载，诸如村正、曲长、门夫等差役，均由 18 岁以上的中男来充任。其他如烽子、番上及特殊时期的随军出征，通常也多从 18 岁以上的中男人口中选择。

作为唐代徭役的组成部分，中男承担的差役同样享受"终服"之制。唐制，"卫士、掌闲、幕士等遭丧，合期年上者，宜听终制三年。"天宝元年(742)玄宗赦文强调："其侍丁孝假，免差科。"可见，这种弘扬儒家孝道观念的"终服"制度适用于所有"以供王役"的诸色差科中。以天宝十载差科簿为例，此簿注有"终服"55 人。其中白丁 22 人，中男 9 人，品子 10 人，上柱国和骑都尉各 4 人，翊卫 2 人，上柱国子、上轻车都尉、飞骑尉和云骑尉各 1 人。这些不同出身的丁中男口，因有"遭忧在服"和服丧守孝的必要，故而免除徭役。自然中男也不例外。

除了 9 名"终服"外，敦煌差科簿还登载了 77 名中男，其中 32 名没有差科注记，因而实际注有差役者仅 45 人，包括侍丁 15 人，村正和执衣各 10 人，渠头 8 人，斗门和郡史各 1 人。从出身来看，应服差役的 45 人中，有 31 人来自白丁家庭。特别是承担"执衣"的 10 名中男，都来自于下等户

① 项楚：《王梵志诗校注》，622 页，上海古籍出版社，1991。
② 天一阁博物馆、中国社会科学院历史研究所天圣令整理课题组校证：《天一阁藏明钞本天圣令校证(附唐令复原研究)》，749 页，中华书局，2006。
③ 《通典》卷七《食货七·丁中》，155 页。
④ 天一阁博物馆、中国社会科学院历史研究所天圣令整理课题组校证：《天一阁藏明钞本天圣令校证(附唐令复原研究)》，749 页。

的白丁家庭。相反，出身于五品以上勋官(上柱国、上轻车都尉、骑都尉)以及翊卫、队副家庭的中男，则没有充任执衣的情况，他们所担任的一般是侍丁、村正、渠头、郡史之类，都不属色役差科之列。这表明五品以上勋官及翊卫、队副中男之子，实际上不负担色役差科[1]。由此可见，中男差科的充任无疑要受到身份特征及家庭背景的影响。

[1]　杨际平：《关于唐天宝敦煌差科簿的几个问题》，见韩国磐主编：《敦煌吐鲁番出土经济文书研究》，129～161 页，厦门大学出版社，1986。

# 第五章　唐五代"春衣"发放考述

在唐史中，"春衣"常与"冬衣"相对而言。以往学术界仅在有关唐代募兵的研究中略有提及，极为模糊。[①] 1993 年黄正建利用 S.964 和 P.3274两件文书对唐天宝年间兵士的"春衣""冬衣"发放进行了专题讨论[②]。以后孙继民先生又对这两件文书的性质，定名，兵士"春衣""冬衣"的组成、制作原料、颜色、新旧折抵及衣装管理等方面做了深入研究[③]，由此兵士衣装发放的情况逐步清晰。李锦绣《唐代财政史稿》对唐前期边军的衣赐有详细论述，对后期神策军受赐"春衣"的情况也有交代，还介绍了官奴婢(官户)受赐"春衣"的资料[④]。事实上，唐五代"春衣"发放的对象相当广泛，从募兵制下的健儿(兵士)、节度使的亲军、中央神策军，直至诸道节度使、大将、文武百官及当时的贱民阶层。尤其值得注意的是，"春衣"作为官员俸料的重要内容，在唐五代宋初其发放有逐步扩大的趋势。在敦煌文书中，"春衣"作为雇价的一部分频繁出现于民间的雇工契中，可见"春衣"已成为敦煌民众的日常衣着。本章在梳理与归纳"春衣"史料的基础上，力求复原唐五代"春衣"发放的原貌，进而阐明"春衣"发放的演变过程及其在唐五代历史中扮演的重要作用。

## 第一节　"春衣"的起源

"春衣"最早出现于何时，因所见材料有限，不敢妄论。东汉延熹

---

① 唐耕耦：《唐代前期的兵募》，载《历史研究》，1981(4)；张国刚：《唐代的健儿制》，载《中国史研究》，1990(4)。

② 黄正建：《敦煌文书与唐代军队衣装》，载《敦煌学辑刊》，1993(1)。

③ 孙继民：《S964 号文书的定名及所涉兵员身份》，见氏著《敦煌吐鲁番所出唐代军事文书初探》，80～100 页，中国社会科学出版社，2000。

④ 李锦绣：《唐代财政史稿》，上卷，1066～1069、1246～1257，北京大学出版社，1995；李锦绣：《唐代财政史稿》，下卷，760～774 页，北京大学出版社，2001。

五年（162），桓帝"诏减虎贲、羽林住寺不任事者半俸，勿与冬衣。其公卿以下给冬衣之半。"①可知东汉政府曾按照"任事"与品秩的标准对拱卫京城的御卫亲军和朝中百官公卿赏赐"冬衣"，作为俸禄的额外补充形式。鉴于在此前后"春衣"与"冬衣"并称的史实②，笔者推测，"春衣"作为对官员季节衣服的赏赐形式，最迟在东汉桓帝时已经出现。

太康二年（281），西晋按品秩高低调整百官俸料，在诸王公、开府及在京诸司高官的"食俸"中第一次加进了春绢、秋绢、绵的赏赐。史载："晋制：诸公及开府位从公，有品秩，第一食俸日五斛。给绢春百匹，秋二百匹，绵二百斤；特进食俸，日四斛。春服绢五十匹，秋绢百五十匹，绵一百五十斤；光禄大夫食俸月五十斛。春赐绢五十匹，秋百匹，绵百斤；尚书令食俸月五十斛。春月（绢）三十匹，秋七十匹，绵七十斤；太子太傅食俸日三斛。春赐绢五十匹，秋百匹，绵百斤。……诸给禄者，三师、三公及太子三师、三少、若在京国诸司，文武官职师九品以上，并左右千牛备身、左右太子千牛，并依官品给。其春夏二季春给，秋冬二季秋给。"③显然，能够得到"春服绢"和"秋绢"和"绵"赏赐的官员，只限于在京的公卿高官，一般品秩较低的京官和地方官员则无此殊荣。可以肯定，春绢、秋绢及绵的供给，正是继承了东汉对羽林军和百官公卿赏赐"春衣""冬衣"的先例，而直接以丝织品绢、绵的赏赐来代替"春衣""冬衣"的发放，则是适应了当时货币经济衰败、实物交换特别是绢帛流通盛行的社会实际。从授衣时间来看，"春夏二季春给，秋冬二季秋给"，表明"春衣"或"春服"包括官员春夏两季的衣装，因在春季发放故名"春衣"。同样，"秋

北京师范大学史学探索丛书

---

① 《后汉书》卷七《桓帝纪》，310 页，中华书局，1965。

② S.133《失名类书》载："舜以天下之位让善卷，善卷曰：'吾冬衣皮毛，春衣絺葛。春耕之以肆力，秋收足以自给。日出而作，日入而息。凿井而饮，耕田而食。安能受事乎？'"这里"春衣""冬衣"虽然并称，但均作动词，分别表"春季穿""冬季穿"之意。S.134《毛诗郑笺》"九月授衣"条注曰："九月霜始降，妇功成，可以授冬衣矣。""冬衣"即冬季服用之衣服。据此推测，与"冬衣"并称的"春衣"，至少在东汉已经寓有春季衣装之意。

③ 《文献通考》卷六五《禄秩》，585 页，中华书局，1986。

服"当包括秋冬两季衣装，虽发放时间提前为秋季，但就性质而言，与东汉"冬衣"并无区别。

需要说明的是，北魏后宫女官中有"春衣"的设置。《魏书》卷13《皇后列传》载："中才人、供人、中使、女生、恭使宫人视四品；春衣、女酒、女飧、奚官、女奴视五品。"这里的"春衣"，《北史》卷13《后妃传》作"青衣"，系指后宫中充职服役的低级女官，与本章讨论的内容并无相关。

## 第二节　募兵制下兵士"春衣"的发放

与前代相比，唐代"春衣""冬衣"的赏赐和发放比较广泛，其中最主要的是募兵制下健儿（兵士）的"春衣""冬衣"发放。安史乱后，边防军的衣资供应往往是造成唐代中央王朝与藩镇关系紧张乃至对峙的敏感因素。

唐初承隋制，设制军府。府兵征自民间，"户有三丁点一丁"。遇有战事奉命出征，自备军用武器和粮饷。贞观十八年(644)太宗东伐高丽，"发天下甲士，招募十万，并趋平壤"①，开始临时招募出征士兵。以后随着战事的频繁和边境线的渐趋延长，募兵愈加广泛。士兵的军资装备一般由当地政府供给，"不足则自备"，若自备有困难，"贫富必以均焉"，通过亲邻互相资助来解决②。同时，唐王朝对戍边士卒实行衣物赏赐制度，而且赏赐不限于汉族兵士，伊、西州诸种胡兵及部落酋长均在被赏赐之列，赐物可能均于凉州领取③。开元二十五年(737)玄宗颁布诏书："自今已后，诸军镇量闲剧利害，置兵防健儿，于诸色征行人内及客户中召募，取丁壮情愿充健儿长住边军者。每年加常例给赐，兼给永年优复。其家口情愿同去

---

① 《旧唐书》卷三《太宗纪》，57页，中华书局，1975。
② 唐耕耦：《唐代前期的兵募》，载《历史研究》，1981(4)。
③ 王永兴：《吐鲁番出土唐西州某县事目文书研究》，见《国学研究》，第1卷，347～400页，北京大学出版社，1993。

者，听至军州各给田地屋宅。"①第一次用诏令的形式将早已存在的募兵事实固定下来，从而形成稳定的军事募兵制度。在这种制度下，凡丁壮一旦签为健儿，即免除一切赋役。随军家属可在戍边军州分得田地屋宅定居，而且依制可以定期得到国家的赏赐。"每年加常例给赐"。那么这种"加常例给赐"是指什么呢？

《唐会要》卷78《诸使杂录》载，大历十二年（777）中书门下状奏："诸州团练守捉使请一切并停。……兵士量险隘召募，谓之健儿，给春冬衣并家口粮。"《通鉴》卷225代宗大历十二年亦载："又定诸州兵，皆有常数。其召募给家粮、春冬衣者谓之官健。"其中"官健"，胡三省注曰："兵农既分，县官费衣粮以养军，谓之官健，犹言官所养健儿也。"②募兵制下兵士（健儿）由官府"费衣粮"以供养，也就是说，兵士的衣装口粮均由国家定期提供。且就衣装而言，"春冬衣"并称，表明兵士的全年衣物分春、冬两次发放。对此敦煌文书亦有所载，《张淮深碑》"甲士春冬，例沾衣赐"，即言兵士每年春冬两季依例得到衣资赏赐。P.2942《唐永泰年代（765—766）河西巡抚使判集》第31行"豆卢军健儿卅七人，春赐请加"，第39行"豆卢军兵健共卅九人，无赐"。"春赐"即春衣和粮料的赏赐，但真正得到赏赐的仅有8人；第43行"甘州兵健冬装，肃州及瓜州并诉无物支给"③，可知驻防甘州兵健的"冬装"（冬衣）问题，国家已不能按时发放，因而需要地方州府自行解决。显然，此时的"健儿"已是专为国家戍边以换取衣粮，资以为生的职业兵了。这就是前所谓"加常例给赐"的含义。

《旧唐书》卷170《裴度传》宝历二年（826）载："幽州朱可融执留赐春衣使杨文端，奏称衣段疏薄。又奏今岁三军春衣不足，拟于度支请给一季春衣，约三十万端匹。"这段史料为我们提供了唐代兵士"春衣"发放的若干情况。

（1）"春衣使"为专司颁赐"春衣"的官员。上引文中"春衣使杨文端"

---

① 《唐六典》卷五《尚书兵部》，157页，中华书局，1992。
② 《资治通鉴》卷二二四"代宗大历三年"条，7206页，中华书局，1956。
③ 安家瑶：《唐永泰元年（765）—大历元年（766）河西巡抚使判集》，见《敦煌吐鲁番文献研究论集》，第一辑，232～264页，中华书局，1982。

即为敬宗所遣颁赐幽州兵春季衣装的官员，被节度使朱可融扣留。在当时，由于李唐王朝衰落和藩镇势力膨胀，执留敕使往往成为藩镇要挟中央以达到自己目的的一种政治策略。如太和七年(833)卢龙节度使杨志诚"怒不得仆射，三军亦有怨言"，因而将朝廷所遣春衣使魏百义、兼他使焦奉鸾、尹士恭一并执留①。需要注意的是杨文端的任官，《旧唐书》作"春衣使"，《通鉴》称"中使"，两者所指实为一事。联系史籍"春衣中使"和"春衣使内官"的记载②，可知唐代专司颁赐将士春装的官员多由皇帝亲信的宦官来担任。考虑到"春衣""冬衣"并称的史实，有唐一代应有"冬衣使"的设置③。权德舆《谢赐冬衣表》载："九月二十日，中使孟国瑶至，……赐臣冬衣两副、大将军冬衣共四副者。"④以例推之，"中使孟国瑶"当为给赐将士冬季衣装的官员，显然亦由皇帝指派的宦官充任。

(2)绢和布是制作"春衣"的主要原料。上引文中"约三十万端匹"的"端匹"两字乃是纺织品布和丝织品绢的合称。《隋书》卷24《食货志》载高祖时租调："丁男一床，租粟三石。桑土调以绢絁，麻土以布。绢絁以匹，加绵三两。布以端，加麻三斤。单丁及仆隶各半之。"又《通鉴》卷238宪宗元和五年(810)云："悉罢诸道行营将士，共赐布帛二十八万端匹。"胡注曰："唐制：布帛六丈为端，四丈为匹。"可知唐代"春衣"的原料主要是绢和布。据S.964《兵士衣服支给簿》记载，唐天宝九载十载(750—751)兵士春衣、冬衣的质料有丝织品絁、绢、练和麻织品贳、纻等物。孙继民先生据此指出，《白氏六帖》所引《衣赐式》"绢布给赐者用所在官府，绢布相兼"中，

① 太和七年朝廷所遣"春衣使"，诸书记载略有不同。《旧唐书》卷一八〇《杨志诚传》载"春衣使魏宝义"，《通鉴》作"官告使魏宝义、春衣使焦奉鸾、送奚契丹使尹士恭"；《新唐书》卷八《文宗纪》又作"春衣使边奉鸾、送奚契丹使尹士恭"。

② 《旧唐书》卷一〇一《韩佽传》载："会春衣使内官至，求赂于邮吏，二豪家因厚其资以求邑宰，佽悉诺之。"《旧唐书》卷一六七《段文昌传》："(文宗大和)九年三月，赐春衣中使至，受宣毕，无疾而卒，年六十三。赠太尉，有文集三十卷。"

③ 宁志新在《唐代使职问题研究》(载《历史研究》，1999[2])中列举了许多使职官，其中就有"春衣使""冬衣使"。

④ 权德舆：《谢赐冬衣表》，见《全唐文》卷四八四，4951页，中华书局，1983。

"绢布相兼"是说军人的衣料兼有丝织物绢和麻织物布①。值得注意的是，P.2942《唐河西巡抚使判集》第11—12行"建康尚书割留氎三百段，称给付将士，不具人姓名。分给緤布，不具人名"。第34行"建康军使宁憙擅给緤布，充防城人赐"。按，"氎"同"緤"，即一种细棉布，这里指建康军兵士的衣料②。由此可见，纺织物緤布（棉布）也是唐代健儿衣装质料的一种。盖边军衣赐除由中央度支调拨外，也因时因地制宜，根据地方所出，就近转输、运送沿边军州，因而各地"春衣"的制作原料并不完全一致。但就总体而言，绢布乃是"春衣"的主要原料。

（3）度支掌管"春衣""冬衣"的储备和发放。《唐六典》卷3《尚书户部·度支郎中》载："凡天下边军，皆有度支之使，以记军资粮仗之用。每岁所费，皆申度支而会计之，以长行旨为准。"度支为户部四司之一，"掌判天下租赋多少之数，每岁计其所出而支其所用"。其中自然包括了对"军资粮仗"进行总体的调度与分配。开元、天宝年间，唐以萧炅、李元佑、杨钊、杨国忠等要员判度支，度支地位日渐上升，有从户部分离的趋势。"至德以后，戎事费多，（乾元）二年（759）十二月，吕諲为兵部侍郎平章事，充勾当度支使。"③此后度支使权限增大，职事变繁。在唐后期三司分理财政的格局中，度支因"掌国计"而始终处于核心地位④。

度支储备的钱物（绢布）斛斗中，有很大一部分充作军费，而且"三分之中，二给衣赐"，说明军士"春冬衣赐"的绢布在度支储备中占有绝对比重。据前引《旧唐书·裴度传》，朱可融一次奏请度支给赐"春衣"三十万端匹，数量相当巨大。陆贽在《请两税以布帛为额不计钱数》中论道："经费之大，其流有三。军食一也，军衣二也，内外官月俸及诸色资课，三

① 孙继民：《S964号文书的定名及所涉兵员身份》，见氏著《敦煌吐鲁番所出唐代军事文书初探》，80～100页，中国社会科学出版社，2000。

② 安家瑶：《唐永泰元年（765）—大历元年（766）河西巡抚使判集》，见《敦煌吐鲁番文献研究论集》，第一辑，232～264页，中华书局，1982。

③ 《通典》卷二三《职官·户部尚书》，637页，中华书局，1988。

④ 参阅何汝泉：《唐代度支职事由简变繁论略》，见《魏晋南北朝隋唐史资料》，第11辑，武汉大学出版社，1991。

也。"①军衣耗资庞大，成为国家沉重的财政负担，但唐王朝仍在艰难地施行着兵士"春冬衣赐"的发放。元和十四年（819），宪宗下诏："缘边诸军，自今已后所给衣赐及军粮价直，宜委度支稍加优恤。"②事实上，在"春冬衣赐"问题上唐王朝处于两难境地，一方面度支储备匮乏，确实没有足够的匹端来颁赐兵士；另一方面，鉴于军士衣赐"久不及时"则极易引发兵变和动乱，因而"春冬衣赐"既不能罢废又不能削减，唐王朝不得不多方设法以维持"春冬衣赐"的正常进行。

办法之一是以盐利充衣赐。建中元年（780）杨炎在上德宗奏疏中曾说，至德（756）以后，天下兵起，百役并作，人户凋耗，国库空虚，"军国之用，仰给于度支、转运二使。"③按"转运"，即盐铁转运使。中唐后与度支、户部并称三司，在维系国计民生、军国用度中起着举足轻重的作用。大历年间刘晏任盐铁转运使，他改革盐法，命令"商人纳绢以代盐利者，每缗加钱二百，以备将士春服。"④一般情况下，将士衣赐例由度支供给。刘晏以盐利"备将士春服"，恐是度支储备欠缺所致。由此可见，盐利收入已经成为度支储备匮乏时将士衣赐的补充来源。

办法之二是户部别贮钱。宝历二年（826），敬宗颁布诏令："如闻度支近年请诸色支用，常有欠阙。今又诸军诸使衣赐支遣，是时须有万（方）圆，使其济办。宜量赐绢及紬一万匹，以户部物充。"⑤因度支欠阙而由户部"赐绢及紬一万匹"，作为诸军诸使的岁时衣赐。值得注意的是，别贮钱作为户部贮藏的后备基金，也常常用于边军衣赐。《册符元龟》卷484《邦计部·经费门》载："自此户部别库税岁贮钱物仅三百万贯，京师俸料所费不过五十万贯，其京兆和籴物价及度支给诸军冬衣或阙，悉以是钱充之。"户部别贮钱及时弥补了度支的欠阙，对于维持唐代政治秩序的稳定起了积极

---

① 陆贽：《请两税以布帛为额不计钱数》，见《全唐文》卷四六五，4753 页。

② 《文苑英华》卷四二二《元和十四年七月二十三日上尊号赦》，2140 页，中华书局，1966。

③ 《唐会要》卷八三《租税上》，1536 页。

④ 《新唐书》卷五四《食货志》，1379 页。

⑤ 《册符元龟》卷四八四《邦计部·经费门》，5790 页，中华书局，1960。

作用。兴元元年（784），德宗下诏："其朔方将士等今年春冬衣并赏钱，宜令所司别收贮，待道路通流，当时支遣。"①表明边军衣赐除由度支供给端匹（绢布）外，也以"赏钱"的形式来支付。这些"赏钱"估计就来源于户部别贮钱的岁时收入。

办法之三是由大内库支出部分绢帛，以解燃眉之急。长庆四年（824）穆宗诏令："仍出内库绫二百万匹付度支，充边军春衣。"②若以每人三匹计，大内库调拨的二百万匹绫可解决67万兵士的"春衣"支给问题。

终唐一代，为维持国家政治、军事形势的稳定，唐王朝一直艰难地实行着"春冬衣赐"。在这之中，度支因"掌国计"，供军为其主要支出，因而对于边军衣赐最有贡献。户部、盐铁二司不同程度地弥补了度支供军的欠阙，保证了军士"春衣""冬衣"的发放。在"春冬衣赐"问题上，体现了唐后期三司分理财政、共维国计的政治格局。

"春衣"发放的时间大致是在春季。《旧唐书》卷165《柳公权传》载，文宗时"边上春衣，久不及时，今年二月春衣讫"，朝廷因而视为喜事。这说明二月是"春衣"给赐的规范时间。但是实际情况远较复杂，由于后期国库空虚，度支储备匮乏，"春冬衣赐"又不及"京师经费及关内外征讨士马月须米盐、钱粮、草料"供应为急③，因而往往将其向后拖延。宝历二年（826）敬宗遣中使颁赐幽州兵"春衣"，节度使朱可融执留敕使，时当春日三月，"春衣"给赐已逾期一月。兴元元年（784）四月，李晟所统京畿"军士未授春衣，盛夏犹衣裘褐"④，逾期两月之后，"春衣"支给仍未兑现。事实上，唐自安史乱后，随着战事活动的频繁、边防的吃紧及官兵数量的扩大，唐王朝的军用物资储备和粮饷转输已经十分艰难；加之由于藩镇坐大，据地自保，常常阻挠军资转输通道，"其供军院布帛衣赐，往往不得

---

① 《册府元龟》卷一六五《帝王部·招怀门》，1988页。
② 《资治通鉴》卷二四三"穆宗长庆四年"条，7831页。
③ 《册符元龟》卷四八四《邦计部·经费门》："（贞元元年）度支奏："京师经费及关内外征讨士马，月须米盐五十三万石，钱六十万贯，草三百八十三万围。春冬衣赐、元日冬至立仗赐物，不在其中。"5786页。
④ 《资治通鉴》卷二三〇"德宗兴元元年"条，7422页。

至院。在途为诸军强夺，而悬军深斗者，率无支给"①，致使"春衣"发放久不及时。综合史籍所见二月、三月、四月给赐衣物的史实，我们认为，"春衣"的发放只能大致而言是在春季。

"冬衣"的给赐时间，据《旧唐书》卷 112《李锜传》记载，元和二年(807)镇海节度使李锜因不满留后王澹，"遂讽将士以给冬衣日杀澹而食之"。此事《通鉴》系于九月，说明"冬衣"的颁授应在九月。同书卷 231 德宗兴元元年十月诏："朔方及诸军在怀光所者，冬衣及赏钱皆当别贮，俟道路稍通，即时给之。"说明"冬衣"也可在十月发放。

关于"春衣""冬衣"的组成，黄正建、孙继民、李锦绣诸文已有交代。即"春衣"大致包括蜀衫、汗衫、裈、袴奴、半臂(长袖)、幞头、鞋袜等；"冬衣"包括袄子、绵袴、幞头、鞋袜等②。又国图藏的一组发放士兵衣装的系列文书(BD09280、BD9334、BD9953、BD9962、BD10077、BD11433、BD11997、BD11998、BD12166、BD12384)中，亦有"冬衣"的记载。如BD11998《冬衣簿》云："阎洪庆，襖子一，複袴一，襆头、鞋、韈各一；崔怀君，襖子一，複袴一，襆头、鞋、韈各一。"③可见"冬衣"形制大致与S.964 相同，唯一的变化是"複袴"，S.964 作"绵袴"。此件人名右上角有朱笔勘验符号，说明发放的"冬衣"经过了有关部门的检查④。值得注意的是，S.964《唐天宝九载十载(750—751)兵士衣服支给簿》中，天宝九载的春衣"半臂"，天宝十载却换成了"长袖"，似说明"半臂"与"长袖"有共通之处。又五代冯鉴《续事始》引《实录》曰："隋大业中内官多服半襦，即今之长袖也。高祖减其半，谓之半臂。"据此推断，"长袖"与"半臂"可能本为一物，仅衣袖之长短略有不同而已，理应归入"春衣"之列。

---

① 《旧唐书》卷一四二《王廷凑传》，3886 页。

② 前揭黄正建、孙继民、李锦绣文。

③ 中国国家图书馆编：《国家图书馆藏敦煌遗书》，第 109 册，200 页，北京图书馆出版社，2009；《国家图书馆藏敦煌遗书·条记目录》，57 页。

④ 郝春文：《中国国家图书馆藏未刊敦煌文献研读札记》，载《敦煌研究》，2004(4)，22～31 页；收入《郝春文敦煌学论集》，254～278 页。

## 第三节　官奴婢、番户、杂户的"春衣"发放

《唐六典》卷27《典仓署》载："凡户奴婢及番户、杂户皆给其资粮及春冬衣服等数，如司农给付之法。""户奴婢"即官奴婢，主要有犯罪籍没和战事俘囚两类。史载，"凡反逆相坐，没其家为官奴婢"，似表明犯罪籍没是官奴婢的主要来源。官奴婢当中有些技艺特长的被分配到中央内外诸司，长年执役劳作，成为唐代官府手工业的重要劳动力。没有专门技艺的则统一配隶司农寺，参加农业生产①。"番户""杂户"皆由官奴婢放免而来，"一免为番户，再免为杂户，三免为良人"。番户、杂户分番服作，番户一年三番（番各一月），杂户两年三番。服役期间番户、杂户与官奴婢一样可以得到国家的资粮供应及"春衣"赏赐。其"春冬衣服"支给情况参见表5-1。

表5-1　唐代官奴婢春冬衣服支给简表

| 类别 | 时间 | 丁奴婢 | | 十岁以下（奴婢） | |
|---|---|---|---|---|---|
| | | 丁奴 | 丁婢 | 男 | 女 |
| 春衣 | 每年一给 | 头巾一、布衫袴各一、牛皮靴一量并毡 | 裙衫各一、绢襈一、鞾二量 | 布衫一、鞾一量 | 布衫一、布裙一、鞾一量 |
| 冬衣 | 两年一给 | 襦复袴各一、牛皮靴一量并毡 | | 布襦一、靴靺一 | |
| 备注 | | 1. 日本学者广池千九郎注曰："鞾，一作鞋。非也，革履也。襦，短衣也，又短而施曰襦。复，方六切，衣服有里曰复。"<br>2. 以上资料参见《唐六典》卷六《都官郎中》，150页，三秦出版社，1991；193～194页，中华书局，1992 | | | |

看来，官奴婢的"春冬衣服"发放有"丁"与"非丁"及"奴"与"婢"的区别，至于番户、杂户，依例当与官奴婢相近，具体如何支给则不甚明了。

---

① 张泽咸：《唐五代阶级结构研究》，476～477页，中州古籍出版社，1996。

北京师范大学史学探索丛书

李锦绣《唐代财政史稿》(上卷)提到，太仆寺属下的官营牧马监中，诸牧监尉、长、户奴婢等都有"春衣""冬衣"支给的制度，就供给来源来说亦属兵赐给衣范畴。至于地方州府的公廨奴婢，则其衣资由地方当司供给①。太常寺教坊乐属下的乐师、乐工也有"春冬衣粮"的赏赐。后周广顺元年(951)太常卿边蔚"请添召乐师，令在寺习业。敕太常寺见管两京雅乐节级乐工共四十人外，更添六十人……仍令三司定支春冬衣粮，月报闻奏。其旧管四十人，亦量添请"②。"乐师、乐工"似由太常寺从良人中招募而来，因而其身份地位应较番户、杂户为高。他们在太常寺直接管理与组织下专习歌舞，成为专业的国家级乐舞音声人员。后周王朝则定期供给他们"春冬衣粮"，作为他们充官服役的报酬。

## 第四节　官员"春衣"的发放

与官兵"春冬衣赐"制度密不可分的是，唐代对沿边统军将领、随军出征官员及藩镇幕府中统军掌兵的使府要员，亦有岁时固定的"春衣""冬衣"赏赐制度。以后，随着"春衣"发放范围的逐步扩大，李唐王朝还在清明、寒食及端午佳节对身居要职的朝中大臣赐予春衣、银器、牙尺等物，作为抚慰和褒奖。最迟在德宗贞元年间(785—805)，"春衣"已计入左右金吾大将军、十六卫等武职官员的俸禄当中，成为官员俸料杂给的重要内容。五代宋初中原王朝沿袭旧制并有发展，"春衣"遂与钱、粮、米、盐等物一道，构成了固定的俸料和禄秩支给制度。

### 一、官员的"春衣"赏赐

据文献记载，唐王朝往往对朝中重臣、地方州府长官、藩镇僚属等官员进行岁时"春衣""冬衣"赏赐。现以《全唐文》所见官员谢皇帝赐衣(物)表为据，制成表5-2，并略加讨论。

---

① 李锦绣：《唐代财政史稿》，上卷，106～1069 页，北京大学出版社，1995。
② 《旧五代史》卷一四五《乐志下》，1936 页。

表 5-2 《全唐文》所见官员谢赐春衣、冬衣及器物表

| 赐衣使者 | 受赐官员 | 其他受赐者 | 所赐衣物及其他 | 资料出处 |
|---|---|---|---|---|
| 中使 | 陈子昂 | 将士、官吏、僧道、耆老 | 手诏、冬衣两副、大将等衣一十五副 | 卷 210/陈子昂《谢赐冬衣表》/2127 |
| —— | 独孤及 | 将士 | 冬衣 | 卷 385/《谢敕书兼赐冬衣表》/3922 |
| 中使 | 于邵 | 三军 | 春衣 | 卷 424/于邵《谢恩赐春衣表》/4323 |
| 中使 | 皇甫冉 | 兵马使及都虞侯 | 冬衣各一副 | 卷 451/皇甫冉《谢赐冬衣表一》/4615 |
| | | | 冬衣四袭 | 卷 451/皇甫冉《谢赐冬衣表二》/4615 |
| | | | 冬衣一袭 | 卷 451/皇甫冉《谢赐冬衣表三》/4616 |
| 中使 | 吕颂 | 将吏、僧道、百姓 | 手诏、春衣两副、金缕牙尺一面、大将衣若干 | 卷 480/吕颂《谢赐春衣及牙尺表》/4907 |
| | | —— | 手诏、冬衣一副、大将衣两副 | 卷 480/吕颂《谢赐冬衣表一》/4907 |
| | | 将士、官吏、僧道 | 手诏、冬衣两副、大将衣五十副 | 卷 480/吕颂《谢赐冬衣表二》/4908 |
| | | | 衣一副、金花银椀二枚、百索一轴、大将衣两副 | 卷 480/吕颂《谢端午赐衣及器物等表》/4908 |
| 中使陈忠珣 | 权德舆 | —— | 端午衣一副、银椀二只、钞罗二、百索一轴、大将衣服等 | 卷 484/权德舆《谢端午赐衣及器物等表》/4950 |
| 中使孟国瑶 | 权德舆 | 将佐、僧道、百姓 | 冬衣两副、大将冬衣四副 | 卷 484/权德舆《谢赐冬衣表》/4951 |
| 中使 | 武元衡 | —— | 新火、春衣 | 卷 531/武元衡《寒食谢赐新火及春衣表》/5387 |
| 中使周某 | 令狐楚 | —— | 春衣一副、端午衣一副、银碗一口、百索一轴 | 卷 540/令狐楚《谢春衣并端午衣物表》/5484 |

| 中使 | 令狐楚 | —— | 手诏、春衣一副、牙尺一条 | 卷540/令狐楚《谢敕书赐春衣并尺表》/5484 |
|---|---|---|---|---|
| 中使 | 令狐楚 | 大将军 | 春衣一副、金缕牙尺一条 | 卷540/令狐楚《谢春衣表》/5484 |
| | | 军将 | 衣甲、器械、刀斧、银器、药物 | 卷540/令狐楚《谢赐衣甲及药物等表》/5484 |
| | | —— | 冬衣 | 卷540/令狐楚《谢赐冬衣表》/5485 |
| 中使宋文璨 | 令狐楚 | 将士 | 冬衣 | 卷541/令狐楚《谢赐冬衣状一》/5495 |
| 中使 | 令狐楚 | 将士 | 冬衣 | 卷541/令狐楚《谢赐冬衣状二》/5495 |
| 中使吴千金 | 令狐楚 | 将士 | 冬衣两副、诸将衣二十副 | 卷541/令狐楚《谢赐冬衣状三》/5496 |
| 中使 | 令狐楚 | —— | 春衣、牙尺 | 卷541/令狐楚《谢赐春衣牙尺状一》/5495 |
| 中使骆元荣 | 令狐楚 | —— | 春衣两副、牙尺一枚、军将衣二十副 | 卷541/令狐楚《谢赐春衣牙尺状二》/5495 |
| 中使 | 武中丞（武元衡） | —— | 春衣一副 | 卷602/刘禹锡《为武中丞谢赐春衣表》/6079 |
| | | | 冬衣一副 | 卷602/刘禹锡《为武中丞谢赐冬衣表》/6079 |
| 中使陈日华 | 淮南杜相公 | 将佐、官吏、僧道、耆老、百姓 | 墨诏、春衣两副、大将衣四副 | 卷602/刘禹锡《为淮南杜相公谢赐春衣表》/6079 |
| 中使王国清 | 淮南杜相公 | 将佐、官吏、僧道、耆寿、百姓 | 墨诏、冬衣两副、大将衣四副 | 卷602/刘禹锡《为淮南杜相公谢赐冬衣表》/6080 |

| | | | 冬衣 | 卷 602／刘禹锡《谢赐冬衣表一》/6079 |
|---|---|---|---|---|
| —— | 刘禹锡 | —— | 冬衣 | 卷 602／刘禹锡《谢赐冬衣二表》/6079 |
| 中使刘光弼 | 刘禹锡 | 将佐、官吏、僧道、耆老、百姓 | 墨诏、衣一副、金花银器三事、丝索一轴、大将衣四副 | 卷 602／刘禹锡《谢端午赐衣及器物等第一表》/6082 |
| —— | 刘禹锡 | —— | 赐衣、器物 | 卷 602／刘禹锡《谢端午赐衣及器物等第二表》/6082 |
| 中使 | 符载 | 将士 | 冬衣 | 卷 688／符载《谢赐冬衣表》/7045 |

以上各《谢赐春（冬）衣表》（简称《谢表》）虽为公文书写格式所拘，言辞、形式、内容大同小异，但仍包含诸多信息。简单归纳，受赐官员大体可分四种情况：

1. 随军在外

卷 210 陈子昂《谢赐冬衣表》中有"远年戎旅之勤"，"三军叶庆、万井相欢"等句，说明其当时随军在外，或征讨叛逆，或防守边疆，过着戎马倥偬的军旅生活。据《旧唐书》卷 190《陈子昂传》记载，陈子昂曾随武攸宜北讨契丹，官拜掌书记职，"军中文翰皆委之"。推测子昂接受朝廷冬衣赏赐即在此时。

卷 424 于邵《谢恩赐春衣表》称："右今月某日，中使某至。伏奉敕书手诏，慰问臣及三军等，并赐臣及大将春衣者。"表明于邵是位居三军、大将之上的地方官员。查唐书本传，于邵历任道州刺史、巴州刺史、岭南节度支度副使、杭州刺史、衢州刺史等。此表作于何时何地尚不明确。

2. 任职藩镇

表文中独孤及"尝谬台司，遂叨藩守"，皇甫冉"功微草芥，寄重藩条"，吕颂"任叨藩镇，才本庸虚""谬荷国恩，猥居方镇"，杜相公"谬承委寄，获守藩条"，符载"久在藩条，无裨政术"，令狐楚"限蒙寄任，谬领方隅"等句，表明这些官员受赐衣物时均供职于藩镇使府，而且多为藩镇使府核心人物，举足轻重。比如，"杜相公"（杜佑）接受朝廷衣赐时任淮南节度使①；独孤及则自司封郎中遭贬，转徙常州刺史；吕颂自左司郎中贬至西南黔中，充任黔府观察使②。

3. 式遏之任

卷484权德舆《谢表》称："臣违奉阙庭，保厘河洛，异戎师式遏之任。"卷692刘禹锡《谢表》云："臣累伏旄钺，西戎未殄，无式遏之劳。"这里"式遏"何指？《隋书》卷53《达奚长孺传》载："长孺受任北鄙，式遏贼寇，所部之内，少将百倍。"《周书·梁昕传》亦云："寻又移镇阎韩，式遏边垒，甚着诚信。"显然，"式遏"是指防守边境要塞，抵御贼寇进犯。可知权德舆和刘禹锡接受朝廷赐衣时正肩负着保卫河洛安全，防御异族侵扰中原的职责。

4. 滥居台宪（御使中丞）

据《旧唐书》卷158《武元衡传》载，贞元二十年（804）元衡迁御使中丞，后罢官改充他职；宪宗即位后，为感激元衡"赞引之功"，"复拜御使中丞，持平无私，刚条悉举，人甚称重"。卷531武元衡《谢表》称："臣以薄才，滥居台宪。旷官尸禄，骤涉岁年。陛下未责前过，尚容旧职。"这里"滥居"为谦辞，"台宪""旧职"即指御使中丞。又卷602刘禹锡《为武中丞谢赐春衣表》和《为武中丞谢赐冬衣表》，其"武中丞"亦为武元衡，其时正任御使中丞。

官员受赐"春衣""冬衣"的具体时间，《谢表》也有反映。令狐楚《谢赐春衣表》云："二月某日，中使某至。伏奉敕书手诏，并赐臣春衣一副、牙尺一条。"显然"春衣"的赏赐是在二月。在《谢表》中可以看到，在清明、寒食、端午等佳节也会赏赐官员"春衣"，作为褒奖和抚慰。至于"冬衣"，刘禹锡《谢赐冬衣表》称"九月授衣，载驱天使"，权德舆《谢赐冬衣表》称"九

① 《旧唐书》卷一六〇《刘禹锡传》载："从事淮南节度使杜佑幕，典记室，尤加礼异。"同书卷一四七《杜佑传》曰："贞元三年，……充淮南节度使。"又《谢表》为刘禹锡所作。据此推测，表中的"杜相公"应为淮南节度使杜佑。

② 岑仲勉：《唐方镇年表正补》，见吴廷燮：《唐方镇年表》（三），1538～1539页，中华书局，1980。

月二十日，中使孟国瑶至……赐臣冬衣两副、大将军冬衣共四副者"，看来九月是颁赐"冬衣"的规定时间。

综上所述，唐代受赐"春衣""冬衣"的官员，主要是那些领军在外、镇守边界、征讨叛逆、防御异族入侵及抚绥地方的藩镇首领或州府长官。这些人具有统军领兵的军事色彩，因而朝廷对于他们的"春冬衣赐"往往与"大将衣"密不可分，显然是募兵制下兵士"春冬衣赐"的扩展。另外，唐代官员的"春冬衣赐"也有新特点。一是官员的衣赐往往与对地方州府辖境内"将士、僧道、耆寿、百姓"的赏赐抚慰结合在一起；二是朝廷在赐衣同时，往往还赐予金缕牙尺、银碗、百索、新火等物，因而"赐衣"更多的是体现荣誉与地位；三是赐衣时间，除与兵士"春冬衣赐"相同的二月、九月之外，还时常在清明、寒食及端午佳节对官员颁赐，而且受赐者多为自中央枢要机构遭贬后转徙藩镇州府，进而掌握地方军政大权的重臣。对于他们的春冬衣赐，既是政治、军事形势的需要，也是朝廷抚慰这些方面重臣的政治策略。

### 二、"春衣"与官员俸料钱

前已述及，东汉延熹五年(162)，桓帝对羽林军及百官公卿赏赐"冬衣"，作为官员俸禄的额外补充形式。西晋时期，诸王公、开府及在京诸司高官的食料中也有"春绢、秋绢、绵"的支给。显然，"春衣""冬衣"作为官吏俸料钱的重要内容，由来已久。德宗贞元年间，"春衣"作为南衙十六卫和北门禁军俸料的一项内容，开始见于史册。《唐会要》卷91《内外官俸料钱上》载：

> 贞元二年敕，左右金吾及十六卫将军，自天宝艰难以后，虽卫兵废缺，而品秩本高，宜增禄秩，以示优崇。并宜加给料钱及随身干力粮课等。……
>
> 一十六员诸卫上将军、左右卫，本料各六十千，加粮赐等。每月各粮米六斗、盐七合五勺、资十千五文、私马五匹、草三百束、料九石七斗五升、随身十五人、粮米九石、盐一斗一升三合五勺、春衣布一十五端、绢三十匹、冬衣袍紬一十五匹、绢三十匹、绵三十屯。……

六员统军，本料各六十五千，续加。春冬衣一付、每月粮米六斗、盐七合五勺、私马五匹、草料随金吾，同金吾随身。余准诸卫上将军。……

射生神策大将军，本料三十六千文，续加。私马五匹，草料准上，随身十四人。七人给衣不给料，七人给粮。米四石三斗、盐一斗五升。春衣布十四端，绢二十八匹，鞋十四两。冬衣袍紬十四匹，绢二十八匹，绵二十八屯。

这里"十六卫"指分隶宿卫京城的南衙军，即左右卫、左右骁卫、左右武卫、左右威卫、左右领军卫、左右金吾卫、左右监门卫、左右千牛卫，属宰相掌管[1]。"六军"指守卫宫禁北门的禁军，即左右羽林军、左右龙武军、左右神武军，原则上由皇帝直接统辖，但实际上由皇帝亲信的宦官统领。此前大历十二年(777)，代宗已开始注意增加京官正员及诸道观察使、都团练使、副使以下官员的俸料。贞元四年(788)李泌为相，"又增百官及畿内官月俸，复置手力资课岁给钱。"[2]因此，贞元二年(786)朝廷对左右金吾卫及十六卫和北门禁军俸料钱的提升，正适应了京官俸料逐渐提高的趋势。南衙十六卫及北门六军的俸料钱包括粮米、盐、随身、手力、资钱、私马(草料)、春衣、冬衣等项。其中"私马则有刍豆，手力则有资钱，随身则有粮米盐，冬春服则有布绢紬绵"[3]。这种俸料配给方式，更多地体现了战时的军事色彩。"自天宝艰难以来"，随着西北边军的削弱和朔方军的叛乱，南衙十六卫和北门禁军(特别是神策军)成为李唐王朝赖以拱卫京畿、削平叛乱、镇抚藩镇的根本依托力量。因此对防守京城和拱卫皇宫的左右金吾及神策军颁赐"春衣""冬衣"，并将其进行延伸推广，计入十六卫和禁军的俸料当中。这与唐后期政治、军事形势的发展(特别是兵制的演变)有着密不可分的关系。由此推测，"春衣""冬衣"作为俸料内容，恐怕只限于防御、护卫京城和皇宫的南衙十六卫和北门禁军，很可能只是武职

---

① 参阅王仲荦：《隋唐五代史》，上册，496、526 页，上海古籍出版社，1988。
② 《资治通鉴》卷二三八宪宗元和六年(811)胡注"俸料"条，7685 页。
③ 《资治通鉴》卷二三八宪宗元和六年(811)胡注"俸料"条，7685 页。

军将的特殊待遇。它在唐代的实施是极为有限的。

值得注意的是，在僻居河西一隅的归义军政权中，也有"春衣"的支给。据 P.4640v《归义军布纸破用历》记载，己未年(899)四月六日，"支与员外春衣细布一匹，粗布一匹。"五月十二日，"支与楼上僧智弁春衣粗布一匹。"六月廿日，"支与押衙严君会春衣粗布一匹。"①其中"僧智弁"的春衣支给，又见于 S.5810《门僧法律智弁状》②，其文曰：

```
1   门僧法律智弁
2       伏以常年春衣布一匹，今未蒙支给，伏乞
3       阿郎仁恩照察，特赐支给，伏请处分。
4           六月    日。
5   "待打断天使了，   廿四日"。
```

上引《破用历》中，员外"春衣"领得细布一匹，粗布一匹，恐为特例。因为正常情况下"春衣"仅给布一匹，且有粗细之分。可以肯定，归义军政权对使府衙内的押衙、员外及门僧等人员给赐"春衣"的现象，在张承奉执政初期就已经存在了。

后唐同光三年(925)，"租庸院奏新定四京诸道副使判官以下俸料"，其中诸道节度副使、观察判官、掌书记、推官及观察支使等官俸料中就有"春衣""冬衣"的绢绵供给。现以《五代会要》卷27《诸色料钱上》为据制成表5-3。

表 5-3   后唐同光三年(925)诸道副使判官以下俸料表

| 职官 | 每月料钱 | 厨料米 | 面 | 内价钱 | 蒿 | 柴 | 私马 | 春服绢 | 冬服绢 | 绵 |
|---|---|---|---|---|---|---|---|---|---|---|
| 节度副使 | 40千 | 一石 | 二石 | 三千 | 60束 | 30束 | 二匹 | 15匹 | 15匹 | 30两 |
| 观察判官<br>观察支使 | 30千 | 六斗 | 一石六斗 | 二千 | 40束 | 20束 | 一匹 | 12匹 | 12匹 | 25两 |
| 掌书记 | 25千 | 六斗 | 一石二斗 | 一千五百 | 30束 | 15束 | 一匹 | 10匹 | 10匹 | 20两 |
| 推官 | 15千 | 六斗 | 一石二斗 | 一千五百 | 30束 | 15束 | 一匹 | 10匹 | 10匹 | 20两 |

---

① 卢向前：《关于归义军时期一分布纸破用历的研究》，见氏著《敦煌吐鲁番文书论稿》，97～170页，江西人民出版社，1992。

② 唐耕耦、陆宏基编：《敦煌社会经济文献真迹实录》，第五辑，8页，全国图书馆文献缩微复制中心，1990。

北京师范大学史学探索丛书

如上表所示，后唐完全继承了唐贞元二年(786)的制度，"春衣""冬衣"作为俸料内容，以"春绢""冬绢""绵"的形式保留下来，并且进一步推行于四京及诸道藩镇。可以肯定，五代后唐时期，京城文武百官春冬给赐绢绵已经很普遍了①。天成元年(926)十月，后唐"初赐文武百官春冬衣"。北宋时期，上自宰相、枢密使，下至节度使、观察使、翰林学士、京城诸司、文武散官、勋官等，他们的禄秩俸料中无一例外地拥有春(冬)绢、绫、绵、罗等的给赐②。"春衣""冬衣"作为官员俸料钱的重要内容，到北宋真正确立成为稳定的禄秩配给制度。

### 第五节　"春衣"在民间的使用

在中古时期，依附于寺院的"常住户"常从寺院领取"春衣"。日本学者中村不折藏西域文书《天宝六载给家人春衣历》载：

1　天宝六载四月十四日给家人春衣历。

2　常住、大及、龙子、葵奴以上四人，人各縢一段充衫，八尺充裈。

3　祀奴、末如已上两人，人各一段充衫，祀奴给八尺充裈。

4　可僧　付縢一段充衫，胡尾子付縢一丈二尺充裈。

5　　右件縢九段，每段用钱贰佰贰买到，用给上件

6　家人春衣，谨以为案，请僧连署。僧无生

7　　僧　僧玄藏　僧发藏　僧澄练。③

这里"家人"，或曰"净人""使人"，即寺院依附人口的一种，其身份或

---

① 《资治通鉴》卷二七五后唐明宗天成元年(926)载："冬，十月，甲申朔。"胡三省注曰："同光三年，租庸院奏新定四京及诸道副使判官以下俸料，有春衣绢、冬衣绢。此盖赐在京文武百官以已成之衣。"看来，"春衣""冬衣"作为官员俸料杂给的一部分已经很普遍了。

② 《宋史》卷一七一《职官十一》，4101～4112页，中华书局，1977；卷一七二《职官十二》，4134～4142页；《文献通考》卷六五《职官考十九·禄秩》，588～590页。

③ 姜伯勤：《唐五代敦煌寺户制度》，334页，中华书局，1987。

与寺户相类①。寺院支付给家人的"春衣"主要有衫(汗衫)、裈、袴三种，其制作原料均为緤布(棉布)。除衣料不同外，寺院支付"家人"的三种"春衣"均与官奴婢相同，这显然是官奴婢春冬衣服发放制度在民间社会生活中的延伸和推广。S.4120《壬戌年(962)—甲子年(964)某寺布褐绫绢破历》第5行载："昌褐贰丈肆尺，牧羊人春衣用"。"牧羊人"受雇于寺院，领羊放牧，并定期向寺院交纳羊羔、酥油、羊毛等物，寺院则供给他们衣食②，"春衣"即是供给中重要的一项。第15—16行"昌褐贰丈叁尺，与寺卿憨儿春衣用"，可知寺院中主管各种具体事务的僧官"寺卿"也有"春衣"(昌褐)的破用。这表明，唐末五代宋初，"春衣"在敦煌民间和寺院中使用相当广泛。

在敦煌文书中，"春衣"更多地见于晚唐五代宋初民间的雇工契当中。S.3877v《戊戌年(878)令狐安定雇工契》载：

> 戊戌年正月二十五日立契。洪润乡百姓令孤(狐)安定，为缘家内欠阙人力，遂于龙勒乡百姓就聪儿造作一年。从正月至九[月]末，断作价直，每月五斗。现与春四个月价，与(余)收勒到秋。春衣一对，汗衫襽裆并鞋一两，更无交加。其人立契，便任入作，不得抛工。抛工一日，勒物一斗。忽有死生，宽容三日，然后则须驱驱。所有农具什等，并分付与聪儿，不得非理打损牛畜。[如]违打，倍(陪)在作人身。两共对面稳审平章，更不许休悔。如先[悔]者，罚羊一口，充入不悔人。恐人无信，故勒此契，用为后验。③

令狐安定雇用就聪儿"造作一年"，断价每月五斗，但春四个月的雇价却以"春衣一对，汗衫襽裆并鞋一两"抵充。文书虽然成于唐乾符五年(878)，但反映了唐末五代宋初敦煌民间真实的社会生活。敦煌文书中所提供的雇工契中，与前引S.3877《雇工契》性质相同、书写格式和用词相近

北京师范大学史学探索丛书

---

① 姜伯勤：《唐五代敦煌寺户制度》，332页。

② 季羡林主编：《敦煌学大辞典》，410页，上海辞书出版社，1998。

③ 唐耕耦、陆宏基编：《敦煌社会经济文献真迹实录》，第二辑，55页，全国图书馆文献缩微复制中心，1990；沙知：《敦煌契约文书辑校》，248页，江苏古籍出版社，1998。

的还有十数件。为便于讨论，试列表如下：

**表 5-4 晚唐五代宋初有关"春衣"雇工契简表**

| 公元纪年 | 雇主及乡籍 | 雇工及乡籍 | 雇期 | 雇价 断价 | 雇价 支付方式 | 文书卷号 |
|---|---|---|---|---|---|---|
| 878 | 令狐安定（洪润乡） | 就聪儿（龙勒乡） | 九个月 | 每月五斗（麦或粟） | 前四月"春衣一对，汗衫襦裆并鞋一两"，后五月待秋收后偿还 | S. 3877$_{4V}$ |
| 894 | 张纳鸡（龙勒乡） | 就憨儿（神沙乡） | 九个月 | 每月麦粟一馱 | 春衣汗衫 □ | S. 3877 |
| 923 或 983 | 樊再升（龙勒乡） | 泛再员（效谷乡） | 九个月 | 每月算价一馱 | 春衣一对，汗衫一领，襦裆一腰，皮鞋一两 | S. 6452$_{1V}$ |
| 924 | 张某甲（敦煌乡） | 阴某甲（敦煌乡） | 九个月 | 逐月一馱 | 春衣一对，长袖并裤，皮鞋一两，余外欠阙，任自排批（备） | S. 1897 |
| 928 或 988 | 梁户史泛三（乡籍不明） | 杜愿长（平康乡） | —— | 每月断麦粟七斗、八斗 | □ 汗衫一礼（领） | P. 5008 |
| 939 | 姚文清（乡籍不明） | 程义深男（同乡） | —— | 每月一馱，麦粟各半 | 春衣一对，长袖一领，汗衫一领，褐袴一腰，皮鞋一两，余外欠阙，任自排备 | 天津艺博735号背 |
| 948? | 李员昌（敦煌乡） | 彭章三（赤心乡） | 九个月 | 每月麦粟一馱 | 春衣汗衫一领，襦裆长袖并衣襕，皮鞋一两，共一对 | S. 5578 |
| 948? | —— | —— | 九个月 | 每月麦粟一馱 | 春衣一对，长袖衣襕襦裆一腰，皮鞋一两 | S. 5583 |
| 955? | 孟再定（莫高乡） | 马盈德（龙勒乡） | 一年造作 | 每月断物八斗 | 春衣汗衫，皮鞋一两 | P. 2877背 |
| 957 | 贺保定（敦煌乡） | 龙员进（赤心乡） | 一周年 | 每月一馱，干湿中亭 | 春衣一对，汗衫一领，长袖衣襕襦裆一腰，皮鞋一两 | P. 3649背 |
| 974 | 窦跛碎（慈惠乡） | 邓延受（龙勒乡） | 九个月 | 每月一馱 | 春衣一对，汗衫一领，襦裆一腰，皮鞋一两 | 北图生字25号 |
| 922 或 982 | 康保住（慈惠乡） | 赵紧近男（莫高乡） | 九个月 | 每月一馱 | 春衣一对，汗衫一领，襦裆一腰，皮鞋一两 | P. 2249背 |

| 925 或 985 | 僧宝香<br>(乾元寺) | 邓忤子<br>(乡籍不明) | 八个月 | 每月麦粟<br>一驮 | 春衣长袖一，并襕袴<br>一腰，皮鞋一两 | P.2451 |
|---|---|---|---|---|---|---|
| 不明 | —— | 愿千<br>(乡籍不明) | 九个月 | 每月麦粟<br>一驮 | 春衣汗衫襌裆一领，<br>皮鞋一两 | P.3094 背 |

上表所列契约中，S.1897《龙德四年(924)雇工契样式》颇具典型性和代表性。以此"样式"为标准，对比其他文书，不难看出数十件契约的书写格式基本一致。稍有出入的是雇主与雇工所属的乡籍、雇价及支付方式略有差异。值得注意的是，契约中的雇价均用谷物麦或粟来折算，但支付方式除麦粟外，无一例外均配合"春衣、汗衫、皮鞋"等物来抵充。从雇主与雇工所属的乡籍中，可以看出以"春衣、汗衫"等物作为雇价支付方式的雇工模式在敦煌地区(洪润乡、龙勒乡、神沙乡、效谷乡、赤心乡、敦煌乡、平康乡、莫高乡、慈惠乡等)极为普遍，甚至连寺院雇工也采用了这种支付形式(P.2451)。这表明以"春衣"抵充雇价的雇工模式，在晚唐五代宋初敦煌民间的社会生活中具有极其广泛的意义。

前文曾指出，唐募兵制时期的"春衣"是唐王朝在春季发放给士兵的衣服，它由一系列的衣装组成。即"春衣"包括蜀衫、汗衫、裈、袴奴、半臂(长袖)、幞头、鞋袜等内容(S.964)，大致包含了我们今天所说的帽子、上衣、下衣、鞋、袜等各类衣物，因而是衣装供给的泛称。但在雇工契中，"春衣"与"襌裆、汗衫、皮鞋"并称，可知"春衣"已特指一种特别具体的衣服。而且契约中，雇价一般用麦粟来折算，但支付方式通常配合"春衣"来进行。这说明"春衣"已经广泛走进敦煌民众的社会生活当中，至少它与民间的主要食料麦粟一样成为百姓日不可缺或者与百姓生活息息相关的东西。唯其如此，"春衣"才能成为一种特别等价物而用于民间的交换和雇佣当中。可以肯定，晚唐五代宋初，"春衣"已经成为敦煌民间最普通最大众化的衣服，在生产和生活中百姓日常的穿着即是"春衣"。若此论不错，则"春衣"的原料恐是敦煌多产的麻布、褐布了。

# 本章小结

作为百官公卿俸料的一种补充形式——春季时服的赏赐，"春衣"最迟在东汉桓帝时已经出现。此后，历经两晋南北朝隋唐直至五代宋初，"春衣"的发放一以贯之。随着时代的演进和发放范围的扩大，"春衣"的内涵、发放内容和形式都发生了很大变化。这在唐五代宋初表现得尤为突出。

在募兵制时期，由于健儿(兵士)是以为国家戍边谋取生资的职业兵，因而国家给予兵士的"春衣""冬衣"赏赐更多地体现报酬性质。同样，中央内外诸司的官奴婢、番户、杂户等，按技艺特长配隶于宫廷及九卿(监)之中，是官营农业、手工业及畜牧业的主要生产者。自然，他们得到的"春衣""冬衣"给赐亦为报酬性质。天宝时代敦煌寺户制度中也能找到类似痕迹①。

应当看到，募兵制下兵士的"春冬衣赐"是唐五代"春衣"发放的基础。安史乱后，由于西北诸军衰落和藩镇势力壮大，以及南衙十六卫和北门禁军的作用越来越重要，李唐王朝"春冬衣赐"的范围逐步扩大，除兵士外，对统军将领、随军官吏、藩镇长官及幕府要员等也给赐"春衣"，作为抚慰和褒奖，还在清明、寒食及端午佳节对朝中重臣和武职军将赏赐衣物，并计入俸料当中。五代后唐和北宋沿袭前朝并固定为制度，"春衣"遂成为文武百官俸料钱的重要内容。

从敦煌文书中可见，归义军政权对使府衙内的押衙、员外及门僧等人员也有"春衣"的给赐，不过数量很小；而在民间雇工契中"春衣"大量出现，表明"春衣"已流行于当地民间。

这样看来，唐五代"春衣"的发放，大致有报酬型、赏赐型、俸料型和实用型四种形式。综合四种类型的主要特征，对"春衣"的内涵和唐五代"春衣"发放的演变过程可得出如下明确认识，即"春衣"首先是国家对募兵

---

① 前引日本学者中村不折藏西域文书《天宝六载给家人春衣历》，转引自姜伯勤：《唐五代敦煌寺户制度》，334页，中华书局，1987。

制下官兵（健儿）及中央内外诸司的官奴婢、番户、杂户等供给的春季衣装，作为他们执勤服役的报酬；其次，"春衣"也用于赏赐统军在外的将领、抚绥地方藩镇及身居要职的朝臣；再次，"春衣"作为官员俸料钱的重要内容，始于中唐的南衙十六卫和北门禁军，以后扩及诸道节度使及文武百官，在晚唐五代宋初这种扩大之势十分明显；最后，"春衣"大量出现于敦煌雇工契中，已成为当地民众日常穿着的一种衣服了。

北京师范大学史学探索丛书

# 第六章　杏雨书屋藏羽34
## 《群牧见行籍》研究

《敦煌秘笈》第一册刊布的日本杏雨书屋所藏敦煌写本中，羽34《群牧见行籍》是一件反映曹氏归义军时期畜牧管理的文书①。1999年，池田温发表《李盛铎旧藏归义军后期社会经济文书简介》②一文，首次披露了此件文书的全部内容，并结合P.2484《戊辰年(968)归义军算会群牧驼马牛羊见行籍》和S.6998A《归义军群牧马驼牛羊见行籍算会》两件文书，对归义军后期畜牧业的发展态势作了初步考察。2006年，乜小红也依据P.2484号文书，对唐五代官府畜牧业管理中的簿籍和"算会"问题进行讨论③。在此基础上，本章拟对《群牧见行籍》中的有关问题予以关注，并重点对归义军畜牧管理中的"算会"制度进行讨论。

### 第一节　录文及性质

羽34《群牧见行籍》④首全尾缺，共21行，具体文字如下：

1　乙未年十月四日就城角庄竿(算)会当宅群牧见行籍。

2　驼官李粉堆群见行大驮驼肆头，二岁驮驼贰头，

3　当年驮驼羔无；大騍驼陆头，三岁騍驼无，

4　二岁騍驼贰头，当年騍驼羔无。

5　牧牛人陈顺德群见行大耕牛陆头，三岁耕牛无。

---

① 此件文书，《李氏鉴藏敦煌写本目录》0223号题为"群牧册(乙未年十月，有官印)"。参见商务印书馆编：《敦煌遗书总目索引》，318页，中华书局，1983。

② ［日］池田温：《李盛铎旧藏归义军后期社会经济文书简介》，见《庆祝吴其昱先生八秩华诞敦煌学特刊》，29～56页，文津出版社，2000。

③ 乜小红：《唐五代畜牧经济研究2000》，59～64页，中华书局，2006。

④ ［日］武田科学振兴财团编集：《杏雨书屋藏敦煌秘笈》，影片册一，233～235页，はまや印刷株式会社，2009。

6  二岁耕牛无，当年儿犊子无；大牸牛捌头，

7  三岁犊牛贰头，二岁牸牛无，当年女犊子肆头。

8      牛大小共计贰拾壹头。

9        内欠壹头在里三身上。

10  牧牛人史里三群见行大耕牛拾贰头，三岁耕牛壹头，

11  二岁耕牛无，当年儿犊子壹头；大牸牛捌头，

12  三岁牸牛贰头，二岁牸牛壹头，当年女犊子

13  壹头。

14      牛大小共计贰拾陆头。

15  牧羊人李憨子群见行大白羝壹拾壹口，二齿白羝伍①

16  口，当年白儿羔子壹口。大白母拾贰口，二②齿

17  白母拾陆口，当年白女羔子贰口。

18      白羊大小共计肆拾柒口。

19  大羖羝贰拾陆口，二齿羝拾玖口，当年羝儿羔

20  子玖口，大羖母肆拾玖口，二齿羖母拾柒口，当年

21  羖女羔子玖口。

  （后缺）

　　此件首部有"李盛铎印""李滂"和"敦煌石室秘笈"朱印三颗。前3行及17—18行处各有朱印一方，参照 P.2484《戊辰年(968)归义军算会群牧驼马牛羊见行籍》所钤官印，当为"归义军节度使新铸印"。首行中"乙未"，池田温定为995年，应是。据此，羽34《群牧见行籍》当为宋至道元年(995)十月四日归义军对管内的驼马牛羊进行点检、算会的文书。其中"驼官李粉堆"，又见于 S.6998A《归义军群牧马驼牛羊见行籍算会》中：

  5  驼官李粉堆群见行大馼驼壹拾肆头，三岁馼

————————

①  "伍"，池田温补作"拾伍"，据下文"白羊大小共计肆拾柒口"推算，当以"伍"为是。

②  "二"，池田温补作"贰"。

6　馳无，当年驳馳羔无。大骒馳肆头，

7　当年骒馳羔贰头①。

又"牧牛人陈顺德"，见于 P.2484《戊辰年(968)归义军算会群牧驼马牛羊见行籍》中：

14　牧牛人陈顺德群见行大耕牛叁头，三岁耕牛伍头，二岁耕

[牛]叁头，当年儿

15　犊子壹头。大牸牛壹拾捌头，三岁牸牛陆头，二岁牸牛贰

头，当年女

16　犊子贰头。又寄群大牸牛贰头，不入计数。

17　　　　　计牛大小肆拾头。②

显然，在行文格式及用词上，羽34《群牧见行籍》与 P.2484《戊辰年(968)归义军算会群牧驼马牛羊见行籍》和 S.6998A《归义军群牧马驼牛羊见行籍算会》基本一致。这三件文书描述的驼马牛羊等信息，尽管是归义军先后三次进行畜群清点、统计的不同记录，但它们共同揭示出归义军畜牧管理中实行"算会"制度的一般内容。

(1)算会的时间。一般来说，畜群每年要定期核算③，通常在十月、十一月进行。如羽34 和 P.2484 记录的时间分别是"十月四日"和"十月十八日"。S.6998A 因首部已残，故时间不明。可以参照的是，归义军时期的沙州寺院也有年度的畜群算会活动。如 S.4116《庚子年(940)报恩寺见行羊籍算会凭》中，报恩寺徒众十月廿六日"就南沙庄上齐座算会"④，S.3984

---

①　中国社会科学院历史研究所等编：《英藏敦煌文献(汉文佛经以外部分)》，第12卷，37页，四川人民出版社，1995。

②　唐耕耦、陆宏基编：《敦煌社会经济文献真迹释录》，第三辑，590页，全国图书馆文献缩微复制中心，1990。

③　归义军时期，畜群每年核算，并无明确记载，但可从吐蕃时期"点算"羊群的牒文中得到说明。如 S.542 背所记，沙州诸寺(如莲台寺、普光寺、灵修寺)在五年十二月进行羊只的"点算"活动，从牒文"限寅年纳""限寅年算日纳""限寅年算羊时陪"的强调来看，当时每年都要定期进行羊只数量的清点和核算。

④　唐耕耦、陆宏基编：《敦煌社会经济文献真迹释录》，第三辑，576页。

《丁酉年(937)报恩寺算会见行羊数凭》中，报恩寺徒众十一月三日"就大业寺齐座算会"①。此外，如 S.542 文书所载，在吐蕃占领敦煌的"丑年"(809或821)，沙州莲台寺、金光明寺、普光寺、灵修寺、大乘寺等，均于十二月在报恩寺暖堂、众堂进行"点算"羊群的算会活动。

表 6-1　吐蕃归义军时期群牧"算会"文书表

| 时间 | 主持者 | 地点 | 对象 | 卷号 |
|---|---|---|---|---|
| 丑年(809 或 821)十二月 | 莲台寺寺卿 | 报恩寺暖堂 | 福田羊 | S.542v1 |
| 丑年(809 或 821)十二月 | 金光明寺张寺卿 | 报恩寺暖堂 | 史太平群见在数 | S.542v2 |
| 丑年(809 或 821)十二月 | 普光寺寺卿索岫 | —— | 佛羊 | S.542v3 |
| 丑年(809 或 821)十二月 | 灵修寺寺卿薛惟谦 | 报恩寺暖堂 | 见在羊 | S.542v4 |
| 丑年(809 或 821)十二月 | 大乘寺寺卿唐千进 | 报恩寺众堂 | 见在及欠羊 | S.542v5 |
| 丁酉年(937)十一月 | 报恩寺徒众 | 大业寺 | 牧羊人康富盈见行羊数 | S.3984 |
| 庚子年(940)十月 | 报恩寺徒众 | 南沙庄上 | 牧羊人康富盈见行羊籍 | S.4116 |
| 庚申年(960)十一月 | 僧正道深 | —— | 牧羊人王拙罗寔鸡羊数 | Дx.1424 |
| 戊辰年(968)十月 | 归义军官方 | 东园 | 小印子群牧驼马见行籍 | P.2484 |
| 乙未年(995)十月 | 归义军官方 | 城角庄 | 当宅群牧见行籍 | 羽 34 |

　　(2)算会的依据。算会的核心是统计、清点群牧牲畜的数量，其基本依据是——"见行籍"。"见行籍"或简称"见行"，即现在施行的有效簿籍，是吐蕃归义军时期对驼、马、牛、羊等牲畜进行管理的文簿。上引文书(羽 34、P.2484 和 S.6998A)表明，"见行籍"的编造是以"群"为单位，依次著录该"群"牲畜的实有数目。各"群"牲畜由专门的知马官、知驼官、牧牛人、牧羊人负责放牧饲养。按照唐令的规定，"群"的大小往往因牲畜的不同而有变化。如《厩牧令》规定："牧马、牛，皆百二十为群；驼、骡、

134

---

　　①　唐耕耦、陆宏基编：《敦煌社会经济文献真迹释录》，第三辑，575 页。

驴，各以七十头为群；羊，六百二十口为群。"①说明唐代官营畜牧业中，牛、马通常以 120 头（匹）为一群，驴、驼、骡以 70 头为一群，但是牧羊则以 620 口为一群。若以此来参照，不难看出归义军畜牧管理中"群"的规模相对较小。以牛群为例，羽 34 中陈顺德群有牛 21 头，史里三群 26 头，P.2484 中陈顺德群 40 头，杨欸律丹群 76 头，沙庆住群 62 头，估算起来平均每群有牛 45 头，占《厩牧令》所定牛群（120 头）的 37.5%；再看驼群，羽 34 中李粉堆群有驼 14 头，P.2484 中张憨儿群 40 头，氾丑儿群 33 头，李粉堆群 20 头。若平均推算，可知每群驼约有 27 头，占唐令所定驼群（70 头）的 38%；羊群的情况类似，除了 P.2484 中杨住成群有羊 990 口，超出唐令规定的羊群数 370 口以外，其他 20 群大体在 97 口至 440 口之间浮动。若取平均数，则每群大约有羊 270 口，约占唐令规定羊群数（620 口）的 43.6%；唯一例外的是马群，P.2484 中知马官索怀定群有马 120 匹，正好与《厩牧令》规定的马群数契合，另一位知马官张全子群有马 205 匹，超出唐令规定的马群数 85 匹。

值得注意者，P.2484《戊辰年（968）见行籍》中，"牧牛人陈顺德群"有牛 40 头，但在 27 年后的乙未年（995）减至 21 头（羽 34），显示出牛群发展萎缩的迹象。与此相应，"牧羊人杨住成群"在 968 年有羊 990 口，"牧羊人王阿朵群"有羊 301 口，但是在 S.6998A《见行籍》中，杨住成的羊群减至 217 口，王阿朵的羊群减为 247 口。考虑到 S.6998A 的时代在 968—995 年②，故可看出公元 10 世纪后期羊群逐年衰减的态势。同样，S.6998A 中"知驼官李粉堆群"有驼 20 头，但至 995 年已减至 14 头。这些迹象表明，

---

① 刘俊文：《唐律疏议笺解》，1087 页，中华书局，1996。

② S.6998A 的年代，荣新江推断"在十世纪后半叶"。池田温指出："考虑到乙未籍减半畜数之大势，S.6998A 籍大概在丙辰、乙未两籍之中间。"根据荣新江的提示，S.6998A 中"驼官马善昌"见于 P.2737《癸巳年（993）状》，杨住成、王阿朵见于 P.2484《戊辰年（968）籍》，后者又见于 P.2761《己卯年（979）状》。可以补充的是，"驼官李粉堆"又见于羽 34《乙未年（995）籍》，而与 S.6998A 粘连的 S.6998B 为《乙未年（995）十二月至丙申年（996）二月知马官阴章儿请判凭状》。综合这些信息，可以将 S.6998A 的年代定于戊辰年（968）至乙未年（995）间。参见荣新江：《英国图书馆藏敦煌汉文非佛教文献残卷目录（S.6981—13624）》，60 页，新文丰出版公司，1994；[日]池田温：《李盛铎旧藏归义军后期社会经济文书简介》，51 页。

曹氏归义军后期敦煌的官营畜牧业呈现出衰落的趋势①。

## 第二节　骆驼、马匹和牛畜的"算会"

上述三件《见行籍》表明，10 世纪后期归义军畜牧经济中的"算会"是以"群"为单位，定期对马、牛、驼、羊 4 种牲畜从牝牡（公母）、种类、岁齿、毛色等方面进行数量上的清点与统计。首先来看马、牛、驼的"算会"。目前较为完整的材料，见于 P.2484《戊辰年（968）见行籍》②：

2　押衙兼知马官索怀定群见行大駃马叁拾肆匹，三岁駃马陆匹，二岁駃马

3　肆匹，当年駃马驹肆匹；大骒马肆拾柒匹，三岁骒马壹拾壹匹，

4　二岁骒马叁匹，当年骒马驹壹拾壹匹。

5　知马官张全子群见行大駃马玖拾陆匹，三岁駃马贰匹，二岁駃马

6　陆匹，当年駃马驹玖匹；大骒马陆拾匹，三岁骒马玖匹，二岁骒马壹

7　拾壹匹，当年骒马驹壹拾贰匹。

8　知驼官张憨儿群见行大駃驼壹拾柒头，三岁父驼駃壹头，二岁駃驼

9　贰头，当年駃驼儿贰头；大骒驼壹拾壹头，三岁骒驼壹头，

10　二岁骒驼贰头，当年骒驼儿肆头。

……

14　牧牛人陈顺德群见行大耕牛叁头，三岁耕牛伍头，二岁耕牛叁头，当年儿

15　犊子壹头；大牸牛壹史捌头，三岁牸牛陆头，二岁牸牛贰

---

① ［日］池田温：《李盛铎旧藏归义军后期社会经济文书简介》，50 页。

② 唐耕耦、陆宏基编：《敦煌社会经济文献真迹释录》，第三辑，590 页。

头，当年女

　16　　犊子贰头。又寄群大牸牛贰头，不入计数。

　17　　　　　　计牛大小肆拾头。

　　这里"知马官""知驼官"，即归义军设置的管理马群、驼群和牧马业、牧驼业的官员。从 S. 6998B《乙未年(995)十二月至丙申年(996)二月知马官阴章儿请判凭状》①来看，凡是槽上的大駄马病死，知马官都要及时、如实地向节度使汇报，请求批示。又第 8 行"驼官张憨儿"，另见于 P. 2474《庚辰年(980)骡驼破籍并判凭》中。据该卷记载，当年八九月间，驼官张憨儿先后 3 次向归义军节度使曹延禄报告："群上大骡驼壹头病死，皮付张弘定，未蒙判凭，伏请处分。"②这说明归义军对驼、马牲畜的管理非常严格，一旦遇到牲畜损耗，知马官、知驼官作为负责马匹、骆驼管理的官员，有义务向节度使主进行具体事由解释。另一方面，从本件第 2 行"索怀定群"、第 5 行"张全子群"、第 8 行"张憨儿群"来看，知马官、知驼官还领有马群、驼群，负责所领马群、驼群的放牧与"算会"等事务。

　　显而易见，归义军对于牲畜的"算会"，始终是以"群"为单位进行的。每"群"的马匹、骆驼按照性别分为駄和骒两类。駄马，一作"父马"，即公马或雄马。骒马，或作"牝马"，即草马或母马。与此相应，駄驼就是公驼，骒驼则为母驼。至于牛畜，则分为耕牛和牸牛两类。耕牛，顾名思义是指用来农耕的牛，但此处与"牸牛"（即母牛）相提并称，可知应是耕地的公牛。这样看来，牛、马、驼等牲畜，均是依雌雄之别分为公、母两类，每类又按照年岁分为大畜（四岁以上）、三岁畜、二岁畜、当年畜（一岁）四组。与此相应，每"群"牲畜被分为八组，对每组牲畜数的详细统计就构成了"算会"的主要内容。

---

　　①　中国社会科学院历史研究所等编：《英藏敦煌文献（汉文佛经以外部分）》，第 12 卷，38 页；荣新江：《英国图书馆藏敦煌汉文非佛教文献残卷目录（S.6981—13624）》，61 页。

　　②　唐耕耦、陆宏基编：《敦煌社会经济文献真迹释录》，第三辑，601 页。

### 表6-2 《群牧见行籍》所见驼马牛畜"算会"表①

| 群名 | 雄畜（公畜） | | | | 雌畜（母畜） | | | | 合计 | 出处 |
|---|---|---|---|---|---|---|---|---|---|---|
| | 大畜 | 三岁畜 | 二岁畜 | 当年畜 | 大畜 | 三岁畜 | 二岁畜 | 当年畜 | | |
| 知马官索怀定 | 大駮马34匹 | 三岁駮马6匹 | 二岁駮马4匹 | 駮马驹4匹 | 大骒马47匹 | 三岁骒马11匹 | 二岁骒马3匹 | 骒马驹11匹 | 120匹 | P.2484 |
| 知马官张全子 | 大駮马96匹 | 三岁駮马2匹 | 二岁駮马6匹 | 駮马驹9 | 大骒马60匹 | 三岁骒马9匹 | 二岁骒马11匹 | 骒马驹12匹 | 205匹 | P.2484 |
| 知驼官张憨儿 | 大駮驼17头 | 三岁駮驼1头 | 二岁駮驼2头 | 駮驼儿2头 | 大骒驼11头 | 三岁骒驼1头 | 二岁骒驼2头 | 骒驼儿4头 | 40头 | P.2484 |
| 知驼官汜丑儿 | 大駮驼20头 | 三岁駮驼0头 | 二岁駮驼1头 | 駮驼儿3头 | 大骒驼7头 | 三岁骒驼1头 | 二岁骒驼0头 | 骒驼儿1头 | 33头 | P.2484 |
| 驼官李粉堆 | 大駮驼14头 | 三岁駮驼0头 | 二岁駮驼0头 | 駮驼羔0头 | 大骒驼4头 | 三岁骒驼0头 | 二岁骒驼0头 | 骒驼羔2头 | 20头 | S.6998A |
| 驼官李粉堆 | 大駮驼4头 | 三岁駮驼0头 | 二岁駮驼2头 | 駮驼羔0头 | 大骒驼6头 | 三岁骒驼0头 | 二岁骒驼2头 | 骒驼羔0头 | 14头 | 羽34 |
| 陈顺德 | 大耕牛3头 | 三岁耕牛5头 | 二岁耕牛3头 | 儿犊子1头 | 大牸牛18头 | 三岁牸牛6头 | 二岁牸牛2头 | 女犊子2头 | 40头 | P.2484 |
| 陈顺德 | 大耕牛6头 | 三岁耕牛0头 | 二岁耕牛1头 | 儿犊子1头 | 大牸牛8头 | 三岁牸牛0头 | 二岁牸牛0头 | 女犊子5头 | 21头 | 羽34 |
| 沙庆住 | 大耕牛26头 | 三岁耕牛6头 | 二岁耕牛3头 | 儿犊子3头 | 大牸牛20头 | 三岁牸牛3头 | 二岁牸牛0头 | 女犊子1头 | 62头 | P.2484 |
| 杨欻律丹② | 大耕牛9头 | 三岁耕牛9头 | 二岁耕牛10头 | 儿犊子9头 | 大牸牛23头 | 三岁牸牛8头 | 二岁牸牛6头 | 女犊子2头 | 76头 | P.2484 |
| 史里三 | 大耕牛12头 | 三岁耕牛1头 | 二岁耕牛0头 | 儿犊子1头 | 大牸牛8头 | 三岁牸牛2头 | 二岁牸牛1头 | 女犊子1头 | 26头 | 羽34 |

北京师范大学史学探索丛书

---

① 此表据 P.2484《戊辰年（968）归义军算会群牧驼马牛羊见行籍》、S.6998A《归义军群牧马驼牛羊见行籍算会》和羽34《乙未年（995）归义军算会群牧见行籍》制作，并参考[日]池田温《李盛铎旧藏归义军后期社会经济文书简介》一文。参见唐耕耦、陆宏基编：《敦煌社会经济文献真迹释录》，第三辑，590～595页；中国社会科学院历史研究所等编：《英藏敦煌文献（汉文佛经以外部分）》，第12卷，37页，四川人民出版社，1995；[日]武田科学振兴财团编集：《杏雨书屋藏敦煌秘笈》，影片册一，233～235页。潘重规等：《庆祝吴其昱先生八秩华诞敦煌学特刊》，29～56页。

② 牧牛人杨欻律丹，又见于 S.6185《归义军衙内粗麺破历》："支牧牛人杨阿（欻）律丹等叁群各粗面柒斗，共粗面两硕壹斗。"参见中国社会科学院历史研究所等编：《英藏敦煌文献（汉文佛经以外部分）》，第10卷，154页，四川人民出版社，1994；唐耕耦、陆宏基编：《敦煌社会经济文献真迹释录》，第三辑，288页。

实际上，对于群牧牲畜的"算会"，并不仅限于统计各个年岁驼、马、牛群的数目，更为核心的是，归义军以《见行籍》为据，详细清点牲畜的增减、死损、流失和欠缺情况。P.3131v《算会群牧驼马羊欠历稿》①云：

1 拾壹口，邓萨讷欠羖羔子拾捌口，安君足欠白母羊贰拾肆口，大羖羊羯贰拾口，

2 当年白羊羔子肆拾叁口，羖羔子叁口。

（中空）

3 知马官索善儿群欠大駮马叁匹，华再德群欠大駮马肆匹<sub>内贰匹在再德，一匹在都头张曹午，壹匹在紫</sub>

4 <sub>亭杨水官</sub>。氾索二群欠駮马叁匹，三岁骡马贰匹，二岁骡马贰匹。张全子群欠

5 三岁駮马叁匹，大骡马柒匹，三岁骡马肆匹；就盈德群欠大駮马壹匹

6 <sub>在与延都头</sub>，大骡马壹匹<sub>在放狗安阿朵</sub>，三岁骡马肆匹，二岁骡马壹匹，康清奴群欠

7 二岁駮马叁匹，二岁骡马贰匹；知驼官氾丑儿群欠大骡驼壹头，三岁

8 骡驼壹头；邓富通群欠大駮驼壹头，邓富通群欠二岁骡驼一头。

此件是归义军"算会"牲畜后各"群"欠负马匹、骆驼、羊只的账历。可以看出，该账对于欠负牲畜的统计，仍是按照大駮马（驼）、大骡马（驼）、三岁駮马、三岁骡马（驼）、二岁駮马、二岁骡马（驼）的年岁分类进行的，因而较好地反映了归义军"算会"群牧牲畜的成果。其中张全子群，P.2484

---

① 唐耕耦、陆宏基编：《敦煌社会经济文献真迹释录》，第三辑，597 页；上海古籍出版社、法国国家图书馆编：《法国国家图书馆藏敦煌西域文献》，第 21 册，368 页，上海古籍出版社，2002。其中第 5—6 行"知驼官氾丑儿群欠大骡驼壹头，三岁骡驼壹头。邓富通群欠大駮驼壹头"，原卷已涂去以示删除。但联系上下文义审读，该句仍有"算会"意义，故此处补录之。

《戊辰年(968)见行籍》中有马205头，并无任何马匹欠负，但在P.3131v中却欠三岁以上驮马、骒马14匹。同样，"知驼官氾丑儿群"在P.2484《见行籍》中有驼33头，亦无骆驼欠损，但在P.3131v中却欠大骒驼1头，三岁骒驼1头。按照唐代牧监制的规定，"凡马以季春游牝。其驹、犊在牧，三岁别群"①，表明马驹、牛犊三岁以后生理上已经成熟，故须按雌雄之别分群饲养。随着牛马的长大、成熟，它们很快被用于军事、交通、通信、运输和农业生产中，因此，四岁以上大牲畜的征发、买卖、租借在丝绸之路上的敦煌、吐鲁番社会相当普遍，由此，"群"上大牲畜的欠损和亏缺也就不足为奇了。

有关四岁以上大牲畜的功用，或可从吐鲁番文书中得到启示。阿斯塔那337号墓所出《贞观二十三年(649)范欢进买马契》载，西州高昌县卫士范欢进买来八岁骝父一匹②。又《开元十年(722)西州长行坊发送、收领马驴帐》③显示，当时"使送卅道文解使四品孙麴识古""使梁希迟""使张燕客""安西副大都护汤惠并家口"等所乘长行马，分别是"紫父八岁""留草七岁""紫骠草五岁""赤敦八岁""留敦八岁""駓駿敦九岁"和"紫父十二岁"，甚至兽医目波斯也配有一头"青黄父八岁"的乘驴以便出行驱使。这些用于交通运输的长行马和长行驴，显然都是五岁以上的大牲畜。阿斯塔那188号墓所出《唐西州蒲昌县牒为申送健儿浑小弟马赴事》中，"健儿浑小弟征马壹匹，骝敦六岁"④。另两名健儿郜玄嶷、吴护险"先差趁贼，乘马死失"，官方又调来两匹军马，一匹骝草六岁，另一匹七岁⑤，供郜、吴两健儿使用。由此可见，健儿的征马和乘马也多在六岁以上。同样，在丝绸之路上承担运输、驮载任务的驴马大体也是五岁以上膘肥体壮的牲畜。《唐年某往京

---

① 《唐六典》卷一七《诸牧监》，486页，中华书局，1992。

② 国家文物局古文献研究室等编：《吐鲁番出土文书》，第5册，105页，文物出版社，1983。

③ 陈国灿：《斯坦因所获吐鲁番文书研究》，192～194页，武汉大学出版社，1995。

④ 国家文物局古文献研究室等编：《吐鲁番出土文书》，第8册，59页，文物出版社，1987。

⑤ 《吐鲁番出土文书》，第8册，91页。

兆府过所》中，携带的牲畜有马□□敦壹匹，"赤 骠 拾 岁"，黄父驴六头，"叁头玖岁，两头柒岁，壹头伍岁"①。阿斯塔那 509 号墓所出《开元二十三年(735)唐益谦、薛光泚、康大之请给过所案卷》载，唐益谦因公出差，向西州申请过所，顺便护送叔父前河西都护府长史、现任福州都督府长史唐循忠的家属前往福州。随身驮载货物和乘骑的有驴伍头，"并青黄父，各捌岁"。马八匹，"一乌骠草八岁，一枣骝父九岁，一骢草八岁，一駓父六岁，一骢敦六岁，一騧父七岁，一骠父二岁，一骢父二岁"②。除了两匹 2 岁的父马外，其他六匹马和五头驴都是六至九岁的大牲畜。不唯如此，与唐益谦一同申请过所的甘州张掖县人薛光泚，他携八岁青黄父驴 10 头，与母亲赵氏、妻子张氏共同护送祖母的灵柩途径西州，呈牒申请放行③。至于民间市场上买卖的驴马，也多是五六岁以上的大牲畜，这在开元二十一年(733)西州百姓石染典的两次驴马交易中得到了很好的佐证。他先是用 18 匹大练买来一匹六岁骝敦马，随后又用 17 匹大练买来五岁青草驴一头④。相较而言，五岁以上的驴马体大膘肥，正是畜力不断上升的绝佳时期，因而不论在军政、商旅还是民用方面，都凸显出至为重要的实用价值。

骆驼是远途旅行或丝路交通中必不可少的另一类牲畜，尤其对于商队横渡沙漠戈壁而言，骆驼更有辨别方向和指示道路的作用。民间的骆驼交易中，同样集中于五岁以上的大驼。贞观二十二年(648)，庭州胡商米巡职前往西州市易，其中携带的牲畜有羊拾伍口，"驼壹头黄铁勤敦捌岁"⑤。咸亨四年(673)，西州前庭府队正杜某以 14 匹练的价格，从兴胡康乌破延

---

① 《吐鲁番出土文书》，第 8 册，416 页。

② 国家文物局古文献研究室等编：《吐鲁番出土文书》，第 9 册，33 页，文物出版社，1990。

③ 《吐鲁番出土文书》，第 9 册，35 页。

④ 《吐鲁番出土文书》，第 9 册，48～50 页。

⑤ 国家文物局古文献研究室等编：《吐鲁番出土文书》，第 7 册，8 页，文物出版社，1986。

手中买来十岁黄𪼌驼一头①。又和田出土的汉文文书（Дх.18926＋SIP93.22＋Дх.18928）显示，大历十六年（781），杰谢合川百姓勃门罗济"为役次负税钱"，遂卖十岁野父驼一头，得钱16000文②。而在晚唐五代的敦煌，归义军遣使"入京"和交通于阗、西州的使者，往往要雇佣五至十岁的骆驼，作为长途旅行中不可或缺的交通工具③。如乾宁三年（896），平康乡百姓冯文达"奉差入京"，"为少畜乘"，遂雇李略山"八岁黄父驼"一头④。癸未年（923）四月，张修造于西州充使，"欠阙驼乘"，遂以官布15匹之价，雇五岁父驼一头⑤。辛卯年（931）九月，百姓张善通、张善保二人往入京，欠少驼乘，遂雇十岁黄𪼌驼一头，断作驼价生绢6匹，楼机绫1匹⑥。

再看牛畜的使用，敦煌、吐鲁番发现的汉文文书中，经常会看到买卖、雇用和博换牛畜的契约。如开元二十九年（741），真容寺在于谌城用大练8匹，从兴胡安忽娑手中，买来一头四岁乌柏特牛（公牛）⑦。乾元二年（759），康奴子因"驾车"所用，以3500文钱的高价，买来八岁犍牛一头⑧。上元二年（761）七月，马寺尼法□从西州市场上买来一头五岁黑犍牛。从契约尾部"扶车人辛□年卅"⑨的签署来看，马寺购买此头犍牛是出于车牛运输的考虑。阿斯塔那389号墓所出《唐西州车牛簿》载："白阿增，牛，犅秃犍，六岁，车一乘。……氾欢崇，牛，乌犅犍，八岁，车一乘。"

① 《吐鲁番出土文书》，第7册，389页。

② 张广达、荣新江：《圣彼得堡藏和田出土汉文文书考释》，见《敦煌吐鲁番研究》，第六卷，236页，北京大学出版社，2002。

③ ［法］谢和耐：《敦煌写本中的租骆驼旅行契》，见郑炳林主编，耿昇译：《法国敦煌学精粹》，137～143页，甘肃人民出版社，2011。

④ 沙知：《敦煌契约文书辑校》，303页，江苏古籍出版社，1998。

⑤ 沙知：《敦煌契约文书辑校》，309页。

⑥ 沙知：《敦煌契约文书辑校》，312页。

⑦ 中国科学院历史研究所资料室编：《敦煌资料》，第一辑，456页，中华书局，1961。

⑧ 国家文物局古文献研究室等编：《吐鲁番出土文书》，第10册，241页，文物出版社，1991。

⑨ 《吐鲁番出土文书》，第10册，289～290页。

同墓所出《唐西州户主牛簿》中："张阿护，牛一头，黄犍，八岁。……梁善聚，牛二头，一头梨犍十一岁，一头黄犅十岁。"①显然，这些6—11岁的犍牛(阉割过的公牛)，主要是为车牛运输提供畜力。另一方面，晚唐五代的敦煌，寺院和民间的牛畜交易，多侧重于农业生产的耕牛。除了吐蕃时期的癸未年(803)尼明相卖出了一头三岁的黑牸牛外，其他买卖和雇用契约中的耕牛，都是五岁以上的大畜。如S.6341《壬辰年(932)雇牛契》中，洪池乡百姓某乙"阙少牛畜"，遂雇同乡百姓雷粉堆八岁黄牸牛一头，"断作雇价每月壹石"②。S.2710《清泰四年(938)买牛契》中，洪闰乡百姓氾富川因家中欠少人力，遂从同乡百姓手中买来六岁耕牛一头，断作牛价为官布两匹③。又P.4083《丁巳年(957)买牛契》载，通颊百姓唐清奴"为缘家中欠少牛畜"，于是以生绢一匹的价格，从同乡百姓杨忽律元面上买来一头五岁耕牛④。

总之，从敦煌、吐鲁番和于阗发现的中古契约文书来看，丝绸之路上有关马、驴、驼、牛等牲畜的经济活动(如买卖、租赁、博换等)，通常多在四岁以上的大牲畜中进行。无论是军事出征和驿站交通，或是商旅运输和农耕生产，还是提供肉食来源及皮毛手工原料，大牲畜在富国强兵、沟通内外及社会生产生活中都发挥着不可或缺的重要作用。

## 第三节　羊群的"算会"

羽34《群牧见行籍》中还有对牧羊的"算会"(第15—21行)。同样以"群"为单位，各"群"名称则以"牧羊人"为标识。每群"羊"的算会，通常先

---

① 柳洪亮：《新出吐鲁番文书及其研究》，82~83页，新疆人民出版社，1997。
② 沙知：《敦煌契约文书辑校》，314页。
③ 沙知：《敦煌契约文书辑校》，66页。
④ 沙知：《敦煌契约文书辑校》，70页。

是将羊按照毛色分为白羊和羘羊(黑羊)①，接着按雌雄分为羯羊(阉割过的公羊)和母羊，最后又依口齿年岁分为大羊、二齿羊和当年羔。这样一来，每"群"羊数依次被分为12组，即大白羯、二齿白羯、当年白儿羔子、大白母、二齿母、当年白女羔子、大羘羯、二齿羘羯、当年羘儿羔子、大羘母、二齿羘母和当年羘女羔子。于是，详细统计每组羊的数量，并将各组羊数整合起来就构成了归义军"算会"牧羊的主要内容。

北京师范大学史学探索丛书

表6-3 《群牧见行籍》所见牧羊"算会"表②

| 群名 | 白公羊 | | | 白母羊 | | | 黑公羊 | | | 黑母羊 | | | 合计 | | | 出处 |
|---|---|---|---|---|---|---|---|---|---|---|---|---|---|---|---|---|
| | 大白羯 | 二白羯 | 一白羯 | 大白母 | 二白母 | 一白母 | 大羘羯 | 二羘羯 | 一羘羯 | 大羘母 | 二羘母 | 一羘母 | 白羊 | 羘羊 | 总计 | |
| 杨住成 | 275 | 43 | 68 | 157 | 47 | 63 | 116 | 34 | 42 | 84 | 28 | 33 | 653 | 337 | 990 | P.2484 |
| 杨阿罗 | 126 | 14 | 10 | 50 | 8 | 10 | 57 | 9 | 2 | 39 | 15 | 1 | 218 | 123 | 341 | P.2484 |
| 王阿朵 | 34 | 14 | 51 | 54 | 18 | 23 | 35 | 10 | 21 | 24 | 7 | 10 | 194 | 107 | 301 | P.2484 |
| 张白子 | 30 | 6 | 10 | 19 | 7 | 13 | 14 | 0 | 5 | 12 | 7 | 7 | 85 | 45 | 130 | P.2484 |
| 米义升 | 70 | 12 | 30 | 56 | 19 | 33 | 25 | 10 | 10 | 35 | 11 | 10 | 220 | 101 | 321 | P.2484 |
| 王再晟 | 77 | 8 | 26 | 25 | 6 | 12 | 50 | 6 | 2 | 26 | 5 | 6 | 154 | 100 | 254 | P.2484 |
| 阎延德 | 34 | 9 | 7 | 15 | 6 | 7 | 3 | 5 | 2 | 3 | 5 | 1 | 78 | 19 | 97 | P.2484 |

① 按"羘"，同"羖"，唐颜元孙《干禄字书·上声》："羘羖，上通下正。"可知"羘"为"羖"之异体。《说文·羊部》："羖，夏羊牡曰羖。"朱骏声通训定声："夏羊，黑羊。"表明"羖"指黑色公羊。《尔雅·释畜》："牝羖。"郭璞注："今人便以羘羖为白黑羊名。"故知"羖"又泛指黑色羊。高启安认为，敦煌文献中的"白羊"指绵羊，白色为多。而"羖羊"则指家山羊，多为黑色。参见汉语大字典编辑委员会编：《汉语大字典》，中册，3128页，四川辞书出版社、湖北辞书出版社，1995；高启安：《敦煌文献中羊的称谓研究——以"羖羊"为中心》，见波波娃、刘屹主编：《敦煌学：第二个百年研究的视角与问题》，60~65页，俄罗斯科学院东方文献研究所出版，2012；《羖羊及敦煌羊只饲牧方式论考》，载《西北民族大学学报》（哲学社会科学版），2013(2)，39~47页。

② 此表据P.2484、S.6998A和羽34三件《群牧见行籍》制作，并参考[日]池田温《李盛铎旧藏归义军后期社会经济文书简介》一文。其中白公羊中，"大白羯"指三岁以上白色公羊，"二白羯"指口齿二岁的白色公羊，"一白羯"指当年新生的白色公羊羔。其他如白母羊、黑公羊、黑母羊的年岁划分，与此相同。

| | | | | | | | | | | | | | | | | |
|---|---|---|---|---|---|---|---|---|---|---|---|---|---|---|---|---|
| 烧不勿 | 46 | 10 | 5 | 12 | 0 | 2 | 15 | 5 | 0 | 65 | 4 | 0 | 75 | 89 | 164 | P.2484 |
| 张保富 | 6 | 2 | 10 | 20 | 6 | 7 | 5 | 7 | 7 | 16 | 11 | 7 | 51 | 53 | 104 | P.2484 |
| 唐定奴 | 120 | 26 | 10 | 16 | 7 | 8 | 34 | 5 | 5 | 10 | 2 | 4 | 187 | 60 | 247 | P.2484 |
| 阎通儿 | 35 | 13 | 21 | 46 | 12 | 19 | 8 | 14 | 16 | 35 | 12 | 12 | 146 | 97 | 243 | P.2484 |
| 董保晟 | 153 | 25 | 35 | 58 | 16 | 19 | 40 | 9 | 13 | 26 | 9 | 9 | 306 | 106 | 412 | P.2484 |
| 安君足 | 66 | 23 | 44 | 91 | 17 | 31 | 47 | 17 | 20 | 53 | 15 | 16 | 272 | 168 | 440 | P.2484 |
| 王盈信 | 28 | 15 | 12 | 53 | | 14 | 35 | 11 | 0 | 47 | 10 | 0 | 131 | 103 | 234 | P.2484 |
| 杨保德 | 40 | 14 | 17 | 50 | 13 | 14 | 11 | 12 | 7 | 20 | 7 | 7 | 148 | 64 | 212 | P.2484 |
| 董义员 | 43 | 34 | 32 | 60 | 26 | 29 | 12 | 15 | 9 | 19 | 4 | 5 | 224 | 64 | 288 | P.2484 |
| 杨住成 | 21 | 14 | 11 | 44 | 18 | 10 | 29 | 9 | 11 | 28 | 12 | 10 | 118 | 99 | 217 | S.6998A |
| 王阿朵 | 14 | 20 | 15 | 64 | 18 | 15 | 32 | 9 | 11 | 24 | 15 | 10 | 146 | 101 | 247 | S.6998A |
| 安永受 | 34 | 0 | 1 | 22 | 4 | 0 | 23 | 0 | 1 | 38 | 6 | 1 | 61 | 69 | 130 | S.6998A |
| 张江子 | 1 | 4 | 3 | 28 | 7 | 2 | 18 | | 5 | 37 | 14 | 5 | 45 | 87 | 132 | S.6998A |
| 李憨子 | 11 | 5 | 1 | 12 | 16 | 2 | 26 | 19 | 9 | 49 | 17 | 9 | 47 | 129 | 176 | 羽34 |

如表6-3所示，无论大白羊或是大羖羊，都是三岁以上的成年羊。"当年羔子"指当年出生的新生羊羔（称为新羊），这是羊群增殖的重要指标。以"杨住成群"为例（P.2484、S.6998A），该群在968年有羊990口，其中新生羊羔206口，旧羊784口，新生羊的增长率为26%。但此后不久，"杨住成群"的羊只数减至217口（新羊42口，旧羊175口），新生羊的增长率也相应减为24%。又如"王阿朵群"（P.2484、S.6998A），该群在968年有羊301口，其中新生羊105口，旧羊196口，新生羊的增长率达到54%。但数年后，王阿朵的羊群减至247口（新羊51口，旧羊196口），新生羊的增长率也降至26%。再看"李憨子群"（羽34），该群在995年有羊只176口，当年生的新羊羔21口（白羊羔3口，羖羊羔18口），往年生旧羊155口，新生羊的增长率仅为13%。看来，随着归义军羊群规模的缩减，新生羊的增长率也在不断下降，反映出10世纪后半期牧羊业渐趋衰减的态势。

表6-3中的"安君足"，也见于P.3131v《算会群牧驼马羊欠历稿》。该卷欠羊记录中，"邓萨讷欠羖羔子拾捌口，安君足欠白母羊贰拾肆口，大

粘羊羯贰拾口，当年白羊羔子肆拾叁口，粘羔子叁口。"①与邓萨讷欠羊羔18口相比，安君足欠羊数目较大，包括大羯羊、白母羊及羊羔子在内有90口之多。参照吐蕃时期沙州寺院"点算"羊只的情况②，不难推知，对于各"群"欠羊数的详细统计同样是归义军"算会"牧羊的重要内容。

众所周知，吐蕃归义军时期，敦煌寺院的畜牧经济非常活跃。以牧羊业为例，寺院每年也要依据《见行籍》定期"算会"羊群。S.3984、S.4116分别是报恩寺在丁酉年(937)和庚子年(940)对牧羊人康富盈进行算会的凭据，从中可以看出寺院"算会"羊群的大致内容。比如，算会的时间及依据，大致与归义军官府相同，但参与算会的人员"徒众"则是报恩寺的全体僧众，体现出寺院财务监督的公开与透明。至于算会的内容，从大白羯羊、大白母羊、大羖羯羊、大羖母羊、二齿白羯羊、二齿白母羊、二齿羖羯羊、二齿羖母羊、白羊儿羔子、白羊女羔子、羖羊儿羔子的区分来看，报恩寺的羊只统计与分类，基本上与P.2484、S.6998A、羽34《见行籍》所见的归义军羊群算会制度相同。所不同者，报恩寺的羊群分类中，还析分出"白羊儿落悉无""白女儿落悉无""羖儿只无""羖女只无"的名目。高启安指出，"落悉无"是吐蕃语四岁羊的称谓，"只无"亦为吐蕃语，系为"叱般"之同音异写，意为三岁羊③。这样看来，10世纪前期，沙州寺院"算会"羊群的活动显然承袭了吐蕃"点算"羊只的方式，因而与归义军官府相比呈现出更为复杂的特点。

---

① 唐耕耦、陆宏基编：《敦煌社会经济文献真迹释录》，第三辑，597页；上海古籍出版社、法国国家图书馆编：《法国国家图书馆藏敦煌西域文献》，第21册，368页。

② S.542v《丑年(809或821)十二月大乘寺寺卿点算见在及欠羊牒》云："丑年十二月于报恩寺众堂点算见在及欠羊总九十五口。一十七口欠，合寅年点羊所纳，见在羊总八十七口。"这表明沙州寺院在"点算"牧羊时对"见在羊"和"欠羊"都要一并统计。显然，对"欠羊"的清点与调查是寺院"算会"羊群中必不可少的一部分内容。参见唐耕耦、陆宏基编：《敦煌社会经济文献真迹释录》，第三辑，574页。

③ 高启安：《羖羊及敦煌羊只饲牧方式论考》，载《西北民族大学学报》(哲学社会科学版)，2013(2)，39～47页。关于"叱般"，常见于吐蕃时期寺院算羊牒中。如S.542v《大乘寺算羊牒》"羖叱般叁口"，《灵修寺算羊牒》"羖母叱般贰口"，《普光寺算羊牒》"羖叱般一口"，《金光明寺算羊牒》"白羯叱般壹口""羖羯叱般叁口""羖母叱般贰口"等。

### 表 6-4  报恩寺丁酉、庚子年"算会"康富盈羊群表①

| 事项 | S. 3984 | S. 4116 | 备注 |
|---|---|---|---|
| 时间 | 丁酉年(937)十一月 | 庚子年(940)十月 | —— |
| 地点 | 大业寺 | 南沙庄 | —— |
| 参与者 | 报恩寺徒众 | 报恩寺徒众 | —— |
| 依据 | 见行羊数(死损除外) | 见行羊籍(死损除外) | —— |
| 算会内容 | 大白羯羊 12 口 | 大白羯羊 13 口 | 增 1 口 |
| | 二齿白羯羊 4 口 | 二齿白羯羊 0 口 | 减 4 口 |
| | 白羯 2 口 | 白羯 0 口 | 减 2 口 |
| | 大白母羊 17 口 | 大白母羊 20 口 | 增 3 口 |
| | 二齿白母羊 3 口 | 二齿白母羊 5 口 | 增 2 口 |
| | 白羊儿落悉无 5 口 | 白羊儿落悉无 6 口 | 增 1 口 |
| | 白女落悉无 7 口 | 白女落悉无 3 口 | 减 4 口 |
| | 白羊羔子 0 口 | 白羊儿、女羔子 7 口 | 增 7 口 |
| | 大羖羊羯 16 口 | 大羖羊羯 19 口 | 增 3 口 |
| | 二齿羖羯 1 口 | 二齿羖羯 1 口 | 相同 |
| | 大羖母羊 14 口 | 大羖母羊 11 口 | 减 3 口 |
| | 二齿羖母羊 1 口 | 二齿羖母羊 10 口 | 增 9 口 |
| | 羖儿只无 4 口 | 羖儿只无 2 口 | 减 2 口 |
| | 羖女只无 3 口 | 羖女只无 5 口 | 增 2 口 |
| | 羖儿羔子 0 口 | 羖儿羔子 5 口 | 增 5 口 |
| 合计 | 89(白羊 50，羖羊 39) | 107(白羊 54，羖羊 53) | 增 18 口 |

另一方面，从报恩寺的两次"算会"来看，康富盈的羊群在四年内由 89 口增至 107 口。在增长的 18 口羊中，白羊仅有 4 口，而羖羊则增加了 14 口。若从口齿年岁来看，当年新出生的羊羔子增加了 12 口(白羊儿、女羔子 7 口，羖儿羔子 5 口)，占总增长数的 2/3，这与 10 世纪后期归义军官

---

① 此表据唐耕耦、陆宏基编：《敦煌社会经济文献真迹释录》(第三辑，575～576 页)制作。

营牧羊业中羊群逐年缩减，新生羊增长率渐趋下降的情况形成了鲜明的对比，似表明10世纪前期沙州寺院的牧羊业虽然发展缓慢，但总体还是呈现出羊群不断扩大和增殖的态势。

## 第四节　畜牧管理的特点

以上通过羽34《群牧见行籍》的梳理，可以看出归义军官府对驼、马、牛、羊的管理非常重视，说明官营畜牧业在归义军经济中占有重要地位。事实上，归义军对群牧（马、牛、驴、驼、羊）的管理，并不仅限于通过"算会"之制而对"见在""见行"牲畜的数量统计，甚至群牧牲畜的死亡及皮肉处理，归义军官府都有具体的规定。这在有关马、牛、驼、羊的牒状及判凭中有明确反映。S.2474《庚辰年（980）驼官张憨儿群骒驼破籍并判凭》[①]载：

> 1　伏以今月八日，群上大骒驼壹头，见在。廿九日，群上大䭾
> 驼壹头病
> 2　死，皮付张弘定趁却，大䭾驼壹头东窟上走死，皮付张
> 3　弘定，未蒙判凭，伏请　处分。
> 4　　　　庚辰年八月日驼官张憨儿。
> 5　为凭，卅日　

这里"驼官"，P.2484作"知驼官"，为归义军管理牧驼业的官员。前已题记，"大骒驼""大䭾驼"是指四岁以上的成年骆驼，在远途旅行或丝路交易中，骆驼的使用非常频繁，尤其是它提供的交通运输和货物驮载十分重要，由此使得大骆驼的死伤和损耗甚为普遍。同类性质的牒状及判凭还见于P.2737《癸巳年（993）驼官马善昌状并判凭》[②]、羽35《乙未年（995）驼官马善昌、丙申年（996）驼官李粉堆请判凭状》[③]、S.6998C《丙申年（996）驼

①　唐耕耦、陆宏基编：《敦煌社会经济文献真迹释录》，第三辑，601页。
②　唐耕耦、陆宏基编：《敦煌社会经济文献真迹释录》，第三辑，601页。
③　［日］武田科学振兴财团编集：《杏雨书屋藏敦煌秘笈》，影片册一，238～239页。

官马善昌请判凭状》①中，虽然时代、驼官并不相同，但内容大同小异，大致是"群上大骟驼壹头病死，皮付内库，未蒙判凭，伏请处分"②的内容。使主判凭的差异也仅限于日期的不同，其他"为凭"的判词和鸟形押的签署完全相同。

再看大驮马的损耗，S. 6998B《乙未年(995)十二月至丙申年(996)二月知马官阴章儿请判凭状》③云：

1　伏以今月廿二日槽上大驮马壹匹病死，皮付内库，未蒙

2　判凭，伏请　　处分。

3　　　　　　　乙未年十二月日知马官阴章儿。

4　为凭，廿八日

判文中"知马官阴章儿"，又见于杏雨书屋藏羽 35 号文书。据该卷记载，丙申年(996)四至八月，归义军知马官阴章儿先后 7 次上状，向节度使汇报仆射宅、王粪堆、泊再定、群上、槽上"大驮马壹匹病死，皮付内库"之事，使主审核后，做出了"为凭"的判署。④

有关羊只死亡后羊皮的处理，P. 2985v《己卯年(979)牧羊人王阿朵状及判凭》⑤载：

1　牧羊人王阿朵

2　　　　　　伏以今月十五日纳自死羖母羊两口，羖羊羝壹口，白母羊壹口，儿落悉

3　死壹口，皮付白押衙，未蒙判凭，伏请处分。

4　　　　　　　己卯年四月十五日牧羊人　王阿朵。

①　中国社会科学院历史研究所等编：《英藏敦煌文献(汉文佛经以外部分)》，第 12 卷，39 页。

②　[日]武田科学振兴财团编集：《杏雨书屋藏敦煌秘笈》，影片册一，239 页。

③　中国社会科学院历史研究所等编：《英藏敦煌文献(汉文佛经以外部分)》，第 12 卷，38 页；荣新江：《英国图书馆藏敦煌汉文非佛教文献残卷目录(S. 6981—13624)》，61 页，新文丰出版公司，1994。

④　[日]武田科学振兴财团编集：《杏雨书屋藏敦煌秘笈》，影片册一，236～237 页。

⑤　唐耕耦、陆宏基编：《敦煌社会经济文献真迹释录》，第三辑，600 页。

5　为凭，十五日（印）

　　我们看到，王阿朵上状及使主的判凭都在四月十五日，体现出曹氏归义军（曹延禄）在财务钩稽与审核中较高的办公效率。三天后，王阿朵再次上状，"伏以今月十八日纳自死古母羊壹口，皮付白祐庆，伏请处分"①。显然，前次状文提到的"白押衙"，就是本状中掌管羊皮的白祐庆。比照S.6998C《押衙知羊司田某状及判凭》②的某些细节，可知白祐庆以押衙之职兼知羊司事务，是曹氏归义军管理牧羊业的官员。

　　以上有关骆驼、马匹、羊只的牒状及判文，不约而同地传输出这样的信息：曹氏归义军时期，"群上""槽上"牲畜如有死亡，那么饲养者或领养者应将皮肉剥离带回，交付"内库"或有关官员（如张弘定），作为核实、检验牲畜死亡的凭据。这种"皮付内库"的规定并非归义军首创，溯其源流其实由来已久，至少在阿斯塔那九区6号墓所出《唐总章二年（669）至咸亨元年（670）西州长行坊死马价及皮价帐》③中有类似的痕迹：

6　一匹留敦 二月十七日从伊州 ☐ 不收，剥皮将来，纳库讫。

7　☐匹留敦 二月廿四日在槽死，肉卖于质子文，得钱贰文，送司仓。皮纳☐☐。

8　☐☐☐敦 三月一日从伊州使回碛内死，肉弃不收，剥皮将来，纳库讫。

　　可见，在西州长行坊中，那些用于迎送使节来往的长行马，因常年奔波劳累，故中途损耗死亡的事常有发生。一旦乘马死亡，有关人员须将皮肉剥离出来，并将马肉就近出售，所得之钱交于司仓，而马皮则带回纳入库中。这里"司仓"，一名司仓参军事，为仓曹官员，唐代京兆、太原、河

---

① 唐耕耦、陆宏基编：《敦煌社会经济文献真迹释录》，第三辑，600页。

② S.6998C存残片四，第三片存"押衙知羊司田""伏以今月""判凭，伏 请处分" "为 凭"等文字，第四片存"付司矜放，都头张环（?） ☐ 八日（印）"。综合这些信息，可将第三片定为《押衙知羊司田某状及判凭》。参见中国社会科学院历史研究所等编：《英藏敦煌文献（汉文佛经以外部分）》，第12卷，39页；荣新江：《英国图书馆藏敦煌汉文非佛教文献残卷目录（S.6981—13624）》，62页。

③ 陈国灿：《斯坦因所获吐鲁番文书研究》，370页。

南三府、都护府及天下诸州均有设置，"掌公廨、度量、庖厨、仓库、租赋、田园、市肆之事"①，长行马既然为驿传交通、运输提供畜力，自然属于官方重要物资，因而驿传马匹死后，其皮肉理应回收充公。只是由于远途返回，马肉易于腐烂变质，故弃之不收，而仅将毛皮带回入库。其至有时驿马死后，"皮肉弃不收，剥印将来，检明毁讫"②，可能由于皮肉毁坏严重，无法完整剥离，只能将钤有长行坊标识的烙印切割下来，交回有司以备核查。《唐神龙元年（705）天山县录申上西州兵曹为长行马在路致死事》③第11—18行云：

> 银山镇状，得马子令狐弘宝辞称：从州逐上件马送使罜（人）往焉者，今回至此镇西卅里头，前件马遂即急黄致死，既是官马，不敢缄默，请检验处分者。付健儿主帅董节就检，不有他故以不状言者，准判就检，马急黄致死有实，又无他故，远罜（人）箱腿上"长行"字印者，马既致死不虚，其宍（肉）任自出卖得直。言者今得马子令狐弘宝状称，其马在镇西卅里头死，碛内无罜（人）可卖，只能剥皮将来，其宍（肉）不能胜致，遂即弃掷，今将皮到者，准状牒马子任为公验者，仍勒马子自将皮往州里验者，今以状申。

有关长行马伤病、死亡的处理，王冀青曾有专文讨论。他指出，长行马的死亡大都是出使返回时劳累所致，死后若有乘骑，则由使人写出公验以证明。若无乘使，则由负责领送的马子就近向当地所属的军政机构报告，陈述马匹死亡的时间、地点及原因，要求当局派人核实后写成公验④。本件状文中，令狐弘宝作为马夫（马子），详细汇报了"前件马"死亡的原因及处理方式。经健儿主帅检核后，证实马子所言不虚，长行马确是"急黄致死"。这匹马死后，其肉原本就近出售，但因"碛内无人可卖"，加之远

---

① 《唐六典》卷三〇《上州中州下州官吏》，748页。
② 陈国灿：《斯坦因所获吐鲁番文书研究》，373页。
③ 陈国灿：《斯坦因所获吐鲁番文书研究》，357页。"罜"即"人"，武周新字。
④ 王冀青：《唐交通通讯用马的管理》，载《敦煌学辑刊》，1985（2），35～54页。

途中马肉"不能胜致"①，无法运送，不得已抛弃野外，唯有将马皮剥离带回，交付州库，作为有司覆核和检验的凭据。《唐六典·诸牧监》载："凡马、牛皮、脯及筋、角之属，皆纳于有司。"②按照唐代牧监制度的规定，马皮、牛角等牲畜附属产品皆为官方重要物资，依例都要收缴国家，因而长行坊"剥皮将来，纳库讫"的做法，正好契合了唐代牧监制下畜牧管理的基本要求。从这个意义来说，10世纪后期，归义军有关驼、马、牛、羊的牒状及判凭，具有佐证牲畜死亡的"公验"作用。其中"皮付内库"的规定，正是归义军因袭唐代畜牧管理举措的生动反映。

---

① "不能胜致"，似指不能运送到达。《唐律疏议》卷二六《杂律·征行身死不送还乡》："即卒官，家无手力不能胜致者，仰部送还乡，违而不送者亦杖一百。"疏议曰："官人在任，以理身死，家道既贫，先无手力，不能自相运致以还故乡者，卒官之所部送还乡。"按照"疏议"的理解，"不能胜致"即指"不能自相运致"。《通典》卷八《食货八》："故圣王制无用之货，以通有用之财，既无毁败之费，又省运致之苦，此钱所以嗣功龟贝，历代不废者也。"可知"运致"即运输、运送。由此来看，"不能胜致"盖指不能运输送达。参见刘俊文：《唐律疏议笺解》，1829页，中华书局，1996；（唐）杜佑撰，王文锦等点校：《通典》，180页，中华书局，1988。
② 《唐六典》卷一七《诸牧监》，488页。

# 第三编　学术与教育

# 第七章　敦煌文书所见中古
## 时代传统典籍的流传

敦煌文献中保存了一大批写本时代的典籍，涉及史学、经学、文学、地理学、书仪、科技、术数、宗教等内容，对探讨中古后期社会的学术传承与流变、学术思想、宗教信仰及文化情境提供了翔实的资料①。本章对"典籍"的关注，仍从敦煌所出的两部文献写本残卷说起。

### 第一节　英藏 S.1393《晋书·列传》叙录

现藏于大英博物馆的 S.1393 号文书，首尾残缺，无标题，中间两处割裂，将文书分为三纸。此件书法精美，文字良好，为行书抄写。卷背为失名古籍残卷，其中提到先贤曾参、原宪，也提到佞臣郑袖、赵高，还提到名士嵇康和陆机。20 世纪 30 年代，王重民在关注敦煌所出的"史部"文献时，介绍了法国国家图书馆收藏的两件《晋书》残卷（即 P.3481《晋书·何曾传》和 P.3813《晋书·载记》）②，唯独没有注意此件文书。50 年代，英国汉学家翟理斯（Lionel Giles）对藏于大英博物馆的敦煌文献进行分类编目，在"神话和传记"（Tales and Biographies）一栏中用简捷的文字介绍了 S.1393 号文书。翟氏指出，此件为《晋书》列传，卷中提到了傅玄、傅咸、傅祗、傅宣、向雄、段灼、阎缵、庾峻、庾珉、庾敳、庾纯、庾勇、郭象、陆机等人，分别为《晋书》卷 47、卷 48、卷 50 和卷 54 中的内容③。不过，翟氏的发现并没有被重视。1962 年出版的《敦煌遗书总目索引》中，

---

① 王重民编：《敦煌古籍叙录》，中华书局，1979；张弓主编：《敦煌典籍与唐五代历史文化》，中国社会科学出版社，2006；许建平：《敦煌经籍叙录》，中华书局，2006。

② 王重民编：《敦煌古籍叙录》，83～84 页，中华书局，1979。

③ Lionel Giles，*Descriptive Catalogue of the Chinese Manuscripts from Tunhuang in the British Museum*，London，1957，p.241.

S.1393 被定名为《晋书列传卷第十七十八》，似不完整。80 年代出版的《敦煌宝藏》，大概是疏漏所致，其定名《晋书卷第十七十八》由于去掉了"列传"二字，因而全然错误。直至 90 年代出版的《英藏敦煌文献》第三册中，才将此件完整地定名为《晋书(列传卷十七、十八、二十、廿四)》①，这样的定名其实是与翟氏的发现完全一致的。

　　如前所言，本件被割裂为三纸。第一纸自"学贵农践商"起，至"曾不得与其徒隶齿也"，共 84 行，存列传第十七和第十八。列传第十七(卷 47)首残尾全，记傅玄、傅咸、傅祗和傅宣四人传记，后有史臣评论；以标点本《晋书》(中华书局，1974)对校，1—9 行为傅玄传，10—18 行为傅玄之子傅咸传，19—20 行则为傅祗传，三传所记诸人事迹甚为简略。其中第 20行"祗即咸从弟也"，标点本无。但卷首有一行小字，"咸从父弟祗"，其意与本卷相同。祗之子傅宣、傅畅，标点本各有一段小传，本件仅有"子宣，卒中丞"五字，而傅畅事迹，则全然阙失。21—26 行为"史臣曰"，系为列传的结尾议论，行文与标点本大致相同。又标点本末有"赞曰"云云，本件皆省。

　　本件 27—84 行为列传第十八(卷 48)，首尾完整，起首题有"列传第十八向雄段灼阎缵"作为标记，中间部分为三人传记，后有史臣论赞。这种书写方式，与标点本《晋书·列传》格式大致相同，因而是 S.1393 中保存最为完整的一篇列传。其中 27—41 行为向雄传，虽然文字简约，但所记哭丧和"故绝"两事同样精彩，依然能看出标点本的原貌；42—65 行为段灼事迹，收录了段灼数次上表和奏陈的部分言论。可以看出，这些言论经过了抄写者(或改编者)的慎重选择，因为摘录的文字最能反映段灼的真知灼见。不过，其中也有处理不当的情况。比如，53—57 行描述了段灼的"恨五"，其中"恨一""恨二""恨四""恨五"都有清晰地描述，唯"恨三"没有交代。这显然是抄写者的疏漏所致；66—79 行为阎缵传，记愍怀太子被废后，阎缵"上书理太子之冤"的部分言论，文字依然简洁，但同样最能反映

---

① 中国社会科学院历史研究所等编：《英藏敦煌文献(汉文佛经以外部分)》，第 3卷，7 页，四川人民出版社，1990。

北京师范大学史学探索丛书

阎缵的政治见识和立场；80—84 行"史臣曰"云云，其中评论仅限于阎缵"理太子之冤"，而对列传中另外二人向雄和段灼的评论，则全然缺省（对照标点本可知，向、阎二人之论赞，寥寥数语，故而省略）。

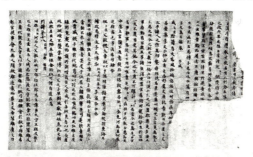

**图 7-1**

第二纸为列传第二十（卷 50），首尾亦残，起自"共为一体也"，至"大畅玄"而终，存文字 36 行。记庾峻及其二子庾珉、庾敳，庾纯及其子庾旉以及郭象六人传记。按标点本《晋书》，列传第二十以曹志传起首，庾峻传次之，其下依次为庾珉、庾敳、郭象、庾纯、庾旉、秦秀传，卷尾有史臣论赞。本件由于首尾残缺，因而曹志、秦秀均阙，且起首的庾峻传（1—18行）和末尾的郭象传亦有不同程度的残缺（34—36 行）。本件所见的六人传记中，除郭象外，其他五人虽不是同一宗族，但俱为庾姓，职是之故，抄写者有意将庾纯、庾旉父子提前，而将郭象传记置后。这样在顺序的编排上，本件与标点本有所不同。另外，对于庾峻、郭象等六人事迹的取舍，本件也很有特色，实际上主要收录了庾峻、庾纯二人的上疏和言论。如《晋书·庾峻传》载，"是时风俗趣竞，礼让龄迟。峻上疏曰"云云①，而

———

① 《晋书》卷五〇《庾峻传》，1392 页。

1—17行即为庾峻此次抑制浮华的言论，交代完"上疏"后，庾峻传也就基本结束了。庾纯的事迹，集中于他与贾充的讥讽和争斗（23—31行），这场口舌之战描述完毕后，庾纯传也戛然终止。至于其他四人的事迹，比较简单，其言行往往一两句话予以概括，显然不是列传的重点所在。

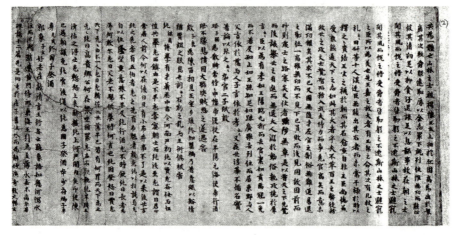

图 7-2

第三纸首尾残缺，起自"门将"，终于"超又还书于玖"，共28行，其中16—28行后半部分，残损严重。以标点本《晋书》对校，此纸所记乃列传第二十四（卷54）之《陆机传》。按晋书本传云："陆机字士衡，吴郡人也。祖逊，吴丞相。父抗，吴大司马。机身长七尺，其声如钟。少有异才，文章冠世，伏膺儒术，非礼不动。抗卒，领父兵为牙门将。"①行文至此正好与第1行起首之"门将"相衔接，故可将首部残缺部分校补完整。卷中第2行《辩亡论》、第14行《豪士赋》和第15行《五等论》，标点本或有全文，或有序言，而本件皆省。至于其他（陆机）事迹和言行，卷中所记与标点本大致相同。特别注意者，《辩亡论》和《五等论》后均有"入《文选》"三字，因标点本无，推测当是抄写者附加的小注，从中看出抄写者具有一定的文学造诣和史学修养。

① 《晋书》卷五四《陆机传》，1467页。

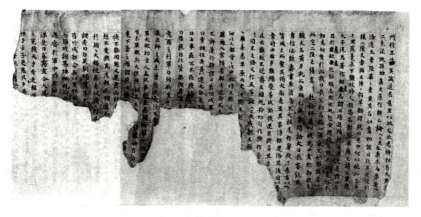

图 7-3

　　总的来看，本卷记录的列传第十七、十八、二十、二十四均极简略，最深刻的印象似是摘抄和简化标点本而成。换言之，本卷应是《晋书》之节略本①，或许就是标点本列传的简化本子。由于抄写者按照自己的取舍标准，摘录了那些最有典型性的言行和事迹，因而本卷中，我们只能了解傅玄、段灼、陆机等人的大致经历和事迹。即使如此，列传中那些富于代表性的言行和事迹也尽量简化和缺省。特别是卷中频繁出现的"云云"二字，直接成为原文省略或过渡的标志。据笔者统计，本卷三纸中，先后出现"云云"23 次，而每次"云云"之后，皆有大段落的文字被省略。《隋书·经籍志》曾收录《晋书》《晋中兴书》《晋史草》《晋纪》《续晋纪》《汉晋阳秋》《晋阳秋》《续晋阳秋》等 19 部②。刘知幾《史通·古今正史》篇："皇家贞观中，有诏以前后晋史十有八家，制作虽多，未能尽善，乃敕史官更加纂录。采正

<hr />

　　①　张弓主编：《敦煌典籍与唐五代历史文化》，372～374 页。

　　②　《隋书·经籍志》所收 19 家《晋书》中，纪传体有 8 家，即王隐《晋书》86 卷，虞预《晋书》26 卷，朱凤《晋书》10 卷，何法盛《晋中兴书》78 卷，谢灵运《晋书》36 卷，臧荣绪《晋书》110 卷，萧子云《晋书》102 卷，萧子显《晋史草》30 卷。编年体有 11 家，即陆机《晋记》4 卷，干宝《晋纪》23 卷，曹嘉之《晋记》10 卷，习凿齿《汉晋阳秋》47 卷，邓粲《晋纪》11 卷，孙盛《晋阳秋》32 卷，刘谦之《晋记》23 卷，王韶之《晋记》10 卷，徐广《晋纪》45 卷，檀道鸾《续晋阳秋》20 卷，郭季产《续晋记》5 卷。清人浦起龙解释说："据志，盖十九家。岂缘习氏书独主汉斥魏，以为异议，遂废不用欤？"参见《隋书》卷三三《经籍志二》，955～958 页，中华书局，1973；（唐）刘知幾撰，（清）浦起龙释：《史通通释》，352 页，上海古籍出版社，1978。

典与杂说数十余部，兼引伪史十六国书，为纪十，志二十，列传七十，载记三十，并序例、目录，合为百三十二卷。自是言晋史者，皆弃其旧本，竞从新撰者焉。"①可知唐初仍有《晋书》十八家，中唐以后相继亡佚，仅官修"新撰"《晋书》流传至今。因此，不能排除 S.1393 是亡佚诸家《晋书》部分内容的可能性②。

S.1393 既是《晋书》的简编和节略本，因而在抄写时经过了一些加工和处理。其一，语言表达上尽量精练和简约。最为明显的例子是，本卷在记载傅咸、傅祗、向雄、段灼、阎缵、庾珉、庾敳、庾纯、庾勇、郭象十人姓名时，"字"字俱省。不唯如此，籍贯和仕宦经历也惜字如金。如向雄，河内人（第一纸第 28 行），标点本作"河内山阳人"；阎缵，巴西人（第一纸第 66 行），标点本作"巴西安汉人也"。又如傅咸，"初，袭爵，拜洗马，累迁冀州刺史。上言……"（第一纸第 12 行），而标点本《傅咸传》记载说："咸宁初，袭父爵，拜太子洗马，累迁尚书右丞，出为冀州刺史，继母杜氏不肯随咸之官，自表解职。三旬之间，迁司徒左长史。时帝留心政事，诏访朝臣政之损益。咸上言曰……"③看得出，本卷有至为明确的取舍标准。不过，文字上刻意求简，也有处理不当的情况。《段灼传》"若虑后世强大"，本卷 50—51 行作"若虑后大"，就使文义不通。又如《陆机传》"既而羁寓京师"，本卷第三纸第 10 行作"既而京师"，仍然是过分追求简约而损伤文意的例子。

其二，同一列传中诸人的传记往往有主次详略之分。如列传第十七中，傅玄、傅咸父子事迹较详（1—18 行），而傅祗、傅宣父子传记尤为简略（19—20 行）。又如列传第二十，傅峻、傅纯传记篇幅较多，而郭象、傅珉、庾敳、庾勇四人着墨较少。尤其庾勇传，标点本自 1402—1404 页至少有一千余言，而本卷仅有"勇［字］允臧，终国子祭酒"八字（第二纸第 33 行）。当然，就传记比较详细的人物而言，与标点本相较，其言行事迹往

① 《史通通释》卷一二《古今正史》，350 页。

② 郝春文编著：《英藏敦煌社会历史文献释录》，第六卷，67～68 页，社会科学文献出版社，2009。

③ 《晋书》卷四七《傅咸传》，1323 页。

往多有缺省和简略。

其三，若以言行为标准，本卷列传中诸人的事迹更多地体现在"言"上，而对于"行"和仕宦经历，往往一笔带过。同时，"言"的取舍也是通过言论、奏表和上疏而选择那些最有代表性的语言，舍此之外亦以"云云"的形式省略。正是通过这种方式，标点本《晋书·列传》在本卷中已经全然被简化了。

反过来说，本卷列传甚为简略，但体例和格式并未改变（如列传的重要环节"史臣曰"在列传第十七、十八中得到保留），因而仍然能够看出标点本的原貌（特别是向雄、庾纯、郭象、陆机四人传记，与标点本更为接近）。正由于此，本卷"简"的特点事实上也凸显了它的实用价值，即本卷易于在世人中间普及、推广和流行，这样反而对《晋书》的流传和保存起了推动作用。

不能忽视，本卷对标点本仍有一定的对校和参考价值。如第一纸第26行"有道在焉"，标点本作"有道存焉"，两者皆通，未知孰是。第83行"岂非忠且壮乎"，标点本作"岂非忠直壮乎"，显然，标点本"直"误，应以本卷"且"为是。又第二纸第17行"不循名实"，标点本作"不修名实"，亦以"循"为是。第35行"稍迁黄门侍郎"，标点本作"稍至黄门侍郎"，两者句意皆通，而以"迁"为佳。又第三纸3—4行"利获二陆"，标点本作"利获二俊"，仔细推敲，当以"二陆"为是。

最后，对本卷的抄写时代试作推断。众所周知，《晋书》为唐初官修史书，贞观二十年（646），太宗诏令房玄龄、褚遂良、许敬宗三人为监修，另有令狐德棻、敬播、李淳风等十八人参与修撰，二十二年成书。本卷既是《晋书·列传》的简编本子，必然以其为参照，故抄写（或改编）应在贞观二十二年以后。又第一纸第51行"汉世诸吕时"、第54行"遭运会之世"，第二纸第10行"救世之政"、第14行"举世之士"、第17行"又疾世浮华"、25—26行"世言纯之先尝有五伯者"、第29行"充辅佐二世"，第三纸第1行"以祖父世为将相"及第14行"匡世难"中，"世"字缺笔，写作"**卋**"；第一纸第67行"愍怀太子之废"、第80行"愍怀之废"中"愍"分别写作"**愍**"和"**愍**"；第二纸第18行"二子珉、畋"、第19行"珉子琚"及第20行"珉不胜悲愤"中"珉"写作"**珉**"或"**珉**"，其"民"部亦缺一笔。显然，"世"字和"民"

部缺笔，俱是避太宗名讳所为。按唐制，不讳嫌名，二名不偏讳。武德九年(626)六月，太宗诏令："其官号、人名、公私文籍，有'世民'两字不连续者，并不须讳"①。看来，太宗时避讳之法相对宽泛，凡文书或人名中出现"世""民"者，避其中一字即可。然而实际情况并非如此。顾炎武《日知录》曰："《隋书》修于太宗时，而中间多有改'世'为'代'，改'民'为'人'者，此唐人偏讳之始。"②高宗即位之初，诏六部之一的民部改为户部，并令"世"字不见于人名。显庆二年(657)十二月，高宗颁诏，改"昬""葉"二字③，其"民"部为"氏"替代，"昬"遂改为"昏"，而"葉"中的"世"字则被"云"所取代。这样严格的避讳制度使得我们将"世""民"的缺笔很容易与高宗朝的时代背景联系起来。

还需注意者，第一纸第38行"向被制命"和第78行"今制书暴扬其罪"，标点本分别作"向被诏命"和"今诏书暴扬其罪"。陈垣在《史讳举例》中指出，武后为避"曌"讳，曾将"诏"改为"制"④，本卷就是这样的例证。又第一纸第31行"文帝笞雄责之"，标点本作"文帝召雄而责之"，显然亦是避"曌"之讳而改。又第一纸第7行"玄虽显贵"中，"显"字不避；第6行"坐而待旦"和第二纸第25行"旦有小市井事不了"中，也不避"旦"字。综合这些信息，我们将 S.1393《晋书·列传》残卷的抄写年代定在武后统治时期，相信是不会有多大出入的。

## 第二节　国图藏 BD14685《搜神记》探析

新近出版的《国家图书馆藏敦煌遗书》第 131 册中，刊布了 BD14685(新0885)号文书，此件仅有一纸，32cm×16.5cm，首尾均残，中间有标题"孝子传"，共 23 行，每行 11—19 字不等，下半部分均有不同程度的残缺。其文曰：

(前缺)

---

① 《旧唐书》卷二《太宗纪》上，29~30 页，中华书局，1985。
② 《日知录集释》卷二三《二名不偏讳》，1317 页，上海古籍出版社，2006。
③ 《旧唐书》卷四《高宗纪》上，77 页。
④ 陈垣：《史讳举例》，108 页，上海书店，1997。

北京师范大学史学探索丛书

1  至夜，随侯梦见小儿复持珠□□□□

2  □其珠乃在床前得，奉之献□□□□

3  伏義者，中山人也，甚能作千日酒。□□

4  刘玄石善能饮酒，诣伏義家沽□□□

5  与昔相饮之而去。石至家内，即□（醉）□□□□

6  经今三年，往到其家访问，玄石□（家）□□□□

7  伏義曰：本共我饮酒，计石不合□□□□

8  看其石面上白汗流，张口开目而言，你等□□□

9  得玄石酒气，各醉卧三箇月，时人异哉。事□□□

10  吴①王孙权时，有李纯者，襄阳纪南人也。家□□□

11  □行坐随后，将犬向楚城，过妸家饮酒醉□□□

12  □其时襄阳郡太守邓退出猎，见此地藜草(?)□□□

13  遂放火烧之。然纯犬见火来逼，遂以口曳纯□□□

14  相六十步许，有涧水流，其犬乃入水中，宛转洛□□□□

15  湿草火□不着，故救得纯命，其主免于火难。□□□

16  遂即致死。太守乃（及）②乡人见之，咸悉嗟叹，犬犹能□□□

17  榇衣衾而葬之。今纪南有义犬塚，高三丈有余。□□□

18  　　　　孝子传。《汉书》云，郭巨者，何（河）③内人也。□□□

19  摛椹养母，巨时夭妸，母常减椹与之。巨谓□□□

20  其儿遣母，抱将钁穿墓，遂得黄金一釜□□□

---

① "吴"，据中村不折藏《搜神记》补。

② "乃"，当作"及"，据中村不折藏《搜神记》改。

③ "何"，当作"河"，据 S.389v《孝子传》改。

21　私即不得寝弃，官不得取也。□□□□□

22　《列女传》云，姜诗者，广汉①人也。其母食□□□□

23　□□□□□□　水还□□□□

（后缺）

　　此件文书，编者指出由两部分组成，"前部分抄写异志三则，后部分抄写孝子传故事二则"。据此定名为《失名类书》，并判定时代为公元8—9世纪，为吐蕃统治时期写本。②

　　就内容而言，编者有关"异志"和"孝子传故事"的解读是非常准确的。或可补充的是，前17行的"志异"或"异志"是选自《搜神记》中的三则故事，其核心人物分别是"随侯""伏羲"和"李纯"；后6行有标题"孝子传"，其下所收"郭巨"和"姜诗"的事迹，都是孝敬母亲的善行故事。因此，总体来看，BD14685是由《搜神记》中的三则"神异"事迹和《孝子传》中的二则行孝故事组成。

　　我们知道，《搜神记》是东晋干宝撰述的一部反映"古今神祇灵异人物变化"的著作③，原本有30卷，但传至宋代已经散佚。今本20卷是明人胡应麟从《法苑珠林》及诸类书中辑录而成④。与胡本同时出现的还有八卷本《搜神记》，此本最早收入明万历年间刊刻的《稗海》一书中，故又称《稗海》本⑤。除了以上两个传本以外，敦煌石室文书中还有《搜神记》的六个卷子，

----

　　①　"广汉"，据P.2621《事森·孝友》改。

　　②　中国国家图书馆编：《国家图书馆藏敦煌遗书》，第131册，362页，北京图书馆出版社，2010；《国家图书馆藏敦煌遗书·条记目录》，22页。又该件纸签上写有"前志异三则，后孝子传二则"。

　　③　《晋书》卷八二《干宝传》，2150页，中华书局，1974。

　　④　（晋）干宝撰，汪绍楹校注：《搜神记·出版说明》，中华书局，1979。

　　⑤　范宁指出，八卷本《搜神记》不是干宝所撰，"实唐宋以后人所撰集，且多处系窜改他书成文"。江蓝生认为，八卷本在语言上有很多反映唐五代以后特点的现象，肯定不是晋干宝所作，有可能出自晚唐五代或北宋人之手；在内容上，它跟敦煌本《搜神记》共同之处甚多，应是出自同一系统。李剑国进一步指出，八卷本肯定是宋以后人杂采包括《搜神记》在内的诸书编纂而成。参见范宁：《关于〈搜神记〉》，载《文学评论》，1964(1)；江蓝生：《八卷本〈搜神记〉语言的时代》，载《中国语文》，1987(4)；李剑国辑校：《新辑搜神记·前言》，56～57页，中华书局，2007。

北京师范大学史学探索丛书

其中日本学者中村不折旧藏《搜神记一卷》，首题"句道兴撰，行孝第一"，尾部残缺，收录故事三十五则，是敦煌本《搜神记》中保存人物事迹最为丰富的一件①。英藏 S.525 号首题"搜神记一卷"，收录管辂、秦缓、刘安、辛道度、刘宁、周宣王、侯双、赵子元、王子珍、刘渊、梁元皓、段子京十二人事迹；S.6022 首尾均缺，存段子京、段孝真、王道凭、刘寄、周宣王和随侯六则故事。法藏 P.2656 号首尾残缺，行草书抄写，仅存张嵩、焦华、羊角哀三人事迹，其中张嵩故事，明确指出"事出《搜神记》也"②。P.5545 首部残缺，存田昆仑、孙元谷、郭巨、丁兰、董永、郑袖、孔嵩、楚庄王、孔子与老人、齐国人与鲁国人、楚惠王十一则故事。其中董永事迹，出自"刘向《孝子图》"③。国图藏 BD11871 首尾均残，有文字 15 行，每行上半残损严重，存王子珍事迹，但行文与 S.525 差异较大，当为《搜神记》异本④。以上六个写卷，无论人物的排列次序，还是具体事迹的文字描述，都有些许差异，反映出《搜神记》在传抄与流布的过程中形成了不同的版本系列。围绕这些文本差异，诸多学者如罗振玉、王重民、潘重规、

---

① 据中村不折介绍，此卷"长一丈七尺三寸，十一纸，隶书，敦煌出土。……内容与全传本《搜神记》不同，传本的《搜神记》为晋之干宝撰，句道兴撰乃是别体。书法多异体，似六朝人所写，韵致平平。董康曰：是五代人根据六朝人的底本而写。余亦持此说，所记事迹皆属六朝以前。"参见[日]中村不折著，李德范译：《禹域出土墨宝书法源流考》，146～147 页，中华书局，2003；[日]矶部彰编：《台东区立书道博物馆所藏中村不折旧藏禹域墨书集成》卷中，東アジア善本叢刊，第二集，322～343 页，2005。

② 上海古籍出版社、法国国家图书馆编：《法国国家图书馆藏敦煌西域文献》，第 17 册，113 页，上海古籍出版社，2001。

③ 上海古籍出版社、法国国家图书馆编：《法国国家图书馆藏敦煌西域文献》，第 34 册，226～229 页，上海古籍出版社，2005。

④ 中国国家图书馆编：《国家图书馆藏敦煌遗书》，第 110 册，122 页，北京图书馆出版社，2009；《国家图书馆藏敦煌遗书·条记目录》，35 页。

郝春文、黄征等①,对敦煌本《搜神记》作了较为细致的整理,为学界进一步探讨《搜神记》的传承流变与文本传递提供了充分的依据。

## 一、《搜神记》故事

现在来看 BD14685 收录的三则《搜神记》故事。

### 1. 随侯

第 1—2 行中核心的人物是"随侯",他在某晚"至夜"梦见一小儿,手捧明珠,献于床前。传世辑本《搜神记》虽然收录了"隋侯珠"的故事,但内容则完全不同:

> 隋县溠水侧,有断蛇丘。随侯出行,见大蛇,被伤中断,疑其灵异,使人以药封之。蛇乃能走。因号其处"断蛇丘"。岁余,蛇衔明珠以报之。珠盈径寸,纯白,而夜有光明,如月之照,可以烛室。故谓之"隋侯珠",又曰"灵蛇珠",又曰"明月珠"。②

传世辑本(简称辑本)中,随侯的珠宝来自于"断蛇"的赠送,此蛇乃"灵异"之物,为感念随侯的救命恩情,而奉上明珠以作报答。这与梦中小儿进献宝珠的事迹完全不同。或可比照的是,英藏 S.6022《搜神记》收录了小儿向随侯进献珠宝的故事:

> 昔有随侯国使,路由汉水边转头上□出,随侯怜愍下马,水中而去,到达齐国。经余一,见一小儿,形容端正,手枪(抱)之而问曰:"卿今是何处?"小 儿答 曰:"我是汉水神龙,暂出□□破,当尔之时,

---

① 罗振玉:《敦煌零拾》,上虞罗氏印行,1924;黄永武主编:《敦煌丛刊初集》,第八册,57~90 页,新文丰出版公司,1985;王重民等编:《敦煌变文集》,865~900 页,人民文学出版社,1957;潘重规:《敦煌变文集新书》,1213~1255 页,文津出版社,1994 年;郝春文编著:《英藏敦煌社会历史文献释录》,第三卷,5~19 页,社会科学文献出版社,2003;黄征:《敦煌写本句道兴〈搜神记〉一卷校注(一)》,见刘进宝、高田时雄主编:《转型期的敦煌学》,657~668 页,上海古籍出版社,2007。

② 《搜神记》卷二○《隋侯珠》,238 页,中华书局,1979;《新辑搜神记》卷二九《随侯珠》:"随侯行,见大蛇被伤,救而治之。其后蛇衔珠以报之。其珠径存,纯白而夜有光明,如月之照,可以烛堂,故历世称'随侯珠'焉,一名'明月珠'。"李剑国辑校,453 页,中华书局,2007。

性命转然，蒙君□□，将此珠以报大恩。"侯曰："我本□头上血流，我心怜愍，以杖拨马□□□身，何敢取君珠也。"①

这则故事中，小儿是"汉水神龙"，早年因得到随侯的搭救，保全了性命，所以为了报答大恩，特将宝珠献于随侯。表面看来，S.6022描述的故事情节与BD14685完全不同，但仔细追究，两者其实共同表达了小儿呈献宝珠"以报大恩"的主题，因而与辑本"断蛇"献珠的事迹有很大差异。这样看来，"随侯珠"的故事生成，在中古时期至少有三个文本流传，说明"撰记古今怪异非常之事"②的《搜神记》在中古社会曾经非常流行。

2. 伏羲

伏羲的事迹见于第3—9行，大致描述伏羲与刘玄石饮酒，玄石因吃"千日酒"而醉卧千日，三年不醒的故事。其中"伏羲"，辑本所收"千日酒"篇作"狄希"，中村不折藏本（敦煌本）写作"刘义狄"。我们知道，伏羲是三皇之首，也是神话传说中的人文始祖，因此BD14685中的核心人物，显然借用了华夏始祖——伏羲的名号，或许更能突出"神祇灵异""怪异非常"的故事特点。相较而言，不论辑本中的"狄希"，还是敦煌本中的"刘义狄"，人物名字的设计似都呈现出生活化的写实特征，这与神话中的"伏羲"显然不能相提并论。而就内容而言，此三文本描述的"千日酒"的故事大同小异，不过在情节建构与文字表述中也有些许差异。

表7-1 《搜神记·千日酒》文本对照表

| BD14685 | 传世辑本（二十卷本） | 敦煌本（中村不折藏本） |
| --- | --- | --- |
| 伏羲，中山人也，甚能作千日酒 | 狄希，中山人也。能造千日酒，饮之千日醉 | 昔有刘义狄者，中山人也，甚善造千日之酒，饮者醉亦千日 |
| 刘玄石善能饮酒，诣伏羲家沽 | 时有州人姓刘，名玄石，往求之 | 时青州刘玄石善能饮酒，故来就狄饮千日之酒 |

① 王重民等编：《敦煌变文集》，889页；潘重规：《敦煌变文集新书》，1237页；中国社会科学院历史研究所等编：《英藏敦煌文献（汉文佛经以外部分）》，第10卷，42～43页，四川人民出版社，1994。
② （唐）徐坚：《初学记》卷二一《纸第七》，517页，中华书局，1962。

| | | |
|---|---|---|
| 石至家内，即□（醉） | 石别，似有怍色。至家，醉死 | 玄石嗔而遂去。玄石至家，乃即醉死 |
| 经今三年，往到其家访问，玄石□（家） | 经三年，希曰：玄石必应酒醒，宜往问之。既往石家 | 经三年，狄往访之玄石家 |
| 伏羲曰：本共我饮酒，计石不合□ | 希曰：酒之美矣，而致醉眠千日，今合醒矣 | 狄具言曰：本共君饮酒之时，计应始醒 |
| 看其石面上白汗流，张口开目而言：你等 | 方见开目张口，引声而言曰：快哉，醉我也 | 玄石面上白汗流出，开眼而卧，遂起而言曰：你等是甚人 |
| 得玄石酒气，各醉卧三箇月，时人异哉 | 墓上人皆笑之，被石酒气冲入鼻中，亦各醉卧三月 | 塚上人看来，得醉气，犹三日（月）不醒，是人见者，皆云异哉 |

如表 7-1 所示，在故事情节的文字描述上，BD14685 和中村不折藏本更为接近，这从两件文书所见"甚能""刘玄石善能饮酒""往到其家访问""石面上白汗流"等细节上得到印证。尽管由于残缺所致，BD14685 的内容并不完整，但参照辑本和敦煌本的描述，或可对卷中收录的"伏羲"故事进行复原：中山人伏羲能造千日酒，凡饮此酒者往往醉卧千日。青州人刘玄石，"善能饮酒"，于是前去拜访。伏羲拿出了千日酒，玄石品尝后微有醉意，回到家中随即醉死。家人不知缘故，将其置棺安葬。三年后，伏羲想到玄石酒醒，于是向玄石家人说明原委，便令墓人开棺查看，但见玄石面上白汗流出，张口开目，并大声质问墓人"你等是何人？"其酒气尚未散尽，遂为墓人所得。墓人回家后醉卧三月，长久不醒。时人都觉此事甚为怪异。

3. 李纯

李纯的事迹见于第 10—17 行，大略描述了某日李纯醉卧草丛，其犬冲入火中解救李纯性命的故事。传世辑本卷二十收有"义犬冢"一篇，其主旨内容与此件大致相同，其文曰：

> 孙权时，李信纯，襄阳纪南人也。家养一狗，字曰"黑龙"，爱之尤甚，行坐相随，饮馔之间，皆分与食。忽一日，于城外饮酒大醉，归家不及，卧于草中。遇太守郑瑕出猎，见田草深，遣人纵火爇之。信纯卧处，恰当顺风。犬见火来，乃以口拽纯衣，纯亦不动。卧处比

有一溪，相去三五十步，犬即奔往，入水湿身，走来卧处。周回以身洒之，豁免主人大难。犬运水困乏，致毙于侧。俄而信纯醒来，见犬已死，满身毛湿。甚讶其事。觇火踪迹，因而恸哭。闻于太守，太守悯之曰："犬之报恩甚于人。人不知恩，岂如犬乎？"及命具棺椁衣衾葬之。今纪南有义犬冢，高十余丈。①

此则故事，汪绍楹指出录自《稗海》本《搜神记》，但抄录时将太守"邓遐"改为"郑遐"。究其缘由，乃是因为东晋有邓遐，曾为郡守，时间上与"孙权时"不合，故传抄中改"邓"为"郑"，"以泯其迹"②。再看敦煌本（中村不折藏本）对"义犬塚"来历的记载：

> 昔有吴王孙权时，有李纯者，襄阳纪南人也。有一犬字"焉龙"，纯甚怜爱，行坐之处，每将随。后纯妇家饮酒醉，乃在路野田草中倒卧。其时襄阳太守刘遐出猎，见此地中草木至深，不知李纯在草醉卧，遂遣人放火烧之。然纯犬见火来逼，与（以）口曳纯牵挽，不能得胜，遂于卧处直北相去六十余步，有一水涧，其犬乃入水中，腕转欲湿其体，来向纯卧处四边草上，周遍卧合（令）草湿。火至湿草边，遂即灭矣，纯得免难，犬然知死。太守及乡人等与造棺木坟墓，高千余尺，以礼葬之。今纪南有义犬塚，即此是也。见闻之者，皆云异哉。狗犬犹能报主之恩，何况人乎。③

仔细对校，无论人物设计还是情节描述，BD14685 与中村不折藏本更为接近。比如，以核心人物而言，两件敦煌写本均作"李纯"，放火者均为太守刘遐；而传世本中，饮酒者为"李信纯"。至于放火者，《稗海》本作"邓遐"，而辑本作"郑瑕"；又如饮酒地点，敦煌写本作"妇家饮酒醉"，传世本作"城外饮酒大醉"；再如救人过程，敦煌写本提到，李纯之犬先是

---

① 《搜神记》卷二〇《义犬冢》，240～241 页。

② 《搜神记》卷二〇《义犬冢》，241 页。

③ ［日］磯部彰编：《台東区立書道博物館所藏中村不折旧藏禹域墨書集成》卷中，334 页；王重民等编：《敦煌变文集》，878 页；潘重规：《敦煌变文集新书》，1226～127 页。

"以口曳纯"，然后跳入六十余步远的洞水中，"腕转欲湿其体"，回来卧于李纯四边草上，"火至湿草边，遂即灭矣"，李纯因而得救。这些细节，传世本描述说，信纯之犬（黑龙）跳入一条相去三五十步的小溪中，"入水湿身，走来卧处。周回以身洒之，豁免主人大难"。最后，关于"义犬塚"，敦煌本提到，太守及乡人共同"造棺木坟墓"，辑本谓"具棺椁衣衾葬之"。而 BD14685 指出，"义犬塚"是太守刘遐及乡人共同营造，并整"棺衣衾而葬之"，似是两种文本简单折中的结果。

## 二、《孝子传》故事

BD14685 的第二部分是《孝子传》（第 18—23 行），共收录郭巨和姜诗两则故事。在传统社会中，孝是儒家道德宣扬的五伦之首，百善之先。《孝子传》即为弘扬儒家孝道观念而记录行孝、尽孝等善行事迹的著作。较有代表性者如西汉刘向《孝子图》、晋徐广《孝子传》、托名陶渊明而实为北齐伪造的《五孝传》、元代学者郭居敬编纂的《二十四孝》以及清代学者茅泮林辑出的《古孝子传》①。敦煌写本中，现知《孝子传》有 S.389v、S.5776、P.2621、P.3536v 和 P.3680v 共五个卷子。惟 P.2621 尾题《事森》，系为"学郎员义写书故记"，性质为多门类书，其下标有报恩、廉俭、孝友、贞节、敦信等篇目②。其中"孝友"篇中，收有舜子、姜诗、蔡顺、老莱子、曾参、子路、董永、郭巨、孟子等行孝故事 23 则，故可归入《孝子传》之列。

① 清人茅泮林辑出的《古孝子传》中，收录了散佚的汉唐《孝子传》10 种，计有刘向《孝子传》、萧广济《孝子传》、王歆《孝子传》、王绍之《孝子传》、周景式《孝子传》、师觉授《孝子传》、虞盘佑《孝子传》、郑辑《孝子传》、阙名《孝子传》和《孝子传补遗》。参见（清）茅泮林辑：《古孝子传》，丛书集成初编，中华书局，1985。

② 王三庆指出，《事森》所附篇目，大体不出《类林》范畴，"事类近乎《类林》原有，行文体例亦与《类林》一致，当可断言乃受《类林》一书影响而有意与《类林》增胜之改编本。……当日《类林》一书曾经被作为童蒙教材，也许曾经被好事者改变为《事森》一书，使员义得以默诵或抄录，才会留下《事林》或《事森》之名。然而如果是员义之戏题自创，则二卷直可视作其抄诵《类林》之余，而把事少者名为《事林》，事类较杂，文字多者，题为《事森》，已经可以视作书名了"。参见《敦煌类书》，71 页，丽文文化事业股份有限公司，1993。

**表 7-2 敦煌本《孝子传》所见人物故事对照表**

| 卷号 | P. 2621 | S. 5776 | S. 389v | P. 3536v | P. 3680v |
|---|---|---|---|---|---|
| 人物故事 | 舜子、姜诗、蔡顺、老莱子、王循、吴猛、孟宗、丘吾子、曾参、子路、闵子骞、董永、董黯、薛苞、郭巨、江革、鲍出、鲍永、王祥、王褒、赵孝、楚成王、孟子 | 鲍出、王祥、王循、王褒、吴猛、伯夷叔齐 | 刘明达、郭巨、舜子、文让、向生 | 闪子、舜子、向生、王褒 | 丁兰、王褒、王武子、闪子 |
| 总计 | 23 | 6 | 5 | 4 | 4 |

现在来看 BD14685 收录的两则故事。

1. 郭巨

郭巨行孝的事迹，传世文献如《初学记》《太平御览》等著均有收录。最早的记载见于西汉刘向的《孝子图》：

> 郭巨，河内温人，甚富，父没分财二千万为两分，与两弟，已独取母供养。寄住邻有凶宅，无人居者，共推与之，居无祸患。妻产男，虑养之则妨供养，乃令妻抱儿，欲掘地理之于土中，得金一釜。上有铁券云"赐孝子郭巨"。巨还宅主，宅主不敢受，遂以闻官，官依券题，还巨，遂得兼养儿。①

郭巨埋儿的故事，宋躬《孝子传》亦有简单记载，其中提到郭巨与妻子的顾虑："养子则不得营业，妨于供养，当杀而埋焉。"所幸在掘地时发现了"黄金一釜"，上有铁券曰："黄金一釜，赐孝子郭巨。"②又传世辑本《搜神记》也收录了郭巨"埋儿孝亲"的故事：

> 郭巨，隆虑人也，一云河内温人。兄弟三人，早丧父。礼毕，二弟求分。以钱二千万，二弟各取千万。巨独与母居客舍，夫妇佣赁，以给公养。居有顷，妻产男。巨念与儿妨事亲，一也；老人得食，喜

---

① 《太平御览》卷四一一《人事部五十二·孝感》，1898~1899 页，中华书局，1966。

② 《初学记》卷二七《金第一》，646 页；《太平御览》卷八一一《珍宝部十·金下》，3605 页；（清）茅泮林辑：《古孝子传》，丛书集成初编，19 页，中华书局，1985。

分儿孙，减馔，二也。乃于野凿地，欲埋儿，得石盖，下有黄金一
釜，中有丹书，曰："孝子郭巨，黄金一釜，以用赐汝。"于是名振
天下。①

应当说，《搜神记》对郭巨家庭境况及供养母亲的描述，大致与刘向
《孝子图》相同。稍有区别者，《搜神记》扩充了"埋儿孝亲"的理由：担心养
儿恐会妨碍"事亲"，至少会减少母亲的饮食口粮，使得老人忍饥挨饿，难
以温饱，因而才有掘地埋儿的想法。需要说明的是，敦煌所出 S.389v、
P.2621《孝子传》和敦煌本《搜神记》中，均有郭巨行孝养母的故事。其中虽
然有文本的差异，但在共通的主题中反映出儒家孝道观念在中古社会的普
遍流行，而郭巨孝亲的事迹无疑是其中较为典型的素材之一。

表 7-3　敦煌写本所见郭巨事迹对照表

| P.2621《事森·孝友》② | 敦煌本《搜神记》③ | S.389v《孝子传》④ |
| --- | --- | --- |
| 郭巨，字文举，河内人也。家[贫]，养母至孝。 | 昔有郭巨者，字文气，河内人也。家贫，养母至孝。 | 郭巨者，河内人也，养母至孝。时遇饥荒。夫人与人佣作，每至吃食，咸饭将归，留餕老母。 |
| 妻生一子，年三岁，巨谓妻曰："家贫如此，时岁饥虚，所德充衣食，供养孝母，犹不足饱，更被婴孩分父母饮食。子可再有，母不可得，共卿埋子，以全母命。"巨妻不敢违从夫之意。 | 巨有一子，年始两岁，巨语妻曰："今饥贫如此，老母年高，供勤孝养，恐不安存。所有美味，每减与子，令母饥羸，乃由此小儿。儿可再有，母难重见。今共卿杀子，而存母命。"妻从夫言，不敢有违。 | 巨有一儿，常夺阿婆饭食，遂不得饱。巨告妻曰："儿死再有，母重难得，你可煞儿存母，若不如是，母饿死。" |

①　《搜神记》卷一一《郭巨》，136 页；《新辑搜神记》卷八《郭巨》，137～138 页。
②　王三庆：《敦煌类书》，241～242 页。
③　王重民等编：《敦煌变文集》，886 页；潘重规：《敦煌变文集新书》，1234 页。
④　郝春文编著：《英藏敦煌社会历史文献释录》，第二卷，253 页，社会科学文献
出版社，2003。

| | | |
|---|---|---|
| 巨自执铁锹，妻方抱儿，来入园后，令妻杀之。巨即掘地，才深一丈尺，掘着一铁器。巨低腰顾视，乃见一釜，釜中满盈黄金，巨连(速)招妻曰："抱儿即至。"儿且犹活，妻不忍下手。夫谓妻曰："卿见此釜之金，其上有一铁券云：'天帝赐孝子黄金，官不得夺，移(私)不许侵。'" | 其妻抱子往后园树下，欲致子命。巨身掘地，欲拟埋之，语其妻曰："子命尽否?"妻不忍即害，必称已死。巨掘地得一尺，乃得黄金一釜，釜上有铭曰："天赐孝子之金，郭巨杀子存母命，遂赐黄金一釜。官不得夺，私不得取。" | 遂令妻抱儿，巨自将锹钁，穿地三尺，拟欲埋之。天愍其孝，乃赐黄金一釜，并有一文，词曰："金赐孝子，官不得侵，私不许取。" |
| 巨既得，惊怪不以(已)，乃陈于悬(县)，悬(县)已申州，州与表奏天子，天子下诏曰："金还郭巨，供养其母"。乃表门以彰孝德。《[孝]子传》。 | 见金惊怪，以呼其妻，妻乃抱子往看。子得平存未死，妻乃喜悦。遂即将送县，县牒上州，州送上台省，天子下制，"金还郭巨，供养其母"。标其门间，以立孝行，流传万代。后汉人也。 | 诗曰："郭巨专行孝养心，时年饥俭苦来侵。每被孩儿夺母食，生埋天感似(赐)黄金。" |

如表 7-3 所示，以上三个写本均是郭巨"埋儿得金"故事的描述，在宣讲孝行、弘扬孝道观念的主题上如出一辙。与传世文献所见郭巨的事迹相比，敦煌写卷剔除了"兄弟三人""二弟各取千万""独取母供养"的情节，且通过文学化的语言重点描述了郭巨的言行及掘土得金和申报官府的经过。尤其是 S.389v《孝子传》看似内容相对简单，但结尾以一首四句七言诗来总结，更加突出了孝亲、善行故事传播的效果。相比之下，P.2621 和敦煌本《搜神记》在文本结构和语言表述上更为接近。比如，郭巨发现黄金以后惊怪不已，于是上报州县，乃至中央台省，进而表奏天子，天子降敕"金还郭巨，供养其母"，并旌表门间。这些细节，显然是敦煌写本对"埋儿孝亲"故事的增补与扩充，流露出传抄过程中浓厚的时代特色。《唐六典》卷 3《户部郎中员外郎》载："若孝子、顺孙、义夫、节妇志行闻于乡间者，州县申省奏闻，表其门间，同籍悉免课役。有精诚致应者，则加优赏焉。"①宋《天圣令·赋役令》第 7 条："诸孝子、顺孙、义夫、节妇，志行闻于乡

---

① 《唐六典》卷三《尚书户部》，77 页。

间者，具状以闻，表其门闾，同籍悉免色役。有精诚冥感者，别加优赏。"①唐宋时期，孝子顺孙的认定，经过基层乡里、州县的逐级举荐和申报，中央核实后，通告地方州县，旌表门闾，并免除王役。敦煌所出《天宝六载(747)敦煌郡敦煌县龙勒乡都乡里籍》中，杜怀奉户内有口15人，其中丁男3人(1人为上柱国，1人为武骑尉，1人为白丁)，理应属于"课户见输"，但户籍上注为"不课户"②。就是因为杜怀奉户五世同籍，孝义闻于乡间，被官方追认为"孝子顺孙"之家，因而免除了户内的课役③。后晋天福四年(939)，尚书户部奏："李自伦义居七世，准敕旌表门闾。……其同籍课役，一准令文。"④表明后晋王朝同样继承了"孝义之家"免除课役的政策。

回头来看 BD14685 中的郭巨事迹，第19行"摘椹养母""母常减椹与之"诸字，并不见于其他文本。P.2621《事森·孝友》"蔡顺"条："少失其父，独养老母，王莽末，天下饥荒。缘桑摘椹，赤黑易器盛之。赤眉贼见，向前问之。答曰：'黑者奉老母，赤者自供。'"⑤据此看来，BD14685 对于郭巨孝行的描述，有可能借用了汉代蔡顺"摘椹养母"的典故，由此使得郭巨"埋儿孝亲"的故事增添了新的情节。至于第20—21行的内容，敦煌所出 S.389v《孝子传》或可提供参照："遂令妻抱儿，巨自将锹钁，穿地三尺，拟欲埋之。天愍其孝，乃赐黄金一釜，并有一文，词曰：'金赐孝子，官不得侵，私不许取。'"⑥大致是郭巨掘墓发现黄金和铁券情况的描述。

需要说明的是，第18行"汉书云"，说明 BD14685 中的郭巨事迹出自《汉书》，然而班固《汉书》、范晔《后汉书》中并无相关记载。笔者推测，此

北京师范大学史学探索丛书

---

① 天一阁博物馆、中国社会科学院历史研究所天圣令整理课题组校证：《天一阁藏明钞本天圣令校证(附唐令复原研究)》，265、390 页。

② 唐耕耦、陆宏基编：《敦煌社会经济文献真迹释录》，第一辑，183～184 页，书目文献出版社，1986。

③ ［日］西村元佑：《通过唐代敦煌差科簿看唐代均田制时代的徭役制度》，见［日］周藤吉之等著，姜镇庆、那向芹译：《敦煌学译文集》，1147 页，甘肃人民出版社，1985。

④ 《旧五代史》卷七八《晋书四·高祖纪四》，1031 页，中华书局，1976。

⑤ 潘重规：《敦煌变文集新书》，1258 页。

⑥ 郝春文编著：《英藏敦煌社会历史文献释录》，第二卷，253 页。

处"汉书"即"汉时书"或汉代史书之意①。《太平御览》卷 411《人事部五十二》引刘向《孝子图》中，收有郭巨、董永的"孝感"故事。此部《孝子图》，清人茅泮林所辑《古孝子传》有收录，并定为刘向《孝子传》。又敦煌所出 P.2621 写卷所收郭巨故事，其出处明确注明"[孝]子传"。综合这些信息，可知 BD14685 所见"汉书"，应指汉代的史书，即西汉刘向撰述的《孝子传》。

2. 姜诗

姜诗行孝的事迹，传世文献如《东观汉记》《列女传》《太平御览》等均有记载。比如，《东观汉记》载其事曰：

> 姜诗，字士游，广汉雒人。遭值年荒，与妇佣作养母。贼经其里，束兵安步，云不可惊孝子。母好饮江水，儿常取水溺死，夫妇痛。恐母知，诈云行学，岁作衣投于江中。俄而涌泉，出于舍侧，味如江水，并旦出鲤鱼一。②

姜诗至孝养母的故事，《孝子传补遗》亦有记载："姜诗事母至孝，母好饮江水，嗜鱼脍。侧乃忽涌泉如江水，每日一汲，辄获双鲤。"③显然，这里"涌泉跃鲤"的描述，其主旨与《东观汉记》相同。不过，BD14685 第22—23 行明确提到，姜诗的事迹出自《列女传》。对此，《后汉书》卷 84《列女传》有详细记载：

> 广汉姜诗妻者，同郡庞盛之女也。诗事母至孝，妻奉顺尤焉。母好饮江水，水去舍六七里，妻常泝流而汲。后值风，不时得还，母渴，诗责而遣之。妻乃寄止邻舍，……其子后因远汲溺死，妻恐姑哀伤，而託以行学不在。姑嗜鱼鲙，又不能独食，夫妇常力作供鲙，呼邻母共之。舍侧忽有涌泉，味如江水，每旦辄出双鲤鱼，常以供二母之膳。④

---

① 可以参照的是，P.2621 所收薛苞事迹，其材料来源，明确注为"汉时书"。
② 《太平御览》卷四一一《人事部十二·孝感》，1895 页。
③ （清）茅泮林辑：《古孝子传》，丛书集成初编，35 页。
④ 《后汉书》卷八四《列女传》，2783 页。

姜诗"事母至孝"的事迹，《列女传》的描述大体与《东观汉记》相同，不过情节上略显丰满、生动一些。但此善行既然收入《列女传》中，显然重在凸显姜诗妻行孝、尽孝的"孝妇"形象。然而，前引《孝子传补遗》中，仅有姜诗行孝事母的事迹，他的妻子则不见记载。这说明随着时代的演进和孝子传故事的流传，姜诗妻的"孝妇"角色渐趋淡化，反之，姜诗"孝子"的形象愈益突出。或可留意的是，P.2621《事森·孝友》收录的姜诗事迹相对较为客观：

> 姜诗，字士游，广汉人也。母好食江水，其妻取水不及时还，姜怒逐，其妻亦孝妇，犹寄邻家，不归父母之弟。诗母好食生鱼，每作烩，倩人送，诗母感之，遂命还家，于是舍旁忽生涌泉，味如江水，水中并出双鲤鱼，母得食之。此盖孝子至诚，天所酬也。出《列女传》。①

此则故事中，姜诗妻因"取水不及时"而被丈夫遣出，寄居邻家，但她依旧孝敬姑婆，经常派人送来烧鱼，以满足阿婆"好食生鱼"的口味。姑婆因此感动，遂召姜诗妻还家。其后，舍旁涌泉并出鲫鱼，正是上天对姜诗夫妇"孝子至诚"的酬报，姜诗妻的"孝妇"形象无疑更为明确。另一方面，尽管 BD14685 残缺过甚，该卷所见姜诗事迹极其模糊，但从残存的"列女传""广汉人也""其母食"诸字判断，其文本描述与 P.2621《事森·孝友》更为接近，显然它们都是《列女传》的不同抄本，在某种程度上也反映了《列女传》在中古社会的流行。

### 三、总结

综上所述，国图藏 BD14685 号文书保存了《搜神记》和《孝子传》两部分内容。前者收录的随侯珠、伏羲、李纯事迹，虽然见于传世二十卷本的《搜神记》中，但在人物设计和情节表述上更倾向于接近敦煌本《搜神记》（句道兴

---

① P.2621 所见姜诗事迹略有残缺，王三庆据传世典籍作了校补。参见上海古籍出版社、法国国家图书馆编：《法国国家图书馆藏敦煌西域文献》，第 16 册，309 页，上海古籍出版社，2001；王三庆：《敦煌类书》，223、680 页；潘重规：《敦煌变文集新书》，1258 页。

撰），且在故事的叙述中呈现出"言简意赅"的特征，这说明在中古时期，《搜神记》至少有三个文本系统传承流布。另一方面，《孝子传》中残存的郭巨、姜诗孝亲故事，亦见于敦煌所出 S.389v、P.2621 写卷中。尽管这三个写卷有文本上的差异，但在共通的主题中反映出儒家孝道观念在中古社会的普遍流行。尤其值得注意者，敦煌所出的六件《孝子传》写本（P.2621、S.5776、S.389v、P.3536v、P.3680v、BD14685），共收录孝亲事迹 30 则，其中 18 则取自《春秋》《史记》《汉书》《后汉书》《魏书》《列女传》《孝子传》《会稽录》《□阳春秋记》《说梦》等史传文献。这说明《孝子传》的文本生成，是在广泛征引、撷取汉魏典籍的基础上编纂而成。较为典型的是，丁兰事迹，徐坚《初学记》、《太平御览》卷 414《孝下》均认为出自孙盛《逸人传》[1]，但《太平御览》卷 396《偶像》又谓出自《孝子传》[2]。表面看来《太平御览》的记载似乎前后矛盾，但若考虑到《孝子传》中的丁兰故事是通过选取《逸人传》的素材编定而成的话，那么《预览》的两处记载完全可以统一起来。相比之下，王武子的事迹更为特殊，P.3680v《孝子传》云：

> 王武子者，河阳人也。以开元年中征涉湖州，十年不归。新妇至孝，家贫，日夜织履为活。武母久患劳（痨）瘦，人谓母曰："若得人肉食之，病得除差。"母答人曰："何由可得人肉？"新妇闻言，遂自割眼（股）上肉作羹，奉送武母。母得食之，病即立差。河南尹奏封武母为国太夫人，新妇封郓郡夫人，仍编史册。开元廿三年行下，诗曰："武子为国远从征，母病飡人肉始轻。新妇闻之方割股，阿家喫了得疾平。"[3]

这则故事中，王武子从征十年未归，他的"新妇"（妻子）承担了孝敬姑婆的重任，并自割股肉为婆母治疗痨病，终止痊愈，成为名副其实的一位至孝养母的义妇，因而在开元二十三年（735）得到了"郓郡夫人"的封号。

---

① 《初学记》卷一七《孝第四》，422 页；《太平御览》卷四一四《人事部五五·孝下》，1909 页。

② 《太平御览》卷三九六《人事部三七·偶像》，1832 页。

③ 上海古籍出版社、法国国家图书馆编：《法国国家图书馆藏敦煌西域文献》，第 26 册，302 页，上海古籍出版社，2002；潘重规：《敦煌变文集新书》，1266 页。

《新唐书·孝友传》载："唐时陈藏器著《本草拾遗》，谓人肉治羸疾，自是民间以父母疾，多刲股肉而进。"①《南部新书》辛篇："开元二十七年，明州人陈藏器撰《本草拾遗》，云：'人肉治羸疾。'自是间阎相效割股，于今尚之。"②可见唐代社会中，这种割股疗亲的现象比较普遍。究其原因，在于佛教传播过程中，将宣扬苦修、善行的"割肉贸鸽"本生故事与传统儒家倡导的孝道观念结合起来，从而衍生出一种"人肉治羸疾"的药方，并被写进本草学的医书中，故而民间间阎多相效仿。如先天年中，王知道母患骨蒸，医家说，"须得生人肉食之"。于是王知道偷偷地"割股上肉半斤许"，并添加了五味调料进献母亲，"母食之便愈"③。在这种社会风气的侵染下，王武子的妻子主动割股，为姑婆疗疾，体现出一种勇于牺牲自我的至孝善行，因而具有鲜明的时代特征。这说明《孝子传》的文本编辑与生成，尽管有传统沉淀下来的固定话语，但绝非一成不变，而是经常随着时代的演进而被赋予新的内容，增添新的素材。无疑，盛唐中王武子事迹的选编，就是颇为典型的一例。

表 7-4　敦煌本《孝子传》材料来源简表

| 故事人物 | 所见卷号 | 文献出处 |
|---|---|---|
| 舜子 | P. 2621、S. 389v、P. 3536v | 太史公本纪 |
| 姜诗 | P. 2621、BD14685 | 列女传 |
| 蔡顺 | P. 2621 | 后汉书 |
| 老莱子 | P. 2621 | 孝子传（师觉授）④ |
| 王循 | P. 2621、S. 5776 | 孝子传 |
| 吴猛 | P. 2621、S. 5776 | 孝子传 |

①　《新唐书》卷一九五《孝友传》，5574 页。

②　(宋)钱易撰，黄寿成点校：《南部新书》，124 页，中华书局，2002。

③　《太平御览》卷三七五《人事部十六·肉》，1728 页。

④　按老莱子事迹，师觉授《孝子传》有详细记载。据此，P. 2621"老莱子"条所见"孝子传"是指师觉授撰述的《孝子传》。参见《太平御览》卷四一三《人事部五十四·孝中》，1907～1908 页。

| | | |
|---|---|---|
| 曾参 | P.2621 | 史记 |
| 闵子骞 | P.2621 | 春秋 |
| 董永 | P.2621 | 孝子传（刘向）① |
| 董黯 | P.2621 | 会稽录 |
| 薛苞 | P.2621 | 汉时书② |
| 郭巨 | P.2621、S.389v | 孝子传（刘向） |
| 江革 | P.2621 | 后汉书 |
| 鲍出 | P.2621、S.5776 | 魏书③ |
| 鲍永 | P.2621 | 后汉书 |
| 王祥 | P.2621、S.5776 | 魏书 |
| 王褒 | P.2621、S.5776、P.3536v、P.3680v | □阳春秋记 |
| 楚成王 | P.2621 | 说梦 |

## 本章小结

尽管英藏 S.1393《晋书·传》和国图藏 BD14685《搜神记》两件写本，仅是敦煌所出四部典籍中的"冰山一角"，但它们的文献价值及揭示的写本时代学术文化的流传却有一定的普遍意义。比如，从文献学而言，这些写本对于标点本、辑录本传世典籍都有辑佚和校勘价值，甚至如敦煌本《搜神记》对于复原东晋干宝《搜神记》的原貌提供了依据。其次，就流传而言，现知敦煌所出《搜神记》有 7 个写卷，由此不难推想《搜神记》在中古社会的传抄与流布的情况。相比之下，《晋书》虽然只有 3 个写本（P.3481、P.3813、S.1393），但若将"十八家晋书"中的《晋纪》（P.5550）和《晋阳秋》

---

① 郭巨、董永事迹，刘向《孝子图》有收录，故此处《孝子传》应为刘向所撰。参见《太平御览》卷四一一《人事部五十二·孝感》，1898～1899 页。

② 薛苞行孝事迹，《汝南先贤传》有收录，参见《太平御览》卷四一四《人事部五十五·孝下》，1909 页。

③ 鲍出的事迹，P.2621 谓"出汉书"，S.5776 作"出魏书"，《敦煌变文集》已指出"汉书"之误，当以"魏书"为是。

(P. 2586 和吐鲁番本)包括进来,可知中古时期《晋书》的传抄、研读与学习亦相当盛行。开元年间,洋州刺史赵匡《举选议》中提到了"举人条例",明确将《晋书》与《史记》《汉书》《后汉书》《三国志》《南史》《北史》"七史"一道纳入"史科"①,这对士人研习《晋书》起了推动作用。不唯如此,贞观二十二年(648)《晋书》修成后,"赐皇太子及新罗使者各一部"②。开元二十六年(738),"渤海国遣使求写唐礼及《三国志》《晋书》《三十六国春秋》,并许之"③。说明《晋书》在体现国家认同、统率华夷外邦和抚绥周边四邻的关系中发挥着重要作用。无疑,《晋书》蕴含的治国理念反过来也助推了《晋书》的广泛流传。

---

① 《通典》卷一七《选举五》,423 页,中华书局,1988。
② 《宋本册府元龟》卷五五六《国史部·采撰第二》,1571 页,中华书局,1988。
③ 《宋本册府元龟》卷九九九《国史部·采撰第二》,4041 页。

# 第八章　敦煌文书所见唐代《图经》的编修

《图经》，通常认为包括地图和经文（文字说明）两部分内容。按照清代学者章学诚的解释，"图谓土地形象，田地广狭"①，即是山川、土地、物产等情况的形象描绘。经者，经界也。"孟子曰：'行仁政，必自经界始。'地界言经，取经纪之意也。是以地理之书，多以经名，《汉志》有《山海经》，《隋志》乃有《水经》，后代州郡地理多称图经，义皆本于经界。"②概言之，《图经》是描述"州郡地理"情况的专门著作。《图经》的传世情况，章氏谓："古之图经，今不可见。间有经存图亡，如《吴郡图经》、《高丽图经》之类；又约略见于群书之所称引，如水经、地志之类，不能得其全也。"③换言之，传世《图经》其实并不多见，其内容多散见于史志、类书及地理书中。且就形式而言，往往是经存图亡，通常仅有州郡地理描述的说明文字，至于具体地图则亡佚不存。所幸的是，敦煌遗书中保存了数十件图经、地志残卷，国内外学者池田温、傅振伦、仓修良、李并成、辛德勇、李锦绣等④，在利用敦煌文书探讨唐代的《图经》形制及方志、地理学的发展方面，取得了一系列重要成果。本章在整体审视唐代《图经》编纂的基础

① 章学诚著，叶瑛校注：《文史通义校注》，880 页，中华书局，1985。
② 章学诚著，叶瑛校注：《文史通义校注》，102 页。
③ 章学诚著，叶瑛校注：《文史通义校注》，880～881 页。
④ ［日］池田温：《沙州图经略考》，见《榎博士还历纪念东洋史论丛》，42～101 页，山川出版社，1975；傅振伦：《从敦煌发现的图经谈方志的起源》，载《兰州大学学报》，1980(1)；仓修良：《方志学通论》，齐鲁书社，1990；李并成：《唐代图经考》，见《瓜沙史地研究》，174～182 页，甘肃文化出版社，1996；李正宇：《敦煌遗书 P. 2691 写本的定性与正名》，见《潘石禅先生九秩华诞敦煌学特刊》，117～131 页，文津出版社，1996；仓修良、陈仰光：《从敦煌图经残卷看隋唐五代图经发展》，见《文史》，第 2 辑，2001，收入《仓修良探方志》，105～137 页，华东师范大学出版社，2005；朱悦梅、李并成：《〈沙州都督府图经〉纂修年代及相关问题考》，载《敦煌研究》，2003(5)；辛德勇：《唐代的地理学》，见李晓聪主编：《唐代地域结构与运作空间》，439～463 页，上海辞书出版社，2003；李锦绣：《从敦煌文书看唐五代地理学》，见张弓主编：《敦煌典籍与唐五代历史文化》，484～525 页，中国社会科学出版社，2006。

上，结合敦煌所出图经、地志文书，重点讨论《图经》的编纂体例、内容及功用等相关问题。

## 第一节　《图经》的定期编修与造送

《图经》作为地方志书，最早见于东汉。桓帝永兴二年（154），巴郡太守"上疏"奏陈巴郡境界、属县、盐铁、人口、乡亭、道里时明确提到"谨按《巴郡图经》"①。又《文选》李善注《芜城赋》中，还摘引了东汉王逸所撰的《广陵郡图经》②。清人姚振宗据此认为，"图经之名起于汉代，诸郡必皆有图经，特无由考见耳"③。只是大多数《图经》都已亡佚，无从可考罢了。

上述东汉两部《图经》虽然是私家修撰，但却是中央了解地方州郡自然、社会情况的重要指南。西晋挚虞撰《畿服经》170卷，"其州郡及县分野封略事业，国邑山陵水泉，乡亭道里土田，民物风俗，先贤旧好，靡不具悉"④，内容上颇与《巴郡图经》相似。隋唐大一统王朝建立后，中央对于地方的控制进一步加强，特别是"普天之下"的州县形势、道里驿程、河渠关津、风俗物产等，尤为中央王朝所重视。正如李约瑟所说："随着稳定的中央集权制的发展，人们往往被派遣到远离自己家乡的地方去做官，从而使地方志受到社会的重视。"⑤大业年间，隋炀帝"普诏天下诸郡，条其风俗物产地图，上于尚书。"⑥中央则对全国官员送呈的"带有附图的风俗物产志"⑦统一汇编，最后集纂成《诸郡物产土俗记》131卷，《区宇图志》129卷，《诸州图经集》100卷。显而易见，《图经》的编纂第一次纳入了官修的轨道。

---

①　（晋）常璩撰，刘琳校注：《华阳国志校注》，48页，巴蜀书社，1984。

②　（梁）萧统编，（唐）李善注：《文选》，504页，上海古籍出版社，1986。

③　姚振宗：《后汉艺文志》，见《二十五史补编》，第二册，2376页，中华书局，1989。

④　《隋书》卷三三《经籍二》，986～987页，中华书局，1973。

⑤　［英］李约瑟：《中国科学技术史》第五卷《地学》，中译本，45～46页，科学出版社，1975。

⑥　《隋书》卷三三《经籍二》，986～987页。

⑦　［英］李约瑟：《中国科学技术史》第五卷《地学》，45～46页。

隋代修纂的《图经》，除了上述《诸州图经集》外，《隋书·经籍志》还收录《冀州图经》1卷、《齐州图经》1卷、《幽州图经》1卷。清人章宗源《隋经籍志考证》又考出《雍州图经》《宣城郡图经》《上谷郡图经》《江都图经》《东郡图经》《洛阳图经》《丹阳郡图经》《蜀郡图经》《弘农郡图经》《历阳郡图经》《河南郡图经》11部①，可谓蔚为大观。

唐代是《图经》地志之学长足发展的重要时期。特别是由于边疆的空前广阔、周边民族的发展壮大以及异域外族的东渐入华，都给中央王朝的边防带来了很大压力。因此，在制度上，尚书兵部的职方郎中、员外郎"掌地图、城隍、镇戍、烽候、防人道路之远近及四夷归化之事"②。同时，掌管接待外国使节进贡的机构——鸿胪寺，还负责"把进贡国的地理情况和风俗习惯等记录下来，使之成为越积越多的政府情报的一部分内容"③。另一方面，中央对于地方的驾驭与统率以及法令的颁行、决策的施行力求"因时制宜""因地制宜"，这就客观上要求对地方州县的情况有所了解，由此《图经》、户籍的定期编修必不可少。《唐六典》卷5《尚书兵部》载："凡地图委州府三年一造，与板籍偕上省。"④表明地方州府每隔三年都要进行一次"地图"的纂修与编造工作，待完成后与"板籍"（户籍）一道呈送尚书省，分别转至兵部（职方司）和户部。建中元年（780），德宗诏令"地图"每五年造送一次，"如州县有创造及山河改移，则不在五年之限。"⑤《新唐书·百官志》谓："凡图经，非州县增废，五年乃修，岁与版籍偕上。"⑥明确指出与版籍（户籍）一道呈送的是"图经"，而非"地图"。大中五年（851）八月，"沙州张义潮遣兄义潭将瓜、沙、伊、肃等十一州图经户籍来献"⑦，表明《图经》与户籍常相提并称。既然如此，那

---

① 章宗源：《隋经籍志考证》卷六，见《二十五史补编》，第四册，4996页，中华书局，1989。

② 《新唐书》卷四六《百官一》，1198页，中华书局，1975。

③ ［英］李约瑟：《中国科学技术史》第五卷《地学》，28～29页。

④ （唐）李林甫等撰，陈仲夫点校：《唐六典》，162页，中华书局，1992。

⑤ 《唐会要》卷五九《尚书省诸司下·职方员外郎》，1032页，中华书局，1955。

⑥ 《新唐书》卷四六《百官一》，1198页。

⑦ 《册府元龟》卷一七〇《帝王部·来远门》，2057页，中华书局，1960。

么地方州县定期与户籍一道进献中央的只能是关乎当地风土人情的《图经》了。

《图经》的定期造送之制，在五代、北宋仍有继续。后唐天成三年（928）敕，"诸道州府每于闰年合送图经、地图"。按照"四年一闰"的置闰规则，后唐确立了"四年一造"的纂修制度，但此制不久罢停。长兴三年（932），朝廷又令"诸道州府据所管州县，先各进图经一本，并须点勘文字，无令差悮"，凡有关"古今事迹，地里山川，土地所宜，风俗所尚"①，所献《图经》都须记载，不得遗漏。北宋同样重视《图经》的编修和造送。《宋史·职官三》载："职方郎中员外郎掌天下图籍，以周知方域之广袤，及郡邑、镇砦、道里之远近。凡土地所产，风俗所尚，具古今兴废之因，州为之籍，遇闰岁造图以进。……分案三，置吏五，旧判司事一人，以无职事朝官充，掌受闰年图经。"②不难看出，北宋继承了后唐四年一造《图经》的制度，并将其发扬光大，乃至出现了诸如《开宝诸道图经》《祥符州县图经》之类的鸿篇巨制。

在《图经》的定期编修与造送中，地方州府无疑扮演着极为重要的角色。特别是州县官员，兼有纂修当地《图经》的职责，由此使得官修《图经》中以州县《图经》居多，其中州《图经》尤为普遍。不过，从敦煌遗书 S. 6111v《为申考典索大禄纳图钱及经等事状》提供的信息来看，《图经》的编造绝非易事，州司还专门拨付了一笔经费，谓之"纳图钱"，用于《图经》的编造，而负责此事的是司户参军下佐史索大禄③。刘禹锡《夔州刺史厅壁记》云："故相国安阳公乾曜尝参军事，修《图经》，言风俗甚备。"④以索大禄之例来看，源乾曜编修《夔州图经》时"尝参军事"，可能所任也是司户参军事之职。

---

① 《五代会要》卷一五《职方》，195～196 页，中华书局，1998。

② 《宋史》卷一六三《职官三》，3856 页，中华书局，1977。

③ 中国社会科学院历史研究所等编：《英藏敦煌文献（汉文佛经以外部分）》，第10 卷，84 页，四川人民出版社，1994；唐耕耦、陆宏基编：《敦煌社会经济文献真迹释录》，第四辑，366 页，全国图书馆文献缩微复制中心，1990。

④ 刘禹锡：《夔州刺史厅壁记》，见《全唐文》卷六〇六，6119 页，中华书局，1983。

基于州府官员三年或五年造送《图经》的通例，唐代的三百多州府中①，每一州府都应编有《图经》。比如，见于史籍和敦煌遗书的有《润州图经》《陇州图经》《莫州图经》《歙州图经》《朗州图经》《黎州图经》《陵州图经》《罗州图经》《渝州图经》《夔州图经》《湖州图经》《苏州图经》《沙州图经》《西州图经》等，都是官修《图经》成果的体现。有意思的是，元和十五年（820），韩愈以论佛骨贬黜潮州，乘驿赴任时途经韶州，赋诗一首，向"张端公使君"借阅《图经》②，以便为游览韶州的明山丽水和风景名胜提供指南。这说明当时各州确实都编有《图经》，否则韩愈如何能开口便借。此外，日本平安时期学者藤原佐世于891年奉敕编纂的《日本国见在书目·土地家》中收有"杨洲图经一，唐洲图经十卷，越洲都督府图经二，海洲图经一"③，这些由遣唐使或入唐僧带入日本的州府《图经》，可能也是官修之作。

唐代还有以县为单位编纂的《图经》。敦煌遗书 S.6014 残卷，存有"祥瑞五"条目，李并成考定为《始平县图经》④。睿宗时太子少保薛稷，撰文《朱隐士图赞》，其中明确提到了《灵池县图经》⑤。《日本国见在书目》"土地家"中收有《濮阳县图经》。《太平广记》卷 191 所记汉代朱遵之骁勇故事，就来自《新津县图经》⑥。陆羽《茶经》卷下《七之事》所引《夷陵图经》《永嘉图经》《茶陵图经》和《淮阴图经》中⑦，夷陵、永嘉、茶陵、淮阴四地分别为狭州、温州、衡州、楚州属县，因而这 4 部《图经》显然是以县为单位而编纂成书的。此外，《太平广记》草木部所收"娑罗绵树""旌节花"两条，分别来

---

① 唐代州府的数量，《唐六典》统计为 315，这是开元年间的数字。《通典·州郡门》所记"天宝初"郡府为 328，《唐会要》记载的天宝州数为 331。参见《唐六典》卷三《尚书户部》，72 页；《通典》卷一七二《州郡二》，4483 页，中华书局，1988；《唐会要》卷七〇《州县分望道》，1232 页。

② （唐）韩愈撰，钱仲联集释：《韩昌黎诗系年集释》卷一二《将至韶州先寄张端公使君借图经》，1179 页，上海古籍出版社，1984。

③ 《影旧钞本日本国见在书目》，古逸丛书之十九，光绪十年甲申遵义黎氏校刊，21 页。

④ 李并成：《唐〈始平县图经〉残卷（S.6014）研究》，载《敦煌研究》，2005(5)。

⑤ （唐）薛稷：《朱隐士图赞》，见《全唐文》卷二七五，2799 页。

⑥ 《太平广记》卷一九一《骁勇一·朱遵》，1428 页，中华书局，1981。

⑦ （唐）陆羽撰，沈冬梅校注：《茶经校注》，50 页，中国农业大学出版社，2007。

自《黎州通望县图经》和《黎州汉源县图经》。按黎州，"或为洪源郡，领县三，汉源、飞越、通望。"①若以黎州的地理建制来看，似还应有《黎州飞越县图经》。敦煌遗书 S.2593《沙州图经卷第一》载："沙州图经卷第一。第一州，第二、第三、第四敦煌县，第五寿昌县。沙州，下，属凉州都督府。"据郑炳林考证，此卷成于唐贞观年间②。是时《沙州图经》共有 5 卷，第 1 卷概述沙州历史地理，第 2—4 卷详记敦煌县地志，第 5 卷叙述寿昌县内容。因此，从《沙州图经》的体例来看，县《图经》应是州《图经》的一部分内容③。

唐代还有以"郡"为单位编纂的《图经》。杜佑《通典》引《汉阳郡图经》曰："赤壁城一名乌林，在郡西北二百二十里，在汉川县西八十里，跨汉南北。"④赵彦卫《云麓漫钞》卷六载："唐《汉阳图经》云：'赤壁又名乌林，在汉川县西八十里，跨汉南北。'"⑤按唐制，天宝元年(742)玄宗诏令改州为郡，至乾元元年(758)肃宗又恢复为州，此部《图经》既冠以"郡"名，推测当成于 742—758 年。孙逖《为宰相贺武威郡石化为面表》载："武威郡番禾县嘉瑞乡天宝山周回五六里，石化为面，……取食甘美益人。又按《图经》：'贞观九年凤凰集于此，故名嘉瑞乡。'"⑥联系上下文意，此《图经》当为《武威郡图经》。

唐代还有以"道"为单位编纂的《图经》。大中五年(851)七月，沙州刺史"张义潮遣兄义潭将天宝《陇西道图经》、户籍来献，举州归顺。"⑦这部成于天宝年间的《陇西道图经》，《太平寰宇记》《玉海》均作"本道图经"，《册府元龟》作"瓜沙伊肃等十一州图经"，这说明《陇西道图经》在内容上大体

① 《通典》卷一七六《州郡六》，4638 页。

② 郑炳林：《敦煌地理文书汇辑校注》，3 页，甘肃教育出版社，1989。

③ 李锦绣认为，县《图经》只是州《图经》的一卷。参见张弓主编：《敦煌典籍与唐五代历史文化》，510 页。

④ 《通典》卷一八三《州郡十三·巴陵郡》，4876 页。

⑤ (宋)赵彦卫撰，傅根清点校：《云麓漫钞》，110 页，中华书局，1996。

⑥ 孙逖：《为宰相贺武威郡石化为面表》，见《文苑英华》卷五六四，2892 页，中华书局，1966。

⑦ 《唐会要》卷七一《州县改置下·陇西道》，1268 页。

与"瓜沙伊肃等十一州图经"相同。唐代的行政区划中,最高一级的是"道"。贞观元年(627),太宗将天下分为关内、河南、河东、河北、山南、陇右、淮南、江南、剑南、岭南 10 道。开元二十一年(733),玄宗又将山南、江南各分东西,并增设京畿、都畿、黔中道,形成 15 道的格局。其中陇右道,"古雍、梁二州境,今秦、渭、成、武、洮、岷、叠、宕、河、兰、鄯、廓,已上陇右;凉、甘、肃、瓜、沙、伊、西、北庭、安西,以上河西。"①以州郡地理而论,陇右道辖境实际囊括河西、陇右之地。其中河西地区不仅领有凉州、甘州、肃州、瓜州、沙州等河西重镇,还兼有西域的伊州、西州及北庭之地。因此,就地理归属而言,张义潮遣使献捷的"瓜沙伊肃等十一州"恰好在陇右道控驭的"河西"范围之内。从这个意义来说,张义潭携带的《陇西道图经》正是"瓜沙伊肃等十一州图经"的集纂和汇总,其全称应为《陇右河西道图经》。

以上论述表明,唐代的《图经》是以道、州(府)、县的行政区域为单位而进行编纂的。《图经》冠以"道"名,表明本道《图经》正是该道所辖诸多州府《图经》的汇集。《日本国见在书目》中收有"州县图经",并注曰:"关内道、河南道、河东道、河北道、山南道、陇右道、剑南南(道)、淮南道、岭南道各一卷"②,说明 10 卷本《州县图经》,就是以"道"为单位编排的。此种编排方式,其实与郎蔚之《隋诸州图经集》相同。甚至宋代的宋准《开宝诸道图经》、李宗谔《祥符州县图经》也是在检阅诸州图经、"东封所过州县图经"③的基础上集纂而成。至于以县为单位编纂的《图经》,从前引《歙州汉源县图经》及《沙州图经》来看,应是州《图经》不可或缺的一部分内容。因而总体来看,唐代的《图经》系列中,以州为单位编纂的《图经》无论在数量上还是成效上,始终都居于主导和核心地位。

除了官修《图经》外,唐代还有私家修纂的《图经》。有代表性的如韦瑾

---

① 《唐六典》卷三《尚书户部》,68 页。

② 《影旧钞本日本国见在书目》,21 页。

③ 王应麟:《玉海》卷一四《地理·祥符州县图经》,274 页,江苏古籍出版社、上海古籍出版社,1987。

撰《域中郡山川图经》1卷，"始关内，终剑南，据郡县山川为之图"①，看来仍是以"道"为单位编纂的。中唐诗人元稹在"寻于古今图籍之中"的基础上，结合京畿地区的西北边防，撰成《京西京北图经》4卷，并根据太和公主下嫁回鹘的道远里程，"具录天德城以北至回鹘衙帐已来食宿、井泉"②，可谓是唐代交通回鹘路线的山川形势图。文宗时入吐蕃使田牟，太和八年（834）四月，"进宣索《入蕃行记图》一轴，并《图经》八卷"③。这部《图经》是田牟根据自己的切身经历和见闻写成，对了解唐蕃古道及吐蕃的国政、风俗、物产等情况都有参考价值。

## 第二节　《图经》的内容及编撰体例

尽管唐代各州普遍撰修《图经》，但完整流传下来的并没有一部。刘纬毅《汉唐方志辑佚》曾辑出唐代《图经》数十部，其中收录了散见于传世古籍中的《图经》条目数百条④，对了解《图经》的内容与形制多有裨益。比较而言，敦煌遗书中《沙州都督府图经》保存了相对较多的地志条目和信息，为探讨唐代《图经》的内容、形制及编撰体例提供了弥足珍贵的材料。

前已提及，成于贞观年间的《沙州图经》（S.2593）共有5卷，其中第2—4卷为敦煌县的地志，第5卷为寿昌县的内容。敦煌遗书中P.2695残卷尾题"沙州都督府图经卷第三"，卷中所存11条祥瑞和1首歌谣，均见于P.2005号文书，该卷中有"敦煌县社稷坛各一""右当县并无前件色"等文字，说明P.2005《沙州都督府图经卷第三》其实就是敦煌县地志的描述，因而在体例上与S.2593《沙州图经卷第一》所述"第二、第三、第四敦煌县"相符合。由此看来，永徽二年（651）沙州的行政地位由"州"上升为"都督府"

①　王应麟：《玉海》卷一五《地理·唐郡国志》，290页。
②　元稹：《进西北边图经状》，见《全唐文》卷六五一，6607页。
③　《册府元龟》卷五六〇《国史部·地理》，6426页。
④　刘纬毅：《汉唐方志辑佚》，北京图书馆出版社，1997。

后①，《图经》的名称虽然有所调整，但其编撰主旨与体例始终未发生变化。因此可以说，贞观年间的《沙州图经》成为此后编撰《沙州都督府图经》的基本依据。

需要说明的是，敦煌遗书 P.5034 号残卷亦为《沙州都督府图经》的组成部分，该卷所存篇目格式、体例与 P.2005《沙州都督府图经卷第三》大致相同，又卷中所记多为寿昌县的山泽、渠水、关城、神庙等内容，结合 S.2593《沙州图经》"第五寿昌县"的体例，可将 P.5034 号文书定为《沙州都督府图经卷第五》②。

表 8-1　《沙州都督府图经》篇目对照表

| P.2005《沙州都督府图经卷第三》 | P.5034《沙州都督府图经卷第五》 |
| --- | --- |
| □所水、七所渠、三所泽、二所堰、一所故堤、一所殿、咸卤、三所盐池水、一所兴胡泊、一十九所驿并废、州学、县学、医学、二所社稷坛、四所杂神、一所异怪、二所庙、一所冢、三所堂、一所土河、四所古城、张芝墨池、廿祥瑞、歌谣 | 一所废寺、一所佛龛、一所县学、一所社稷坛、二所泽、二所泉、一所海水、二所渠、二所涧、二所古关、一所古塞、二所古城、一所僧寺、六所道路、二所废城、二所蒲桃故城、一所蒲昌海、一所袄舍 |

单就第三卷而言，《沙州都督府图经》的内容甚为广泛。粗略言之，计有水源、河渠、大泽、水堰、故堤、咸卤、盐池、兴胡泊、宫殿、厅堂、馆驿、学校、社稷坛、杂神、神庙、异怪、墓冢、土河、古城、墨池、祥瑞、歌谣等。这些条目既有对先贤历史人物的怀念（如阚冢、先王庙、张芝墨池等），也有对敦煌边塞古城和丝路咽喉地位的肯定（如"一所兴胡泊""一十九所驿""四所古城""一所土河"等），也有对敦煌地貌和绿洲重镇的描述（如"七所渠""三所泽""二所堰""三所盐池水"等），还有对敦煌州县地位及与中央隶属关系的确认（如州学、县学、医学、"二所社稷坛"、廿祥瑞、歌谣等），较为完整地体现了敦煌作为边塞古城、丝路枢纽和绿洲重镇的地域特点。

需要说明的是，《沙州都督府图经》中的"异怪"、神庙及祥瑞等条，常见于其他州县《图经》中。如祥瑞，《武威郡图经》云："贞观九年凤凰集于

---

① 《唐会要》卷七〇《陇右道》，1238 页。
② 李正宇：《古本敦煌乡土志八种笺证》，157～159 页，甘肃人民出版社，2008。

此，故名嘉瑞乡。"①敦煌遗书 S.6014《唐始平县图经》也存有五条祥瑞，如连槐树，"右武德元年生槐里乡"。芝草，"右总章元年生汤台乡"，"右武德口年生龙泉乡"②。由此可见，祥瑞见于《图经》并非沙州特例。至于祠庙及神异、灵验故事，州县《图经》亦常有描述。开元五年(717)，玄宗巡幸东都，右散骑常侍褚无量建议按照《图经》著录的祠庙形制来安排沿途州县的祭祀③，由此看来，神祀祠庙见于《图经》已极为普遍。如孙处元《润州图经》载，润州州城西北埔上神祠，"本汉荆王之庙也"，自两汉至隋，"数经寇贼镇官汹惧，屡祷求福助焉"④。又《陇州图经》载，陇州汧源县有土羊神庙，相传秦始皇"开御道"时，有两位"土羊之神"于路边相迎，始皇"遂令立庙，至今祭享不绝"⑤。再看《朗州图经》的因缘故事：沙门惠原"少以弓弩为业"，至武陵山行猎时射杀一孕鹿，鹿之将死，告诉惠原"既是缘对，应为汝死"，"生生代代，勿复结冤"。惠原感悟前缘，"遂落发于鹿死之处，而置迦蓝，名耆阇窟山寺"⑥。其他如《莫州图经》所记"女仙"郝姑故事，《歙州图经》收录"异僧"法度事迹，均属此类。这说明在《图经》的编纂中，古老相传的旧闻佚事和神异灵验故事也提供了一些可资利用的材料。

表 8-2　《太平广记》所见《图经》中之神异故事

| 篇目 | 主题 | 图经 | 出处 |
| --- | --- | --- | --- |
| 女仙五 | 郝姑 | 莫州图经 | 广记/60/375 |
| 异僧五 | 法度 | 歙州图经 | 广记/91/599 |
| 释证三 | 惠原 | 郎州图经 | 广记/101/682 |
| 报应十七 | 程灵铣 | 歙州图经 | 广记/118/827 |
| 骁勇一 | 朱遵 | 新津县图经 | 广记/191/1428 |

① 孙逖：《为宰相贺武威郡石化为面表》，见《文苑英华》卷五六四，2892 页，中华书局，1966。

② 李并成：《唐〈始平县图经〉残卷(S.6014)研究》，载《敦煌研究》，2005(5)。

③ 《唐会要》卷二七《行幸》，519 页。

④ 《全唐文》卷九八七《重修顺祐王庙记》，1033 页。

⑤ 《太平广记》卷二九一《神一·土羊神》，2316 页。

⑥ 《太平广记》卷一〇一《释证三·惠原》，682 页。

| 骁勇二 | 汪节 | 歙州图经 | 广记/192/1440 |
|---|---|---|---|
| 神一 | 土羊神 | 陇州图经 | 广记/291/2316 |
| 冢墓一 | 古层冢 | 朗州图经 | 广记/389/3106 |
| 山 | 圣钟山 | 黎州图经 | 广记/397/3179 |
| 山 | 石鼓山 | 歙州图经 | 广记/397/3179 |
| 水 | 仙池 | 渝州图经 | 广记/399/3204 |
| 水 | 渝州滩 | 渝州图经 | 广记/399/3204 |
| 井 | 盐井 | 陵州图经 | 广记/399/3206 |
| 草木一 | 娑罗绵树 | 黎州通望县图经 | 广记/406/3276 |
| 草木四 | 旌节花 | 黎州汉源县图经 | 广记/409/3312 |
| 蛟 | 洪氏女 | 歙州图经 | 广记/425/3462 |
| 禽鸟三 | 黎州白鹭 | 黎州图经 | 广记/462/3791 |
| 水族一 | 鹿子鱼 | 罗州图经 | 广记/464/3824 |
| 水族三 | 赤岭溪 | 歙州图经 | 广记/466/3843 |

作为现存内容最为丰富的一部官修《图经》，P.2005《沙州都督府图经》除了沙州地志的描述外，还保存了唐代官修《图经》的一般格式与内容：

> 监牧　羁縻州　江河淮济　海沟
>
> 陂　宫　郡县城　关铲津济
>
> 岳渎　铁　碑碣　名人
>
> 忠臣孝子　节妇烈女　营垒　陵墓
>
> 台榭卸亭　镰窟　帝王游幸　名臣将所至屯田
>
> 右当县并无前件色。①

既然这些条目"当县"（敦煌县）都无具体内容，那么《图经》为何还要列出详目呢？唯一的解释："必是朝廷颁有州郡图经编写纲目，各州须依纲目逐条编列，不得遗漏；若无可记，亦须注明。"②理论上说，监牧、羁縻

---

① 郑炳林：《敦煌地理文书汇辑校注》，16 页。

② 李正宇：《古本敦煌乡土志八种笺证》，125 页。

州、江河淮济等 20 条目，应是唐朝颁行的有关州县《图经》编纂的基本通例，自然也是官修《图经》书写的必备内容。但在实践中，地方州县的风土和人文情况也是千差万别，各具特色，乃至"前件色"中的相关内容并不具备，因而编纂时只能保存纲目，而具体内容只好空缺。这样的编排方式，表面看来是出于《图经》整齐划一的考虑，但实则表明官修《图经》正是按照特定的格式和体例编纂而成的。

引经据典是中国古代史学撰述和文献注疏的常用方式。P.2005《沙州都督府图经》的纂修也不例外。比如，在历史、地理、人物、故事、古迹、祥瑞等内容的编排中，广泛征引《西凉录》《十六国春秋》《后凉录》《汉书·西域传》《汉书·匈奴传》《魏书》《瑞应图》等著作[1]。其中引用最多的《西凉录》，共 17 处，涉及悬泉水、孟授渠、阳开渠、阴安渠、一所殿、先王庙、孟庙、嘉纳堂、靖恭堂、谦德堂、赤气龙迹、白雀、大立石、瑞葛、嘉禾、白狼、凤凰等条，大致是敦煌先贤人物和历史故事的描述。如孟授渠条："右据《西凉录》，敦煌太守赵郡孟敏于州西南十八里于甘泉都乡斗门上开渠溉田，百姓蒙赖，因以为号。"又凤凰条："右按《西凉录》，凉王李暠建初元年正月凤凰集于效谷。"[2]既然前代的人物、故事通过专门的条目被编入《图经》中，那么记录这些"先前旧事"的史志书目自然成为《图经》编纂时不可或缺的参考资料。

除了史志文献的征引外，《图经》编纂的另一材料来源是从地方官员和民间百姓中搜求、征集而来。比如，"廿祥瑞"中所见的白龙、木连理、甘露、瑞石、白雀、黄龙、五色鸟、日扬光、蒲昌海五色及白狼等条，就来自百姓董行端、董行靖、严洪爽、王会昌、阴嗣鉴、阴守忠、豆卢军支度使崔搉、石城镇将康地舍拨、州司，"崇教寺僧徒都集及直官"等的奏报。又"歌谣"一条，系为歌颂武后称帝，建立大周功绩的献媚之词。P.2005《沙州都督府图经》云："右载初元年四月，风俗使于百姓间采得前件歌谣，具状上讫。"[3]按风俗使，或观风俗使，

①　仓修良：《从敦煌图经残卷看隋唐五代图经发展》，见《仓修良探方志》，128 页。
②　郑炳林：《敦煌地理文书汇辑校注》，7、17 页。
③　郑炳林：《敦煌地理文书汇辑校注》，20 页。

即中央派遣巡察地方，了解各地政情民风的官员。此首赞颂武后基业的应时之词，是风俗使在巡察地方中从民间百姓中采访搜求而来。但要看到，此首歌谣"内容专颂朝廷，谀词满篇，体裁形式乃至文句多袭《诗经》，间采《尚书》《易经》，去'百姓'之时语俚言及苦乐旨趣远甚，实为当地官员假借百姓之名伪造者"①。周绍良也说："这些歌谣显然是一些谄诈的作品，并非民间之歌谣，从它的造句用词上已断定是地方长官之作，所谓'风俗使于百姓间采得'，不过借口'百姓'为歌谣之由而已。"②总之，这首由地方官员创作而托名于百姓传唱的"歌谣"，最终成为《图经》编纂的重要材料。

值得注意的是，P.2005《沙州都督府图经》还提到了4位沙州刺史：即李无亏(691)、陈玄珪(695)、李祖隆(673)和杜楚臣(714)。据《大周沙州刺史李无亏墓志铭》记载，载初元年(690)李无亏"授沙州刺史，兼豆庐军使"，长寿二年(693)"进爵长城县开国公"，延载元年(694)终于官舍③。据此，李无亏担任沙州刺史是在690—694年。在这五年中，李无亏对沙州进行了较好的治理，特别是在奏请改移馆驿、奉敕设置馆驿，修造渠堰以及表奏祥瑞等方面成绩突出。《图经》所见的"长城堰、清泉驿、东泉驿、五色鸟、日扬光、庆云、蒲昌海五色、白狼"等条中，所谓"刺史李无亏"云云，正是李氏经营沙州的生动反映。又"甘草驿"条明确提到"前刺史李无亏"奏请设置馆驿之事，可知此时李无亏已去职。从"刺史"到"前刺史"的变化，正说明《图经》的初次编纂是李无亏担任沙州刺史期间，因而在祥瑞条中对"刺史李无亏"的事迹进行了极尽能事之渲染。由于《图经》所见的李无亏事迹，最早的时间是天授二年(691)腊月，结合"长城堰"条李无亏"长城县开国子"的封爵，故可推知《图经》的初次编纂是在长寿元年(692)④。

① 李正宇：《古本敦煌乡土志八种笺证》，135～136页。

② 周绍良：《读〈沙州图经〉卷子》，载《敦煌研究》，1987(2)。

③ 王囝战：《大周沙州刺史李无亏墓及征集到的三方唐代墓志》，载《考古与文物》，2004(1)。

④ 李宗俊：《〈沙州都督府图经〉撰修年代新探》，载《敦煌学辑刊》，2004(1)。

**表 8-3　《沙州都督府图经》所见刺史李无亏事迹**

| 条目 | 沙州刺史 | 事迹 | 纪年 |
|---|---|---|---|
| 清泉驿 | 刺史李无亏 | 奏请改移驿站 | 天授二年（691） |
| 东泉驿 | 刺史李无亏 | 奏请设置驿站 | 天授二年（691） |
| 五色鸟 | 刺史李无亏 | 表奏祥瑞 | 天授二年（691） |
| 日扬光、庆云 | 刺史李无亏 | 表奏祥瑞 | 天授二年（691） |
| 蒲昌海五色 | 刺史李无亏 | 表奏祥瑞 | 天授二年（691） |
| 白狼 | 刺史李无亏 | 表奏祥瑞 | 天授二年（691） |
| 长城堰 | 刺史李无亏 | 修造长城堰 | 长寿二年（693）前 |
| 甘草驿 | 前刺史李无亏 | 奏请设置驿站 | 证圣元年（695） |

李无亏之后，陈玄珪继为沙州刺史，时间是证圣元年（695）。陈氏在任时，似也组织人员做过《图经》的编修和补充工作，故有"前刺史李无亏"的说法。此次《图经》的补修时间，"新井驿、广显驿、乌山驿"条提供了信息：

> 至证圣元年正月十四日敕，为沙州遭贼少草，运转极难，稍竿道停，改于第五道来往。又奉今年二月廿七日敕，第五道中总置十驿，拟供客使等食。①

此处"今年"，应为《图经》的二次纂修时间。王重民谓："此称今年，当蒙证圣而言，可知是书当作于证圣二年"②。严耕望认为，"今年"当即证圣元年之次年，即万岁通天元年（696）③。李正宇指出，"今年"的准确表述为万岁登封元年，至三月十六日，方改元万岁通天元年，"由此得知本《图经》之原本亦当撰于万岁登封元年二月之后，乃属万岁通天元年矣"④。不

---

①　郑炳林：《敦煌地理文书汇辑校注》，10 页。

②　王重民编：《敦煌古籍叙录》，116 页，商务印书馆，1958。

③　严耕望：《唐代交通图考》第 2 卷《河陇碛西区》，历史语言研究所专刊之八十三，448 页，1985。

④　李正宇：《古本敦煌乡土志八种笺证》，93 页。

北京师范大学史学探索丛书

论此《图经》是"原本"还是二次补修，但可以肯定的是，在陈玄珪担任刺史的第二年(696)，沙州官方进行过一次《图经》的编修工作。

有迹象表明，开元初年也曾对《图经》做过续修和补充工作。如"张芝墨池"条所记，开元二年沙州刺史杜楚臣、开元四年敦煌县令赵智本"各检古迹"，寻访古池。罗振玉据此推断"此书之作，殆在开天间"①。王重民认为"墨池条与全书体例不合，自开元二年九月以下，当系后人增入"②。事实上，《图经》中流露出的"开元"时代的信息并不仅限于"张芝墨池"，如"鱼泉驿"条，为避玄宗名讳，刺史李祖隆之"隆"字缺笔，写作"降"；"一所故堤"条中"其趾步存"，"古长城"条中"其阔一丈"，此二"其"字均为避讳"基"而改。显然，这样的文字改动渗透着浓郁的开元时代气息。因此，王重民"后人增入"的说法，其实正是开元四年(716)以后沙州地方进一步续修《图经》工作的反映。

综上所述，现存 P.2005《沙州都督府图经》是在贞观年间《沙州图经》的基础上，中间至少经过了 692 年、696 年和 716 年以后的三次编修和补充，最终编纂而成。其编排方式，大致是在沙州所存《图经》"旧本"的基础上，根据"州县有创造及山河改移"③的情况，不断进行地志的调整或增补，以便更好地反映州县风土方物的变化。比如，"一十九所驿"条中的"同前奉敕移""奉敕置""奉敕移废"，就是基于沙州馆驿设置、迁移、停废的现状而编入《图经》的。此外，敦煌遗书 S.6111v《为申考典索大禄纳图钱及经等事状》还有广德年间(763—764)沙州司户参军佐史索大禄修造《图经》及征纳图钱的记载，这说明安史乱后沙州《图经》的编撰仍在继续，乃至五代时期的敦煌地志残卷中(S.788)，还有悬泉、东盐池、西盐池、北盐池、土河、兴胡泊、阚冢等条，从中不难看出《沙州都督府图经》的痕迹。

① 罗振玉：《敦煌石室遗书》，上虞罗氏排印本，1909，收入黄永武主编：《敦煌丛刊初集》，第六册，76 页，新文丰出版公司，1985。

② 王重民编：《敦煌古籍叙录》，116 页。

③ 《唐会要》卷五九《尚书省诸司下·职方员外郎》，1032 页。

## 第三节 《图经》的政治功用

张籍《送郑尚书赴广州》云："圣朝选将持符节，内使宣时百辟听。海北蛮夷来舞蹈，岭南封管送图经。"①是说朝廷命官（郑权）到任广州后，受到了岭南民众的热烈欢迎，节度使随即遣使送上管内诸州的《图经》。此种急于归属中央及纳入"王化"的情境，与大中五年（851）张义潮遣使携河西十一州《图经》、户籍来献正相符合，即借此谋求中央王朝的高度重视与认可，以期获得来自中央的政令或财赋支持。相较而言，缘边州府关涉的边疆、民族问题更为复杂，中央王朝既要贯彻抚宁四夷的羁縻政策，自然离不开《图经》提供的资料。由此可见《图经》在调节中央与地方的关系上起着十分重要的作用。一方面，《图经》、户籍的定期造送，其实也是检验地方官政绩与能力的一种方式，因而州县长官在"谨遵奉行"中央政令的同时，还希冀在考课中获得好的评价。S.6111v《为申考典索大禄纳图钱及经等事状》载：

1　　　　　　为申考典索大禄纳图钱及经等具状上事。

2　　　　　　《图经》于州典索　　　　　　

3　□□□□钱得状称，州司纳　　　　　

4　以前被符称，得司户参军窦昊　　　　

5　十一月内符下县，征佐史索大　　　

6　者州图及经依前，下县催仍，且　　　

7　十二月六日被符，征索大禄图及经　　

8　禄状称，州司纳钱，其日判申州讫

9　得见在，其钱得州典孔崇云　　　　

---

① 张籍撰，徐礼节、余恕诚校注：《张籍集系年校注》，539 页，中华书局，2011。

10　　纳在州司，具检如前者，谨 □□□□ ①

　　状文中"窦昊"，见于 P.2555《为肃州刺史刘臣壁答南蕃书》，邓小楠已考出窦昊所撰《答南蕃书》作于宝应元年(762)②。又 S.6111 号卷子正面为《书仪镜》，可与 S.10595 缀合，后者背面残存"广德"二字③，由此可知 S.6111v 成于广德年间(763—764)。状文中索大禄以司户参军下佐史的身份充为"考典"，应是侍从入京考使(朝集使)的随行吏员。大谷文书 3786《西州官人差使录》记载，开元十二年(724)八月，西州营田副使守信充为考使入京，同行的一位高昌县人也因为掌管营田事务而"充考典入计"④，其性质与索大禄相同。据状文描述，索大禄随使入京携带的考课资料有"州图及经"，说明《图经》已是考使入京上计需要交纳的一种文簿。由此，州县《图经》的定期编造与上报，使得中央也建立了相应的地志档案，定期纳《图经》成为中央了解并控制地方的手段之一⑤。

　　另一方面，中央通过地方州县定期报送上来的《图经》，尽可能对天下诸道州府的民风政情与山川形势有所了解，正所谓"衽席之上欹枕而郡邑可观，游幸之时倚马而山川尽在"⑥，进而为中央决策提供地理依据。如州县的设置、改革与调整，《图经》都能提供相关信息予以参照。宪宗元和年间，朝廷根据《兖州图经》的记载，准许了兖海节度使曹华的提议，将交通

---

　　① 中国社会科学院历史研究所等编：《英藏敦煌文献（汉文佛经以外部分）》，第 10 卷，84 页，四川人民出版社，1994；唐耕耦、陆宏基编：《敦煌社会经济文献真迹释录》，第四辑，366 页，全国图书馆文献缩微复制中心，1990；张弓主编：《敦煌典籍与唐五代历史文化》，520 页。

　　② 邓小楠：《为肃州刺史刘臣壁答南蕃书校释》，见北京大学中国中古史研究中心编：《敦煌吐鲁番文献研究论集》，596～614 页，中华书局，1982。

　　③ 荣新江指出，S.10595 首部可与 S.6111 缀合，两件原为一个抄本。背面为广德某年牒，残存三字。参见《英国图书馆藏敦煌汉文非佛教文献残卷目录（S.6981—13624）》，168 页，新文丰出版公司，1994。

　　④ ［日］小田义久编：《大谷文书集成》，第二卷，法藏馆，155 页，1990；［日］池田温：《开元十三年西州都督府牒秦州残卷简介》，见《敦煌吐鲁番研究》，第三卷，112 页，北京大学出版社，1997。

　　⑤ 李锦绣：《从敦煌文书看唐五代地理学》，见张弓主编：《敦煌典籍与唐五代历史文化》，520～521 页。

　　⑥ 元稹：《进西北边图经状》，见《全唐文》卷六五一，6607 页。

不便、面积偏小、人口稀少的莱芜县并入就近的乾封县①。长庆二年(822)十二月，桂管观察使殷侑奏："桂州建陵县，今按《图经》有修仁乡，请改修仁县；永丰县，与信州永丰县同，按《图经》，县下有丰水，请改为丰水县；富州开江县，与开州开江县同，按《图经》，江系马援所开，请改为马江县；唐州平原县，与德州平原县同，按《图经》，县卜有思和水，请改为思和县。"②殷侑的建议得到了穆宗的认可，桂管观察使所辖建陵、永丰、开江、平原四县，分别按照《图经》的描述而进行了相应的改名。由此可见，《图经》对于地方行政的管理亦有指导作用。

---

① 《唐会要》卷七〇《州县改置上·河南道》，1254 页。
② 《唐会要》卷七一《州县改置下·岭南道》，1279～1280 页。

# 第九章　敦煌吐鲁番文书所见
# 唐代官学教育透视

唐代是健全和完善中国古代教育制度的重要时期。从中央国子监的"六学"，到地方的州学、县学，形成了一套较为全面、系统的官学教育体制。同时，由于科学制度的推行，使得私学教育也纳入了唐代教育制度的轨道，并与官学教育一道成为国家教育制度的支柱①。另一方面，敦煌吐鲁番文书的发现，为我们了解中古时期的州学、县学及私学教育提供了重要材料。比如，S.2703v《千字文》所见的学童习字、老师"手把手"的识字教育及温故而知新、启发、诱导和鼓励的教学方法，使我们对中古社会的童蒙识字教育有了较为真切的理解。这些有关反映中古文化教育的"新材料"，有关学者已做了很好地开掘，并取得了一系列成果②。本章通过对吐鲁番、敦煌所出两件文书的解读，进一步揭示唐代州县官学教育及学生日常社会生活的若干细节。

## 第一节　中村不折旧藏《唐人日课习字卷》初探

中村不折（1868—1943）是日本久负盛名的美术家和文物收藏家。尤其是他创建的书道博物馆素以收藏古本文献和书法文物而著称于世。在中村氏的众多藏品中，《唐人日课习字卷》（简称《日课》）是吐鲁番出土的

---

①　参见宋大川：《教育》，见胡戟主编：《二十世纪唐研究》，193～215 页，中国社会科学出版社，2002。

②　李正宇：《唐宋时代的敦煌学校》，载《敦煌研究》，1986(1)，39～47 页；高明士：《唐代敦煌的教育》，载《汉学研究》，1986，4(2)，231～270 页；周谷平：《敦煌出土文书与唐代教育的研究》，载《华东师范大学学报》，1995(3)，59～62 转 22 页；姚崇新：《唐代西州的官学——唐代西州的教育之一》，载《新疆师范大学学报》，2004(1)，62～68 页；《唐代西州的私学与教材——唐代西州的教育之二》，载《西域研究》，2005(1)，1～10 页；苏哲仪：《试论唐代敦煌地区的学校教育》，载《岭东通识教育研究学刊》，2012，4(3)，155～187 页；《试论唐代敦煌教育机构及其文化意义》，载《岭东通识教育研究学刊》，2012，4(4)，81～119 页。

一件习字作业。王重民《敦煌遗书散录》所附《日本中村不折所藏燉煌遗书目录》介绍说："0908 唐人日课习字卷（吐鲁番出土之唐书）。"①陈国灿、刘安志主编《吐鲁番出土文书总目（日本收藏卷）》著录称："055 唐人日课习字残片，幅约 9 寸 5 分，长 32 尺 8 寸，隶书。同一字写七八十次，共有三百五六十字之多。据称，此纸是吐鲁番农夫从所掘古瓶中获得。"②《日课》的发现经过及内容，最早收藏此件的王树枏（1852—1936）曾撰题记介绍说：

> 吐鲁番二堡，农人掘土得古瓶，瓶中藏字一卷，盖唐时寺僧习字日课，每一字五行，行自十五字至二十字不等，每日习二十行而记以月日，其有假放别事，亦必记之，故当时写经多善书者。庚戌端午日晋老识。③

这里"庚戌"即 1910 年，是时王树枏（字晋卿，号陶庐老人）58 岁，故以"晋老"自称。中村不折藏 171 号武后时写经残卷《目莲尊者问说经》和《舍利弗尊者问说经》所附王树枏题跋中，即署名为"晋老"④。《日课》的性质，王树枏推断为"唐时寺僧习字日课"，盖因习字中"香""气""满""遍""布""普""欢""喜"等字，在佛经中亦经常见到，故"晋老"将其与寺僧习字联系起来。

1927 年，中村不折编著的《禹域出土书法墨宝源流考》在东京印行，其中卷下《史料》收有《日课》的大段解题，现移录如下：

> 长三丈二尺八寸。无年月。据说吐鲁番的农民掘地时，在发现的古瓶中得到此卷。幼僧每日习字时，大约要写同一个字约七八十个，

① 商务印书馆编：《敦煌遗书总目索引》，333 页，中华书局，1983。

② 武汉大学出版社，2005，496 页。

③ ［日］矶部彰编：《台东区立书道博物馆所藏中村不折旧藏禹域墨书集成》卷中，東アジア善本叢刊，第二集，280 页，2005。

④ 写卷题跋中，还钤有"王树枏印"（白文）、"臣树枏印"（白文）、"树枏印"（白文）、"晋卿"（朱文）等印，参见《台东区立书道博物馆所藏中村不折旧藏禹域墨书集成》卷下，70～71 页；李熙斋《禹域墨书遗珍——记日本书道博物馆藏中国古代写本、写经》，载《中国书法》，2010(8)，49～52 页。

一日练习凡三百五六十字。每日之首有简单的记事。

从廿三日的日期前开始，在写了廿三日后临写"意道凉量"各七八十遍，再移到廿四日，写了廿四日后临写"修志趣盗"等各七八十遍，再移至廿五日。列记卷中的日期及小记事：

廿三日　廿四日　廿五日　廿六日　廿七日　廿八日　廿九日卅日假八月一日放（"假"为"暇"，"放"为"做"。）二日　八月三日患至六日八日放　九日十日假　十一日放　十二日　十三日　十四日十五日　十六日当直　十七日行礼　十八日往　十九日　廿日假　廿一日放　廿二日　廿三日　廿四日　廿五日　廿六日　廿七日　廿八日诫书　九日假　九月一日放　二日　三日　四日迎县明府　五日放六日　七日　八日　九日假　十日假

至此终了。习字帖是欧阳询的，从此卷推测，可知唐代热心习书的状态，亦可知练习书法之一端。①

中村不折认为此件是"幼僧习字"，这与王树枏的认识大致相同。但在"习字"的理解上，中村不折具体为"临写"，即书法中的临摹，且临摹的对象为欧阳询。照此理解，《日课》则为寺院幼僧练习"欧体"书法的一份日常作业。

2005年，日本学者矶部彰编集的《中村不折旧藏禹域墨书集成》一书出版，公布了书道博物馆收藏的228件古本文献。其中编为129号的《唐人日课习字卷》(288mm×9937mm)被分为11张图片予以印行②。但细审此卷，这11张图片的编排次序略有错误，正确的顺序应为图1—4—2—5—3—6—7—9—8—10—11。按此顺序，《日课》的内容可列表如下：

---

① ［日］中村不折著，李德范译：《禹域出土书法墨宝源流考》，142页，中华书局，2003。

② ［日］矶部彰编：《台东区立书道博物馆所藏中村不折旧藏禹域墨书集成》卷中，280～283页。该卷图片原无序号，本书为便于讨论，按照《禹域墨书集成》的刊布顺序，用阿拉伯数字以做标识：即原书第280页的3张图片分别用图9-1、图9-2、图9-3表示，第281页的3张图片依次标为图9-4、图9-5、图9-6，第282页的2张图片标为图9-7、图9-8，第283页的3张图片标为图9-9、图9-10、图9-11。所有图片均附于本节最后。

表 9-1　《日课》所见习字表

| 图版 | 日期 | 习字 | 抄写行数 |
|---|---|---|---|
| 图 9-1 | [七月]廿二日 | 残存"乐、精" | 乐残存 2 行，精 5 行 |
| | 廿三日 | 意、道、谅、量 | 意、谅 4 行，道、量 5 行 |
| 图 9-1＋图 9-4 | 廿四日 | 修、志、趣、盗 | 修、趣 4 行，志、盗 5 行 |
| 图 9-4 | 廿五日 | 将、氢、救 | 将 3 行，氢、救 5 行 |
| | 廿六日 | 应、香、气、满 | 应、气、满 5 行，香 3 行 |
| 图 9-4＋图 9-2 | 廿七日 | 遍、氢、逐、佳 | 均 5 行 |
| 图 9-2 | 廿八日 | 或、布、普、郑 | 均 5 行 |
| | 廿九日 | 池、业、鸡、觉 | 均 5 行 |
| 图 9-2＋图 9-5 | 卅日假，八月一日放 | 霞、寿、须、尘 | 均 5 行 |
| 图 9-5 | 二日 | 冀、欢、喜、诸 | 均 5 行 |
| 图 9-5＋图 9-3 | 八月三日患至六日，八日放 | 有、庆、益、兴 | 均 5 行 |
| 图 9-3 | 九日十日假，十一日放 | 真、意、弟、使 | 均 5 行 |
| | 十二日 | 乐、精、意、道 | 均 5 行 |
| 图 9-3＋图 9-6 | 十三日 | 谅、量、修、志 | 均 5 行 |
| 图 9-6 | 十四日 | 趣、盗、将、宗 | 均 5 行 |
| | 十五日十六日当直 | | |
| | 十七日行礼 | | |
| | 十八日社① | | |
| | [十]九日廿日假，廿一日放 | 氢、救、应、香 | 均 5 行 |
| 图 9-6＋图 9-7 | 廿二日 | 气、满、遍、氢 | 均 5 行 |
| 图 9-7 | 廿三日 | 逐、佳、或、布 | 均 5 行 |
| 图 9-7＋图 9-9 | 廿四日 | 普、郑、池、业 | 均 5 行 |
| 图 9-9 | 廿五日 | 鸡、霞、觉、寿 | 均 5 行 |
| | 廿六日 | 须、尘、冀、欢 | 均 5 行 |
| 图 9-9＋图 9-8 | 廿七日 | 喜、诸、有、庆 | 均 5 行 |

---

① "社"，中村不折释作"往"，误。

| | 廿八日诫书 | | |
|---|---|---|---|
| 图 9-8 | 廿九日假，九月一日放 | 益、兴、真、意 | 均 5 行 |
| | 九月二日 | 弟、使、乐、精 | 均 5 行 |
| 图 9-8＋图 9-10 | 三日 | 意、道、谅、量 | 均 5 行 |
| 图 9-10 | 四日迎县明府，五日放 | 修、志、趣、盗 | 均 5 行 |
| 图 9-10＋图 9-11 | 六日 | 将、宗、氲、救 | 均 5 行 |
| 图 9-11 | 七日 | 应、香、气、满 | 均 5 行 |
| | 八日 | 遍、氲、逐、佳 | 均 5 行 |
| | 九日假十日假 | | |

如表所示，《日课》详细描述了七月廿二日至九月十日的具体习字，期间影响日常习字的放假、患病和"当直""行礼""诫书""迎县明府"等事由，亦有简单说明，其中反映的唐代学生的识字教育及日常社会生活尤为重要。

首先，《日课》是现知唐人习字作业中保存最为连续、完整的一件。唐人的习字作业，此前曾有发现。如 S.2703v《千字文》为学生习字作业残本，大约为天宝八载（749）所作。现存十八日、十九日、廿日、廿一日、廿五日作业，每日皆有老师批语。具体习字为《千字文》中"云、腾、致、雨、露、结、为、霜"等 26 字。每日学习 3—5 字不等，每字抄写 3 行，大致反复书写 30—100 遍①。而《日课》习字起于七月二十二日，终于九月十日，共计 48 日。具体习字有：乐、精、意、道、谅、量、修、志、趣、盗、将、宗、氲、救、应、香、气、满、遍、氲、逐、佳、或、布、普、郑、池、业、鸡、觉、霞、寿、须、尘、冀、欢、喜、诸、有、庆、益、兴、真、弟、使，共 45 字。就习字而言，《日课》以日为纲，以行为目，每日学习 4 字②，每字抄写 5 行（个别字抄写 3 行或 4 行），每行 14—20 字③，

---

① 参见郑阿财、朱凤玉：《开蒙养正——敦煌的学校教育》，120 页，甘肃教育出版社，2007。

② 稍有例外的是，7 月 25 日学习三字，即将、氲、救，结合下文的习字内容，可知此日漏了"宗"字。

③ 个别习字的行末还有"之""而"等字，当为填补空白之用，因无意义，故不计入字数中。

以此推算，每字反复练习 60—100 次。这种识字方法，大体与敦煌吐鲁番所出《学童习字》相同。但在长达 48 日的识字教育中，反复不断地进行上述 45 字的强化、巩固和训练，在实践中凸显了"温故而知新"的基本理念。

就习字范本而言，吐鲁番出土文书中以《千字文》最为普遍①。阿斯塔那 216 号墓所出《唐千字文残卷》残存 3 行，分别反复抄写"辰宿列张，寒来暑往"中"张""寒""来"三字②。大谷 3591《千字文习字》残存 4 行，分别反复练习"鳞潜羽翔"中之"潜"（1 行）、"羽"（1 行）、"翔"（2 行）三字③；大谷 3910《千字文习字》亦残存 4 行，分别反复练习"治本于农"中"治"（1 行）、"本"（3 行）二字④。此外，近年在吐鲁番发现的文书残片中（2006TZJI：006＋2006TZJI：007＋2006TZJI：073＋2006TZJI：073），还保存了唐代以古诗文（隋岑德润《咏鱼》）为习字范本的若干信息⑤，这说明对诗歌的爱好，成了童蒙学习的日常形态⑥。相较而言，敦煌石室所出的习字范本更为灵活，除传统的蒙学教材如《千字文》《开蒙要训》和《上大夫》外，还有民间社会广为流行的《雇工契》和《社司转帖》，显示了敦煌学郎识字教育较强的实用性特点。这样看来，不论《日课》的性质是否属于佛经，抑或其他知识系统，但都无疑扩大了唐代学生习字的教材和范本模式，进一步丰富了

北京师范大学史学探索丛书

① 有关吐鲁番出土的《千字文》残片，唐长孺《跋吐鲁番所出〈千字文〉》一文有精细梳理，文中指出，"《千字文》之多见，可证唐代自贞观以至天宝或更后时期，《千字文》为西州学童普遍习诵及习字之范本"（参见荣新江主编：《唐研究》，第一卷，1～9 页，北京大学出版社，1995；唐长孺：《山居存稿三编》，300～311 页，中华书局，2011）。需要补充的是，2004 年巴达木出土文献中，有古写本《千字文》一件（115 号墓）。参见荣新江、李肖、孟宪实主编：《新获吐鲁番出土文献》，66～67 页，中华书局，2008。

② 国家文物局古文献研究室等编：《吐鲁番出土文书》，第 8 册，483 页，文物出版社，1987。

③ ［日］小田义久编：《大谷文书集成》，第二卷，129 页，法藏馆，1990。

④ ［日］小田义久编：《大谷文书集成》，第二卷，174 页。

⑤ 图版参见荣新江、李肖、孟宪实主编：《新获吐鲁番出土文献》，356 页；李肖、朱玉麒：《新出吐鲁番文献中的古诗习字残片》，载《文物》，2007(2)，62～65 页。

⑥ 朱玉麒：《中古时期吐鲁番汉文文学的传播与发展》，载《中国社会科学》，2010(6)，182～194 页。

学生识字教育的内容。

其次，《日课》有关"假""放"事宜的描述，对了解唐代学生的放假情况具有积极意义。关于学生的放假规定，唐令中略有涉及。比如，开元七年、开元二十五年《学令》："诸学生，先读经文通熟，然后授文讲义。每旬放一日休假。假前一日，博士考试。"①可知学生每旬放假一日。《隋书·礼仪四》记北齐学制："学生每十日给假，皆以丙日放之。"又述隋制："学生皆乙日试书，丙日给假焉。"②两相对比，唐代学生的每旬休假之例，显然综合了北齐和隋朝旧制。

事实上，每旬休假之制并非仅限于学生。永徽三年(652)，高宗"以天下无虞，百司务简，每至旬假，许不视事，以与百僚休沐。"③开元二十五年(737)玄宗诏敕，"朝廷无事，天下大和，百司每旬节休假，并不须亲职事。"④可知文武百官亦遵循旬日休假之例，甚至可以不处理公务。

唐代学生的休假，大体与百司官僚保持一致。如《假宁令》称："元日、冬至并给假七日，节前三日、节后三日。寒食通清明，给假四日。八月五日、夏至及腊，各三日。节前一日、节后一日。正月七日、十五日、晦日、春秋二社、二月八日、三月三日、四月八日、五月五日、三伏、七月七日、十五日、九月九日、十月一日、立春、春分、立秋、秋分、立夏、立冬及每旬，并给休假一日。"⑤这条有关节假日基本框架的规定，同样适用于学生。以此为据，《日课》中的 10 处放假仍有规律可循。

---

① ［日］仁井田陞著，栗劲等译：《唐令拾遗》，185 页，长春出版社，1989。
② 《隋书》卷九《礼仪志四》，181、182 页，中华书局，1973。
③ 《唐会要》卷八二《休假》，1518 页，中华书局，1955。
④ 《唐会要》卷二九《追赏》，540 页。
⑤ 天一阁博物馆、中国社会科学院历史研究所天圣令整理课题组校证：《天一阁藏明钞本天圣令校证（附唐令复原研究）》，下册，600 页，中华书局，2006；［日］仁井田陞著，栗劲等译：《唐令拾遗》，661 页；［日］仁井田陞著，池田温补编：《唐令拾遗补（附唐日两令对照一览）》，1415 页，东京大学出版社，1997。其中"八月五日"，《唐令拾遗》《唐令拾遗补》作"八月十五日"，池田温已指出"十五"之误，参见［日］池田温《天长节管见》，见《日本古代の的政治と文化》，330 页，吉川弘文馆，1987。

表 9-2 《日课》所见学生放假表

| 放假日期 | 放假原因或类型 |
|---|---|
| 七月卅日假，八月一日放 | 旬日假 |
| 八月八日 | 或与八月五日假（天长节）有关 |
| 八月九日 | 秋分假 |
| 八月十日假，十一日放 | 旬日假 |
| 八月十九日 | 社日假 |
| 八月廿日假，廿一日放 | 旬日假 |
| 八月廿九日假，九月一日放 | 旬日假 |
| 九月五日 | 或与迎接县令有关 |
| 九月九日 | 九月九日假（重阳节） |
| 九月十日 | 旬日假 |

（1）旬日假。即唐令规定的每旬放假一日，但从《日课》来看，地方州县在执行"旬日假"时，往往向后延伸多放一天。诸如"（七月）卅日假，八月一日放""八月十日假，十一日放""八月廿日假，廿一日放""八月［廿］九日假，九月一日放""（九月）十日假"等描述，就是这种情况的反映。

（2）秋分假。《日课》提到，"（八月）九日十日假"。八月十日既为旬日假，那么八月九日假有何依据呢？敦煌所出 P.3247v《后唐同光四年丙戌岁（926）具注历日》和 S.95《后周显德三年丙辰岁（956）具注历日》中，八月均为小月，共 29 天，八月九日均标注为"秋分八月中，雷乃收声"[1]。反观《日课》，"八月廿九日假，九月一日放"，可知八月有 29 天，亦为小月，颇与 P.3247v 和 S.95 相合。据此推断，《日课》中的八月九日当为秋分[2]，按

①　邓文宽：《敦煌天文历法文献辑校》，406、490 页，江苏古籍出版社，1996。

②　敦煌所出 S.P.6《唐乾符四年丁酉岁（877）具注历日》和 P.3403《宋雍熙三年丙戌岁（986）具注历日》中，秋分分别为八月七日和八月十日（《敦煌天文历法文献辑校》，212、622 页），P.3247v 和 S.95 中秋分为八月九日，P.4627＋P.4645＋P.5548《唐乾宁二年乙卯岁（895）具注历日》中，秋分为八月廿三日（《敦煌天文历法文献辑校》，296 页）。

照《假宁令》立秋、秋分"并给休假一日"的规定，八月九日假即为秋分假。

(3)社日假。《日课》还提到，"(八月)十八日社，[十]九日廿日假"。其中八月廿日，前已指出为旬日假。至于八月十九日，按唐令，"春秋二社"，给假一日，八月十八既为社日，依例休假一日，故八月十九为社日假可无疑义。

(4)九月九日假。按唐令，九月九日，给假一日。《日课》所见"(九月)九日假"即属此例。

除了上述 4 种律令规定的"假"外，《日课》中还有 2 处"放"值得注意。一是"八月三日患，至六日，八日放"。这里"七日"情况不明，按照开元七年、二十五年令的规定，八月五日为千秋节，休假三日，"八日放"很可能与此有关[①]；二是"九月四日迎县明府，五日放"。按"明府"，唐以后多用以专称县令[②]。故此，"五日放"或与迎接县令而特许矜放有关。由此可见，唐代学生的放假由两部分组成。一是唐代律令规定的法定假日，如旬日假、秋分假、社日假、九月九日假等，均属此类；二是地方上因时、因地制宜而特许矜放的休假，如"八月十日假，十一日放""九月四日迎县明府，五日放"即属此类。

值得注意的是，在放假期间，学生并没有完全休息，放松学业，而仍然要反复进行识字、习字的练习。就《日课》的描述来看，一旦放假两日，学生就要完成平常一日学习 4 字，每字 5 行的习字任务。

最后，《日课》对了解唐代学生的日常社会生活具有重要意义。比如，除了法定的假日外，学生的日常习字还受到患病以及"当直""行礼""社""诫书""迎县明府"等社会活动的干扰与影响。

先看"当直"，《日课》提到"(八月)十五十六日"，表明学生在此二日当值听差。唐制，中央官学学生免除课役。《天圣令》卷 22《赋役令》复原唐令

---

① 按唐令，八月五日千秋节，放假三天(节前一日，节后一日)，具体为八月四日、五日、六日。但因学生尚在患病，无法享受休假三日的恩赐，因而为作补偿，特将假日延至八日。

② 汉语大词典编辑委员会、汉语大词典编纂处编纂：《汉语大词典》，第 5 卷，604 页，汉语大词典出版社，1990。

云："国子、太学、四门、书、算等学生，……并免课役。"①地方州学、县学中的学生也不用服徭役。P.3559《唐天宝十载(751)敦煌县差科簿》中，"张守节亡弟男元嵩载廿五，四品子，学生"，表明张元嵩因"学生"的身份而被免除徭役②。但另一方面，杜佑《通典》所述职官中，学生属于"内职掌"，处于向职事官过渡的阶段③，因而会参与一些有司当值听差的事务。斯坦因所获吐鲁番文书中，保存了一件西州都督府为州学生牛谋补职高昌县事的符状残片(OR.8212/549 AST.004)④，恐与此前牛某参与高昌县事有很大关系。

学生的当值听差，或可以官员的宿直视事为参照。《唐会要·当直》载："故事，尚书省官，每一日一人宿直，都司执直簿转以为次。"⑤可见，尚书省官员按照固定的"直簿"、名册轮流值班，每人当直一天。地方州县中也是如此，凡当直视事亦有专门编排的名籍簿册，作为官吏上值的凭据。《旧唐书·窦参传》载：窦参任职万年县尉时，代同僚值班，"会狱囚亡走"，京兆尹检核"直簿"，贬窦参为江夏尉⑥。

① 天一阁博物馆、中国社会科学院历史研究所天圣令整理课题组校证：《天一阁藏明钞本天圣令校证(附唐令复原研究)》，下册，392页。

② 王永兴：《敦煌差科簿考释》，载《历史研究》，1957(12)，77页；[日]西村元佑：《通过唐代敦煌差科簿看唐代均田制时代的徭役制度》，见[日]周藤吉之等著，姜镇庆、那向芹译：《敦煌学译文集》，1062页，甘肃人民出版社，1985。张元嵩的"学生"身份，李正宇据P.2832《天宝年代敦煌县学状》所见"县学""给学生""张元嵩"等信息，指出张元嵩是县学生(《唐宋时代的敦煌学校》，载《敦煌研究》，1986(1))；西村元佑推断张元嵩"也许是太学生，认为他是州县学生，也无不可"(《敦煌学译文集》，1062页)；高明士认为，P.2832《敦煌县学状》中的张元嵩是县学生，P.3559《差科簿》中的张元嵩是中央的四门学生，也就是张元嵩以县学生身份升入中央的四门学(《中国中古的教育与学礼》，326页，台湾大学出版中心，2005)。

③ [日]西村元佑：《通过唐代敦煌差科簿看唐代均田制时代的徭役制度》，见《敦煌学译文集》，1062页。

④ 沙知、吴芳思编：《斯坦因第三次中亚考古所获汉文文献(非佛经部分)》，89页，上海辞书出版社，2005；陈国灿：《斯坦因所获吐鲁番文书研究》，395页，武汉大学出版社，1994。

⑤ 《唐会要》卷八二《当直》，1516页，中华书局，1955。

⑥ 《旧唐书》卷一三六《窦参传》，3745页，中华书局，1975。

阿斯塔那 37 号墓所出《唐大历三年（768）史奉谦牒为通祇承人当直事》载：

1　☐☐☐☐☐☐日

2　张沂　廿九日

3　王子☐　廿九日

4　曹庭珊　卅日

5　史奉谦　廿九日

6　康崇俊　卅日

7　廉献祥　出使

8　辛荣国　卅日

9　王小小　出使　卅日

10　匡无对

11　高皈宗　廿九日

12　康如玉　廿九日

13　康杲

14　何俊忠

15　　右通祇承人如前

16　牒件状如前，谨牒。

17　　　　大历三年正月日史奉谦牒。①

此件牒文，其实就是西州官厅中的一份"直簿"，它详细规定了当值的具体人员和时间。从"祇承人"来看，这份名簿的制定已征得当直人员的默认和许可，因而在实践中将成为史奉谦等人守值听差的依据。至于当值的时限，大致是每人一日，颇与尚书省"每一日一人宿直"的标准相合。由此类推，《日课》中的学生"当直"可能亦有编排的名籍簿册来遵循，只不过其当直时间是两日罢了。学生当值的机构，据《日课》所见"迎县明府"以及高

① 国家文物局古文献研究室等编：《吐鲁番出土文书》，第 9 册，156～157 页，文物出版社，1990。

昌县诸乡里正在县衙充当"县直""丞直"①的角色来看，学生亦应在县衙中当直。

再看"十七日行礼"和"十八日社"。按唐制，"仲春仲秋上戊，祭太社，以后土氏配"。地方州县亦置社稷，"如京都之制，仲春上戊，州县官亲祭，仲秋上戊亦如之"②。八月十八既为社祭之日，故必为戊日。如此，十七日则为丁日。按唐令："诸春秋二分之月上丁，释奠于先圣孔宣父于太学，以先师颜回配，祭以太牢，乐用轩悬八佾之舞，并登歌一节，与大祭祀相遇，改用中丁。"③与此相应，地方州县"皆置孔宣父庙，以颜回配焉。仲春上丁，州县官行释奠之礼，仲秋上丁亦如此。"④据此，《日课》所见"十七日行礼"即指祭拜先圣孔子的释奠之礼，自然学生也要参加。不唯如此，十八日的社祭活动，学生也要参与。

地方州县建置"孔宣父庙"的情况，P.2005《沙州都督府图经》有所反映："州学。右在城内，在州西三百步，其学院内东厢有先圣太师庙，堂内有素（塑）先圣及先师颜子之像，春秋二时奠祭；县学。右在州学西连院，其院中东厢有先圣太师庙，堂内有素（塑）先圣及先师颜子之像，春秋二时奠祭。"⑤高明士曾指出，唐代的州县学皆为庙学⑥。庙学的发展，到唐代已走向制度化。即在全国的学校（中央的国子监到地方的县学）内建置圣庙，并在圣庙内举行学礼。以沙州为例，沙州州学和敦煌县学在东厢有先圣先师庙，庙中有孔子和颜回塑像，每年春、秋二仲月举行释奠之礼。这种"左庙右学"的基本布局，完全符合唐初以来所建立的庙学制度⑦。从

---

① 67TAM376：03（a）《唐西州高昌县诸乡里正上直暨不到人名籍》，国家文物局古文献研究室等编：《吐鲁番出土文书》，第6册，572～573页，文物出版社，1985。

② ［日］仁井田陞著，栗劲等译：《唐令拾遗》，90、105页。

③ ［日］仁井田陞著，栗劲等译：《唐令拾遗》，177～178页。

④ ［日］仁井田陞著，栗劲等译：《唐令拾遗》，106页。

⑤ 唐耕耦、陆宏基编：《敦煌社会经济文献真迹释录》，第一辑，12页，书目文献出版社，1986。

⑥ 高明士：《中国中古的教育与学礼》，320页。

⑦ 高明士：《中国教育制度史论》，51页，联经出版事业公司，1999；《中国中古的教育与学礼》，65、320页。

这个意义来说，《日课》"十七日行礼"的描述，应是西州庙学实态的一种反映。

值得注意的是，《日课》所见的释奠和社祭活动，分别在八月的中丁和中戊日进行，这与唐令的描述略有不合。敦煌具注历日中，释奠和社祭通常选择在最为接近春分、秋分的丁日、戊日进行①。比如，P.4627＋P.4645＋P.5548《唐乾宁二年乙卯岁（895）具注历日》中，释奠和社祭活动就被定于最为接近秋分（八月廿三）的丁未（八月廿一）和戊申（八月廿二）二日②。S.1473＋S.11427v《宋太平兴国七年（982）具注历日并序》中，仲春的释奠和社祭礼典定于二月十五日（丁丑）和二月十六日（戊寅）③，此二日就是距春分（二月廿日）最近的丁日和戊日。《日课》中，八月九日为秋分，距离秋分最近的丁日和戊日是八月七日和八月八日。这说明《日课》中八月十七、八月十八日举行的释奠和社祭活动，与敦煌具注历日中"奠"和"社"的标注也不符合。不过，敦煌具注历日表明（参见下表），释奠和社祭活动的选择，并不仅限于上丁、上戊日，有时也在中丁、中戊（S.1473＋S.11427v），甚至下丁、下戊（P.4627＋P.4645＋P.5548）中进行。《大唐开元礼》卷七一《吉礼》载："爰兹仲春仲秋，厥日惟戊，敬修恒礼，荐于社神。"④S.1725v《祭社文》云："敢昭告于后土氏：爰兹仲春，厥日推（惟）戊，敬循恒士（事），荐于社神。"⑤祝文强调的是"厥日惟戊"，说明仲春、仲秋的戊日是社祭的最佳时日，这也是《日课》"十八日社"与唐令的契合之处。

① 赵贞：《归义军史事考论》，111页，北京师范大学出版社，2010。

② 邓文宽：《敦煌天文历法文献辑校》，296页，江苏古籍出版社，1996。

③ 郝春文编著：《英藏敦煌社会历史文献释录》，第七卷，45页，社会科学文献出版社，2010。

④ （唐）中敕撰：《大唐开元礼（附大唐郊祀录）》，363页，民族出版社，2000。

⑤ 郝春文编著：《英藏敦煌社会历史文献释录》，第七卷，539页，社会科学文献出版社，2010。

表 9-3　敦煌具注历日所见"奠""社"标注表

| 纪年 | 春分/秋分 | 春奠/秋奠 | 春社/秋社 | 卷号 |
|---|---|---|---|---|
| 太和八年（834） | 二月五日丙戌（春分） | 二月六日丁亥（春奠） | 二月七日戊子（春社） | P.2675 |
| 大中十二年（858） | 二月一日癸巳（春分） | 二月五日丁酉（春奠） | 二月六日戊戌（春社） | S.1439 |
| 咸通五年（864） | 二月六日癸亥（春分） | 二月十日丁卯（春奠） | 二月十一日戊辰（春社） | P.3284v |
| 乾宁二年（895） | 八月廿三日己酉（秋分） | 八月廿一日丁未（秋奠） | 八月廿二日戊申（秋社） | P.4627＋P.4645＋P.5548 |
| 同光四年（926） | 二月三日己丑（春分） | 二月一日丁亥（春奠） | 二月二日戊子（春社） | P.3247v |
| | 八月九日壬辰（秋分） | 八月四日丁亥（秋奠） | 八月五日戊子（秋社） | |
| 天福十年（945） | 二月二日己巳（春分） | 正月卅日丁卯（春奠） | 二月一日戊辰（春社） | S.681v |
| 显德三年（956） | 二月四日丙寅（春分） | 二月五日丁卯（春奠） | 二月六日戊辰（春社） | S.95 |
| | 八月九日己巳（秋分） | 八月七日丁卯（秋奠） | 八月八日戊辰（秋社） | |
| 太平兴国七年（982） | 二月廿日壬午（春分） | 二月十五日丁丑（春奠） | 二月十六日戊寅（春社） | S.1473＋S.11427v |
| 雍熙三年（986） | 二月六日甲辰（春分） | 二月九日丁未（春奠） | 二月十日戊申（春社） | P.3403 |
| | 八月十日丙午（秋分） | 八月一日丁酉（秋奠） | 八月二日戊戌（秋社） | |
| 淳化四年（993） | 二月廿三日辛巳（春分） | 二月十九日丁丑（春奠） | 二月廿日戊寅（春社） | P.3507 |

至于"廿八日诚书"，意谓此日进行家诫、训诫之类书籍的学习。"诫书"，或为"诫子书"，即教诫子侄后辈立身行事的家训类文献。汉魏六朝

时期，此类训诫极为兴盛。如马援《诫兄子书》、王肃《家诫》、荀爽《女诫》、羊祜《诫子书》等①，俱为有代表性的家诫作品。敦煌类书《励忠节钞·家诫部》(P.2711)收录了15则教诫子孙的家训故事，其中8则提到了"汝其勉旃""汝其勉之""汝宜勉之""汝当勉之""汝其勉哉"的恳切语言。如第9则，西汉刘向告诫儿子说："行善则福禄期至，故人所以贺也；行恶则祸患斯来，故人所以吊也。禄患之应，若影随形，汝其勉之。"大意是说，唯有积德行善，才能福禄双全。又第14则，樊宏为人谨慎，常诫其子孙曰："夫富贵骄逸，未有能终者也。天道恶盈而好谦，前代(世)贵戚多以此夭，汝宜勉之。"②告诫子孙谦恭处世，善始善终的道理。因此，从《家诫部》收录的劝诫、告诫和训诫故事来看，这些"诫书"的学习，多是出于砥砺品行、勉励立身和规范行事的需要。

综上所述，《日课》是唐代学生习字作业中保存最为连续、完整的一件，其中描述"放假""行礼"等信息，都能与唐《假宁令》《学令》《祠令》的记载相契合，特别是由州县官主持的社祭和"释奠之礼"，学生都要参与。另一方面，《日课》所见的"当直""迎县明府"等活动，由于能与县衙、县令联系起来，故可推知，这些广泛参与各种社会活动的学生当来自西州官学(州学或县学)系统，而《日课》亦应是出自州县学生之手的一份习字作业。

**图 9-1**

① (唐)欧阳询：《艺文类聚》卷二三《人部七·鉴诫》，418～425页，上海古籍出版社，1965。

② 屈直敏：《敦煌写本类书〈励忠节钞〉研究》，401～408页，民族出版社，2007。

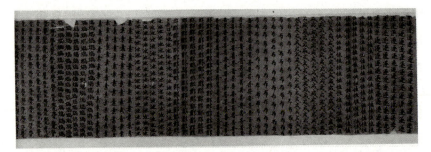

图 9-2

北京师范大学史学探索丛书

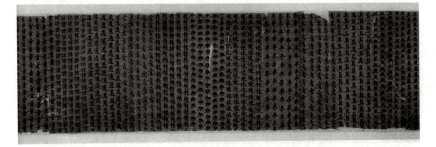

图 9-3

图 9-4

图 9-5

图 9-6

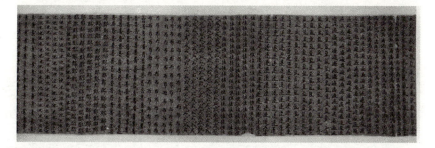

图 9-7

图 9-8

图 9-9

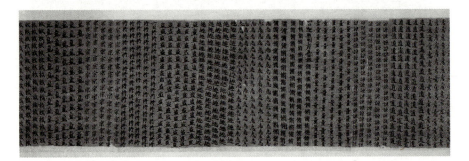

图 9-10

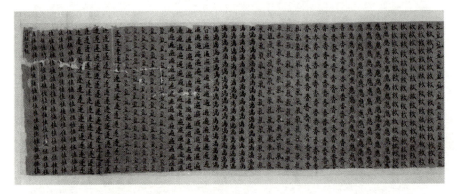

图 9-11

## 第二节　杏雨书屋藏羽 41R《杂字一本》研究

　　杏雨书屋所藏羽 41R 号文书，首部残缺，钤有"敦煌石室秘笈"印一颗，尾部小字题名"杂字一本"，且有"李盛铎印""李滂"印两颗。全卷由三纸粘贴而成，长 95.7cm，宽 29.8cm，现存文字 35 行[①]。其背面（羽 41V）存《具注历日》及草稿两件，邓文宽已考证为《宋乾德三年乙丑岁（965）具注

---

　　① ［日］武田科学振兴财团编集：《杏雨书屋藏敦煌秘笈》，影片册一，275～277 页，はまや印刷株式会社，2009。

历日》和《宋太平兴国三年戊寅岁(978)历日草稿》①。最近，日本学者岩本笃志发表了《敦煌秘笈"杂字一本"考——"杂字"からみた歸義軍期の社会》一文，对羽41R和背面文书(羽41V)作了专题研究，并对"杂字"所反映的归义军社会作了初步探讨②。在此基础上，本文拟对羽41R《杂字一本》所见的若干语词给予重点关注，并据此对归义军时期的童蒙教育进行讨论。

## 一、释文

羽41R《杂字一本》，岩本笃志已有释文，但个别字词及断句或可商榷。为便于对照，姑依岩本的格式，用"/"以示断句，释文如下：

**表9-4　羽41R《杂字一本》释文对照表**

| 行数 | 释文(岩本笃志) | 释文(新) |
|---|---|---|
| 01 | 演於韵而如行 | □ 次(?)於韵而如行 |
| 02 | 驿/烽/補/等 | □ 驿/烽補(铺)等/ |
| 03 | 新城/玉门/常乐/ | 州县□□□□□新城/玉门/常乐/ |
| 04 | 邕归/紫亭/寿昌/沙谷/马圈口/塞外/ | 邕归/紫亭/寿昌/沙谷/马圈口/塞外/ |
| 05 | 南沙/北阜/东河/千渠/栗子/城东/宜 | 南沙/北阜/东河/千渠/栗子/城东/宜 |
| 06 | 秋/无穷/棹消/鹊渠/黑沙堡/□ | 秋/无穷/掉消/鹊渠/黑沙堡/□ |
| 07 | 白昌/袖光/山勃/洛推谷/黄草泊/ | 白昌/袖光/山勃/洛推谷/黄草泊/ |
| 08 | 脱靴堆/雍归谷/空谷/磑场头/康 | 脱靴堆/雍归谷/空谷/磑场头/康 |
| 09 | 哺堡/磑墮烽/檊子/东□□/西大鸟/ | 哺堡/磑墮烽/檊子/东大□/西大鸟/ |
| 10 | 外涧/贱草駄/剩牵/拽堡/送屈/ | 外涧/軏草/駄剩/牵拽/堡送/屈 |
| 11 | 唤邀/请知/客驿/官厅/子供/备水/ | 唤/邀请/知客/驿官/厅子/供备/水 |
| 12 | 飯/羊/臆/膓/脛/腿/膊/肋/浑□□/ | 飰(飯)/羊/臆/膓/脾/腿/膊/肋/浑饱□/ |
| 13 | 餤头/䬪饼/飠脆/餲/餺/䭏餃/餜 | 餤头/䬪饼/餝餩/餲/餺/䭏餃/餜 |

---

①　羽41R背面文书，现编号为羽41V，即《敦煌遗书散录》第230号《戊寅年历日》，《敦煌秘笈》定名为《戊寅年具注历日》，邓文宽、岩本笃志指出羽41V包含两件历日，因而《敦煌秘笈》的定名并不能将另一件历日(《宋乾德三年乙丑岁(965)具注历日》)涵盖进去。参见邓文宽：《跋日本"杏雨书屋"藏三件敦煌历日》，见黄正建主编《中国社会科学院敦煌学研究回顾与前瞻学术研讨会论文集》，153～156页，上海古籍出版社，2012。

②　《唐代史研究》(日本)，第14号，24～41页，2011。

| | | |
|---|---|---|
| 14 | 榸/䭔/麺/饙/飥/烧條條/喫酒/破用/ | 榸/䭔/麺/饙飥/烧條/喫酒/破用/ |
| 15 | 驱驰/桴/冩/檮/椒/踏儛/唱謌/吹笛/打 | 驱驰/桴/檜/椙/樶/踏儛/唱謌/吹笛/打 |
| 16 | 鼓/筚篥/筝板/大厅/西衙/楼上/ | 鼓/筚篥/筝板/大厅/西衙/楼上/ |
| 17 | 典党/铛/锅/铫/镞/釜/鼃/鼃竈/ | 典党(当)/铛/锅/铫/镞/釜/鼃/竈/ |
| 18 | 缚蓆/圖/锄子/種金/大斧/斫/斤/ | 缚蓆/圖/锄子/種金/大斧/斫斤/ |
| 19 | 铧/镰刀/驴/骡/特/犊/餧/饲/肥瘦/ | 铧/镰刀/驴/骡/特/犊/餧饲/肥瘦/ |
| 20 | 皺/襖子/髭/袍子/裆/裈/褴/袴/衫子/ | 皺/襖子/髭/袍子/裆/裈/褴/袴/衫子/ |
| 21 | 札巾/裙装/长袖/衣襴/鞋/韈/皮裘/ | 礼巾/裙装/长袖/衣襴/鞋韈/皮裘/ |
| 22 | 龙家/割羅多/赤书/宰相/绛帽子/ | 龙家/割罗多/赤书/宰相/绛帽子 |
| 23 | 匠/般运/庄载/都督/狄寅/司徒/司 | 匠/般运/庄载/都督/狄寅/司徒/司 |
| 24 | 空/尚书/仆射/指撝/都衙/衙前子 | 空/尚书/仆射/指撝/都衙/衙前子 |
| 25 | 弟/和埿/泥壁/修城/酿/储/执持/ | 弟/和埿/泥壁/修城/酿储/执持/ |
| 26 | 掌案/税检/差科/役次/藏冰/敷房/ | 掌案/税检/差科/役次/藏冰/敫(椒)房/ |
| 27 | 养育/鱿刀/错磨/基阶/墙/脱□ | 养育/鱿刀/错磨/基阶/墙脱/ |
| 28 | 坚垒/槽上/屋埿/褐袋/袋/车箱/□ | 堑垒/槽上/屋埿/褐袋袋/车箱/□ |
| 29 | 成盖/长供/设头/显纳/进奉/朔方/ | 成盖/长供/设头/显纳/进奉/朔方 |
| 30 | 入奏/西同/曲泽/兴胡/细腰/□□ | 入奏/西同/曲泽/兴胡/细腰/□□/篇 |
| 31 | 签/何嵯拙/骨硉拙/突磨□/ | 签/何嵯拙/骨硉拙/突磨□/ |
| 32 | 阿罗/讷悉鸡/独甑蚖/崑崘仍/ | 阿罗/讷悉鸡/独甑蚖/崑崘仍/ |
| 33 | 钵盂/禅师/僧政/统録/都知/校楝/将 | 钵盂/禅师/僧政/统録/都知/校楝(練)/将 |
| 34 | 头/游弈/马補/捉道/探道/息先 | 头/游弈(奕)/马補(铺)/捉道/探道息/先 |
| 35 | □/走马使/　杂字一本 | □/走马使/　杂字一本 |

上述羽41R号文书，岩本氏据卷中所见新城、玉门等镇以及西衙、楼上等词，推定为归义军节度使张承奉统治时期杂字，并从地名、官厅、饮食、音乐、归义军节度使官衙、什器(食器、农具)、家畜、衣类、官职(公务)、劳役(工匠)、接待、非汉民族、僧侣、军事等方面予以归类。在此基础上，进一步对西衙、楼上、衙前子弟、长供、设头、饼类食物(如餢头、飰饼)、河渠(如无穷、宜秋)、军镇(如新城、玉门)等词反映的敦煌社会作了初步开掘①，其先行发明之功实不可没。

① ［日］岩本笃志：《敦煌秘笈"杂字一本"考——"杂字"からみた歸義軍期の社会》，27～30页。

## 二、词语辑释

诚如岩本所述，羽 41R 性质上虽为"杂字"，但其反映的归义军社会历史信息甚为丰富。这些有关归义军官衔、军政、外交、差役、饮食、地理、文化等方面的内容，都是通过《杂字》中的关键字词而凸显出来。以下，参照岩本氏的研究，试对这些关键字词略作梳理。

### 1. 烽補（铺）/02

烽铺是唐代的一种军事防御设施。从字面上理解，烽铺集合了"烽"和"铺"两种军事单位①。《旧唐书》卷 93《王晙传》载，开元三年(715)，散处河曲的突厥降户，"私置烽铺，潜为抗拒，公私行旅，颇实危惧"。《通典·守拒法附》："游奕，于军中选骁果、谙山川泉井者充，常与烽铺、土河计会交牌，日夕逻候于亭障之外，捉生问事。"②游奕即游奕使，负责巡警、侦察之务，常以烽铺、土河及亭障为掩护，侦刺敌情。土河的形制，《通典·守拒法附》载："土河，于山口贼路，横断道，凿阔二丈，深二尺，以细沙散土填平，每日检行，扫令净平，人马入境，即知足迹多少。"③可知土河多设于地势险峻的要冲之地，深挖陷坑，上敷细沙，以测敌军人马足迹。P.2005《沙州都督府图经》云："一所土河。右周回州境，东至碛口亭，去州五百一十里一百步，西至白山烽，去州卅里，南至沙山七里，北去神威烽，去州卅七里。汉武帝元鼎六年立，以为匈奴禁限。西凉王李暠建初十一年，又修立以防奸寇。至隋开皇十六年废。"④可见，汉隋之际的敦煌置有"土河"，"周回州境"，似围绕州城而设，面积广大，且东西南北有亭障、烽燧和鸣沙山为依助，其军事防御范围较大。

---

①　程喜霖指出，唐代烽铺有两层意义，一是泛指军方中烽与铺两个军事单位，亦可单指烽或单指烽铺之铺；二是仅限指烽铺之铺，换言之，将与烽相连建置的铺称为烽铺。王启涛认为，烽铺即烽火亭台，"烽"即"烽火"，"铺"即驿站，常常用来传递公文和信件。参见程喜霖：《唐代烽铺建制新证——新出烽铺文书研究之二》，载《西域研究》，2006(3)，22～29页；王启涛：《吐鲁番出土词语考释》，150页，巴蜀书社，2005。

②　《通典》卷一五二《兵五·守拒法附》，3901～3902页，中华书局，1988。

③　《通典》卷一五二《兵五·守拒法附》，3901页。

④　唐耕耦、陆宏基编：《敦煌社会经济文献真迹释录》，第一辑，15页，书目文献出版社，1986。

杜佑《通典》既以烽铺、土河并称，表明烽铺亦为侦刺、斥候敌情的军事设施。敦煌吐鲁番文书中多有"烽铺"的记载。阿斯塔那226号墓出土《开元十年(722)伊吾军上支度营田使留后牒为烽铺营田不济事》中有"烽铺子不许"(第2行)、"然烽铺"(第3行)、"每烽烽子只有三人、两人，又属警固"①(第8行)；同墓所出《唐开元某年军典王元琼牒为申报当军诸烽铺厮田亩数事》中有"合当军诸烽铺"②(第2行)；P.2942《唐年次未详(765)河西节度使判集》有"条目处置冬装粮料烽铺事"③(第113行)；S.5606《贼来输失状稿》："右厶月镇使李厶甲奉帖上州去后，镇县内外并平安，烽烽又无动静，防门守护，准旧兢兢。捉道、烽补(铺)不敢怠慢，向东一道，更无息耗。谨具状奏闻，谨录状上。"④P.3644《类书习字》："烽铺透报消息"；P.2814《后唐天成三年(928)都头知悬泉镇遏使安进通状》云："右今月十日已前，当镇所有诸处烽铺、捉道、踏白及城上更宿房门，一依官中严旨，倍加谨急。四面并无动静，不敢不申，谨录状上。"⑤由此看来，归义军设置的烽铺多由临近的镇遏使管辖，诸处烽铺与捉道(人)、踏白等一道，扼守冲要，侦察敌情动静⑥。

2. 新城、玉门、常乐、邕归、紫亭、寿昌/03—04

归义军时期，周边民族政权众多，"四面六蕃围"，长期处于少数民族的包围之中。为防御周边民族(如吐蕃、回鹘)的侵扰，归义军在管内沙、

---

① 国家文物局古文献研究室等编：《吐鲁番出土文书》，第8册，194页，文物出版社，1987。

② 国家文物局古文献研究室等编：《吐鲁番出土文书》，第8册，202页。

③ [日]池田温著，龚泽铣译：《中国古代籍帐研究》，351页，中华书局，2007。

④ 唐耕耦、陆宏基编：《敦煌社会经济文献真迹释录》，第四辑，504页，全国图书馆文献缩微复制中心，1990。

⑤ 唐耕耦、陆宏基编：《敦煌社会经济文献真迹释录》，第四辑，493页。

⑥ 陈国灿在《唐五代瓜沙归义军军镇的演变》中说："军镇管理本辖区内烽铺、捉道、踏白、城上的更宿、房门的变化与安全，检查它们是否按照沙州归义军军衙的各项规定履行职责。"踏白，陈文指出"踏"为侦察之意，"白"乃是对敌情侦察案的报告。踏白即专事报告踏察所得敌情者。唐朝常以游奕充任此务。归义军时期，专列踏白一职，则是对镇戍防务作的进一步具体分工。参见唐长孺主编：《敦煌吐鲁番文书初探二编》，575~576页，武汉大学出版社，1990。

瓜、肃等州的缘边要地设置了诸多军镇，作为拱卫归义军政权的外部屏障。据 P. 4640《己未至辛酉年(899—901)归义军布纸破用历》记载，张承奉时期，归义军已设立紫亭、邕(雍)归、新城、寿昌、玉门、悬泉、常乐七镇。其中沙州境内设紫亭、寿昌二镇，瓜州境内置邕归、新城、悬泉、常乐四镇，而玉门镇置于肃州，此后不久即升格为玉门军①。S. 4276《管内三军百姓奏请表》是同光二年(924)曹议金通贡后唐时管内三军百姓上呈的表文②，其中第 3 行提到"二州六镇"。是时归义军辖境仅限于瓜、沙二州，"六镇"即二州境内的紫亭、邕归、新城、寿昌、悬泉和常乐。曹元忠时期，归义军又在瓜州境内新设新乡、会稽二镇，形成"二州八镇"的军镇体系③。

3. 北阜、东河、千渠、栗子、宜秋、无穷、掉消、鹊渠/05—06

北阜或作北富、北府，即北府渠，为沙州城绿洲六大干渠(宜秋渠、都乡渠、神农渠、阳开渠、东河渠、北府渠)之一，是贯穿于绿洲北部的重要水系。P. 2005《沙州都督府图经》云："北府渠，长卅五里。右源在州东三里甘泉上中河斗门。……昔敦煌置南府、北府，因府以为渠名。"④因流经北府(效谷府)地名，故名北府渠。此渠所属支渠、子渠 10 余条，如西出者有宜谷渠，东出者有无穷渠、掉消渠等。灌溉平康、洪池、效谷、玉关四乡之境⑤。

东河即三丈渠，为沙州城东部的主干渠。P. 2005《沙州都督府图经》载："三丈渠，长五里。右源在州东三里，甘泉水上，于河斗门南，向东修堰，穿渠一十三里，其渠阔三丈，因以为号。"⑥此渠有子渠 20 余条，如

①　冯培红：《归义军镇制考》，见郑炳林主编：《敦煌归义军史专题研究四编》，138 页，三秦出版社，2009。

②　唐长孺：《关于归义军节度的几种资料跋》，见氏著《山居存稿》，439 页，中华书局，1989。

③　冯培红：《归义军镇制考》，138 页。

④　唐耕耦、陆宏基编：《敦煌社会经济文献真迹释录》，第一辑，4～5 页。

⑤　李正宇：《唐宋时代敦煌县河渠泉泽简志(二)》，载《敦煌研究》，1989(1)，57～58 页；《敦煌历史地理导论》，270～274 页，新文丰出版公司，1997；季羡林主编：《敦煌学大辞典》，318 页，上海辞书出版社，1998。

⑥　唐耕耦、陆宏基编：《敦煌社会经济文献真迹释录》，第一辑，5 页。

千渠、栗子(或作利子)渠、鹘渠(或作胡渠)等，俱属东河水系。灌溉区域跨敦煌、莫高、悬泉(赤心)、慈惠、效谷、玉关六乡①。

宜秋即宜秋渠，为唐宋时代敦煌县境最西部之干渠。P.2005《沙州都督府图经》载："宜秋渠，长廿里。右源在州西南廿五里，引甘泉水，南岸修堰十里，高一丈，下阔一丈五尺，其渠下地宜晚禾，因号为宜秋渠。"②此渠约流至距州城西7里处，分为东西两支，即宜秋东支渠和宜秋西支渠。因渠水流经区域宜种晚禾，故名宜秋。灌溉龙勒、洪润、平康三乡之境③。

4. 黑沙堡、康哺堡/06、08—09

按堡，即城堡、堡垒，指军事上防守用的坚固建筑物。S.788《沙州志残卷》"寿昌县"条："寺一：永安；镇二：龙勒；堡五：西寿昌、西关；戍三：大水、西子亭、紫金；烽卅四；栅二；镇三；城县西廿五里，武德八年置。"④陈国灿指出，这里"堡五西寿昌"五字当移入"镇三"二字的位置上，而"镇三"则是抄写者妄加的⑤。如此调整后，适与敦煌所出《后晋天福十年(945)寿昌县地镜》相对应："寺一，永安；镇二，龙勒、西关；戍三，大水、紫金、西子亭；烽卅四；栅二；堡五。……西寿昌城：县西北五里，汉武八年创置。"⑥据此，沙州寿昌县境置有5座城堡(堡垒)。考虑到羽41R《杂字》此前多是沙州地貌的描述，那么黑沙堡、康哺堡应当就是寿昌县"堡五"中的两座城堡。

5. 黄草泊/07

S.5448《敦煌录》载："贰师泉，去沙[州]城东三程，汉时李广利行

① 李正宇：《唐宋时代敦煌县河渠泉泽简志(二)》，载《敦煌研究》，1989(1)，54～55页；李正宇：《敦煌历史地理导论》，264～269页；季羡林主编：《敦煌学大辞典》，316页。

② 唐耕耦、陆宏基编：《敦煌社会经济文献真迹释录》，第一辑，4页。

③ 李正宇：《唐宋时代敦煌县河渠泉泽简志(一)》，载《敦煌研究》，1988(4)，92页。

④ 郝春文编著：《英藏敦煌社会历史文献释录》，第四卷，170页，社会科学文献出版社，2006。

⑤ 陈国灿：《唐五代瓜沙归义军军镇的演变》，见唐长孺主编：《敦煌吐鲁番文书初探二编》，557页，武汉大学出版社，1990。

⑥ 向达：《记敦煌石室出晋天福十年写本寿昌县地镜》，见《唐代长安与西域文明》，432～433页，河北教育出版社，2001。

军渴乏，祝山神，以剑劚山，因之水下，流向西数十里黄草泊。……
其二(贰)师庙在路傍，久废。但有积石驼马，行人祈福之所。次东入
瓜州界。"①可知黄草泊东距贰师泉数十里，大致位于沙州东通瓜州的道
路上。

6. 雍归谷、空谷/08

雍归谷，顾名思义，当为雍归镇附近之山谷。归义军既在此处设
置军镇，应与山谷地势险要有关。空谷，盖指空谷山或空谷驿。
P.2005《沙州都督府图经》云："空谷驿：右在州东一百卅里，在空谷
山南置。西去无穷驿卅里，东去黄谷驿卅里。"②唐初，空谷驿依托空
谷山而置，但好景不长，高宗永淳二年(683)，空谷驿及东西两侧的黄
谷驿、无穷驿并移至山北悬泉谷口西北侧，改名悬泉驿，空谷、黄谷、
无穷三驿遂废③。

7. 屈唤、邀请、知客、驿官、厅子/10—11

屈唤即邀请④、召唤之意，引申为盛情招待。P.2049v《后唐长兴二年
(931)正月沙州净土寺直岁愿达手下诸色入破历算会牒》云："粟两硕壹斗，
卧酒，窟上造设贴顿及众僧回来屈判官兼看料设人等用。"⑤P.2040v《后晋
时期净土寺诸色入破历算会稿》称："油壹抄，弟(第)二日屈判官用。"⑥
P.2032v《后晋时代净土寺诸色入破历算会稿》载："麵陆斗，看营顿人及弟
(第)二日屈判官用。"⑦显然，这三件《入破历》中的"屈判官"都是招待判官
之意。

① 中国社会科学院历史研究所等编：《英藏敦煌文献(汉文佛经以外部分)》，第7
册，92页，四川人民出版社，1992。

② 唐耕耦、陆宏基编：《敦煌社会经济文献真迹释录》，第一辑，11页。

③ 季羡林主编：《敦煌学大辞典》，308~310页。

④ "屈"字的"邀请"义项，蒋礼鸿考辨甚详。参见《敦煌变文字义通释》，增补定
本，266~268页，上海古籍出版社，1997。

⑤ 唐耕耦、陆宏基编：《敦煌社会经济文献真迹释录》，第三辑，379页，全国图
书馆文献缩微复制中心，1990。

⑥ 唐耕耦、陆宏基编：《敦煌社会经济文献真迹释录》，第三辑，419页。

⑦ 唐耕耦、陆宏基编：《敦煌社会经济文献真迹释录》，第三辑，506页。

知客，或作"知宾"，即宴饮活动中专管接待宾客之人①。P. 2641《丁未年(947)都头知宴设司宋国清状》云："当直都头并知客细供两分，贰胡饼，灌肠面叁升。"②作为归义军衙内专管宴饮活动的机构，宴设司设有相应的知客人员，负责在宴会中安排座次、座位和酒食，活跃气氛，一般由能说会道、与主客各方都熟悉者担任③。

驿官，即专知馆驿或驿站事务的官员。《唐语林》卷7《补遗》载，刘邺节度淮南时，因其子刘希与许棠为同年进士，故留许棠为"淮南馆驿官"④。同书卷8《补遗》云："江南有驿官，以干事自任，白刺史曰：'驿中已理，请一阅之。'"⑤正是驿官处理驿内事务的反映。对于驿官的选任与考核，唐王朝亦有专门规定。如贞元二年(786)十二月敕节文："从上都至汴州为大路驿，从上都至荆南为次路驿。知六路驿官，每一周年无败阙，与减一选，仍任累计。次路驿官，二周年无败阙，与减一选，三周年减两选。"⑥可见，唐代驿官的考选年限，很大程度上与馆驿的等级地位有关。

厅子，即在官厅中当值、听差的服役人员⑦。S. 11600残存"厅子"二字⑧。S. 542v＋BD9606v《吐蕃戌年(818)沙州诸寺丁壮车牛役部(簿)》

---

① 《汉语大词典》所收"知客"词条有三意：一是佛寺中专管接待宾客的僧人。又称典客、典宾。唐怀海《敕修百丈清规·两序章》："知客，执典宾客。"二是旧时办理婚丧喜庆等事专管接待宾客的人。又称知宾。三是旧时宫中女官名。参见《汉语大词典》第7册，1581页，汉语大词典出版社，1991。

② 唐耕耦、陆宏基编：《敦煌社会经济文献真迹释录》，第三辑，613页。

③ 高启安：《唐五代敦煌饮食文化研究》，186页，民族出版社，2004。

④ 王谠撰，周勋初校证：《唐语林校证》，676页，中华书局，1987。

⑤ 王谠撰，周勋初校证：《唐语林校证》，741页。

⑥ 《唐会要》卷六一《御史台中·馆驿》，1061页，中华书局，1955。

⑦ 丘古耶夫斯基认为厅子是"给执行检查职能的官员当听差的职务名称"。刘进宝指出，所谓"厅子"就是在"厅"中服役者，即官厅的差役。参见[俄]丘古耶夫斯基著，王克孝译、王国勇校：《敦煌汉文文书》，202页，上海古籍出版社，2000；刘进宝：《唐宋之际归义军经济史研究》，216页，中国社会科学出版社，2007。

⑧ 中国社会科学院历史研究所等编：《英藏敦煌文献》，第14卷，47页，四川人民出版社，1995。

中，大云寺寺户李加兴、成善友"差春稻两驮"，"南波厅子四日"①，即在吐蕃管理"南波"的大厅中服役四日②。又灵修寺寺户宜奴，其差役为"厅了（子）"，同样在大厅中当值驱使。Дx. 2149《欠柴人名目》中有游再象、董不儿、赵进怀、赵留住、安海顺、梁再子、石富通等厅子7人，他们因为承担了归义军官厅中的听差、洒扫等劳役，故而免除了其应交纳的税柴③。

8. 馄头、䬪饼、䭔、餺、饊敁、飵、饐飥/13—14

羽41R所见的食物名目，大多见于S.1366《归义军衙内油面破历》、P.2744《食物账》和P.3231《平康乡官斋籍》中，说明它们是归义军时期最为常见的食物种类。又S.5671《诸杂字》中收有䬪饼、䭔饼、馄头、饊敁、䴺饼、飵饼、餺飥等多种食物，或可与羽41R所见食物互为补充。据高启安先生研究，䬪饼（䬪饼或沙饼）④、䭔饼、飵饼、䴺饼（胡饼）、飵饼为"饼"类食物，而馄头、餺飥、饊敁（饊子）、饐飥（饐饦）则为非"饼"类食物⑤。

9. 踏儛、唱謌、吹笛、打鼓、筚篥、筝板/15—16

踏儛，或作"踢舞"，是指以足踏地为节奏，连臂而歌舞。归义军时期，沙州军府置有从事乐舞活动管理的机构——乐营，其长官为乐营使。

---

① 郝春文编著：《英藏敦煌社会历史文献释录》，第三卷，126～127页，社会科学文献出版社，2003。

② 南波，杨铭认为即P. t. 1089号卷子中的Lho bal，它们均指稍晚一些的"南山"或"南山部族"，而南山则为汉晋间小月氏的余裔。陆离认为"南波"与"南山"应是9—10世纪活动于瓜、沙、肃州南部祁连山中含有原月氏血统的民族，"南波"与"南山"也有可能被称为Lho bal，但并不能完全代表P. t. 1089号文书中的Lho bal。参见杨铭：《敦煌文书中的Lho bal与南波—吐蕃统治时期的南山部族》，载《敦煌研究》，1993（3），10～15页；陆离：《关于敦煌文书中的"Lho bal"（蛮貉）与"南波"、"南山"》，载《敦煌学辑刊》，2010（3），28～39页。

③ 刘进宝：《唐宋之际归义军经济史研究》，217～218页。

④ 䬪饼，S. 5671《诸杂字》作"䬪饼"，P. 2744《食物账》："看十二行胡饼五十枚，䬐䭈二十枚，䬪饼十枚，蒸饼十枚，用麺四斗一升，油一升两合。"其中后三种饼类食物，亦见于P. 4906《某寺诸色破用历》中："面贰斗伍升，油肆升，造䬐䭈、沙饼、蒸饼"，说明"䬪饼"与"沙饼"为不同写法的同一食物。

⑤ 高启安：《唐五代敦煌饮食文化研究》，105、136页。

乐营内设有专门的音声、伎乐和舞蹈人员。莫高窟第 156 窟《张议潮出行图》音声仪仗中有舞者 8 人，"抛甩长袖，踏足而舞"①，描绘的正是踏舞场面。S.1053v《丁卯至戊辰年某寺诸色斛斗破历》："粟叁斗，二月八日郎君踏悉磨遮用。"这里"悉磨遮"，或作"悉么遮"②"苏磨遮""苏摩遮""苏幕遮"，是传自西胡波斯的一种头戴兽头头冠及面具，以及头戴胡王冠或油帽的化装舞蹈③。如此，郎君在二月八日（即悉达太子逾城出家纪念日）表演的"踏悉磨遮"应为名副其实的一种踏舞。当然，乐舞人员表演踏舞时还伴有唱謌（歌），并有吹笛、打鼓、筚篥、筝板等乐器伴奏。S.6208《俗务要名林》收有琵琶、琴瑟、箜篌、筚篥、方响、铜钹、拍板、击筑等乐器④。S.610《杂集时用要字壹仟叁伯（佰）言》："音乐部第三：琵琶、筝笛、箜篌、筚篥、欲笙、箛箫、锺（钟）铃、声铎、损篪、击筑、弹、担弦、剔拨、拊柏、琴瑟、鼓角、吹赢、赞咏、讽诵、歌舞、叫唤、謿讟、诃喝。"⑤从首题"时用要字"来看，这些乐器名称应是当时乐舞活动中最为常见的语词。

10．大厅、西衙、楼上/16

厅即厅堂，政府办公之所。刘禹锡《郑州刺史东厅壁记》云："古诸侯之居公私皆曰寝，其他室曰便坐。今凡视事之所皆曰厅，其他室以辨方为称。"⑥吐鲁番出土《唐西州都督府诸司厅、仓、库等配役名籍》中有"都督厅""长史厅""司马厅"⑦，可证"厅"乃官府视事办公之处。归义军时期，沙州设有"衙厅"。P.3644《类书习字》中抄有"衙内甲丈库、军资库、宴设库、

---

① 李正宇：《归义军乐营的结构与配置》，载《敦煌研究》，2000(3)，73～79 页。

② P.4640v《归义军布纸破用历》：庚申年(900)二月七日，"支与悉么遮粗纸叁拾张"。

③ 姜伯勤：《敦煌艺术宗教与礼乐文明》，529 页，中国社会科学出版社，1996。

④ 中国社会科学院历史研究所等编：《英藏敦煌文献（汉文佛经以外部分）》，第 10 卷，186 页，四川人民出版社，1994。

⑤ 郝春文编著：《英藏敦煌社会历史文献释录》，第三卷，278 页。

⑥ 《刘禹锡集》卷八《记上》，99 页，中华书局，1990。

⑦ 国家文物局古文献研究室等编：《吐鲁番出土文书》，第 6 册，91 页，文物出版社，1985。

烟火、仓司、军粮大仓、九眼仓、衙厅、中馆"等机构①，其中"衙厅"当指
归义军衙内大厅。P. 2744《食物账》"准旧大厅明堂油半升"。P. 2641《丁未
年(947)都头知宴设司宋国忠状》："大厅设画匠并塑匠用细供肆拾叁分，
壹胡并(饼)，上次伍分。"同卷《宋国清状》："廿三日大厅设于阗使用细供
贰拾捌分，内叁分贰胡并(饼)。"②S. 3728《乙卯年(955)押衙知柴场司安
祐成状并判凭》："廿三日设东窟工匠付设司柴壹束，大厅设使客付设司
柽刺拾束。"③这说明在归义军政权中，大厅还是官方接待使节来往的
场所。

　　西衙，或作"西牙"，当是归义军节度使的使衙所在地④。P. 3569《官
酒户马三娘龙粉堆牒》："西衙设回鹘使用酒叁瓮"。P. 2744《食物账》："西
衙看四道使客，细供五十八分"。可知归义军多在西衙招待外来使节。西
衙或作"西宅"，盖前者指使府衙庭，后者为家院内宅，但同属归义军节度
使驻地无疑⑤。

　　楼上，即归义军节度衙门。按唐制，节度使初授"入境，州县筑节
楼"，"罢秩则交厅"，"锁节楼、节堂"⑥。卢向前据此指出，节度使的

---

　　①　上海古籍出版社、法国国家图书馆编：《法国国家图书馆藏敦煌西域文献》，第
26册，201页，上海古籍出版社，2002。

　　②　唐耕耦、陆宏基编：《敦煌社会经济文献真迹释录》，第三辑，611、613页。

　　③　唐耕耦、陆宏基编：《敦煌社会经济文献真迹释录》，第三辑，620页。

　　④　P. 3126《还冤记》写本上端残叶题记："中和二年(882)四月八日下手镌碑，五月
十二日毕手。索中丞已下三女夫，作设于西牙碑毕之会。尚书其日大悦，兼赏设僧统已
下四人，皆沾鞍马缣细，故记于纸。"荣新江指出，唐朝公府称作公牙，此处之"西牙"当
是归义军节度使的使衙所在地。参见荣新江：《归义军史研究》，407页，上海古籍出版
社，1996。

　　⑤　张春燕、吴越：《西衙考》，载《敦煌学辑刊》，1997(2)，121～122页。
关于"西宅"，P. 4640v、P. 3942、P. 3501v、S. 4705、S. 6237、S. 6045、
S. 6452等均有记载，卢向前认为P. 4640v中的"西宅"是归义军节度副使李弘愿
居住之处，又为其官府所在地。参见卢向前：《关于归义军时期一份布纸破用历
的研究——试释P4640背面文书》，见《敦煌吐鲁番文书论稿》，120页，江西人
民出版社，1992。

　　⑥　《新唐书》卷四九下《百官志四下》，1309～1310页，中华书局，1975。

办公地点由于设在节楼，故节度使衙门也就称为"楼上"了①。S.3565《曹元忠设斋功德疏》称："弟子归义军节度使检校太保曹元忠于衙龙楼上，请大德九人，……设斋功德疏。"②可证"楼上"为归义军节度衙门的代名词。

11. 龙家/22

龙家，或称龙部落，是晚唐五代活跃在西域、河西地区的一支部族。S.367《沙州伊州地志》："龙部落，本焉耆人。今甘肃伊州各有首领，其人轻锐健斗战，皆禀皇化。"③这说明龙家部族原出焉耆龙氏，后因焉耆国灭亡，部族分散，渐次向东移入伊州、沙州、肃州、甘州等地。据S.389《肃州防戍都状》记载，中和四年（884），龙家部族一度控制了甘州城。但此时回鹘已经崛起，并形成了对甘州的合围，龙家部族迫不得已撤出甘州进入肃州④。此后，肃州遂成为龙家部族盘踞的主要阵地。

12. 都督、狄寅、司徒、司空、尚书、仆射、指撝、都衙、衙前子弟/23—25

都督，顾名思义，是都统、督察军事力量的长官。自汉末三国设立以来，历代遂相沿袭，无有停绝。唐代也不例外，初设于缘边要地，镇抚蕃胡，后多为节度使所取代。吐蕃占领敦煌后，亦设都督，是沙州节儿的重要僚佐，涉及民政、军事、监察、宗教等事务，通常由敦煌汉族世家大族担任，但也有胡族担任都督的情况。P.3410《沙州僧索崇恩析产遗书》是归义军初期的一份遗嘱，其尾部签名有"侄僧惠郎、表弟大将阎英达、侄都督索琪、侄兵马使索澈"。这说明归义军建立后，保留了蕃占时期的都督一职。

---

① 卢向前：《关于归义军时期一份布纸破用历的研究——试释 P4640 背面文书》，152 页。

② 唐耕耦、陆宏基编：《敦煌社会经济文献真迹释录》，第三辑，97 页。

③ 郝春文编著：《英藏敦煌社会历史文献释录》，第二卷，178 页，社会科学文献出版社，2003。

④ 陆庆夫：《从焉耆王到河西龙家——龙部落迁徙考》，载《敦煌研究》，1997(2)，169~178 页。

狄寅，S.1366《归义军衙内油面破历》："窟上迎甘州使细供十五分，又迎狄寅及使命细供十分"①。这里"狄寅"，或作"狄银"。P.3633《辛未年(911)七月沙州耆寿百姓等一万人状上回鹘天可汗状》第22行："□月廿六日，狄银领兵又到管内。"第25行："□□狄银令天子出拜，即与言和。"②作为甘州回鹘的将领，"狄银"领兵攻打沙州，迫使金山国(张承奉)屈服议和。《新五代史·回鹘传》载："是岁(同光二年)仁美卒，其弟狄银立，遣都督安千想等来。"③这里"狄银"，论者或以为人名(仁美可汗兄弟的姓名，924年为甘州回鹘可汗，926年卒)④，伯希和推测似为官名，即突厥文特勤(Tägin)的异译⑤。又此件《杂字》中，"狄寅"与"都督""司徒"等官名并称，这似表明"狄寅"所指官名"特勤"的可能性要更大一些⑥。

司徒、司空为唐代"三公"中的二公，另一公为太尉。尚书为六部长官，仆射为尚书省长官，有左、右之分，并为宰相。洪迈《容斋随笔》载："唐节度使带检校官，其初只左右散骑常侍，如李愬在唐邓时所称者也，后乃转尚书及仆射、司徒、司空，能至此者盖少。"⑦归义军时期，沙州节度使亦检校尚书、仆射、司徒等职，更有甚者，"往往在朝命下达之前就自封为某种较高的官衔"。比如，归义军节度使张议潮主政沙州期间

① 郝春文编著：《英藏敦煌社会历史文献释录》，第五卷，415页，社会科学文献出版社，2006。

② 唐耕耦、陆宏基编：《敦煌社会经济文献真迹释录》，第四辑，378页，全国图书馆文献缩微复制中心，1990。

③ 《新五代史》卷七四《四夷附录三·回鹘》，916页，中华书局，1974。

④ 孙修身：《五代时期甘州回鹘可汗世袭考》，载《敦煌研究》，1990(3)，40～45转23页；并参荣新江撰"狄银"词条，季羡林主编：《敦煌学大辞典》，358页，上海辞书出版社，1998。

⑤ [法]伯希和、沙畹：《摩尼教流行中国考》，见《西域南海史地考证译丛》，第八编，冯承钧译，80页，中华书局，1958。

⑥ 在归义军破用历中，很少提到甘州回鹘的官员姓名，较多的是支与"甘州使"的账目，但偶尔亦会出现官名。如P.2744《食物账》中，"达干宰相及公主交关人面三斗"。其中"达干宰相"，又见于S.8444《唐为甘州回鹘贡品回赐物品簿》(有"内文思使之印")："大宰相附进""达干宰相附进""天睦可汗女附进"。以此参照，S.1366《油面破历》所见"狄寅"当为甘州回鹘官名，而非人名。

⑦ (宋)洪迈：《容斋三笔》卷七《节度使称太尉》，498页，上海古籍出版社，1978。

（851—867），曾使用过尚书、仆射、司空、司徒、太保等称号①。

指撝或作指挥，即指挥使，为晚唐五代藩镇幕府的武职军将，归义军亦有设置。其职权不仅统军征战，管领军务，而且兼掌管内各军州的差科赋役，插手民政事务②。

都衙，即都押衙，亦为藩镇幕府的武职军将。胡三省解释说："唐节度使置都押牙，牙前重职也。"③都押牙（衙）在使府衙内的"重职"角色与地位，严耕望有精辟论述："唐方镇使府均将之重职，曰都知兵马使，曰虞候，曰都押衙，可称三都，实为一府军政之所寄，故位尊职重，常得越次，继任府主。"④

衙前子弟，即在归义军使府衙内充侍服役的官员子弟⑤。P.3324v《唐天复四年（904）衙前押衙兵马使子弟随身等状》："应管衙前押衙兵马使子弟随身等状：右伏缘伏事在衙已来，便即自办驼马驱驰，不谏三更半夜，唤召之，继声鼓亦须先到，恐罪有败阙身役本无处身说□驼商量，更亦无一人贴，遂针草自便，典家买（卖）舍□置鞍马，前使后使见有文凭，复令衙前军将子弟、随身等判下文字，若有户内别居兄弟者则不喜（许）沾捭。"⑥按唐制，方镇幕府由文职僚佐和武职军将组成，状文既然提到"衙前押衙兵马使子弟""衙前军将子弟"，依例应有衙前文职僚佐（如行军司马、判官、掌书记等）子弟。据状文所述，这些衙前军将（押衙、兵马使）子弟和随身官一样在府衙当值服役，自备驼马，听候调遣，甚至"三更半夜"也

---

① 荣新江：《归义军史研究》，61、78、129 页，上海古籍出版社，1996。

② 冯培红：《晚唐五代宋初归义军武职军将研究》，见郑炳林主编：《敦煌归义军史专题研究》，115 页，兰州大学出版社，1997。

③ 《资治通鉴》卷二二五代宗大历十三年（778）正月胡注"押牙"条，7250 页，中华书局，1956。

④ 严耕望：《唐代方镇使府僚佐考》，见《唐史研究丛稿》，236 页，新亚研究所，1969。

⑤ 高启安认为衙前子弟是归义军衙内地位较高的军官和文职人员。参见《唐五代敦煌饮食文化研究》，185 页。

⑥ 唐耕耦、陆宏基编：《敦煌社会经济文献真迹释录》，第二辑，450 页，全国图书馆文献缩微复制中心，1990。

不幸免。联系《天宝十载(751)敦煌县差科簿》所见"子弟"①以及大历三年(768)百姓曹忠敏"身是残疾,复年老,今被乡司不委,差充子弟"②的情况,可知"子弟"为官吏或勋官子弟承担的一种色役③。归义军时期,衙前子弟在使府衙内当值服役,且由官方提供饮食,显然仍有差科、色役的性质。

P.2641《丁未年(947)都头知宴设司宋国清状》:"早夜看衙前子弟并牧子家面伍硕柒斗叁升","夜衙前子弟面贰斗","衙前子弟夜料胡饼贰拾伍枚"④。从"早夜""夜料"来看,衙前子弟在衙内值役驱使,不分昼夜,这与P.3324v"不谏三更半夜"正相印证。S.1366《归义军油面破历》:"使出东园住,沿佐衙前子弟等早料面一斗,午料胡併(饼)五十枚,用面三斗五升"⑤。S.2474《归义军油面破用历》:"使出城南园及城东园住,沿佐衙前子弟等逐日早夜面二斗。"⑥似表明衙内子弟还参与招待、迎送使节来往等事务。

衙前子弟当值听差的情况,P.3146《辛巳年(981)八月三日衙前子弟州司及翻头等留残祗衙人数》⑦略有记载:

① 如P.3559《敦煌县从化乡差科簿》中,"安守礼载卅五,上柱国,子弟";"安边庭载卅二,四品孙,子弟";"康伏德载卅三,上柱国子,子弟"。参见唐耕耦、陆宏基编:《敦煌社会经济文献真迹释录》,第一辑,232~233页。

② 《唐大历三年(768)曹忠敏牒为请免差充子弟事》,见国家文物局古文献研究室等编:《吐鲁番出土文书》,第9册,158页,文物出版社,1990。

③ 王永兴指出:"唐朝时候,有些徭役由某些官吏子弟或勋官子弟来担任'子弟'就成为一种色役的专用名词。"日本学者西村元佑将"子弟"与"充傔"(傔人)归入"武官的随从及其他"中,认为"傔人和子弟都可以认为是与军事警察有关的色役,两者都由出身于良家而又有身份的人来就役"。参见王永兴:《敦煌唐代差科簿考释》,见沙知、孔祥星编《敦煌吐鲁番文书研究》,293页,甘肃人民出版社,1984;[日]西村元佑:《通过唐代敦煌差科簿看唐代均田制时代的徭役制度》,见[日]周藤吉之等著,姜镇庆、那向芹译:《敦煌学译文集——敦煌吐鲁番出土社会经济文书研究》,1101页,甘肃人民出版社,1985。

④ 唐耕耦、陆宏基编:《敦煌社会经济文献真迹释录》,第三辑,610、613页。

⑤ 郝春文编著:《英藏敦煌社会历史文献释录》,第五卷,415页,社会科学文献出版社,2006。

⑥ 唐耕耦、陆宏基编:《敦煌社会经济文献真迹释录》,第三辑,278页。

⑦ 唐耕耦、陆宏基编:《敦煌社会经济文献真迹释录》,第四辑,518页。

1　辛巳年八月三日，衙前子弟州司及翻头等留残祗衙人数。

2　第一翻：押衙周幸深、张幸通、押衙安愿成、张弘恩、王
流安

3　　张子昇、安全子、杜清山、游昌子、索定德、何

4　　员昌。

5　第二翻：押衙阴保昇、何再定、画保德、刘员会、董愿昌、

6　　令狐瘦儿、索保庆、氾万成、张闰子、梁原盈、

7　　张住子。

8　第三翻：令狐德住、氾员通、康富定、孔保定、尹彦郎、

9　　刘富宁、唐瘦儿、张富昌、令狐丑挞、史再富、

10　　吕祐住。

11　　右件留残祗衙人，每翻各三日三夜。

12　　祗衙须得兢兢，勿得怠慢。如或有

13　　官巡检来时□着直□□□当翻

14　　人身上祗当□□□□□

　　　（后缺）

本件中的"祗衙"，又见于 P.2985v《亲使员寮翻替历》："右件亲使员寮，每翻各一日一夜，事须存心，祗衙时向，不得抛离衙府。"①据此，"祗衙"即祗候衙府，意为在府衙恭候差遣，当值应役，衙前子弟即承担着这样的角色。从文书的记载来看，衙前子弟（共33人）以"翻"为单位，分翻值役，他们分为3翻，每翻11人，内设翻头1人，其中第一、二翻翻头由押衙来兼领，其余10人在翻头的带领下于衙府执勤当值，时限为"三日三夜"②。这些在衙前分翻驱使的"子弟"人员，在值役期间要兢兢业业，恪尽

---

①　唐耕耦、陆宏基编：《敦煌社会经济文献真迹释录》，第四辑，514 页。

②　冯培红认为 P.3146《衙前子弟州司及翻头等留残祗衙人数》是反映归义军番役制度（上番使衙）的文书，其中的"衙前子弟"当为宿卫士兵，翻头是为管理衙前子弟而设置的一个临时性的官职，只行使三天的职权，由押衙等亲将兼任，负责管理节度使府衙上番值役之事。参见冯培红：《敦煌归义军职官制度——唐五代藩镇个案研究》，203～205 页，兰州大学博士论文，2004。

职守，如稍有怠慢，且为巡检官员察觉，依例要承担相应的处罚。

13. 藏冰、敨（椒）房/26

藏冰是古代防暑降温的基本方法。《周礼》卷5《天官冢宰下》："凌人掌冰，正岁，十有二月，令斩冰，三其凌。"注曰："凌，冰室也。……三其凌者，凌谓冰室之中三倍纳冰，备消释度故也。"[①]据此，凌人总掌藏冰出冰之事，每年周历十二月"冰坚腹厚"之时，派人入山凿冰。考虑到气温回升后冰块的融化，冰室要按照实际用冰数量的三倍来储藏。《诗经·豳风·七月》："二之日凿冰冲冲，三之日纳于凌阴。"[②]正是寒冷时节（周历二月、三月）民众采冰、凿冰和藏冰图景的描述。

藏冰的用途，《周礼》描述说："春始治鉴，凡外内饔之膳羞鉴焉。凡酒浆之酒醴亦如之。祭祀共冰鉴，宾客共冰。大丧共夷槃冰。夏颁冰掌事。"[③]说明在祭祀和宴饮中保存食物（祭品）以及大丧停尸中都要用冰，而当夏日暑气方盛时节，周王还给群臣颁赐冰块，以示关怀。藏冰之处，或曰凌阴，或曰凌室，或曰冰室，或曰冰井。《汉书·惠帝纪》载："（四年）秋七月乙亥，未央宫凌室灾。"唐颜师古注："凌室，藏冰之室也。"[④]《三辅黄图·未央宫》："凌室，在未央宫，藏冰之所也。豳诗《七月》篇曰'纳于凌阴'。周官凌人，职掌藏冰。"[⑤]显然与《周礼》藏冰之制一脉相承。三国时，曹操曾在邺城筑铜雀、金虎、冰井三台。其中冰井台，高八丈，"有屋百四十五间，上有冰室，室有数井，井深十五丈，藏冰及石墨焉"[⑥]。后赵石勒时，曾因"藏冰失道，阴气发泄为雹"，"迁冰室于重阴凝寒之所"[⑦]。北魏太和四年（480）八月乙卯，孝文帝"诏诸州置冰室"[⑧]。刘宋大明六年

---

① 《周礼注疏》卷五《天官冢宰·凌人》，见《十三经注疏》，影印本，671页。

② 《毛诗正义》卷八《豳风·七月》，见《十三经注疏》，影印本，392页。

③ 见《十三经注疏》，影印本，671页。

④ 《汉书》卷二《惠帝纪》，90页，中华书局，1962。

⑤ 陈直：《三辅黄图校证》，60～61页，陕西人民出版社，1980。

⑥ （北魏）郦道元著，陈桥驿校证：《水经注校证》卷10《浊漳水》，259页，中华书局，2007。

⑦ 《晋书》卷一〇五《石勒载记》，2750页，中华书局，1974。

⑧ 《魏书》卷七上《高祖纪七》，149页，中华书局，1974。

（462）五月，孝武帝"诏立凌室藏冰"，"凌室在乐游苑内"，置凌室长一人，保举吏二人，由此形成了取冰（凌室长带领山虞、舆隶在深山穷谷涧阴冱寒之处取冰）、纳冰（纳于凌阴）、祭司寒、启冰室、用鉴盛冰、以鉴供冰等一系列环节在内的冰政礼仪制度①。

《唐六典·上林署》："凡季冬藏冰。每岁藏一千段，方三尺，厚一尺五寸，所管州于山谷凿而取之。先立春三日纳之冰井。"②这是开元中藏冰之制的规定。是时，上林署储藏的一千段冰，是由天下产冰之州岁贡而来，主要供应宫廷的冰块消费③。这些冰块虽然来自不同的州县，但它们统一尺寸，坚硬厚实，规格较高。《全唐文》所收崔希逸《对藏冰不固判》云："所司藏冰不固，诉云采冰户不依尺样。"④说明各地的"采冰户"必须按照官定的冰块尺寸、样式去凿冰。吐鲁番阿斯塔那19号墓出土《唐永徽二年牒为征索送冰井芳银钱事》中有"文欢去年十二月知冰井芳""今藏冰时至""送向冰井"诸字⑤，表明唐西州置有冰井，自然也有藏冰。至于归义军驻足的沙州是否有冰井和藏冰，我们就不得而知了。

敿房，岩本笃志释作"敷房"，疑误。按敿房，或当作椒房，即椒房殿。《汉书·车千秋传》："江充先治甘泉宫人，转至未央椒房。"颜师古注曰："椒房，殿名，皇后所居也。以椒和泥涂壁，取其温而芳也。"⑥椒房既为皇后所居，故亦泛指后妃居住的宫室，乃至成为后妃的代称⑦。《旧唐

① 《宋书》卷一五《礼志二》，411～412页，中华书局，1974。

② 《唐六典》卷一〇《司农寺·上林署》，526页，中华书局，1992。

③ 唐代的宫廷藏冰，杨梅《唐宋宫廷藏冰制度的沿袭与变革——以〈天圣令·杂令〉宋12条为中心》一文有深入研究。参见荣新江主编：《唐研究》，第14卷，481～493页，北京大学出版社，2008。

④ 《全唐文》卷三〇五，3103页，中华书局，1983。

⑤ 国家文物局古文献研究室等编：《吐鲁番出土文书》，第6册，513页，文物出版社，1985。又阿斯塔那78号墓出土《唐令狐娄元等十一家买柴供冰井抄》中有"冰井上"字样。参见国家文物局古文献研究室等编：《吐鲁番出土文书》，第4册，106页，文物出版社，1983。

⑥ 《汉书》卷六六《车千秋传》，2885页。

⑦ 《汉语大词典》，第4册，1098页，汉语大词典出版社，1989。

书·食货上》载："又杨国忠藉椒房之势，承恩幸，带四十余使。"①所言"椒房"即为深受玄宗宠幸的杨贵妃。

14. 槽上/28

槽，本指喂牲畜盛饲料的器具。《说文·木部》："槽，畜兽之食器。"《晋书·宣帝纪》"（曹操）又尝梦三马同食一槽。"即指于此。阿斯塔那506号墓所出《唐天宝十三至十四载（754—755）交河郡长行坊支贮马料文卷》中，第20件第10—11行："得前典王仙鹰款：先得两槽及诸馆状，请预支贮供饲帖马者。"又同卷第一件第41行："同日细马伍 □□□□ 伍斗，付槽头张环，判官杨千乘。"第51行："同日，征马叁拾匹，食麦粟壹硕伍斗，付槽头常大郎，押官尚大宾。"②由此可知，唐长行坊馆驿供马中即以"槽"为单位，分配管理，调拨使用，且设有"槽头"一职，负责槽内马匹的饲养。

归义军时期，沙州畜牧业发达，置有羊司、官马院等机构，并设有羊司押衙、知马官、知驼官等职，管理驼马羊群。同时，为了更好地放牧、喂养驼马，归义军还设置了"群上""槽上"等分支机构，由知马官、知驼官予以管理。P.2737《癸巳年（993）驼官马善昌状》："伏以今月十日，群上大 □□□□□□ 驼壹头，病死 □□□□□□ 敲槽上大䭾驼壹头，病死，皮付内库。未蒙判凭，伏请处分。癸巳年四月日驼官马善昌。"同卷另一状文称："伏以今月廿三日，槽上大骡驼壹头病死，皮付内库。未蒙判凭，伏请处分。癸巳年八月日驼官马善昌。"③正是"槽上"蓄养䭾驼，而由驼官负责管理的反映。S.6998B《乙未年（995）十二月至丙申年（996）二月知马官阴长儿状及判凭》为槽上大䭾马壹匹病死、皮付内库事，其中两匹马出自慕容都衙养槽和酒司养槽④。杏雨书屋藏羽35《丙申年知马官阴章儿状及判凭》提到"仆射宅养槽上大䭾马壹匹，病死，其皮领不得"，"王粉堆家养槽上大䭾马壹匹，病死，其皮肉付于阗使"，"泊再定养槽上大䭾马壹匹，病死，皮

① 《旧唐书》卷四八《食货志上》，2086页，中华书局，1975。
② 国家文物局古文献研究室等编：《吐鲁番出土文书》，第4册，230、59页。
③ 唐耕耦、陆宏基编：《敦煌社会经济文献真迹释录》，第三辑，602页。
④ 荣新江编著：《英国图书馆藏敦煌汉文非佛教文献残卷目录（S.6981—13624）》，61页，新文丰出版公司，1994。

付内库"①。由此看来，"槽上"饲养的这些马匹有时还分配给不同的官员、百姓来喂养，这是归义军官营牧马中出现的新特点。当然，在此过程中，知马官始终起着监督作用。

15. 设头/29

S.6981《纳赠历》："设头胡饼（饼）万朵一千，又四十，不关记数。又得胡奴胡饼（饼）一伯（佰）四十；阿鸾胡饼（饼）七十，又四十，又九十，又四十；唐押牙胡饼（饼）壹伯（佰）四十。"②从胡饼（饼）的纳赠账目来看，设头当为宴设司中从事饮食事宜的基层负责人③。

16. 朔方入奏/29—30

归义军时期，沙州遣使中原，一般循灵州道而行。即绕道经过朔方节度使的治所灵州，由此迂回入朝奏事。P.4640v《归义军布纸破用历》"入奏朔方两伴使共支路上赛神画纸壹帖""支与朔方麻大夫细纸壹帖"，就是"朔方入奏"的反映。P.3644《学童习字杂抄》中抄有"入京般次、朔方使、邠州"，"凤翔使、灵州"，"达担、回鹘使、汉使入城，般次天使馆驿，供备食料，肥羊甚好，看待使命"，"朔方军先登定难都指挥使金紫光禄大夫检校尚书左仆射赐紫金鱼袋"等文字④，这说明沙州归义军与中原王朝的使节往来非常频繁，经由邠州、灵州而达河西（沙州）的道路已成为敦煌民众（乃至学童）的一般常识，以致在当时的习字抄件中才会出现"般次""朔方使""灵州""天使"等字样⑤。

17. 西同、曲泽/30

西同，一作西桐，又称西桐海，距敦煌约二三日路程，位于沙州西南

---

① 武田科学振兴财团编集：《杏雨书屋藏敦煌秘笈》，影片册一，236～237页。

② 中国社会科学院历史研究所等编：《英藏敦煌文献（汉文佛经以外部分）》，第12卷，5页，四川人民出版社，1995。

③ 归义军时期的"头"往往是指某行业的基层负责人。如布头、柴头、蒸饼头、胡饼头等分别是征收官布、柴草、造作蒸饼和胡饼的基层负责人。

④ 上海古籍出版社、法国国家图书馆编：《法国国家图书馆藏敦煌西域文献》，第26册，200～202页。此件文书，黄永武《敦煌宝藏》定名为《俗务要名林》，王重民《敦煌遗书总目索引》、施萍婷《敦煌遗书总目索引新编》定名为《习书残卷》，《法藏》定名为《类书习字》。

⑤ 赵贞：《归义军史事考论》，前言，7页，北京师范大学出版社，2011。

沟通青藏高原的"把疾道"上，晚唐时曾为敦煌的畜牧业基地①。S.542《戊年(818)沙州诸寺丁口车牛役部(簿)》中，龙兴寺"朱进兴差入西同山廿日取羊。"莲台寺"骨论，持韦，西桐请儭羊一出。"灵修寺"白天养，差西桐请羊廿。"②说明吐蕃时期西桐是沙州诸多寺院牧羊的场所。归义军初期，吐谷浑、回鹘部族多次侵入西桐进行抄掠，归义军节度使张议潮、张淮深亲率大军，"凿凶门而出"，一举歼灭之。

曲泽，寿昌县泽泊。敦煌所出《寿昌县地镜》云："曲泽，县西北一百九十里，其泽迂曲，故以为名。"P.5034《沙州都督府图经残卷》："曲泽，东西十三里，南北十五里。右在县西北一百九十里，□□□□(其泽迂曲)因号曲泽。"③

18. 兴胡、细腰/30

兴胡，或作兴生胡，乃兴治生产，经商求利的商胡。泛指西北少数民族以市易取利的商人，尤以昭武九姓胡最著名④。阿斯塔那29号墓所出《唐垂拱元年(685)康尾义罗施等请过所案卷》中"兴生胡纥槎"⑤，阿斯塔那509号墓所出《唐开元十九年(731)唐荣实买婢市券》中"兴胡米禄山"⑥，同墓所出《唐开元二十一年(733)石染典买马契》中"兴胡罗世那""兴胡安达汉"⑦等，都是兴贩求利的商胡。又据P.2005《沙州都督府图经》记载，沙州西北110里有兴胡泊，"其水咸苦，唯泉堪食，胡商从玉门关道往返居止，因以为号"⑧，正是玉门关道上兴胡往返、经商求利的写照。

---

① 李并成：《西桐地望考——附论明安定卫城》，载《西北民族研究》，1998(1)，45～50页。

② 郝春文编著：《英藏敦煌社会历史文献释录》，第三卷，124、128、133页。

③ 唐耕耦、陆宏基编：《敦煌社会经济文献真迹释录》，第一辑，52、28页。

④ 程喜霖：《唐代过所研究》，254页，中华书局，2000。

⑤ 国家文物局古文献研究室等编：《吐鲁番出土文书》，第7册，88～94页，文物出版社，1986。

⑥ 国家文物局古文献研究室等编：《吐鲁番出土文书》，第9册，26～28页，文物出版社，1990。

⑦ 《吐鲁番出土文书》，第9册，48～49页。

⑧ 唐耕耦、陆宏基编：《敦煌社会经济文献真迹释录》，第一辑，8页。

细腰，纤细的腰身。S.79《类书》"细腰"条："楚灵王好细腰，宫中多饿死。"唐张祜《李家柘枝》："红铅拂脸细腰人，金绣罗衫软著身。长恐舞时残拍尽，却思云雨更无因。"①白居易《柘枝妓》："红蜡烛移桃叶起，紫罗衫动柘枝来。带垂钿胯花腰重，帽转金铃雪面回。"②按柘枝，即柘枝舞，唐代流行的胡舞之一，源出昭武九姓之石国。此舞衣装颇为讲究：着红紫五色罗衫，窄袖，锦靴，腰带银蔓垂花，头冠绣花卷檐虚帽。窄袖罗衫，即是胡服，卷檐虚帽，所谓胡帽③。舞者一般为身形轻盈、婀娜多姿的"细腰人"。刘梦得《观舞柘枝》："胡服何葳蕤，僸僁登绮墀。……垂带覆纤腰，安钿当妩眉。翘袖中繁鼓，倾眸遡华榱。"④透露出彩带飘曳、金玲清响、眉目传情的场景。这些腰身纤细而又动作明快的舞伎亦多来自于九姓胡。

19. 都知、校楝、将头/33—34

都知即都知兵马使。会昌四年（844），昭义节度使刘稹为都知兵马使郭谊谋杀，唐敕使抚慰曰："郭都知告身来日当至。"胡三省注曰："郭谊为昭义都知兵马使，故称之。"⑤P.4640v《归义军布纸破用历》中有"都知张海清""都知史孝忠""都知氾文德"三人，他们的官衔"都知"应为都知兵马使的省称。P.3727第五件《国清父母予军使吕都知阴都知状》云："孟春犹寒，伏惟军使吕都知、阴都知尊体起居万福。"P.3727第三件状文："都知兵马使吕留进、都知兵马使阴义进等状上太保衙。"⑥可知吕都知、阴都知即为状上太保衙的都知兵马使吕留进、都知兵马使阴义进。

校楝，一作校练、教练，即教练使，其职旨在"训练兵军，亦得统军

① 《全唐诗》卷五一一，5844页，中华书局，1960。

② 《全唐诗》卷四四六，5006页。

③ 向达：《柘枝舞小考》，见《唐代长安与西域文明》，99页，河北教育出版社，2001。

④ 《全唐诗》卷三五四，3972页。

⑤ 《资治通鉴》卷二四八武宗会昌四年八月条，8009页。

⑥ 上海古籍出版社、法国国家图书馆编：《法国国家图书馆藏敦煌西域文献》，第27册，145～147页，上海古籍出版社，2002。

出征，置使系统亦有都使及左右厢等名目"①。S.289v《宋李存惠殡铭抄》"内亲从都头知左右厢马步军都校练使检校兵部尚书兼御史大夫上柱国阴住延"②。S.4274《阴某起居状》"管内两厢马步军都校拣使银青光禄大夫检校工部尚书兼御史大夫阴。"③S.4398《曹元忠献碯砂状》"步军教练使兼御史中丞梁再通"④。由此可见，归义军时期教练使亦有"都使"之置，且有左厢、右厢和马军、步军之分，大致负责教习兵法、武艺及训练士卒等事务。

将头，吐蕃时期的百户长，将头负责催交粮食、杂物等，并以"将"为单位造手实、户籍，交纳赋税。P.3774《丑年(821)十二月沙州僧龙藏牒》："齐周身充将头，当户突税差科并无。官得手力一人，家中种田驱使，计功年别卅驮。"⑤可见，担任将头者，可免除"突税差科"，且有"手力一人"，供家中驱使。归义军时期，在兵制系统中亦设有将头，为基层统军长官，管兵一百人。S.5448《浑子盈邈真赞》叙其官衔为"归义军度押衙兼右二将头"，又曰"念兹公干，赐节度押衙，兼百人将务"⑥，正是将头统兵百人的反映。

20. 游弈、马補(铺)、捉道、走马使／34—35

游弈，一作游奕，即游奕使，主巡警、侦察之务。《通鉴》胡三省注曰："游奕使，领游兵以巡弈者也。……杜佑曰游弈，于军中选骁勇谙山川、泉井者充，日夕逻候于亭障之外，捉生问事。"⑦说的就是巡察、侦缉之责。归义军政权建立后，仿效唐制，亦设游奕使，负责侦察或刺探周边少数民族的动静。P.2814《都头知悬泉镇遏使安进通状》："右今月廿日，

① 严耕望：《唐代方镇使府僚佐考》，236 页。

② 郝春文编著：《英藏敦煌社会历史文献真迹释录》，第一卷，449 页，科学出版社，2001。

③ 中国社会科学院历史研究所等编：《英藏敦煌文献(汉文佛经以外部分)》，第6卷，13 页，四川人民出版社，1992。

④ 唐耕耦、陆宏基编：《敦煌社会经济文献真迹释录》，第四辑，398 页。

⑤ 唐耕耦、陆宏基编：《敦煌社会经济文献真迹释录》，第二辑，284 页。

⑥ 郑炳林：《敦煌碑铭赞辑释》，343 页，甘肃教育出版社，1992。

⑦ 《资治通鉴》卷二〇九"中宗景龙二年(708)三月"条，6621 页。

当镇捉道人走报称，于八虞把道处，有贼骑马踪，共贰拾骑以来，过向北山，何头林木内，潜藏不出。进通当时差游弈使罗钵纳等二人亲往踪出处探获，的实在甚处跧藏，至定消息，星夜便令申报上州，兼当日差上走报常乐、瓜州。"①据状文所述，当镇捉道人报告，说有 20 余骑贼兵藏匿山林，潜伏不出，安进通遂差遣游弈使罗钵纳等二人亲自踏查察看，消息落实后即星夜回马禀报。由此看来，捉道人（或把道人）和游弈使都有巡察、刺探敌情的职责②。相较而言，游弈使侦察获知的情报信息更为精确和细密。

《通典·守拒法附》载："马铺，每铺相去三十里，于要路山谷间，牧马两匹，与游弈计会。有事警急，烟尘入境，即奔驰报探。"③可知马铺亦设于山谷要隘处，每 30 里设一铺，配马 2 匹，在行军驻防中起着探察和报警的作用。《唐六典·尚书刑部》载："凡三十里一驿。……若地势险阻及须依水草，不必三十里。每驿皆置驿长一人，量驿之闲要以定其马数。"④唐制，每 30 里设一驿站，而马铺的设置，"每铺相去三十里"。盖由于此，马铺一度被理解为驿站，亦指驿站以马传递文书⑤。《武经总要前集·警备法》云："凡军营遇夜，又于贼来要路，以探骑为暗铺，各持新炬藏火，递相应接，仍于路左草中伏人；或于高木遥望，如觉有贼，走报马铺，举火，前铺应了，即驰赴大军，大军亦置望烽人举火相应。"⑥看来，在行军侦察中，马铺与暗铺（探骑或探子）互相配合，传递预警信息。通常来说，暗铺（探子）隐没于山谷、草丛和树木中监视着前方的一举一动，如发觉贼兵出没，便飞驰报告附近的马铺，马铺随即举火报警，并快马加鞭，具报

①　唐耕耦、陆宏基编：《敦煌社会经济文献真迹释录》，第四辑，495 页。
②　陈国灿认为捉道"属外探、游弈之类。……到了唐代，用于边防则称为游弈。……此种巡游于亭障之间捉生问事的游弈，称之为捉道，或称把道，即巡察道路，伺探敌情行踪者。"参见《唐五代瓜沙归义军军镇的演变》，唐长孺主编：《敦煌吐鲁番文书初探二编》，575 页。
③　《通典》卷一五二《兵五·守拒法附》，3901 页。
④　《唐六典》卷五《尚书刑部》，163 页。
⑤　《汉语大词典》，第 12 册，784 页，汉语大词典出版社，1993。
⑥　《武经总要前集》卷六《警备法》，248 页，解放军出版社、辽沈出版社，1988，影印本。

敌情，最终完成侦察、报警的一系列工作①。

走马使亦有刺探敌情信息并及时奏报的职责。P.2692《张议潮变文》载："至(大中)十一年八月五日，伊州刺史王和清差走马使至，云有背叛回鹘五百余帐，首领翟都督等将回鹘百姓已到伊州侧。"②即将刺探到的背叛回鹘信息向伊州刺史禀报。Дx.1384《押衙李文继书状》："昨者人往，般次到日来往口问迢道，安落善善，好在喜悦。……走马使般次王保山手上，空府丹书，道上怕恐贼徒，使名疾出，安排不到，聊无丹信，到望收纳。"③本件中"走马使"王保山是般次成员，从"道上怕恐贼徒"来看，他主要刺探周边民族的军情信息和最新动向，以及沿途贼寇出没的情况。特别是贼寇的出没，直接影响到使节的人身和财物安全，故此类情报的获取更为重要。P.3016《天兴九年(958)九月西朝走马使富住状》提到"沿路虽逢奸危贼寇，上下一行，并无折欠"。又讲道"奏奉本道太师令公差充走马，奏回礼使索子全等贰人于伍月伍日入沙州，不逢贼寇，亦无折欠。"④正是西朝走马使富住准确、及时刺探敌情信息的反映。

除了以上所考外，羽41R《杂字一本》中还有一些词语值得关注。马圈口，即马圈口堰，系为甘泉水(党河)进入敦煌绿洲之头道拦水堰坝；南沙，或为南沙园。S.1366《归义军衙内面油破历》"准旧南沙园结莆(葡)桃(萄)赛神细供伍分"，可见"南沙园"是归义军祭祀葡萄神的地方，依常理来看当为沙州官衙的葡萄园⑤。碛墥烽又见于羽41R背面《戊寅年历日》中，当为沙州归义军所辖烽铺之一；西大乌，即大乌山、乌山，此山在沙

---

① 程喜霖认为马铺的职能不仅是侦察、警戒、捉生问事，而且还起行烽的作用。这类马铺乃盖铺随军走，这又与烽铺固定在烽旁，与职主传递烽牒有所区别。马铺设置和职能比烽铺广泛，包含了烽铺，从这个角度而言，烽铺可称为马铺，但有的马铺如行军作战中的马铺却不能称烽铺，故二者又不能等同，这就是两者的区别。参见《唐代烽铺建制新证——新出烽铺文书研究之二》，载《西域研究》，2006(3)，28页。

② 黄征、张涌泉校注：《敦煌变文校注》，181页，中华书局，1997。

③ 俄罗斯科学院东方研究所圣彼得堡分所等编：《俄藏敦煌文献》，第8册，129页，上海古籍出版社，1997。

④ 唐耕耦、陆宏基编：《敦煌社会经济文献真迹释录》，第四辑，407~408页，

⑤ 赵贞：《归义军史事考论》，115页。

州城北二百五十六里，因山石乌黑而得名①；水饭，盖即米粥、稀饭之类②；典党（当），即以物抵押来换取钱财；割罗多，或为西突厥别部——葛逻禄之异音；其他如铛、锅、铫、镟、釜、灶等为食用器物；缚蓆、圌③、锄子、種金、大斧、斫斤、铧、镰刀为农用器物；驴、骡、特、犊、餧饲、肥瘦，均与家畜及其喂养有关；襖子、毡、袍子、裆、裈、褂、袴、衫子、礼巾、裙装、长袖、衣襕、鞋鞳、皮裘等为衣物；和塈、泥壁、修城、酿储、执持、掌案、税检、差科、役次等为赋役劳作；何嵯拙、骨硉拙、突磨□、阿罗、讷悉鸡、独瓲虬、崑崙仍，或为胡族人名；而钵盂、禅师、僧政、统録诸词，显然与释门僧侣有关④。

### 三、相关问题

羽41R 的性质是"杂字"。"杂"者盖取杂糅、集合、会聚之意，"杂字"即将各种日常用字、难字等按照某种次序杂糅、集合、编排起来。《隋书·经籍志》收录周成《杂字解诂》4 卷、郭显卿《杂字指》1 卷、邹里《要用杂字》3 卷、李少通《杂字要》3 卷、萧子政《古今篆隶杂字体》1 卷、佚名《杂字音》1 卷⑤。《新唐书·艺文志》收有《杂字》1 卷、僧正度《杂字书》8 卷。这些流行于汉唐时代的《杂字》著作，或收时用要字，或释字义，或训音注，或解字体，侧重点各不相同。不过，由于《经籍志》《艺文志》所收《杂字》大多散佚，故其编排体例难以详知。惟《宋史·夏国传》载李元昊推

---

① 季羡林主编：《敦煌学大辞典》，311 页。

② 五代刘崇远《金华子杂编》卷下："郑傪为江淮留后。……忽一日早辰，其妻少弟至妆阁，问其姊起居。姊方治妆未毕，家人备夫人晨馔于侧，姊顾谓其弟曰：'我未及餐，尔可且点心。'止于水饭数匙。"（《唐五代笔记小说大观》，1767 页，上海古籍出版社，2000）宋孟元老《东京梦华录》卷 2《州桥夜市》："自州桥南去，当街水饭、爊肉、干脯。"（64 页，中华书局，1982）清俞樾在《茶香室丛钞》中说："按水饭即粥也。今南人多于早辰喫粥，此风古矣。"（俞樾：《茶香室丛钞》卷二一《水饭》，中华书局，1995，439 页）

③ "圌"，S.3227v《杂集时要用字》农器部作"圌囤"，即竹篾或草编织的用于存放谷物的圆囤。

④ ［日］岩本笃志：《敦煌秘笈"杂字一本"考——"杂字"からみた歸義軍期の社会》，27～28 页。

⑤ 《隋书》卷三二《经籍志一》，942～945 页，中华书局，1973。

行文教，"教国人纪事用蕃书，而译《孝经》、《尔雅》、《四言杂字》为蕃语。"①其中《四言杂字》，似用"四言体"来编排，即四言一句，对偶押韵，如此编排当然是出于学童诵读或记忆的需要。这与中古流行的童蒙读物《千字文》《开蒙要训》等基本相同。

《杂字》的编排体例，或可从敦煌写卷 S.610、S.617、S.3227v、S.6208 等杂字书中得到启示。S.610 首题"杂集时用要字壹阡叁伯（佰）言"，表明收录了当时常用而又比较重要的 1300 个杂字，但因残缺过甚，实际仅存 3 篇，即"二仪部第一""衣服部第二""音乐部第三"②；S.617《俗务要名林》是世俗间各种常用重要事物名称的汇录，收有器物、田农、养蚕及机杼、彩帛绢布、果子、菜蔬、饮食、杂畜等 28 部③，亦是分类编排；S.3227 残存石器、靴器、农器、车、冠帻、鞍辔、门窗、舍屋、屏障、花钗、彩色 11 部④，所收杂字依照义理分类辑录；S.6208 残有□缬、音乐、饮食、薑笋、果子、席、布、七事、酒 9 部，其后抄《新商略古今字样撮其时要并引正俗释下卷》⑤。这些杂字书，审其内容，均按义类分部，立有类名，集合当时现实生活中重要而常用的字词编汇而成，性质均为民间用来童蒙识字教育的通俗字书⑥。

值得注意的是，羽 41R 首行"次（？）于韵而如行"6 字，表明《杂字一本》似依照某种规则的押韵来编排的。可以参照的是敦煌本《千字文》，如S.3835、S.4504、S.4747、S.5454、P.2059、P.3108、P.3614、P.3626等号首题"千字文敕员外散骑常侍周兴嗣次韵"⑦，以下正文四字一句，对偶押韵，如"天地玄黄，宇宙洪荒，日月盈昃，辰宿列张"等，可证周兴嗣

① 《宋史》卷四八五《夏国传》，13995 页，中华书局，1977。

② 郝春文编著：《英藏敦煌社会历史文献释录》，第三卷，277～278 页。

③ 郝春文编著：《英藏敦煌社会历史文献释录》，第三卷，368～378 页。

④ 中国社会科学院历史研究所等编：《英藏敦煌文献（汉文佛经以外部分）》，第 5卷，26 页，四川人民出版社，1992。

⑤ 中国社会科学院历史研究所等编：《英藏敦煌文献（汉文佛经以外部分）》，第10 卷，186～188 页，四川人民出版社，1994。

⑥ 郑阿财、朱凤玉：《敦煌蒙书研究》，102 页，甘肃教育出版社，2002。

⑦ 郑阿财、朱凤玉：《敦煌蒙书研究》，12～22 页。

正是按照"次韵"的方式来选取文字并进行编排的。由此看来，羽41R首行文字当为《杂字一本》的序言，其下正文除前两行略残外（每行约残7字），大体尚算完整。正文所收杂字，如岩本氏所述，大致可归为地名、宴设、饮食、乐舞、官衙、食器、农具、家畜、衣物、官职、劳役、接待、杂胡、僧侣、都将等类①。不过，由于各类均尤篇目或类名，因此相较而言，羽41R《杂字一本》的编排方式大体与S.5671《诸杂字》较为接近②。

那么，编纂《杂字一本》的目的何在？岩本氏将其与张承奉时期的官学（州学或县学）教育联系起来，这当然是正确的。但可以补充的是，根据郑阿财、朱凤玉对敦煌蒙书的分类，羽41R《杂字一本》显然可以归入"杂字类蒙书"中，其性质当与《俗务要名林》《杂集时用要字》等杂字书相同③。如此，羽41R《杂字一本》应是沙州归义军官学中为推行童蒙识字教育而编写的教材。

我们知道，归义军时期的童蒙识字教育，通常多以蒙书如《千字文》《开蒙要训》《上大夫》等为指定教材④。同时，民间广泛行用的《雇工契》（S.1478）和《社司转帖》也成为学童习字的模板或样文，显示了童蒙教育较强的实用性特点。相比之下，羽41R通过诸多杂字的编纂，将归义军社会的整体面貌直观地传输给官学中接受教育的学生或学郎，以便使他们对归义军政权的地理（河渠、山谷）、政治（西衙、楼上）、经济（税检、差科、劳役）、军政（军镇、烽铺、都将）、职官（都督、都衙、指挥）、外交（驿

---

① ［日］岩本笃志：《敦煌秘笈"杂字一本"考——"杂字"からみた歸義軍期の社会》，27～28 页；其中"宴设""乐舞""杂胡""都将"，岩本氏归为"官厅""音乐""非汉民族""军事"。

② S.5671 首题"诸杂字□□"，其下抄有食器、衣服、饮食、梳妆器物等杂字 7 行，中间亦无篇目或标题。

③ 据郑阿财、朱凤玉统计，敦煌识字类蒙书有《千字文》《新合六字千字文》《开蒙要训》《俗务要名林》《杂集时用要字》《碎金》《白家碎金》和《上大夫》，共 8 种，凡 106 件抄本。其中杂字书有 2 种 6 件，即《俗务要名林》和《杂集时用要字》各 3 件。参见《敦煌蒙书研究》，445 页。

④ P.3211《千字文》尾题"乾宁三年岁丙辰二月十九日璧（学）士郎氾贤信记之也"；S.705《开蒙要训》尾题"大中五年（851）辛未三月廿三日学生宋文献诵、安文德写"。P.4900《上大夫》为学童习字，共 10 行，前 9 行抄"上大夫丘乙己化三千"9 字，第 19 行存"咸通十年"四字，可知为归义军时期写本。

北京师范大学史学探索丛书

官、进奉、朔方入奏）、民族、宗教、社会生活（饮食、乐舞、衣服）等，都有相当深入的了解。从这个意义来说，羽41R《杂字一本》是名副其实的"时用要字"。这些反映沙州社会实际和归义军整体面貌的重要字词，一旦融入童蒙识字教材中，事实上已经具有"通识"教育和"国情"教育的色彩，较为委婉地凸显了经世致用的特点。这对于弘扬敦煌乡土文化，凝结瓜、沙官民的地方保护意识，激发民众给予归义军的浓厚热情，乃至巩固归义军政权，都有一定的积极意义。

## 本章小结

以上通过吐鲁番出土文书《唐人日课习字卷》和敦煌所出《杂字一本》的专题考察，使我们对唐代州县的官学教育有了新的认识。一般认为，在科举制度的推动下，唐朝通过州县学生升补中央学校和科举取士的方法，理顺了地方教育与中央教育的关系，使地方教育制度成为国家教育制度的重要组成部分①。这当然是十分准确的。但要看到，唐代的州县官学在践行《学令》《祠令》《假宁令》等规定的教育活动中，还表现出一定的区域差异性。如《日课》中所见，西州官学在执行《唐令》的"假"时还往往通过"放"的形式向后延伸一两天。又如西州学生的"当值"听差和"迎县明府"，表明这些学生与当地的州县官府互有往来，乃至参与地方官府主持的有关活动。相较而言，《杂字一本》反映的沙州官学呈现出相对独立的教育内容，此时的沙州已完全由节度使张承奉掌控，因而在童蒙识字教育的文本上渗透了敦煌历史、地理、文化、军政、民族、外交、社会等方方面面的内容，《杂字一本》因此也深深地打上了"沙州归义军"烙印。这是将归义军的特色资源融入童蒙识字教育的教材中，从而激发学童对于敦煌乡土文化的特别热情。无疑，这些内容的勾勒和描述，必将改变学者对于唐代州县官学的普遍印象，进一步丰富唐代官学教育的内容。

---

① 宋大川：《教育·唐代教育制度》，见胡戟主编：《二十世纪唐研究》，201页，中国社会科学出版社，2002。

# 第四编　占卜与历日

# 第十章　敦煌文书中的乌鸣占与鸟形押

近年来，敦煌占卜文书，作为藏经洞出土的"最后一块宝藏"，受到越来越多学者的重视。作为占卜文书中"杂占类"之一种，乌鸣占也引起了学者极大的探究热情。比如，针对敦煌发现的藏、汉写本《乌鸣占》（P. t. 1045、I. O. 746、P. 3479、P. 3888、P. 3988），国外学者巴考、劳费尔、茅甘、戴思博①，中国学者王尧、陈践、陈楠、杨士宏、黄正建、房继荣等②，均对敦煌写本中的乌鸣占文书做过探讨。在此基础上，本章拟通过两件鸟占文书的梳理，展示唐代社会的奉鸟祈福习俗，并对归义军曹氏时期的鸟形押略作补充。

## 第一节　俄藏 Дx. 6133《祭乌法》解读

### 一、录文及性质

《俄藏敦煌文献》第 13 册收有一件占卜文书，编号为 Дx. 6133。

　　①　[法]巴考（J. Bacot）：《闪电预兆表：藏文文献的刊布和翻译》，载《亚细亚学报》（第 2 套），1913(1)；[美]劳费尔：《吐蕃的鸟卜》，见赵炳昌，陈楠译：《国外敦煌吐蕃文书研究选译》，甘肃人民出版社，1992；[法]茅甘：《敦煌写本中的乌鸣占凶吉书》，见耿昇译：《法国学者敦煌学论文选萃》，中华书局，1993；[法]戴思博（Catherine Despeux），"Auguromancie"，*Divination e t sociétédans la Chine médéivale*，Bibliothèque nationale de France，2003，pp. 465-467.

　　②　王尧，陈践：《吐蕃时期的占卜研究——敦煌藏文写卷 P. T. 1047、1055 号译释》，载《世界宗教研究》，1985(3)；王尧，陈践：《吐蕃的鸟卜研究——P. T. 1045 号卷子译解》，见《敦煌吐蕃文书论文集》，四川民族出版社，1988；王尧，陈践：《吐蕃时期的占卜研究》，香港中文大学出版社，1987；杨士宏：《敦煌古藏文残卷〈鸦鸣占卜法〉译释并探源》，载《西北民族研究》，1988(2)；黄正建：《敦煌占卜文书与唐五代占卜研究》，增订本，中国社会科学出版社，2014；陈楠：《敦煌藏汉鸟卜文书比较研究——P. T. 1045 号、P. 3988 号与 P. 3479 号文书解析》，见《敦煌吐鲁番研究》，第 10 卷，345～369 页，上海古籍出版社，2007；房继荣：《敦煌本〈乌鸣占〉吉凶书研究》，兰州大学硕士学位论文，2007。

此件书法工整，字迹清晰，系由 4 残片（Piece）粘贴而成。其中上半部分有两残片，按照自右向左的顺序分别标为 A、B（B 片首行绘有祭品图🔥，后题"祭乌法"三字，并附有乌鸦展翅图🐦）；下半部分均为倒书，亦有两残片，按照同样顺序分别标为 C、D，除残片 D 抄有 7 行文字外，其他三片各有文字 6 行（参见图 10-1）①。从各片所存文字来看，原卷粘贴的次序并不准确，显然有误，正确的次序应为 C—A—D—B（参见图 10-2）。按照这个顺序，可释文如下（各片文字以"/"相区分）：

（前缺）若见乌三三五五坐，四顾望，一时鸣，有外寇馮凌来至。若见乌众集一处，一时共作声，声恶惊散被土，合有大维智人急离此界。若见众乌于空园直上直下斗飞，合有两灾。若见乌高处坐，垂项，智（只）共作恶声，/合家男女死。若见众乌于人家舍集，作喜声，合得财。若见众乌来入人家舍，垂下翅翮，作恶声，伏床桄上，合有人死。若见乌口衔生肉抛人身上，合得富贵。若见乌于死人及畜牛羊上坐，次鴜画者，当家/必能通幽（?）人之信，以应物家之哉。祭乌之法：常以每月十六日，广与食饮饼物饲之，大吉。焦贡曰：别法，当与（于）建卯二月二日取大豆二升，和煮作饭。又别煮牛乳生米少许，又安悉（息）香少许，散于豆饭上，置于人所不行处树下，扫地净而□之，乌但呼，白鹿先生曰：乌必食之，乃/🔥祭乌法🐦。郯子曰：占乌之法，每见□则与食喫（吃），不得有所损害。纵见他捕获及欲然伤者，必须殷懃救命，免致害善。或见死，亦必收什而盖藏之。至于巢乱死，不可採髪，以弓惊恐。能依此乌，终不妄报之事。子夏曰：乌之虚也，可以（后缺）

---

①　俄罗斯科学院东方研究所圣彼得堡分所等编：《俄藏敦煌文献》，第 13 册，16页，彩图 1，上海古籍出版社，2000。

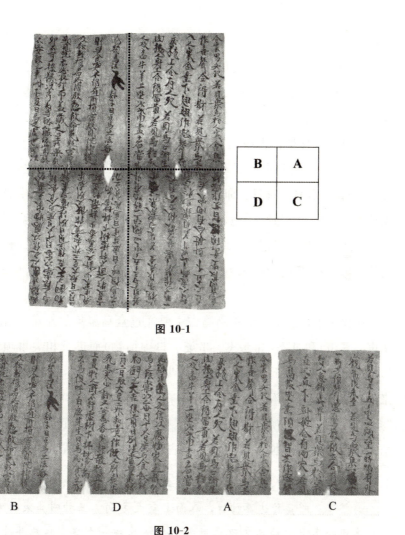

图 10-1

图 10-2

　　此件的内容，大致可归结为两方面。第一部分是《乌鸣占》，即通过乌鸦的鸣叫来预测吉凶。一般来说，乌鸣占的基本方式及吉凶预兆，都是基于乌鸦鸣叫的时空背景而被赋予特别的象征意义。P.3988《乌占临决》云："乌占临决，凡聚（？）人鸣者，从来处刑候吉凶法，若看八方上下数，看时傍通占。"①换言之，乌鸦鸣叫的方位（八方上空）和时辰（日出、平旦、食时、日中、日昳、晡时、黄昏、人定、夜晚）是乌鸣占中判断吉凶预兆的

————————

　　①　上海古籍出版社、法国国家图书馆编：《法国国家图书馆藏敦煌西域文献》，第30册，319页，上海古籍出版社，2003。

重要因素。洪迈《容斋随笔·续笔》卷第三《乌鹊鸣》载："世有传《阴阳局鸦经》，谓东方朔所著，大略言凡占乌之鸣，先数其声，然后定其方位，假如甲日一声，即是甲声，第二声为乙声，以十干数之，乃辨其急缓，以定吉凶，盖不专于一说也。"①这说明乌鸣占其实有着非常深厚的历史根基和文化传统，而且推占吉凶的方式也是多种多样，而并不"专于一说"。比如，根据P.3479《乌占习要事法》和P.3988《乌占临决》的描述，乌鸦在十二日（子日、丑日、寅日、卯日、辰日、巳日、午日、未日、申日、酉日、戌日、亥日）、十二地（子地、丑地、寅地、卯地、辰地、巳地、午地、未地、申地、酉地、戌地、亥地）以及栖息地和聚集地（如屋舍、树上等）鸣叫的不同，将直接影响着出行、疾病、军营、财物等具体事项的吉凶程度。

相比之下，Дx.6133中乌鸣占主要通过众乌聚集的地点、"作声"（如恶声、喜声）和神态（如斗飞、坐姿、口中衔物）而进行相关事项的占卜。P.3988《乌占临决》云："乌无故群队集人舍上鸣者，不西去大吉。……乌来近人家舍上鸣，必有死亡；在下鸣，忧长子长妇。"或可与Дx.6133中的"众乌于人家舍集""众乌来入人家舍"相参照。至于"作声"，即乌鸦鸣叫发出的声音，藏文写本P.t.1045《乌鸣占》序言中有相关描述：

> 乌鸦本是人怙主，尊神派遣到地方。羌塘草原犛牛肉，天神使者好祭享。叫声传达尊神旨，八面上空九方向。三种叫声表神意，祭品多玛快奉上，神鸟乌鸦享用光，如祭尊神一个样。乌鸦并非尽前兆，吉凶尚需辨征兆。占卜大师具神通，执行神意鸟帮忙。祈福禳灾有法术，叫声之中吉凶藏。乌鸦本是天神鸟，六种羽毛六翅膀。耳聪目明多灵光，了然天神在何方。传达神意唯鸣唱，虔诚相信莫彷徨。八面上空九方向，咙咙之声表吉祥；嗒嗒之声应无恙。喳喳之声有急事；啍啍之声示财旺；依乌依乌危难降。②

---

① 洪迈：《容斋随笔》，255页，上海古籍出版社，1996。

② 陈楠：《敦煌藏汉鸟卜文书比较研究——P.T.1045号、P.3988号与P.3479号文书解析》，见《敦煌吐鲁番研究》，第10卷，348～349页。

王尧先生撰文指出，吐蕃人用乌鸦作为占卜的对象源远流长，这可以从《格萨尔王传》中得到启发。乌鸦作为天神的使者见于该部史诗的《天境卜筮》《赛马称王》《霍岭大战》诸卷。同时，宗教舞蹈中经常有乌鸦形象的面具，表演中流露出人们对乌鸦寄予的希望，以及乌鸦与人们之间的亲密关系①。正是基于对乌鸦灵异性的普遍认同，在 P. t. 1045 中，乌鸦被吐蕃人视为"天神鸟"，尊为"天神使者"，它生有六种羽毛，耳聪目明，富于神性，而其叫声则是传达"尊神"意旨的一种方式，因而被赋予了特定的象征意义，并与对应事物的吉凶祸福联系起来。不唯如此，在汉文写本 P. 3888《乌鸣占》中也有乌鸣"作声"的描述：

> 行路占第五。郯子曰：凡欲出行见乌，若近耳道得达平安，所作不成，左边吉，右边凶。若从左作声，便向前道，向右边又作声，合失物尽返此者，吉。管辂曰：恶声，必不得出。若先有（右）畔作声，绕皆（背）后迫。左畔作声，似相唤者，大获好事。若急向后作声，必不所坐。□□□若一脚立又不鸣，似愁看（者），必有恶事。若一脚立□啄□□□交者，为盗贼，大恶不可行。若见两脚相交作声，必放或得飯（归）人来。
>
> 军营占第七。郯子曰：□□□□□及人行，次忽见乌来树上及牙旗上坐者，顿迅毛衣者，急移营，不得住。子夏曰：以见他移者，军中来被毛羽，便于树上坐，有不作声，必有贼来掩袭，切须惊（警）候。两军相当，欲谋出战，忽见乌于营中作声不止，如见食相呼唤者，兵出多死，当不战，吉。若于军猪噪物声，或云讫多拓者，马多主将被伤虏，必须坚慎之，不得。若以头于两脚日点身作声，必合夺得敌人马。咸通十一年岁次庚寅二月廿八日记。②

据卷末题记，P. 3888 抄于咸通十一年（870），正当张议潮"束身归阙"、

---

① 王尧、陈践：《吐蕃的鸟卜研究——P. T. 1045 号卷子译解》，见《敦煌吐蕃文书论文集》，四川民族出版社，1988。

② 上海古籍出版社、法国国家图书馆编：《法国国家图书馆藏敦煌西域文献》，第29 册，97 页，上海古籍出版社，2003。

张淮深代守归义军之际，这说明张氏归义军时期，以乌鸣占为核心的鸟占卜在敦煌地区依然盛行。从"行路占第五""军营占第七"的篇目来看，该件抄写并不完整，中间漏抄了"□□占第六"。若以现存两篇"行路占""军营占"而言，以乌鸣"作声"为据而进行的吉凶占卜显然已广泛用于民众的日常出行以及将士的军阵安营中。卷中摘引了"郯子""管辂""子夏"等先贤历史人物的言论①，说明这部《乌鸣占》具有非常悠久的历史渊源，其性质恐与《隋书》卷三十四《经籍志》收录的《鸟情占》《鸟情逆占》《鸟情书》《占鸟情》等占卜典籍相同。关于《鸟情占》，《隋书·经籍志》题为王乔撰。又《隋书·耿询传》载，耿询精于天文算术，伎巧绝人，"著《鸟情占》一卷，行于世"②，这说明《鸟情占》至少有两种文本流传，其中耿询所著《鸟情占》在隋唐社会尤为流行。唐段成式《酉阳杂俎·羽篇》云："乌鸣地上无好声。人临行，乌鸣而前引，多喜，此旧占所不载。"③这里"旧占"，盖指耿询所撰《鸟情占》之类的鸟占典籍，尽管此类著作中并没有"出行时乌鸣前方为吉兆"的记载，但至少说明诸如《乌鸣占》之类的鸟占典籍在唐代社会中仍有流传。

---

① 郯子，春秋郯国国君，相传孔子"学鸟名官于郯子"，可知郯子为孔子老师之一。据《左传》昭公十七年记载，郯子高祖"少皞氏鸟名官"，所谓"少皞挚之立也，凤鸟适至，故纪于鸟，为鸟师而鸟名，凤鸟氏，历正也"。故后世亦奉郯子为鸟师、鸟官。郯子的撰述，《隋书·经籍志》收录"《郯子说阴阳经》一卷"，《宋史·艺文志》收有"郯子《占鸟经》二卷、郯子《新修六壬大玉帐歌》十卷"。正因为郯子被奉为鸟官，且撰有一系列阴阳占卜、鸟占典籍，因而被后世推崇为鸟占大师。管辂，字公明，三国魏平原人，善卜筮之法。P.3868、P.4778 即为管辂撰述的两件《卜法要决》残卷。P.3589《相书一卷》题为"汉朝许负等一十三人集"，其下题名中先后有李陵、东方朔、管公明、耿恭等人，表明管辂还精通相术，并参与了《相书》的编纂。管辂还喜好《周易》，撰有《周易通灵诀》二卷，《周易林》四卷。又《新唐书·艺文志》谓："管辂《周易林》四卷，又《鸟情逆占》一卷。"表明在飞鸟占卜方面，管辂也有精深的研究。子夏，孔子门人中"高弟者"，"谓才优而品第高也"。子夏的撰述，《隋书·经籍志》云："《周易》二卷。注曰：魏文侯师卜子夏传，残缺。梁六卷。……周公又作《爻辞》，孔子为《彖》《象》《系辞》《文言》《序卦》《说卦》《杂卦》，而子夏为之传。"又《宋史·艺文志》称："《周易子夏占》一卷。"正因为子夏曾对《周易》作过详细注解，其中不乏卜择吉凶的内容，因而在后世的占卜文献中时常加以征引。

② 《隋书》卷七八《耿询传》，1770 页，中华书局，1973。

③ 段成式：《酉阳杂俎》，丛书集成初编，127 页，中华书局，1985。

## 二、祭乌法

Дх.6133 的第二部分内容是《祭乌法》，即祭祀乌鸦的方法。通常选择吉庆时日，并陈设祭品，通过特别的祈祷仪式，达到禳灾避祸、趋吉避凶的目的。事实上，对乌鸦的祭祀隐含着"乌鸦被奉为神鸟"的基本前提。正如藏文写本 P.t.1045《乌鸣占》前言所揭示的那样，乌鸦是一种强大神的使者，以其鸣叫声传达神的意愿。在遇到凶兆的情况下，巫师可以向请教人提示向飞鸟奉献某种供品。供品的种类与发出鸣叫的方向相统一，供品也都在每个方向的上部指出来了。如果乌鸦接受了供品，那么恶劣的命运就会被消除驱散[1]。唐元稹《大觜乌》诗云："巫言此乌至，财产日丰宜。主人一心惑，诱引不知疲。转见乌来集，自言家转挚。白鹤门外养，花鹰架上维。专听乌喜怒，信受若神龟。"[2]此诗虽是针砭时弊之作，即借"大觜乌"来讽喻权奸大臣弄权贪残，蛊惑人君，但也说明在唐代社会中，乌鸦如同"神龟"一样深受人们的尊崇与敬奉。

祭祀乌鸦的时间，残卷提供了"每月十六日"和"建卯二月二日"两种吉日。所用祭品，卷中所见有饮饼、大豆（豆饭）、牛乳、生米、安悉（息）香等物。其中"大豆""生（稻）米"，是传统农业社会中最为常见的谷物，佛教提倡的"素食"多属此类。如《佛说北斗七星延命经》提到，寅戌生人命属禄存星，其食料为粳米，巳未生人命属武曲星，其食料为大豆。P.2675bis《七星人命属法》云："午时生人属破军星，日食小豆三石八斗，受命九十五；巳未生人属武曲星，日食大豆三石八斗，受[命]八十七。……寅戌生人属禄存星，日食稻米一石八十，受命九十五。"[3]至于牛乳和安息香，P.t.1045《乌鸣占卜表》"施多玛仪轨"中也有描述：当乌鸦在东方、北方鸣叫预示凶祸来临时，分别供施的"多玛"（祭品）为牛奶和"黑白安息香"。正所谓"祭品多玛快奉上，神鸟乌鸦享用光"，以期不祥之兆或灾难可以消除或避免。其中"安息香"，"通神明，辟众恶"[4]，为辟邪通神之物。魏晋时

---

① ［法］茅甘：《敦煌写本中的乌鸣占凶吉书》，367～390 页。

② （唐）元稹撰，冀勤点校：《元稹集》，10 页，中华书局，1982。

③ 赵贞：《敦煌文书中的"七星人命属法"释证》，载《敦煌研究》，2006(2)。

④ 段成式：《酉阳杂俎》，150 页。

期，安息香已是佛教寺庙或僧人的常用之物。相传后赵石勒时，襄国城水源暴竭，石勒向法师佛图澄求救，法师"坐绳床，烧安息香，咒愿数百言，如此三日，水泫然微流"①。唐宋时期，安息香的产地主要限于中亚波斯和西域龟兹等地②。

值得注意的是，《祭乌法》残卷中还提到了焦贡、白鹿先生、郯子、子夏四人。焦贡，西汉易学家，著有《焦氏易林》。《隋书·经籍志》收有《六情鸟音内秘》一卷，题为"焦氏（贡）撰"，表明焦贡也有鸟占著作问世。郯子、子夏二人，前已提及，因撰有阴阳占卜或鸟占典籍而被后人推崇为占卜大师。至于白鹿先生，即隐居庐山白鹿洞的李渤。《新唐书·李渤传》载："李渤，字浚之，魏横野将军、申国公发之裔。父钧，殿中侍御史，以不能养母废于世。渤耻之，不肯仕，刻志于学，与仲兄涉偕隐庐山。"③相传在隐居庐山时，李渤在白鹿洞饲养了一只白鹿，并常随白鹿外出走访与游览，故时人称李渤为白鹿先生。李逢吉《折桂庵记》云："吾顷年奉家君牧九江，得从白鹿先生浚之游，观焉志羡，则咏真之邻也。……贞元辛巳岁六月十五日，李逢吉述。"④这里"贞元辛巳岁"即贞元十七年（801），是时李逢吉与白鹿先生（李渤，字浚之）交游，情深意笃。《全唐文》所收李渤撰述的《辨石钟山记》中题有"贞元戊寅岁七月八日，白鹿先生记"诸字⑤，表明李渤亦以白鹿先生自居。据此推断，Дх.6133《乌鸣占》的编撰时间应在"贞元戊寅岁"即贞元十四年（798）以后。

李渤的撰述，《新唐书·艺文志》"道仙类"收录《真系传》1卷，"兵书类"收有《御戎新录》20卷⑥，其他还有多篇表章奏疏和游记杂传。从题名

① （梁）释慧皎：《高僧传》，347页，中华书局，1992。
② 《隋书》卷八三《西域传·龟兹》："土多稻、粟、菽、麦，饶铜、铁、铅……盐绿、雌黄、胡粉、安息香、良马、封牛。"《酉阳杂俎》卷十八《广动植之三》："安息香树，出波斯国，波斯呼为辟邪。树长三丈，皮色黄黑，叶有四角，经寒不凋。二月开花，黄色，花心微碧，不结实。刻其树皮，其胶如饴，名安息香。六七月坚凝，乃取之。烧通神明，辟众恶。"这说明波斯和龟兹是中古时期安息香的主要产地。
③ 《新唐书》卷一一八《李渤传》，4281页，中华书局，1974。
④ （清）董诰等编：《全唐文》卷六一六，6224～6225页，中华书局，1983。
⑤ （清）董诰等编：《全唐文》卷七一二，7310页。
⑥ 《新唐书》卷五九《艺文志》，1523、1552页。

来看，这些作品似与阴阳占卜均无关涉。然《祭乌法》中提及白鹿先生，说明李渤对民间的崇乌之俗及祭祀乌鸦亦有关注。李渤《喜弟淑再至为长歌》云："忧时魂梦忆归路，觉来疑在林中眠。昨日亭前乌鹊喜，果得今朝尔来此。"此诗以乌鹊报喜表示远行亲人即将归来。事实上，唐代敬奉乌鸦而祈求福祉的风气十分盛行。这或许可以从教坊曲、琴曲《乌夜啼》在社会中的广泛流行中得到启示①。杜佑《通典·乐五》云："乌夜啼，宋临川王义庆所作也。元嘉十七年，徙彭城王义康于章郡，义庆时为江州，至镇，相见而哭，为文帝所怪，征还。义庆大惧，伎妾闻乌夜啼声，叩斋阁云：'明日应有赦'。其年更为兖州刺史，因作此歌。"②张籍《乌夜啼引》诗云："秦乌啼哑哑，夜啼长安吏人家。吏人得罪囚在狱，倾家卖产将自赎。少妇起听夜啼乌，知是官家有赦书。下床心喜不重痕，未明上堂贺舅姑。少妇语啼乌，汝啼慎勿虚。借汝庭树作高巢，年年不令伤尔雏。"③《乌夜啼》一曲的本事说明，乌鸦是给人带来吉利的消息，乌鸦不仅是人们心目中的孝慈之鸟，而且是祥瑞之鸟④，乌鸦因而被人们视为"慈乌"或"神乌"。《艺文类聚》卷九二引《春秋元命苞》称："火流为乌，乌孝鸟。何知孝鸟？阳精，阳天之意，乌在日中，从天，以昭孝也。"⑤白居易《慈乌夜啼》诗云："慈乌失其母，哑哑吐哀音"，"声中如告诉，未尽反哺心"，"慈乌复慈乌，鸟中之曾参"⑥。即言乌鸦是慈孝之鸟。元稹《春分投简阳明洞天作》云："雕题虽少有，鸡卜尚多巫。乡味尤珍蛤，家神爱事乌。"可知乌鸦一度还被人们视为"家神"。白居易《和大觜乌》云："老巫生奸计，与乌意潜通。云此非凡鸟，遥见起敬恭。千岁乃一出，喜贺主人翁。祥瑞来白日，神圣占知风。阴作北斗使，能为人吉凶。此乌所止家，家产日夜丰。上以致寿考，下可

---

①　任半塘云："唐诗《乌夜啼引》辞内，每见当时奉乌之迷信"，"此种迷信风俗，与唐时之流行此曲显然有关"。参见任半塘：《教坊记笺订》，180 页，中华书局，1962。

②　（唐）杜佑：《通典》卷一四五《乐五》，3703 页，中华书局，1988。

③　李东生：《张籍集注》，71 页，黄山书社，1989。

④　左汉林：《〈乌夜啼〉本事与乌象征意义的变迁考论》，载《山西大学学报》，2006(5)。

⑤　欧阳询：《艺文类聚》卷九二，1591 页，上海古籍出版社，1982。

⑥　谢思炜：《白居易诗集校注》，95 页，中华书局，2006。

宜田农。"①在巫师的授意下，乌鸦成为能占卜吉凶的神鸟，人们只要虔诚敬恭，勤加供养，那么这种"非凡鸟"就能给主人带来吉祥和财富。在这样的社会氛围中，与元稹、白居易大致同时的李渤对奉乌祈福之俗应不会陌生。相反，他对祭祀乌鸦的仪式和方法相当熟悉，以致《祭乌法》中有"白鹿先生"的表述。

### 三、结语

作为中唐以后编纂的鸟占文书，Дx.6133 残卷包含了《乌鸣占》和《祭乌法》两方面的内容。尽管在文本传抄和推占方式上，《乌鸣占》与 P.t.1045、P.3479、P.3888、P.3988 等藏汉写本略有不同，这说明诸如《乌鸣占》之类鸟占著作的编纂和传抄，在中晚唐社会中曾经十分流行，由此也引导了唐人奉乌祈福风气的盛行。不过，由于《祭乌法》提供了中古社会祭祀乌鸦的基本方法，并含蓄地传输了"乌鸦被奉为神鸟"的信息，这与 P.t.1045 所见"天神使者""神鸟乌鸦""乌鸦本是天神鸟"的描述似有所合，对于探讨吐蕃鸟占卜的来源及相关问题具有一定的参考价值。不唯如此，《祭乌法》中有关"郯子""焦贡""子夏"等人的言论，说明中国古代对于乌鸦神态及其意象的关注具有非常深厚的文化传统②。卷中的乌鸦展翅图，很容易使我们与沙州归义军节度使曹延禄的亲笔签署——鸟形押联系起来。作为一种形象化的图案符号，鸟形押广泛适用于各种官方物资财赋档案和行政文书中③。这说明沙州（敦煌）官民百姓对飞鸟形态及其占卜意象倾注了一种特别的关注和探究热情。推寻其中原因，当与以乌鸣占为核心的鸟占卜在敦煌地区的流行不无关系。当然，是否果真如此，尚需有关史料的进一步佐证。

---

① 谢思炜：《白居易诗集校注》，225 页。

② 正如晋成公绥《乌赋》序曰："夫乌之为瑞久矣，以其反哺识养，故为吉乌。是以周书神其流变，诗人寻其所集。望富者瞻其爰止，爱屋者及其增叹，兹盖古人所以为称。若乃三足德灵，国有道则见，国无道则隐，斯乃凤鸟之德，何以加焉？"在这种文化氛围中，乌鸦被人们视为吉庆的祥瑞之鸟，因而在中古社会中广泛流行着奉乌祈福的风气。

③ 赵贞：《归义军曹氏时期的鸟形押研究》，载《敦煌学辑刊》，2008(2)。

## 第二节　论 P. t. 1045《乌鸣占》的来源及其影响

敦煌文献中，以乌鸦叫声来判断吉凶的《乌鸣占》受到了国内外学者的广泛关注。国外学者巴考、劳费尔、茅甘、戴思博①，中国学者王尧、陈践、陈楠、杨士宏、黄正建、房继荣等②，均对敦煌写本中的乌鸣占文书做过探讨。特别是藏文写本 P. t. 1045 号文书，引起了学者极大的探究兴趣。围绕此件文书的译解、考辨和分析，国内外学者对吐蕃鸟占术的来源及其蕴含的文化意义进行多方解读。不过，对于 P. t. 1045 所见吐蕃鸟占的来源，学界虽多有讨论，但都缺乏足够的说服力。鉴于此，本文结合汉文鸟占文书及传世文献，尝试对 P. t. 1045《乌鸣占》的来源作一些补充研究。同时，结合归义军时期的鸟形押，对吐蕃鸟占的影响略加讨论。

### 一、P. t. 1045《乌鸣占》的来源

1913 年，法国学者巴考首次刊布了 P. t. 1045 号文书，由此拉开了学

---

①　［法］巴考（J. Bacot）：《闪电预兆表：藏文文献的刊布和翻译》，载《亚细亚学报》（第 2 套），1913（1），345～349 页；［美］劳费尔（B. Laffer），"Bird Divination among the Tibetans"，*T'oung Pao*，XV，1，1914，pp. 1-166；汉译文参见陈楠、赵炳昌译：《吐蕃的鸟卜》，载中国敦煌吐鲁番学会主编：《国外敦煌吐鲁番文书研究选译》，1～55 页，甘肃人民出版社，1992；［法］茅甘（Carole Morgan），"La divination d'après les croassements des corbeaux dans les manuscrits de Dunhuang"，*Cahiers d'Extrême — Asie*，Vol. 3，1987，pp. 55-76；汉译文参见金昌文译：《敦煌汉藏文写本中乌鸣占凶吉书》，见耿昇主编：《国外藏学研究译文集》第八辑，西藏人民出版社，1992 年；汉译文又见《敦煌写本中的乌鸣占凶吉书》，见《法国学者敦煌学论文选萃》（谢和耐等著，耿昇译），367～390 页，中华书局，1993；［法］戴思博（Catherine Despeux），"Auguromancie"，Marc Kalinowski，*Divination et sociétédans la Chine médéivale*，Bibliothèque nationale de France，2003，pp. 465-467。

②　王尧、陈践：《吐蕃时期的占卜研究》，香港中文大学出版社，1987；《吐蕃的鸟卜研究——P. T. 1045 号卷子译解》，见《敦煌吐蕃文书论文集》，四川民族出版社，1988；杨士宏：《敦煌古藏文残卷〈鸦鸣占卜法〉译释并探源》，载《西北民族研究》，1988（2）；黄正建：《敦煌占卜文书与唐五代占卜研究》，增订本，中国社会科学出版社，2014；陈楠：《敦煌藏汉鸟卜文书比较研究——P. T. 1045 号、P. 3988 号与 P. 3479 号文书解析》，见《敦煌吐鲁番研究》，第 10 卷，上海古籍出版社，2007；房继荣：《敦煌本〈乌鸣占〉吉凶书研究》，兰州大学硕士学位论文，2007。

界探讨吐蕃鸟占来源的帷幕。第二年，美国学者劳费尔在《吐蕃的鸟卜》一文中，将此件文书(P. t. 1045)与藏文大藏经《丹珠尔》所收《关于乌鸦的叫声》进行对比，认为 P. t. 1045 所见的根据乌鸣而占吉凶的做法，可以视为一种先起源于印度，后来被吐蕃人接受并做了修改的占卜术。法国学者茅甘结合 P. 3479 和 P. 3988 两件汉文文献，将藏汉写本《乌鸣占》加以对比、分析，认为"可以接受那些支持乌鸣占凶吉法之汉地起源的论据具有相当的分量"①。

国内最早关注这一问题的学者为王尧、陈践先生。1987 年，他们合作出版《吐蕃时期的占卜研究》，第一次将藏文 P. t. 1045 号文书译成汉文②。随后又在《吐蕃的鸟卜研究——P. t. 1045 号卷子译解》中，对汉藏文化中鸟卜的渊源作了进一步探讨③。杨士宏从 P. t. 1045 所见《鸦鸣占卜法》渗透的时空关系上分析了古代藏族的宇宙观，认为古代吐蕃的宇宙观受到了印度文化、佛教文化及中原汉文化的影响④。房继荣也撰文指出，敦煌发现的藏汉写本《乌鸣占吉凶书》在形成过程中受到了中原汉文化、印度文化和吐蕃文化的共同影响⑤。陈楠先生通过对藏文写卷 P. t. 1045 及 P. 3988 和 P. 3479 两份汉文文书的综合比较研究，进而指出 P. t. 1045 和 P. 3988 两件文书中的《乌鸣占卜表》虽然有一些差异，但还应属一种占卜表的两种不同文本。就两者关系而言，藏文《占卜表》译自汉文的可能性更大些⑥。

这些前人的研究成果都很有参考价值，特别是它们对于 P. t. 1045 号卷子的解读不乏指导意义。不过，对于吐蕃鸟占来源的探讨，上述学者关注最多的仍是 P. t. 1045 中《乌鸣占卜表》的讨论(如方位、时间、卦辞和多玛仪轨等)，而往往忽视了同卷序言部分隐含的社会文化信息。P. t. 1045《乌

---

① ［法］谢和耐等著，耿昇译：《法国学者敦煌学论文选萃》，379 页。

② 王尧、陈践：《吐蕃时期的占卜研究》，149～153 页，中文大学出版社，1987。

③ 王尧、陈践：《敦煌吐蕃文书论文集》，96～102 页，四川民族出版社，1988。

④ 杨士宏：《敦煌古藏文残卷〈鸦鸣占卜法〉译释并探源》，载《西北民族研究》，1988(2)，62～66 转 32 页。

⑤ 房继荣：《敦煌本〈乌鸣占〉吉凶书研究》，95～96 页。

⑥ 陈楠：《敦煌藏汉鸟卜文书比较研究——P. T. 1045 号、P. 3988 号与 P. 3479 号文书解析》，见《敦煌吐鲁番研究》，第 10 卷，369 页。

鸣占》序言云:

乌鸦本是人怙主,尊神派遣到地方。羌塘草原犛牛肉,天神使者好祭享。叫声传达尊神旨,八面上空九方向。三种叫声表神意,祭品多玛快奉上,神鸟乌鸦享用光,如祭尊神一个样。乌鸦并非尽前兆,吉凶尚需辨征兆。占卜大师具神通,执行神意鸟都忙。祈福禳灾有法术,叫声之中吉凶藏。乌鸦本是天神鸟,六种羽毛六翅膀。耳聪目明多灵光,了然天神在何方。传达神意唯鸣唱,虔诚相信莫彷徨。八面上空九方向,咙咙之声表吉祥;嗒嗒之声应无恙。喳喳之声有急事;哞哞之声示财旺;依乌依乌危难降。①

王尧先生撰文指出,吐蕃人用乌鸦为占卜的对象源远流长,这可以从《格萨尔王传》中得到启发。乌鸦作为天神的使者见于该部史诗的《天境卜筮》《赛马称王》《霍岭大战》诸卷。同时,宗教舞蹈中经常有乌鸦形象的面具,表演中流露出人们对乌鸦寄予的希望,以及乌鸦与人们之间的亲密关系②。正是基于对乌鸦灵异性的普遍认同,在 P.t.1045 中,乌鸦被吐蕃人视为"天神鸟",尊为"天神使者",它生有六种羽毛,耳聪目明,富于神性,而其叫声则是传达"尊神"意旨的一种方式,因而被赋予了特定的象征意义,并与对应事物的吉凶祸福联系起来。所谓"咙咙之声表吉祥,嗒嗒之声应无恙,喳喳之声有急事,哞哞之声示财旺,依乌依乌危难降",正指于此。无独有偶,藏文大藏经《丹珠儿》所收《关于乌鸦的叫声》中也有类似的描述:

听到乌鸦 Ka Ka 叫时,你将会发财。当听到乌鸦 da da 叫时,不幸会落到你的头上。当乌鸦 ta ta 地叫时,你会发现衣服。当听见乌鸦 kha kha 地叫时,你会得到幸福。当听见乌鸦 Kha ga 地叫时,会带来失败。③

---

① 陈楠:《敦煌藏汉鸟卜文书比较研究——P.T.1045 号、P.3988 号与 P.3479 号文书解析》,见《敦煌吐鲁番研究》,第 10 卷,348~349 页。

② 王尧、陈践:《敦煌吐鲁番文论论文集》,102 页。

③ 中国敦煌吐鲁番学会主编:《国外敦煌吐鲁番文书研究选译》,8 页。

尽管在乌鸦叫声及其预示的吉凶预兆上，P. t. 1045 号卷子与《丹珠尔》还有很大差异，但就结构而言，两者"都是以相同的原则判断乌鸦的叫声来占卜吉凶"。正由于此，劳费尔认为，伯希和文本（P. t. 1045）是由《关于乌鸦的叫声》一类的文章或从梵文著作中转化而来，而且不受约束地与西藏思想相融合①。

乌鸦既被吐蕃人视为"天神鸟"，享受到"祭品多玛快献上"的礼遇，可见其地位之高。事实上，在传统的中原汉文语境中，有关乌鸦的记载非常丰富，且多被赋予吉祥的意义。《春秋元命苞》曰："阳成于三，故日中有三足乌，乌者，阳精。"②按照上古流传的神话传说，太阳中有三足乌，即阳乌，犹言光明之鸟，故为吉兆。《史记·周本纪》载："武王渡河，……既渡，有火自上复于下，至于王屋，流为乌，其色赤，其声魄云。是时，诸侯不期而会盟津者八百诸侯。诸侯皆曰：'纣可伐矣。'"③董仲舒《春秋繁露》卷13《同类相动》引《尚书传》云："周将兴时，有大赤乌衔谷之种而集王屋之上，武王喜，诸大夫皆喜。"不论是"火流为乌"的传说，还是"赤乌衔谷"的故事，显然都被后人附会为天命降周和武王兴起的预兆。晋成公绥《乌赋》序曰："夫乌之为瑞久矣，以其反哺识养，故为吉乌。是以周书神其流变，诗人寻其所集。望富者瞻其爱止，爱屋者及其增叹，兹盖古人所以为称。若乃三足德灵，国有道则见，国无道则隐，斯乃凤鸟之德，何以加焉？"④正如茅甘所言："由于一种置身于太阳中三爪乌鸦之神话，乌鸦也具有某种吉祥的外貌。众所周知，正是一只青鸟传递了天命将从周转向商和文王即将登基的天意。它的降临就如同与之具有亲缘关系的凤凰的降临一样，是欢乐的象征。"⑤

许慎《说文解字》云："乌，孝鸟也。"《艺文类聚》卷九二引《春秋元

---

① 中国敦煌吐鲁番学会主编：《国外敦煌吐蕃文书研究选译》，12 页。

② （梁）萧统编，（唐）李善等注：《六臣注文选》卷三五，824 页，上海古籍出版社，1993。

③ 《史记》卷四《周本纪》，120 页，中华书局，1959。

④ 《艺文类聚》卷九二《乌部下·乌》，1593 页，上海古籍出版社，1982。

⑤ ［法］谢和耐等著，耿昇译：《法国学者敦煌学论文选萃》，368 页。

命苞》称："火流为乌，乌孝鸟。何知孝鸟？阳精，阳天之意，乌在日中，从天，以昭孝也。"①《本草纲目》卷 49《禽部·慈乌》称："乌字篆文，象形。鸦亦作鵶，禽经'鵶鸣哑哑'，故谓之鵶。此鸟初生，母哺六十日，长则反哺六十日，可谓慈孝矣。"②乌鸦因有反哺报恩之德，故被人们视为孝鸟。白居易《慈乌夜啼》诗云："慈乌失其母，哑哑吐哀音"，"声中如告诉，未尽反哺心"，"慈乌复慈乌，鸟中之曾参"③。乌鸦既是慈孝之鸟，正好符合儒家仁孝治国的理念，故为诗人多加称颂和赞扬。

乌鸦不仅是人们心目中的孝慈之鸟，而且还是带来吉庆喜讯的祥瑞之鸟。李渤《喜弟淑再至为长歌》云："忧时魂梦忆归路，觉来疑在林中眠。昨日亭前乌鹊喜，果得今朝尔来此。"④此诗以乌鹊报喜表示远行亲人即将归来。杜佑《通典·乐五》云："乌夜啼，宋临川王义庆所作也。元嘉十七年，徙彭城王义康于章郡，义庆时为江州，至镇，相见而哭，为文帝所怪，征还。义庆大惧，伎妾闻乌夜啼声，叩斋阁云：'明日应有赦'。其年更为兖州刺史，因作此歌。"⑤《乌夜啼》是产生于六朝的一种琴曲和教坊曲，其本事原委即与乌鸦的夜半啼声（鸣叫）报喜有关。张籍《乌夜啼引》称："秦乌啼哑哑，夜啼长安吏人家。吏人得罪囚在狱，倾家卖产将自赎。少妇起听夜啼乌，知是官家有赦书。下床心喜不重寐，未明上堂贺舅姑。少妇语啼乌，汝啼慎勿虚。借汝庭树作高巢，年年不令伤尔雏。"⑥任半塘云："唐诗《乌夜啼引》辞内，每见当时奉乌之迷信"，"此种迷信风俗，与唐时之流行此曲显然有关"⑦。反过来说，此曲在唐代社会广为流传，正是唐人敬乌祈福风气的反映。

① 《艺文类聚》卷九二《鸟部下·乌》，1591 页。

② 刘衡如、刘山永、钱超尘、郑金生编著：《本草纲目研究》，1753 页，华夏出版社，2009。

③ 谢思炜：《白居易诗集校注》，95 页，中华书局，2006。

④ 《全唐诗》卷四七三，第 7 册，5400 页，中华书局，1999。

⑤ 《通典》卷一四五《乐五》，3703 页，中华书局，1988。

⑥ 《全唐诗》卷三八二，第 6 册，4301 页。

⑦ （唐）崔令钦撰，任半塘笺订：《教坊记笺订》，180 页，中华书局，1962。

元稹《春分投简阳明洞天作》云："雕题虽少有，鸡卜尚多巫。乡味尤珍蛤，家神爱事乌。"①可知乌鸦一度还被人们视为"家神"。在另一首诗作《大觜乌》中，元稹写道："巫言此乌至，财产日丰宜。主人一心惑，诱引不知疲。转见乌来集，自言家转孳。白鹤门外养，花鹰架上维。专听乌喜怒，信受若神龟。"②此诗虽是针砭时弊之作，即借"大觜乌"来讽喻权奸大臣弄权贪残，蛊惑人君，但也说明在唐代社会中，乌鸦如同"神龟"一样深受人们的尊崇与敬奉，这与前引 P. t. 1045《乌鸣占》序言中的"尊神"似有所合。又白居易《和大觜乌》云："老巫生奸计，与乌意潜通。云此非凡鸟，遥见起敬恭。千岁乃一出，喜贺主人翁。祥瑞来白日，神圣占知风。阴作北斗使，能为人吉凶。此乌所止家，家产日夜丰。上以致寿考，下可宜田农。"③在巫师的授意下，乌鸦成为能占卜吉凶的神鸟，人们只要虔诚敬恭，勤加供养，那么这种"非凡鸟"就能给主人带来吉祥和财富。其中"云此非凡鸟""阴作北斗使"两句，或可与 P. t. 1045 中"天神使者好祭享""乌鸦本是天神鸟"相呼应。"老巫生奸计，与乌意潜通"，亦可与"占卜大师具神通，执行神意鸟帮忙"（P. t. 1045）相关联。这说明有关乌鸦地位以及民众敬奉乌鸦的描述，藏汉文献不约而同地呈现出一致性的特点。

乌鸦既被奉为"神鸟"，故从禳灾避祸考虑，敬献供品而崇祀乌鸦亦是自然之事。相比之下，P. t. 1045 对于"多玛"供品的选择有特别的规定：即"供品的种类与发出鸣叫的方向相统一"。根据"供施多玛仪轨"的描述，乌鸦分别在东方、东南方、南方、西南方、西方、西北方、北方、东北方、天空上方等鸣叫且占为凶兆时，那么就应呈献牛奶、白芥子、净水、白芥子、肉、鲜花、安息香、稻米、粟米等物品（参见表10-1），"如果乌鸦接受了供品，那么恶劣的命运就会被消除驱散"④。在这些供品中，谷物和肉食牛奶是献给神鸟乌鸦的食品，而供施鲜花、净水和安息香则更代表着一

---

① 《全唐诗》卷四二三，第 6 册，4658 页。

② （唐）元稹撰，冀勤点校：《元稹集》，10 页，中华书局，1982。

③ 谢思炜：《白居易诗集校注》，227 页。

④ ［法］谢和耐等著，耿昇译：《法国学者敦煌学论文选萃》，372 页。

种对神灵的虔敬。一般来说，吐蕃人在各种供神施鬼的宗教活动中，这几种物品都是必备的①。不过，在俄藏汉文残卷 Дх.6133《祭乌法》中亦有牛乳和安息香的记载：

祭乌之法：常以每月十六日，广与食饮（饮食）饼物饲之，大吉。焦贡曰：别法，当与（于）建卯二月二日取大豆二升，和煮作饭。又别煮牛乳生米少许，又安悉（息）香少许，散于豆饭上，置于人所不行处树下，扫地净而□之，乌但呼。白鹿先生曰：乌必食之，乃 ∕ 祭乌法。郯子曰：占乌之法，每见□则与食喫（吃），不得有所损害。纵见他捕获及欲煞伤者，必须殷懃救命，免致害善。或见死，亦必收什而盖藏之。至于巢乱死，不可採髮，以弓惊恐。能依此乌，终不妄报之事。子夏曰：乌之虚也，可以（后缺）②

此件先后提到"祭乌之法"和"祭乌法"（并附有供品图），而且还提到了焦贡、白鹿先生（李渤）、郯子、子夏等先贤历史人物的言论，说明这部《祭乌法》具有非常悠久的历史渊源。祭祀乌鸦的方法，残卷从时间和祭品上作了规范：即"每月十六日"和"建卯二月二日"是祭祀乌鸦的两种吉日。至于所用祭品，卷中所见有饮食饼物、大豆（豆饭）、牛乳、生米、安悉（息）香等物。其中"大豆""生（稻）米"，是传统农业社会中最为常见的谷物，佛教提倡的"素食"多属此类。此外，Дх.6133残卷中还有一句："若见乌口衔生肉抛人身上，合得富贵"，说明敬献生肉也是祭乌祈福中常见的物品。由此来看，祭祀乌鸦的所用饮食物品，藏汉文献的描述其实是相同的。稍有区别者，Дх.6133中的祭品往往是混合使用，且要经过特殊的加工，而藏文写卷（P.t.1045）中的供品一般单独敬奉，且与特定的方位保持一致。

① 陈楠：《敦煌藏汉鸟卜文书比较研究——P.T.1045号、P.3988号与P.3479号文书解析》，见《敦煌吐鲁番研究》，第10卷，369页。
② 俄罗斯科学院东方研究所圣彼得堡分所等编：《俄藏敦煌文献》，第13册，16页，彩图1。

表 10-1　P.t.1045 所见乌鸣九方供施多玛表

| 九方 | 东方 | 东南方 | 南方 | 西南方 | 西方 | 西北方 | 北方 | 东北方 | 天空上方 |
|---|---|---|---|---|---|---|---|---|---|
| 供施多玛 | 牛奶 | 白芥子 | 净水 | 白芥子 | 肉 | 鲜花 | 安息香 | 稻米 | 粟米 |

劳费尔指出，遇到可怕的预兆而应献给乌鸦的供品中，有两处可以明显地看出受印地语的影响，即白芥菜和安息香，后者本来就是梵文①。法国学者茅甘补充说，与方向相联系的 9 种供品之中的两种（白胡椒和一种用于制造香料的树脂性物质蔓菁或黑香）均出自印度，另外两种（大米和鲜花）同样也是很著名的印度供物。"因此，我们完全可以想象 9 种供物中的 8 种出自同一地区，这就不仅仅包含有其模式的一种印度起源的思想，而且还有在这种吐蕃方法中夹杂有印度因素的思想。"②事实上，这些供品并非印度特有，因而不能作为"印度起源"或"印度因素"的依据。如安息香，"通神明，辟众恶"，前引焦贡"祭乌之法"已有使用。魏晋时期，安息香已是佛教寺庙或僧人常用的辟邪通神之物。相传后赵石勒时，襄国城水源暴竭，石勒向法师佛图澄求救，法师"坐绳床，烧安息香，咒愿数百言，如此三日，水泫然微流"③。据《隋书》卷 83《西域志·龟兹》和《酉阳杂俎》卷 18《广动植之三》记载，安息香的产地主要集中于中亚波斯和西域龟兹等地④。因此，劳费尔所谓"安息香出自印度"的说法，以及由此作为论据之一推断 P.t.1045 渗透的印度渊源显然有欠准确。相反，结合《隋书·经籍志》收录的《鸟情占》《鸟情逆占》《鸟情书》《占鸟情》等鸟占典籍以及唐代社会流行的奉乌祈福之风，我们更倾向于陈楠先生的观点：即 P.t.1045 来自汉文鸟占传统的可能性更大。

北京师范大学史学探索丛书

---

① 中国敦煌吐鲁番学会主编：《国外敦煌吐蕃文书研究选译》，3 页。
② ［法］谢和耐等著，耿昇译：《法国学者敦煌学论文选萃》，377 页。
③ 《高僧传》卷九《神异上·晋邺中竺佛图澄》，347 页，中华书局，1992。
④ 《隋书》卷八三《西域传·龟兹》："土多稻、粟、菽、麦，饶铜、铁、铅……盐绿、雌黄、胡粉、安息香、良马、封牛。"《酉阳杂俎》卷一八《广动植之三》："安息香树，出波斯国，波斯呼为辟邪。树长三丈，皮色黄黑，叶有四角，经寒不凋。二月开花，黄色，花心微碧，不结实。刻其树皮，其胶如饴，名安息香。六七月坚凝，乃取之。烧通神明，辟众恶。"这说明波斯和龟兹是中古时期安息香的主要产地。

## 二、吐蕃鸟占的影响

在吐蕃历史上，曾经流传着"人鸟家族"的故事，这令我们联想到古象雄苯教的神鸟穹部族以及他们的"鸟图腾"。根据张亚莎的解释，"穹"氏既是象雄王国中著名的苯教上师氏族，又是古代象雄文化中出现频率极高的一种神鸟的名称①。随着苯教在青藏高原的普遍流行，有关神鸟灵异性的传说与信仰自然也渗透到吐蕃人的文化观念中，使得他们对于飞鸟倾注了极大的关注与探究热情。P. t. 1046 号卷子称："雅拉香波谓：乐地杜鹃婉鸣，有佳音，吉。"②P. t. 1047《吐蕃羊骨卜辞》载："常青树上有一只杜鹃鸟，人长寿，老而不死。"③又曰："雪山顶上，大鹏盘旋翱翔。苦恼人要出远门，走长路，见一段，走一段。大鹏在天空下盘旋，能窥见，能察觉（大地）一切，无所不见。"④显然，在吐蕃人的文化观念中，带有灵异性的飞鸟并不仅限于乌鸦（P. t. 1045），其他如杜鹃、大鹏（雕）等，都有预测吉凶的功能。不唯如此，位于吐蕃东部的"东女国"也流行一种通过剖飞鸟之腹而察其食物来占断年景丰歉情况的"鸟卜"现象⑤。这说明吐蕃的鸟占传统扎根于古老的青藏高原上，具有非常深厚的历史文化背景。

吐蕃人对飞鸟倾注的探究热情，或许从飞鸟使的设置中得到说明。飞鸟使为吐蕃设立的传达军情政令的专职官员。贞元十七年（801），吐蕃攻陷麟州，杀刺史郭锋，吐蕃大将徐舍人为唐英国公李勣后裔，不忍残杀城中居民，正当犹豫不决之际，"会飞鸟使至，召其军还，遂引去。飞鸟，犹传骑也"⑥。白居易《新乐府·城盐州》诗云："金乌飞传赞普闻，建牙

① 张亚莎：《古象雄的鸟图腾与西藏的鸟葬》，载《中国藏学》，2007(3)。
② 王尧、陈践：《吐蕃时期的占卜研究》，159～160 页，中文大学出版社，1987。
③ 王尧、陈践：《吐蕃时期的占卜研究》，117 页；王尧、陈践：《敦煌吐蕃文书论文集》，90 页。
④ 王尧、陈践：《吐蕃时期的占卜研究》，121 页；王尧、陈践：《敦煌吐蕃文书论文集》，91 页。
⑤ 《旧唐书》卷一九七《东女国传》，5278 页，中华书局，1975。
⑥ 《新唐书》卷二一六下《吐蕃传下》，6099 页，中华书局，1975。

传箭集群臣。"就是飞鸟使驰报军政要闻的反映。P. t. 1083《禁止抄掠沙州汉户女子告牒》和 P. t. 1085《今后不得掠夺、侵占沙州汉户果园告牒》两件文书中均有朱红钤印，前者钤印的图案是具有双翅的飞兽，可能是飞狗或飞马，印边的文字译作汉文为"大将军敕令之印"；后者钤印的图案是双翅展开的飞鸟，印边的文字可译作"亨迦宫敕令之印"。这两枚红色钤印的作用之一是表明发文机关的权威性，其次还可能是作为驿传的标志。飞马（或飞狗）图案之印是发自军镇，而飞鸟图案之印则发自王廷内府①。由此来看，飞鸟使即指专门发送吐蕃宫廷王府盖有展翅飞鸟状印玺文书的使臣②。但是，宫廷的印玺为何要选择"飞鸟展翅状"的图案呢？这恐怕与吐蕃对飞鸟的崇拜及鸟占卜的流行有关。正如王尧先生所说，吐蕃对飞鸟的灵异性有特殊的敏感，常常根据飞鸟飞向、鸣声和食物来占吉凶③，这在前引 P. t. 1045《乌鸣占吉凶书》中得到了绝好的说明与体现。

张氏归义军时期，以乌鸣占为核心的鸟占卜在敦煌地区仍然盛行。P. 3888《乌鸣占》尾题"咸通十一年（870）岁次庚寅二月廿八日记"，是时正当张议潮"束身归阙"、张淮深代守归义军之际，卷中保存了"行路占第五""军营占第七"等篇目④，说明以乌鸣为据而进行的吉凶占卜已广泛用于民众的日常出行以及将士的军阵安营中。P. 3479《乌占习要事法》和 P. 3988《乌占临决》亦以乌鸦鸣叫的时间（十二时）、地点（十二地）、方向（九方）等要素来预测吉凶，其中的《方位时辰占卜表》与 P. t. 1045 所见的《乌鸣占卜

---

①　王尧、陈践：《吐蕃占有敦煌时期的民族关系探索——敦煌藏文写卷 P. T. 1083、1085 号研究》，见《敦煌吐蕃文书论文集》，51～52 页；王尧、陈践译注：《敦煌古藏文文献探索集》，302～303 页，上海古籍出版社，2008。

②　张广达：《吐蕃飞鸟使与吐蕃驿传制度》，见《西域史地丛稿初编》，179 页，上海古籍出版社，1995。

③　王尧、陈践：《敦煌吐蕃文书论文集》，101 页。

④　上海古籍出版社、法国国家图书馆编：《法国国家图书馆藏敦煌西域文献》，第 29 册，97 页，上海古籍出版社，2003。

表》结构非常相近。比照敦煌所出十二时占法的时代背景①，我们可将
P.3479 和 P.3988 两件文书的抄写年代推定为归义军时期。

事实上，中国古代对飞鸟的关注具有非常悠久的文化传统，传统的儒
家经典如《周易》《诗经》中都有涉及飞鸟意象的描述。汉代谶纬之学兴起
后，飞鸟献瑞的主题由于被赋予了宣示帝王受命或民心所向的特别功能，
故在历代史籍中不绝于书。P.2005《沙州都督府图经》所收《廿祥瑞》中即有
白雀、凤凰和五色鸟的描述。其中作为中瑞的白雀②，在敦煌"三楚渔人"
张永的创作下，很好地与张承奉建立金山国联系了起来。如 P.2594＋
P.2864《白雀歌》诗云："白雀飞来过白亭，皷（鼓）翅翻身入帝城。深向后
宫呈宝瑞，玉楼高处送嘉声。……自从汤帝升遐后，白雀无因宿帝廷。今
来降瑞报成康，果见河西再册王。"③即通过白雀献瑞的渲染为金山国的建
立摇旗呐喊，同时也与张承奉"白衣天子"的称号相呼应，白雀因而成为张
承奉统治及金山国立国的祥瑞之鸟。

归义军时期，敦煌地区还出现了"白鹰呈祥"的现象，这在曹氏归义军
的开创者——曹议金的上台执政中有生动体现。S.1655《白鹰呈祥诗二首》
即是颂扬"尚书秉节龙沙"（曹议金统治敦煌）的诗作④。如诗云："尚书德备
三边静，八方四海尽归从。白鹰异俊今来现，雪羽新成力更雄。"序中也提
到："我尚书道亚先贤，现得白鹰眼见。"⑤显然，宣示帝王受命的吉祥之鸟

①　敦煌占卜文书中，十二时（十二日）占法非常普遍。从现有纪年的文书来看，十
二时占法的时代多为归义军时期。比如，P.2856《发病书》抄有"推得病日法""推初得病
日鬼法""推得病时法"等篇，皆以十二支为序，卷末题"咸通三年（862）壬午岁五月写发
病书记"；又如，P.2859《逆刺占一卷》抄有"占十二时来法""十二日占盗法""占十二地来
卜法"等篇，尾题"天复肆载（904）岁在甲子浃钟润（闰）三月十二日吕弁均书写也"。

②　唐制，"凡祥瑞应见，皆辨其物名。若大瑞、上瑞、中瑞、下瑞，皆有等差"。
依此规定，所谓白鸠、白乌、苍乌、白雉、朱雁、五色雁、白雀、赤狐等，俱属中瑞之
列。参见《唐六典》卷四《尚书礼部》，114～115 页，中华书局，1992。

③　上海古籍出版社、法国国家图书馆编：《法国国家图书馆藏敦煌西域文献》，第
16 册，170 页；第 19 册，181 页，上海古籍出版社，2001。

④　荣新江：《归义军史研究》，98 页，上海古籍出版社，1996。

⑤　郝春文编著：《英藏敦煌社会历史文献释录》，第 7 卷，437 页，社会科学出版
社，2010。

已从白雀演变成白鹰。可以想见，白鹰在曹氏归义军时期必然备受瞩目和尊崇。

值得注意的是，自 10 世纪中期后，在诸多反映曹氏归义军政治、经济、民族、外交等方面若干细节的实用文书中，曾有各种非常形象的鸟形画押图案——鸟形押，作为曹氏长官身份和署名的一种标记而使用。法国学者艾丽白(Danielle Eliasberg)指出，归义军节度使曹延禄使用的鸟形押，其形制很像是一只展开翅膀的象征回鹘人的猛禽——鹘。由于归义军辖境中的瓜、沙二州有一些回鹘人聚落，而曹氏家族中似乎也有一些回鹘血统的后裔，因此，鸟形押的设计与使用体现了曹氏受“胡族”影响的结果。不过，艾丽白又提出了另一种可能性，即曹氏家族的统治可能与中国很古老的鸟占卜传统有关①。

如果将艾氏所说的“胡族”与吐蕃联系起来，同时又结合古老的鸟占卜传统，那么对于鸟形押的解释无疑提供了另外一种启示：即曹氏鸟形押的设计或许与吐蕃流行的飞鸟占卜有关。首先，作为节度使的亲笔签署，鸟形押的形制虽然多种多样，但并不全是挥笔书写而成，总体来看比较符合鸟形图案或印章的特点。特别是曹延禄鸟形押极为精致，此押鸟身左倾，左侧的“辶”部看得出是手工书写的，而右侧的飞鸟似用专门制作的鸟形印章加盖上去的，这很容易使我们与 P. t. 1085 藏文写卷盖有“飞鸟展翅状”的红色方印联系起来。其次，就飞鸟展翅的形象而言，敦煌汉文鸟占文书提供了相关参照。如 P. 4881《推十二禽兽法》附有白鹤展翅图，P. 3479《鸟占习要事法》绘有乌鸦挥翅图，Дx. 6133《祭乌法》绘有乌鸦展翅飞翔图。特别是后者的形制，亦是鸟身左倾，两翅分开，鸟尾修长，其构图方式大致与曹延禄的亲笔签署——鸟形押略有相似，因而不能排除鸟形押在图案设计中汲取或参照《乌鸣占》中乌鸦形象的可能性。

尽管现有材料中还无法证明鸟形押与鸟占卜有所关联，但可以肯定的是，自吐蕃占领敦煌以来，沙州官民百姓对飞鸟形态及其占卜意象倾注了

北京师范大学史学探索丛书

---

① ［法］艾丽白：《敦煌汉文写本中的鸟形押》，见《敦煌译丛》，第一辑，210 页，甘肃人民出版社，1985。

一种特别的关注和探究热情，这固然是中国古代"飞鸟献瑞"文化根深蒂固的反映，但它在丝路重镇敦煌的渗透，显然与吐蕃鸟占的流行不无关系。由于鸟形押广泛适用于各种物资财赋档案和行政文书中，很大程度上是曹氏家族统治敦煌的一种强化手段，并成为曹氏归义军政权的一种标志性符号①。因此，如果上述推论合理，那么吐蕃时期的鸟占术对于沙州归义军政权的深远影响确是毋庸置疑的了。

## 第三节　归义军曹氏时期的鸟形押补遗

2008年，笔者曾撰《归义军曹氏时期的鸟形押研究》一文，对公元10世纪时期敦煌文献中所见的曹元忠鸟形押、曹延禄鸟形押、尚书鸟形押、长千鸟形押和杂写鸟形押记作了详细梳理，指出鸟形押的作用和意义并不限于节度使签名的一种形象图案，很大程度上它是曹氏家族统治敦煌的一种强化手段，也是曹氏归义军政权的一种标志性符号②。不过，由于受视野所限，致使在鸟形押材料的梳理中多有疏漏。近年来，随着《国家图书馆藏敦煌遗书》和《敦煌秘笈》的相继公布，又有数件鸟形押的文书面世。有鉴于此，笔者在前文的基础上，进一步对敦煌文献中的鸟形签署和画押进行补遗，力求对曹氏归义军鸟形押的梳理趋于完整。

### 一、曹元忠鸟形押

在敦煌归义军的历史上，曹元忠是执掌归义军时间最长的节度使（944—974）。在担任归义军节度使的30年中，他先后使用过三种形制的鸟形押，这在 P.3257、P.2641、P.4992、P.3160、S.3728、P.3272、P.3111、P.3897、P.3975、S.5571、S.5590 等写卷中有所反映。除此之外，还有 P.2482P《荣保庆等名单》、S.8426《归义军酒破历》、BD16479《继

---

① 赵贞：《归义军曹氏时期的鸟形押研究》，载《敦煌学辑刊》，2008(2)，10～28页。

② 赵贞：《归义军曹氏时期的鸟形押研究》，载《敦煌学辑刊》，2008(2)，10～28页；《鸟形押：归义军曹氏统治敦煌的标志》，载《寻根》，2008(3)，33～39页。

迁葬亲状并判》和 Дx. 4749《建隆三年(962)归义军节度使帖》四件文书，亦有曹元忠鸟形押使用的痕迹。

1. P. 2482P《荣保庆等名单》

此件首缺尾全，共 7 行，每行仅存中间部分，现存文字是参加某种活动的部分成员名单："荣保庆、曹留德、康贤通、曹善昌、邓安久、姚义悬、张恒庆、康章三、李定延、邓音三、氾音久、王再丰"。尾部有鸟形押 ①。本件文书中的"康贤通"，又见于 P. 4992《令狐彦盈等名单》，该卷似为某类组织或团体成员全部名单的汇录，卷尾亦有相同形制的鸟形押 。据此，P. 2482P 残片的性质，显然与 P. 4992 相同，其时代大致亦在公元 945—947 年。

2. S. 8426《归义军酒破历》

此件揭自 Ch. 00103，已残成 10 片，内容俱为归义军衙内官酒支出破用历。在这些官酒消费账目中，提到了愿富、赤书宰相、虫儿、南山宰相、张定奴、程押牙、王留住、阎都知、石定子、义成、瓜州张都衙、贾僧政、李憨儿等人②，也提到了赛神、祭拜、镇压、送路、藏钩、算羊、刘麦等活动。值得注意者，《破历》对于每笔酒的支用去向及数量都有详细的记录，有时每笔消费记录后还有草书的鸟形押，体现出归义军对官酒支出账目的监督和审核。比如，较典型者有：

　　八月十五日酒壹角，城北看画匠用，付山多　。

　　九月廿日山多手上令(领)得酒本粟四硕　。

　　某月廿二日酒壹角，付张兵马使赛神用　。

　　十月十二日酒五升，付再昌看南山用　。

　　① 上海古籍出版社、法国国家图书馆编：《法国国家图书馆藏敦煌西域文献》，第 14 册，256 页，上海古籍出版社，2001。
　　② 荣新江编著：《英国图书馆藏敦煌汉文非佛教文献残卷目录(S. 6981—13624)》，83～84 页，新文丰出版公司，1994。

十一月廿日，诸酒本粟柒硕[鸟形押]。①

　　荣新江指出，此件多记录"招待南山事"，推测当为 10 世纪曹氏归义军文书②。根据 P. 2482v《常乐副使田员宗启》的记载，在常乐、悬泉一带，常有南山部族抢劫掠夺，并提到南山设有宰相（述丹宰相）、都督之职，这正好与《破历》中的"赤书宰相""南山宰相"相吻合。另一方面，《破历》中多次提到"义成"，如正月二日酒伍升，"付义成马群破用"。十月一日酒伍升，"付义成"。十月十四日，"付义成酒伍升，看博士"。若结合归义军招待南山的背景，这里"义成"，或为索义成。P. 3257《河西归义军左马步押衙王文通牒》载，后晋开运二年（945）十二月，寡妇阿龙之子索义成因罪服役瓜州，遂将口分地 20 亩佃于兄长索怀义耕种，不久，从南山回来的另一兄弟索进君"请射"获得此地。但是，进君因为久居南山，"不乐苦地"，于是又逃回南山生活，该地遂交付其侄索佛奴承受营种十余年。后来义成身死瓜州，其子幸通及母亲阿龙"无路存济"，于是呈牒申诉，请求"司徒阿郎"裁决处分。经过一番调查取证后，阿郎做出判决："其义成地分赐进君，更不回戈。其地便任阿龙及义成男女为主者。廿二日[鸟形押]。"③考虑到鸟形押的基本形制及南山部族的活动，笔者倾向于认为，《破历》中的"义成"就是索义成。根据寡妇阿龙的陈述和都衙王文通的调查，索义成在 945 年已经身死，由此可推知《破历》的年代当在 945 年之前。

　　3. S. 8516B《广顺二年（952）使帖榜衙门应管内员寮军将□□百姓等》

　　此件已裂成八个残片，经缀合后，B1＋B2 为一片，B3＋B4＋B5 为一片，B6＋B7＋B8 为一片。从纸质、字体、内容看，当系同一文书。④ 但

----

　　① 中国社会科学院历史研究所等编：《英藏敦煌文献（汉文佛经以外部分）》，第 12 卷，121～126 页，四川人民出版社，1995。

　　② 荣新江编著：《英国图书馆藏敦煌汉文非佛教文献残卷目录（S. 6981—13624）》，84 页。

　　③ 唐耕耦、陆宏基编：《敦煌社会经济文献真迹释录》，第二辑，295～298 页，全国图书馆文献缩微复制中心，1990。

　　④ 荣新江编著：《英国图书馆藏敦煌汉文非佛教文献残卷目录（S. 6981—13624）》，96 页。

拼接后的三片文书仍不连续，中间亦有残缺。其文字如下：

> 使　帖榜衙门应管内员寮军将□□百姓等。
>
> 右奉　处分。□□值当秋景收苅正当及时，应以后正散行人，若差发准旧为定。伏自□□□□面二乃是诸官人不奉条流，吾乃数度耳闻百姓衔怨抱屈。自今出帖后，准旧积古流例，正行人官家一巡，教练、都知一巡，将头一巡，散行人乡官及指挥、都衙两巡外，或若借请与自由之(?)人及亲情眷属女夫男女者，内中察知。教练、都知及诸司必当除替。所□□□人亦当□□□□□诸处攞拽□□官来者，一生百姓亦乃贬流会稽，的无容舍。仍仰准法指挥，不得有违□□者。
>
> 广顺二年□□(月)五日帖。

使 [1]

　　此件的性质为"帖"，首、尾两行"使"字较大，尾题年份上钤有朱色"沙州节度使印"(首行亦钤有一方朱印)。"帖文内容为差发正散行人秋收事，官人不奉条流者，贬流会稽(归义军东部边镇)。据年代知署押发帖者为归义军节度使曹元忠。"[2]

　　4. S.8516A《广顺三年(953)敕归义军节度使榜》

　　此件亦割裂为数十残片，经拼接、缀合后，除尾部两行已残外，内容尚算完整。具体文字如下：

> 敕归义军节度使　榜。
>
> 应管内三军百姓等。右奉处分。盖闻□封建邑，先看土地山川阡陌堪居，遂乃置城立社。况河西境部旧日总有人民，因为土蕃吞侵，便有多(?)投□废。伏自　大王治世，方便再置安城，自把已来，例

　　① 中国社会科学院历史研究所等编：《英藏敦煌文献(汉文佛经以外部分)》，第12卷，148～149页。

　　② 荣新江编著：《英国图书馆藏敦煌汉文非佛教文献残卷目录(S.6981—13624)》，96页。

皆快活。唯残新乡要镇，未及安置军人。今岁初春，乃遣少多人口耕种，一熟早得二载喉粮，柴在门头，便是贫儿活处。仍仰乡城百姓审细思量，空莫执愚，耽贫过世。丈夫汤突到处，逢财怕事不(?)行，甚处得物。自今出榜晓示，乐去者榜尾标名，所有欠负诸家债物，官中并赐恩泽，填还不交。汝等身上悬欠便可者，闻早去得安排次弟及时，初春趁得种田，便见秋时倍熟，一年得利，久后无愁。坐得三岁二年总□□□□□仍仰□□□□□□□□□。

广顺三年十二月十九日榜。

使光禄大夫检校太保兼御史大夫曹 ①

此件第二行"应管内三军百姓等"钤有朱印三方，尾署纪年处亦钤朱印四方，纸缝各有一方朱印，共三方，印文为"沙州节度使印"，② 据此可知本件为沙州归义军官文书之一，其性质是归义军节度使曹元忠签发的"榜"，核心内容是为配合新乡镇的设置，鼓励管内三军百姓前往新乡开垦耕种，以便充实新乡镇的财赋和军防。榜文提到，百姓乐去新乡者，官方不仅给予恩泽赏赐，甚至还免除"所有欠负诸家债物"。榜文后有小字题名："新乡口承人押牙多佑儿、兵马使景悉乞讷、李佛奴、于罗悉鸡、赵员定、大云寺僧保性、平康武揭桥兄弟二人。新城口承人押牙王盈进、玉关宋流住。"③ 应是乐于迁往新乡的僧俗百姓名录。

5. BD16479《继迁葬亲状并判》

此件被裁成A、B两片，为同一内容，其中B片在上，A片在下，中间尚有残缺，不能直接缀合，存文字7行，其文曰：

1　哀子□□□□□□□继迁

① 中国社会科学院历史研究所等编：《英藏敦煌文献（汉文佛经以外部分）》，第12卷，145～147页。

② 荣新江编著：《英国图书馆藏敦煌汉文非佛教文献残卷目录（S.6981—13624）》，95页。

③ 中国社会科学院历史研究所等编：《英藏敦煌文献（汉文佛经以外部分）》，第12卷，151页。

2　伏 ▢ 不幸薄福，祸尅慈亲，葬日时临，尤

3　多 ▢ 闻，伏乞

4　台□特赐赠济　光扬，伏听　处分。

5　　　　丙辰年五月　日。·

6　付□ ▢ □支布壹尺，纸叁帖，酒叁

7　瓮□ ▢ 音声者(?)，廿四日 🐦。①

状文中，继迁因为慈亲亡故，葬期临近，故向使主申请，请求特赐助葬物品。第6、7行是使主的批示，即赐布一尺，纸三帖(150张)，酒三瓮，及音声人若干。P. 4640《归义军布纸破用历》载，己未年(899)八月十六日，奉判支与兵马使刘英杰助葬粗布壹匹。庚申年(900)八月廿七日，支与押衙张忠贤助葬粗纸壹束，又支与押衙阎奉国助葬粗纸伍帖②。P. 2629《归义军酒破历》载，乾德二年(964)八月九日，衙内设甘州回鹘使酒壹瓮，刘保通妻助葬酒壹瓮③。这些破历表明，归义军时期沙州的丧葬活动中需要支用相当数量的布匹、纸张和酒。这些丧事用品既然从归义军衙内领取，说明亡者应是归义军管内官员及其亲属，由此可知BD16479中的"继迁"也应是归义军节度使属官。又本件中的鸟形押，其形制又见于P. 3160《辛亥年(951)押衙知内宅司宋迁嗣椠破用历状并判凭》。据此，可推知本件中的"丙辰年"为后周显德三年(956)。

6. Дx. 4749《建隆三年(962)归义军节度使帖》

此件首部残缺，尾部完整，存文字4行，每行后半部分已缺，其文如下：

1　支壹(?) ▢

2　点检分付，不得 ▢

①　中国国家图书馆编：《国家图书馆藏敦煌遗书》，第146册，190页，北京图书馆出版社，2012；《国家图书馆藏敦煌遗书·条记目录》，84页。

②　唐耕耦、陆宏基编：《敦煌社会经济文献真迹释录》，第三辑，254、264页，全国图书馆文献缩微复制中心，1990。

③　唐耕耦、陆宏基编：《敦煌社会经济文献真迹释录》，第三辑，275页。

3　者。建隆三年四月 ☐☐☐☐☐

4　使 ①

　　此件文书中，第4行"使"字较大，系为沙州节度使、归义军节度使的标识，这为判断文书的性质提供了依据。现知敦煌文献中同类性质的文书有三件。第一件是S.1604《天复二年(902)沙州节度使张承奉帖》。此帖钤有"沙州节度使印"三方，首行、尾部各题有"使"字，且字体较大，墨迹较浓②。第二是S.4453《宋淳化二年(991)十一月八日归义军节度使帖》。此件钤有"归义军节度使之印"，首、尾之"使"亦大字书写，笔墨浓重，且尾部"使"字后有曹延禄鸟形押③。第二件是S.8516B《广顺二年(952)使帖榜衙门应管内员寮军将☐☐百姓等》。前已提及，此件首、尾"使"字书写较大，且钤有朱色"沙州节度使印"。因此，根据以上三件文书的信息，可将Дx.4749号文书的性质定为归义军节度使帖，其首部虽然已残，但可推知首行应有大写的"使"字，且钤有"归义军节度使之印"。又本件中的鸟形押　，又见于P.3272、P.3111、P.3897、P.3975、S.5571、S.5590等卷中，为曹元忠使用的鸟形押之一。综合这些信息，可将Дx.4749定名为《建隆三年(962)归义军节度使帖》。

　　**二、曹延禄鸟形押**

　　曹延禄是归义军曹氏时期的第六位节度使(977—1002)，在执掌归义军的25年中，他根据"延"之俗体"延"创制出侧身左转、展翅飞翔的鸟形押形象　，这在P.2737、P.3835、P.3878、P.4525、S.2474、S.4453等

　　①　俄罗斯科学院东方研究所圣彼得堡分所等编：《俄藏敦煌文献》，第11册，310页，上海古籍出版社，1999。
　　②　郝春文编著：《英藏敦煌社会历史文献释录》，第七卷，319～321页，社会科学文献出版社，2010。
　　③　唐耕耦、陆宏基编：《敦煌社会经济文献真迹释录》，第四辑，306页，全国图书馆文献缩微复制中心，1990；赵贞：《归义军曹氏时期的鸟形押研究》，载《敦煌学辑刊》，2008(2)，10～28页。

写卷中有生动反映。此外，敦煌文献中还有 S. 8673、S. 9455、S. 8666、S. 6998B、羽 35 等文书，均有作为曹延禄签署而使用的鸟形押。如 S. 8673《丁丑年（977）八月都头知作坊使邓守兴状及判凭》云：

1　　□都□头知作坊使邓守兴。

2　　　伏以今月六日都头索流定请箭伍拾隻；七日支押衙阎瘦子□箭□

3　　　肆拾隻。未蒙　判凭，伏请　处分。

4　　　　　　丁丑年八月日都头知作坊使邓守□兴□。

5　　　为凭九日[花押]①

这里"丁丑"，荣新江据鸟形押形制，推定为公元 977 年②，甚是。"作坊使"指归义军手工业的管理机构——作坊司的长官，通常由都头充任，邓守兴即以都头的身份兼知作坊司事务。据冯培红研究，作坊司的职责是为归义军官府制造各种手工业品，包括制造扇子、纸张、金银器、佛轴、弓箭及煎胶等物品。有时作坊司还是服务于军需的特殊产业部门，制造各种军器③。作为作坊司长官，邓守兴肩负着对当司制造的物品、器具和物资进行管理的职责。职是之故，对于都头索流住和押衙阎瘦子的弓箭支给，邓守兴要如实向使主报告，请求节度使的"判凭"或"处分"。又 S. 9455《丁丑年（977）九月都头知作坊使邓守兴状及判凭》载：

1　　　　□为□凭十二（？）日[花押]

2　　都头知作坊使邓守兴。

---

① 此件"都""箭""兴"三字已残，据文义补。有背面杂写"诸大地　道"四字，无意义。参见中国社会科学院历史研究所等编：《英藏敦煌文献（汉文佛经以外部分）》，第 12 卷，187 页。

② 荣新江编著：《英国图书馆藏敦煌汉文非佛教文献残卷目录（S. 6981—13624）》，109 页。

③ 冯培红：《敦煌归义军职官制度——唐五代藩镇官制个案研究》，115 页，兰州大学博士学位论文，2004。

3　　伏以今月十七日衙内造佛轴，用毯杖柄□□□□

4　处分。　　　　丁丑年九月日 都头知作坊使邓守兴 。

5　　　　　为凭十八日 ▨ ①

　　此状呈于九月十七日，系为作坊使邓守兴上报衙内造佛轴而支用毯杖柄事，其后有曹延禄的"判凭"及鸟形押签署。或可注意者，此件前另有一件状文及判，可惜大半已残，仅存"为凭十二日（?）"诸字，推测也是作坊使邓守兴状，使主判凭中依例也有鸟形押。同类性质的作坊使文书还见于 S.8666 中。据该卷记载，戊寅年（978）七月二十六日，都头知作坊使邓守兴上状，报告"南城上赛神"支用弓箭拾隻，"未蒙判凭，伏请处分"。翌日，使主曹延禄批示说："为凭廿七日 ▨ 。"②

　　以上有关作坊使的 3 件公文书表明，曹延禄在执掌归义军节度使的当年和翌年（977—978），已频繁使用鸟形押的图案来代替节度长官的签署。S.2474《己卯年（979）十一月驼官邓富通状及判》载：

1　己卯年十一月二日驼官邓富通群入算后骆驼破籍。

2　　　　伏以今月二日，支与于阗使头南山大馭驼壹头，未蒙判凭。

3　　伏请　　　　处分。

4　　　　　　己卯年十一月二日驼官邓富通。

5　　　为凭三日 ▨ ③

---

①　中国社会科学院历史研究所等编：《英藏敦煌文献（汉文佛经以外部分）》，第12卷，241页；荣新江编著：《英国图书馆藏敦煌汉文非佛教文献残卷目录（S.6981—13624）》，127页。此件背面有"为凭"二字，书法风格与正面判凭相同，当为曹延禄书写。

②　中国社会科学院历史研究所等编：《英藏敦煌文献（汉文佛经以外部分）》，第12卷，182页；荣新江编著：《英国图书馆藏敦煌汉文非佛教文献残卷目录（S.6981—13624）》谓："（此件）为南城赛神用箭事。后有节度使曹延禄判语、日期和鸟形画押。鸟押属于'走字偏旁上鸟押'类型，可据以定戊寅年为978年。"107页。

③　中国社会科学院历史研究所等编：《英藏敦煌文献（汉文佛经以外部分）》，第4卷，86页，四川人民出版社，1991；唐耕耦、陆宏基编：《敦煌社会经济文献真迹释录》，第三辑，600页。

这里"驼官"或称知驼官，是归义军管理牧驼业的官员。举凡有关骆驼的算会、支给、死亡及皮肉处理，驼官都要负责核查、清点和统计。状文中，驼官邓富通支给于阗使头大父驼一头（充作远行出使的交通工具），请求节度使"判凭"处分。曹延禄核实后，批示说"为凭三日🐦"，进一步确认了邓富通骆驼调度与支给的合理性。使主的"判凭"无疑也成为邓富通"算会"驼群的依据。

需要说明的是，S.2474 还有庚辰年(980)驼官张憨儿上状三通，分别汇报当年八月、九月骆驼死亡及皮肉处理事宜，请求节度使核实处分①。同类性质的文书还见于 P.2737《驼官马善昌状并判》中。该卷记载了癸巳年(993)四至九月马善昌的 4 次上状及节度长官的批文。作为管理骆驼事务的专职官员，马善昌汇报了"换于阗去达坦"（鞑靼）及出使西州时骆驼的使用情况，还两次提到骆驼病死后"皮付内库"②。此外，S.6998 和日本杏雨书屋所藏羽35号文书中，还有乙未至丙申年(995—996)驼官马善昌、李粉堆的上状及判凭八通，先后 8 次向使主报告"群上""槽上"骆驼病死及"皮付内库"的详情。这些状文在短时间内即得到了使主的批复。当然，在"为凭某日"的判凭中，都不约而同地出现了代表使主个人签名的鸟形押🐦，其形制与 S.2474 完全相同。

再看马匹的管理，在同期有关马匹使用、破损、死亡及皮肉处理的官文书中，同样能够看到鸟形押的使用。S.6998B《乙未年(995)十二月至丙申年(996)二月归义军知马官阴章儿状及判凭》载：

1　伏以今月廿五日槽上大驮马壹匹，病死，皮付内库，未蒙

2　判凭，伏请　　处分。

3　　　　乙未年十二月日知马官阴章儿。

4　　　　　为凭廿二日🐦

①　中国社会科学院历史研究所等编：《英藏敦煌文献（汉文佛经以外部分）》，第 4 卷，86 页；唐耕耦、陆宏基编：《敦煌社会经济文献真迹释录》，第三辑，601 页。

②　唐耕耦、陆宏基编：《敦煌社会经济文献真迹释录》，第三辑，602 页。

这里"知马官"即归义军管理牧马业的官员，负责马匹的算会、调拨、使用、支给。及损耗、死亡马匹的核查、处理等事务。尤其是"槽上"或"群上"马匹若有损耗或死亡，知马官都要及时、如实地向节度使汇报，请求批示。状文中，阴章儿作为知马官，正在履行此职。实际上，相同性质的状文，本卷还有 7 通，均是有关马匹病死，"皮付内库"的情况说明。其中知马官阴章儿，还见于日本杏雨书屋藏羽 35《丙申年（996）四至八月知马官阴章儿状及判》中：

5　伏以今月廿日，槽上大駃马壹匹，病死，皮付内库，未蒙

6　判凭，伏请　　处分。

7　　　　　丙申年四月日知马官阴章儿。

8　　　　为凭廿一日

本卷文书中，阴章儿先后 8 次上状，向节度使汇报槽上、群上、仆射宅、王粪堆、泊再定等群马匹支用、病死及"皮付内库""皮肉付药酒社""皮肉付于阗使"之事，使主审核后，做出了"为凭某日　"的判署，从中不难看出归义军对马匹管理的重视。①

以上有关驼官、知马官的上状及判文，不约而同地传输出这样的信息：首先，无论骆驼还是马匹，归义军支用的牲畜都是大駃驼、大骒驼和大駃马。根据 P.2484《戊辰年（968）群牧驼马牛羊见行籍》中大駃马、三岁駃马、二岁駃马、当年駃马驹、大駃驼、三岁駃驼、二岁駃驼、当年駃驼儿的分类，可知大駃马和大駃驼即四岁以上的公马和公驼，大骒马和大骒驼则指四岁以上的母马和母驼。从敦煌、吐鲁番和于阗发现的中古契约文书来看，丝绸之路上有关马、驴、驼、牛等牲畜的经济活动（如买卖、雇佣、租赁、博换等），通常多在四岁以上的大牲畜中进行。无论是军事出征和驿站交通，或是商旅运输和农耕生产，还是提供肉食来源及皮毛手工原料，大牲畜在富国强兵、沟通内外及社会生产生活中都发挥着不可或缺的重要作用，由此也加大了大牲畜损耗、伤病和死亡的频率。

---

① ［日］武田科学振兴财团编集：《杏雨书屋藏敦煌秘笈》，影片册一，236～237 页。

其次，归义军对"槽上""群上"牲畜的管理非常重视，不仅对驼马的牧羊、征调和支用有明确规定，而且对于骆驼、马匹的死亡也有具体的处理方式。换言之，如果驼马在提供畜力中死亡，那么领养者或征用者应将皮肉剥离带回，交付"内库""药酒社"或有关官员（如张弘定、于阗使），作为核实、检验牲畜死亡的凭据。吐鲁番所出《唐神龙元年(705)西州兵曹处分死马案卷》中，一旦长行马"急黄致死"，即令马子(马夫)"自剥皮肉收掌"，"具录申州"。其中马肉"任自出卖得直"，可允许就近出售。有时考虑到"其肉不能胜致"，或者"丑蛹不堪收什"①，只能弃掷不收，唯有将马匹带回，输纳州府。吐鲁番所出《唐总章二年(669)至咸亨元年(670)西州长行坊死马价及皮价帐》②提供了较为典型的案例：

四月 ⬜⬜⬜⬜⬜⬜⬜⬜ 收，剥皮将来纳库讫。

五月廿九从伊州使回碛内死，皮肉弃不收，剥印将来，检明毁讫。

十一月十三日送使伊州死，肉卖得铜钱伍拾文，送司仓，皮纳 库，后征未纳。

十一月十三日从伊州使回碛内死，肉弃不收，剥皮将来 ⬜⬜⬜

不难看出，长行坊马匹死亡后，通常有"皮肉不收，剥印将来""肉弃不收，剥皮将来纳库"和"肉卖得铜钱，送司仓，皮纳库"三种处理方式。《唐六典·诸牧监》载："凡马、牛皮、脯及筋、角之属，皆纳于有司。"③可知驼、马、牛等牲畜皮肉都是官方重要物资。以此参照，归义军驼马死后"皮付内库"的规定，显然是因袭唐代畜牧管理举措的生动反映。

### 三、结语

作为替代曹氏归义军节度使签署的一种形象图案，鸟形押的性质或与

---

① 陈国灿：《斯坦因所获吐鲁番文书研究》，250、257、259 页，武汉大学出版社，1994。

② 陈国灿：《斯坦因所获吐鲁番文书研究》，372～375 页。

③ 《唐六典》卷一七《诸牧监》，488 页。

中古社会流行的"花押"书式相近。史载，唐人韦陟"常以五采笺为书记，使侍妾主之，其裁答受意而已，皆有楷法，陟唯署名"，自谓所书"陟"字宛若五朵云彩，时人颇多羡慕，赞誉为"郇公五云体"①。在宋人看来，韦陟的"五云体"就是通常所说的"花押"。周密《癸辛杂识》称："古人押字谓之花押印，是用名字稍花之，如韦陟五朵云是也。"②说明"花押"其实就是将名字"稍花之"，最有效的方法是"草书其名"，既便于书记，也难于模仿。高承《事物纪原》云："古者书名，改真从草，取其便于书记，难于模仿。《唐书》曰：韦郇公陟，每书陟字，自号'五云体'，俗浸相缘，率以为常，复有不取其名出于机巧心法者。此押字之初，疑自韦陟始也。"③这种草书名字的"花押"一旦出现，很快在中古社会流行④。欧阳修《集古录》收有"五代时帝王将相等署字"一卷(所谓"署字"者，"皆草书其名，今俗谓之'画押'")，说明五代时"花押"作为签署的象征已在帝王将相中广为使用。叶梦得《石林燕语》载：

> 唐人初未有押字，但草书其名以为私记，故号"花书"，韦陟"五云体"是也。余见唐诰书名，未见一楷字。今人押字，或多押名，犹是此意。王荆公押"石"字，初横一画，左引脚，中为一圈，公性急，作圈多不圆，往往窝匾，而收横画又多带过。常有密议公押"歹"字者，公知之，加意作圈。一日书《杨蟠差遣敕》，作圈复不圆，乃以浓墨去，旁别作一圈，盖欲矫言者。杨氏至今藏此敕。⑤

这里"花书"，又名"花押""画押"，其根本特征是"草书其名"，乃至唐

① 《新唐书》卷一二二《韦陟传》，4350页。

② (宋)周密撰，吴企命点校：《癸辛杂识》，102～103页，中华书局，1988。

③ (宋)高承撰，(明)李果订，金圆、徐沛藻点校：《事物纪原》卷二《花押》，67页，中华书局，1989。

④ 清代学者赵翼认为，中古时期帝王诏敕已有"花押"现象，但所押者多为"诺""依""可"诸字，"而非自花其名也"。一直到唐末，"尚无天子自署名之制"。至于士大夫的"花押"，自六朝至唐宋则较为常见。参见《陔余丛考》卷三三《花押》，697～698页，商务印书馆，1957。

⑤ (宋)叶梦得撰，宇文绍奕考异：《石林燕语》卷四，57～58页，中华书局，1984。

诰书名中"未见一楷字"。若以荆公王安石而论，所押"石"字亦是草书写成，有时随意走笔竟被识为"歹"字，因而荆公力图修正，但似有矫枉过正之嫌。这则故事表明，宋时押字即以代名，"不复书名也"①，此种现象甚为常见。宋人黄伯思《东观余论》曾说："唐人及国初前辈与人书尺牍，或只用押字，与名用之无异，上表章亦或尔，近世遂施押字于檄移。"②可见，无论官方表章还是民间书尺牍，"花押"的使用确实非常广泛。

以上论述表明，唐宋是"花押""押字"使用颇为流行的时期，尤其是随着商品经济和契券关系的发展，越来越多的"花押"和签署符号出现于社会经济文书中③。以鸟形押而论，其实正是曹氏归义军创制的一种特殊形式的"花押"图案。通过这种鸟形押的签署，凸显曹氏的节度、观察、处置、支度、营田、押蕃落等权力，从而在沙州的治理与经营中打上曹氏归义军的深刻烙印。比如，曹元忠鸟形押，其原型是"元"字，即仿照"元"字化裁、扩展而用四笔写成。"一笔之点化作鸟首，二笔之横化作鸟翼，三笔之撇化作鸟身，四笔之右弯化作鸟足与树枝，四笔组合成为立鸟之形"④。至于曹延禄鸟形押，李正宇指出是依据"延"之俗字"逛"化裁而成。其"阝"图案化作鸟形，"辶"则保留字体笔画，系图案与字体之合成⑤。黄征认为，此种形制的鸟形押，根据结构分析应是"辶"内著"鳥"或"隹""翟"之类的字形。"辶"内著"鳥"，相似者有"邊"字；如果是"辶"内著"隹"（"隹"亦鸟也），则为"進"字；如果是"翟"，则有可能是翟姓某人的姓名合文⑥。无论是哪种字形的草书，显然都属于"押字即以代名"的范例，因而比较符合唐宋"花押"构造的基本特征。

---

① （清）赵翼：《陔余丛考》卷三三《花押》，697～698 页。

② （清）顾炎武撰，黄汝成集释：《日知录集释》，1603 页，上海古籍出版社，2006。

③ ［日］仁井田陞：《唐宋法律文书の研究》，复刻版，24～84 页，东京大学出版会，1983。

④ 李正宇撰"曹元忠鸟形押"词条，见季羡林主编：《敦煌学大辞典》，294 页，上海辞书出版社，1998。

⑤ 李正宇撰"曹延禄鸟形押"词条，见季羡林主编：《敦煌学大辞典》，294 页。

⑥ 黄征：《敦煌俗字典》，292 页，上海教育出版社，2005。

北京师范大学史学探索丛书

鸟形押的签署，笔者曾指出应与 10 世纪敦煌地区流行的飞鸟献瑞现象有关。或可参照的是，昭宗乾宁二年(895)，割据越州自立为帝的董昌，就很好地利用了"鸟兽"的祥瑞意义。《新唐书·董昌传》载：

> 客倪德儒曰："咸通末，《越中秘记》言：'有罗平鸟，主越祸福。'中和时，鸟见吴、越，四目而三足，其鸣曰'罗平天册'，民祀以攘难。今大王署名，文与鸟类。"即图以示昌，昌大喜。①

关于董昌称帝之事，《新五代史·钱镠世家》载："妖人应智王温、巫韩媪等，以妖言惑昌，献鸟兽为符瑞。牙将倪德儒谓昌曰：'曩时谣言有罗平鸟主越人祸福，民间多图其形祷祠之，亲王书名与图类。'因出图以示昌，昌大悦，乃自称皇帝，国号罗平，改元顺天，分其兵为两军，中军衣黄，外军衣白，铭其衣曰'归义'。"②罗平鸟由于"四目而三足"，形象上与普通鸟类完全不同，且出自《越中秘记》，因而更增加了它的神异色彩。此鸟见于吴越地区，且能主宰吉凶福祸，因此在吴越之地被奉为神鸟。盖由于此，董昌自立称帝，自然而然地与"罗平鸟"联系起来，不仅国号为"罗平"，而且署名"文与鸟类"，似乎也打上了鸟形押的印迹。这种建国称帝的神异色彩，很容易与稍晚时候"白衣天子"张承奉建立金山国时的白雀献瑞景象联系起来。颇有意思的是，董昌的军队，改编为"归义"，不经意间亦与沙州归义军巧合。联系曹议金时的《白鹰呈祥诗二首》(S.1655)，不难看出，曹氏归义军的鸟形押创制，可能与董昌称帝有异曲同工之妙，即借助祥瑞神鸟的象征性庇护，完成对敦煌长久统治的愿望。

法国学者艾丽白指出，鸟形押的使用最勤的是"那些与归义军节度使最高权力机构往来的物资供应报告中"③。进一步来说，鸟形押大多出现于归义军节度使对衙内诸司(宴设司、内宅司、柴场司、酒司、军资库司、羊司、作坊司)、驼官、知马官有关财赋、物资和牲畜管理的钩稽与审核

---

① 《新唐书》卷二二五下《逆臣下·董昌传》，6467～6468 页。
② 《新五代史》卷六七《吴越世家·钱镠》，837～838 页，中华书局，1974。
③ ［法］艾丽白：《敦煌汉文写本中的鸟形押》，见敦煌文物研究所研究室编：《敦煌译丛》，204 页，甘肃人民出版社，1985。

中，这在以"为凭"为标志的诸司上状及"判凭"中有明确体现（P. 2641、P. 2737、P. 3160、P. 3272、P. 3878、S. 3728、S. 5571、S. 5590、S. 2474、S. 6998B、S. 8666、S. 8673、S. 9455、羽35 等）。这些关乎归义军财赋、物资和牲畜管理的状文及判凭并不始于曹氏，早在张淮深执掌归义军时期（867—890）就已经出现了类似的"判凭"文书，这在光启三年（887）张淮深签署与批示的一系列牒状中有明确反映。

表 10-2　光启三年(887)张淮深处分牒状表①

| 纪月日 | 上状者 | 牒状内容 | 张淮深批示 | 出处 |
|---|---|---|---|---|
| 二月　日 | 作坊使康文通 | 为退运(浑)阿竹□身替事 | 任他营私，十□□□□ | S. 7384B |
| 三月　日 | 作坊使康文通 | 为王文信差肃州事 | 听取就便，十一日，淮深 | S. 7384B |
| 四月　日 | 官酒户龙粪堆 | 为客使支给官酒事 | 付阴季丰算过，廿二日，淮深 | P. 3569v |
| 十一月　日 | 酒司曹文晟 | 甘州回鹘一人，每月准例供酒□瓮，未蒙判凭，不敢不申，伏请处分 | 准细供，六日，淮深 | P. 2937 |
| 十一月七日 | 酒司曹文晟 | 肃州使氾建立等一行进发，用顿酒两瓮，未蒙判凭，伏请处分 | 为凭，十日，淮深 | P. 2937 |
| 十一月十日 | 酒司曹文晟 | 马□□盤淮酒壹瓮，未蒙判凭，伏请处分 | 为凭，十二日，淮深 | P. 2937 |

表 10-2 中，P. 3569v 中张淮深的批示值得注意。"付阴季丰算过"，即指派阴季丰对官酒的支出与破用情况进行"算会"和审核。同卷《押衙阴季丰牒》称："右奉判令算会，官酒户马三娘、龙粪堆，从三月廿二日于官仓请酒本贰拾驮，又四月九日请酒本粟壹拾伍驮，两件共请粟叁拾伍驮。准

　　①　中国社会科学院历史研究所等编：《英藏敦煌文献（汉文佛经以外部分）》，第12卷，56页；荣新江编著：《英国图书馆藏敦煌汉文非佛教文献残卷目录（S. 6981—13624）》，67页；唐耕耦、陆宏基编：《敦煌社会经济文献真迹释录》，第三辑，622页；荣新江：《归义军史研究》，189～190页，上海古籍出版社，1996。上海古籍出版社、法国国家图书馆编：《法国国家图书馆藏敦煌西域文献》，第20册，166～167页，上海古籍出版社，2002。

粟数合纳酒捌拾柒瓮半，诸处供给使客及设会赛神，一一逐件算会如后。"①牒文中，阴季丰以押衙的身份对酒本、酒账和酒历进行钩稽和核算，实际上扮演了"勾官"的角色。王永兴《唐勾检制研究》指出，勾检制是行政管理制度的核心，以勾检制为核心的高效率的行政管理制度是形成唐前期文治武功卓著，经济繁荣，文物昌盛的重要条件。敦煌吐鲁番所出的官文书中，某日受某日行判、录事勾检稽失、录事参军勾讫，这三者构成对每个官府都适用的勾检制②。但归义军时期，诸如押衙阴季丰之类执行"算会"职责的勾官并不多见。更多的情况是节度使直接对财政和物资账目的钩稽和审核，这在张淮深、曹元忠、曹延禄时期，都呈现出财务管理中的共通性特征。换个角度来看，使主对财赋和物资用度的钩稽，以及对牲畜支给及死亡后皮肉处理方式的核查，体现出归义军节度使所具有的"观察处置支度营田押蕃落等使"③及"观察处置管内营田押蕃落等使"④的性质。无论是"支度营田"或是"管内营田"，都说明使主也是管内最高的财政长官，因而在那些有关物资供应和驼马支用情况的牒状中，使主在三日之内的批示——"判凭"无疑也体现了较高效率的财务勾检。另一方面，光启三年酒司曹文晟的牒状及判凭，就性质而言，同样是财务支出情况的报告，

---

① 唐耕耦、陆宏基编：《敦煌社会经济文献真迹释录》，第三辑，622页。

② 王永兴：《唐勾检制研究》，60页，上海古籍出版社，1991。

③ 归义军节度使中，张议潮、索勋、曹元忠官衔均有"支度营田"。P.3556（10）《张氏墓志铭并序》："伯祖皇讳议潮，河西十一州节度使检校太保右神武统军兼御史大夫伊西庭楼兰金满等州节度观察处置支度营田押蕃落等使特进检校太保。"莫高窟98窟甬道北壁供养人第三身题名："敕归义军……节度管内观察处置押蕃落支度营田等使……金紫光禄大夫检校刑部尚书兼御史大夫守定远将军上柱国钜鹿郡索讳勋一心供养。"S.518《曹某建窟檐记》："维大汉天福拾肆年岁次丙午八月丁丑朔廿二日戊戌，敕河西归义军节度瓜沙等州观察处置支度营田押蕃落等使，光禄大夫特进检校太傅，食邑壹阡户食实封叁伯（佰）户，谯郡开国侯曹某之世再建窟檐记。"

④ 归义军节度使官衔通常附有"管内营田"。S.P.9、P.4514《曹元忠造大慈大悲救苦观世音菩萨像》："弟子归义军节度瓜沙等州观察处置管内营田押蕃落等使特进检校太傅谯郡开国侯曹元忠雕此印板。"莫高窟第431窟窟檐题梁："维大宋太平兴国伍年岁次庚辰二月甲辰朔廿二日乙丑，敕归义军节度瓜沙等州观察处置管内营田押蕃落等使，特进检校太傅同中书门下平章事，谯郡开国公食邑一阡伍百户食实封七佰户曹延禄之世创建此窟檐纪。"

并请求使主的钩稽与审核。无论行文、格式还是批示，都可在 10 世纪后期的"判凭"文书中找到对应，从中不难看出归义军曹氏对于张氏制度的因袭与拓展。唯一不同者，使主的押署，从张淮深的亲笔签名，到曹元忠、曹延禄的鸟形押，正好佐证了我们对归义军曹氏鸟形押的认识：即鸟形押的作用和意义并不限于节度使签名的一种形象图案，很大程度上它是曹氏家族统治敦煌的一种强化手段，也是曹氏归义军政权的一种标志性符号①。

表 10-3　敦煌文献所见曹延禄判凭表②

| 时间 | 上状者 | 状文内容 | 曹延禄判凭 | 卷号 |
|---|---|---|---|---|
| 丁丑年（977） | 都头知作坊使邓守兴 | 八月六日，都头索流定请箭伍拾隻；七日支押衙阎瘦子 箭 肆拾隻。未蒙判凭，伏请处分 | 为凭九日 | S. 8673 |
| 丁丑年（977） | 都头知作坊使邓守兴 | 九月十七日，衙内造佛轴，用毬杖柄　处分 | 为凭十八日 | S. 9455 |
| 戊寅年（978） | 都头知作坊使邓守兴 | 七月廿六日，南城上赛神，箭拾隻，未蒙判凭，伏请处分 | 为凭廿七日 | S. 8666 |
| 己卯年（979） | 驼官邓富通 | 十一月二日，支与于阗使头南山大駮驼壹头，未蒙判凭，伏请处分 | 为凭三日 | S. 2474 |
| 己卯年（979） | 都头知军资库官张富高 | 状文残 | 为凭十八日 | P. 3878 |
| 己卯年（979） | 都头知军资库官张富高 | 八月廿日，楼上天王堂及神堂上灰麻贰拾斤，未蒙判凭，伏请处分 | 为凭廿一日 | P. 3878 |

---

① 赵贞：《归义军曹氏时期的鸟形押研究》，载《敦煌学辑刊》，2008(2)，10～28 页；《鸟形押：归义军曹氏统治敦煌的标志》，载《寻根》，2008(3)，33～39 页。

② 唐耕耦、陆宏基编：《敦煌社会经济文献真迹释录》，第三辑，601～602、605～608 页；荣新江编著：《英国图书馆藏敦煌汉文非佛教文献残卷目录（S. 6981—13624）》，61、107、109、127 页；中国社会科学院历史研究所等编：《英藏敦煌文献（汉文佛经以外部分）》，第 12 卷，38～39、182、187、241 页；〔日〕池田温：《李盛铎旧藏归义军后期社会经济文书简介》，见《庆祝吴其昱先生八秩华诞敦煌学特刊》，29～56 页，文津出版社，1999；〔日〕武田科学振兴财团编集：《杏雨书屋藏敦煌秘笈》，影片册一，236～239 页。

| 己卯年<br>（979） | 都头知军资<br>库官张富高 | 九月二日，衙内缚箔麻贰斤，伏取处分 | 为凭三日🐦 | P. 3878 |
|---|---|---|---|---|
| 己卯年<br>（979） | 都头知军资<br>库官张富高 | 九月三日，楼上天王堂佛堂子上灰麻壹斤；五日准旧泥火炉麻贰斤，伏请处分 | 为凭六日🐦 | P. 3878 |
| 己卯年<br>（979） | 都头知军资<br>库官张富高 | 九月八日，支新来使下张进助葬麻肆两，未蒙判凭，伏请处分 | 为凭九日🐦 | P. 3878 |
| 己卯年<br>（979） | 都头知军资<br>库官张富高 | 十月六日，准旧打铜灌索及拽鑐匙索子麻肆斤；七日城东楼上缚铺唇麻壹斤；同日准旧城南□□园缚□唇及泥火炉麻壹斤半；同日造鹰择麻两束，未蒙判凭，伏请处分 | 为凭九日🐦 | P. 3878 |
| 己卯年<br>（979） | 都头知军资<br>库官张富高 | 十月十六日，请缚碾床麻贰两，未蒙判凭，伏请处分 | 为凭十八日🐦 | P. 3878 |
| 己卯年<br>（979） | 都头知军资<br>库官张富高 | 十月廿八日，请皴胡禄麻壹束，未蒙判凭，伏请处分 | 为凭卅日🐦 | P. 3878 |
| 己卯年<br>（979） | 都头知军资<br>库官张富高 | 十月卅日，封角于阗国信马壹束，未蒙判凭，伏请处分 | 为凭三日🐦 | P. 3878 |
| 己卯年<br>（979） | 都头知军资<br>库官张富高 | 十一月六日，衙内用麻陆束，未蒙判凭，伏请处分 | 为凭九日🐦 | P. 3878 |
| 己卯年<br>（979） | 都头知军资<br>库官张富高 | 十一月十一日，支亭子缚箔麻捌斤，未蒙判凭，伏请处分 | 为凭十二日🐦 | P. 3878 |
| 己卯年<br>（979） | 都头知军资<br>库官张富高 | 十一月十九日，封角用信麻壹束；同日支修治幹装子箔子麻壹斤，未蒙判凭，伏请处分 | 为凭廿一日🐦 | P. 3878 |
| 己卯年<br>（979） | 都头知军资<br>库官张富高 | 十二月六日，造绳床索子麻贰斤，未蒙判凭，伏请处分 | 为凭九日🐦 | P. 3878 |
| 己卯年<br>（979） | 都头知军资<br>库官张富高 | 十二月十日，支造绳床索子麻贰斤；同日付刺鞍匠麻壹束，未蒙判凭，伏请处分 | 为凭十二日🐦 | P. 3878 |
| 己卯年<br>（979） | 都头知军资<br>库官张富高 | 十二月廿五日，准旧矜弩家……已上玖人各好麻壹斤；廿六日准旧造灯笼索子麻捌两，未蒙判凭，伏请处分 | 为凭廿七日🐦 | P. 3878 |

| | | | | |
|---|---|---|---|---|
| 庚辰年（980） | 驼官张憨儿 | 八月廿九日，群上大駮驼壹头，病死，皮付张弘定趁却；大骟驼壹头东窟上走死，皮付张弘定，未蒙判凭，伏请处分 | 为凭卅日 | S. 2474 |
| 庚辰年（980） | 驼官张憨儿 | 九月七日群上大骟驼壹头，病死，皮付张弘定，未蒙判凭，伏请处分 | 为凭九日 | S. 2474 |
| 庚辰年（980） | 驼官张憨儿 | 九月十六日，群上大骟驼壹头，病死，皮付张弘定，未蒙判凭，伏请处分 | 为凭十八日 | S. 2474 |
| 癸巳年（993） | 驼官马善昌 | 四月十日，群上大駮驼壹头，病死□□□□敲槽上大駮驼壹头，皮付内库，未蒙判凭，伏请处分 | 为凭十五日 | P. 2737 |
| 癸巳年（993） | 驼官马善昌 | 八月十七日，换于阗去达坦骆驼替用群上大骟驼壹头，未蒙判凭，伏请处分 | 为凭十八日 | P. 2737 |
| 癸巳年（993） | 驼官马善昌 | 八月廿三日，槽上大骟驼壹头，病死，皮付内库，未蒙判凭，伏请处分 | 为凭廿四日 | P. 2737 |
| 癸巳年（993） | 驼官马善昌 | 九月二日，先都头令狐愿德将西州去群上大駮驼壹头，未蒙凭，伏请处分 | 为凭三日 | P. 2737 |
| 乙未年（995） | 驼官马善昌 | 十一月八日，驼官马善昌群入算后，槽上大駮驼壹头，病死，皮付内库，未蒙判凭，伏请处分 | 为凭九日 | 羽 35 |
| 丙申年（996） | 驼官马善昌 | □□□□□駮驼壹头，病死，皮付内库，未蒙判凭，伏请处分 | 为凭九日 | 羽 35 |
| 丙申年（996） | 驼官马善昌 | 八月三日，群上大骟驼壹头，病死，皮付内库，□□□□头病死，皮付内库，未蒙判凭，伏请处分 | 为凭□日 | S. 6998C |
| 丙申年（996） | 驼官李粉堆 | 九月一日，群上大骟驼壹头，病死，皮付内库，未蒙判凭，伏请处分 | 为凭三日 | 羽 35 |
| 丙申年（996） | 驼官李粉堆 | 九月七日，群上大骟驼壹头，病死，皮付内库，未蒙判凭，伏请处分 | 为凭□日 | 羽 35 |

| 丙申年（996） | 驼官李粉堆 | 官李粉堆未蒙判凭，伏请处分 | 为凭□日🐦 | 羽 35 |
|---|---|---|---|---|
| 丙申年（996） | 驼官李粉堆 | 九月□日，群上大驮驼壹头，病死，皮付内库，未蒙判凭，伏请处分 | 为凭卅日🐦 | 羽 35 |
| 乙未年（995） | 知马官阴章儿 | 状文残 | 为凭十五日🐦 | S. 6998B |
| 乙未年（995） | 知马官阴章儿 | 十二月廿二日，槽上大驮马壹匹，病死，皮付内库，未蒙判凭，伏请处分 | 为凭廿四日🐦 | S. 6998B |
| 乙未年（995） | 知马官阴章儿 | 十二月廿五日，槽上大驮马壹匹，病死，皮付内库，未蒙判凭，伏请处分 | 为凭廿六日🐦 | S. 6998B |
| 丙申年（996） | 知马官阴章儿 | 正月五日，槽上大驮马壹匹病死，皮付内库，未蒙判凭，伏请处分 | 为凭六日🐦 | S. 6998B |
| 丙申年（996） | 知马官阴章儿 | 去十二月廿八日，槽上大驮马壹匹，病死，皮付内库。廿九日，槽上大驮马壹匹，病死，皮付内库。未蒙判凭，伏请处分 | 为凭六日🐦 | S. 6998B |
| 丙申年（996） | 知马官阴章儿 | 正月廿六日，槽上大驮马壹匹，病死，皮付内库，未蒙判凭，伏请处分 | 为凭廿七日🐦 | S. 6998B |
| 丙申年（996） | 知马官阴章儿 | 二月十七日，慕容都衙养槽上大驮马壹匹，病死，皮付内库，未蒙判凭，伏请处分 | 为凭十八日🐦 | S. 6998B |
| 丙申年（996） | 知马官阴章儿 | 二月□□日，酒司养槽上大驮马壹匹，病死，皮付内库，未蒙判凭，伏请处分 | 为凭廿四日🐦 | S. 6998B |
| 丙申年（996） | 知马官阴章儿 | 　　　　　未蒙判凭，伏请处分 | 为凭十八日🐦 | 羽 35 |
| 丙申年（996） | 知马官阴章儿 | 四月廿日，槽上大驮马壹匹，病死，皮付内库，未蒙判凭，伏请处分 | 为凭廿一日🐦 | 羽 35 |
| 丙申年（996） | 知马官阴章儿 | 五月廿日，仆射宅养槽上大驮马壹匹，病死，其皮领不得，未蒙判凭，伏请处分 | 为凭廿一日🐦 | 羽 35 |

| 丙申年<br>（996） | 知马官阴章儿 | 六月廿日，群上大馼马壹匹，病死，其皮肉付药酒社，未蒙判凭，伏请处分 | 为凭廿一日🦅 | 羽35 |
|---|---|---|---|---|
| 丙申年<br>（996） | 知马官阴章儿 | 六月廿二日，王粉堆家养槽上大馼马壹匹，病死，其皮肉付于圆使，未蒙判凭，伏请处分 | 为凭廿四日🦅 | 羽35 |
| 丙申年<br>（996） | 知马官阴章儿 | 闰六月廿六日，支应难督丁马替大馼马壹匹，未蒙判凭，伏请处分 | 为凭廿七日🦅 | 羽35 |
| 丙申年<br>（996） | 知马官阴章儿 | 八月十七日，泊再定养槽上大馼马壹匹，病死，皮付内库，未蒙判凭，伏请处分 | 为凭十八日🦅 | 羽35 |

北京师范大学史学探索丛书

# 第十一章 《宿曜经》所见
# "七曜占"考论

七曜即日、月、五星。其见于史籍,最早应为东汉刘洪"夫甲寅元天正甲子朔旦冬至,七曜之始,起于牛初"之语①。刘洪笃信好学,善历算,以校尉应太史,撰《七曜术》《律历记》,考验天官日月,多与玄象相合。七曜见于佛经,最早应为三国吴竺律炎、支谦译出的《摩登伽经》。经文曰:"今当为汝复说七曜。日、月、荧惑、岁星、镇星、太白、辰星,是名为七,罗睺、彗星,通则为九。如是等名,占星等事,汝宜应当深谛观察。"②南北朝以来,伴随佛经的广泛传译与流布,七曜历术的撰述层出不穷,其中尤以南朝陈氏为盛。降至李唐,七曜渐次见于诸多佛经(如《梵天火罗九曜》《北斗七星护摩法》《宿曜经》《七曜禳灾诀》等)和史籍文献中,并成为中原与西域文化交流的重要语词。自 20 世纪初法国学者伯希和、沙畹发表《摩尼教流行中国考》③以来,国内外学者对七曜倾注了极大的探究热情。王重民《敦煌本历日研究》④、叶德禄《七曜历输入中国考》⑤、李俨《中国算学史》⑥、薮内清《隋唐历法史の研究》⑦、李约瑟《中国科学技术史》⑧、藤枝晃《敦煌历日谱》⑨、施萍婷《敦煌历

---

① 《后汉书》志第二《律历中》,3043 页,中华书局,1965。

② No.1300《摩登伽经》卷上,《大正藏》,第 21 册,405 页。

③ [法]伯希和、沙畹撰,冯承钧译:《摩尼教流行中国考》,见《西域南海史地考证译丛八遍》,43~104 页,中华书局,1958。

④ 见《东方杂志》,第 34 卷,1937;收入王重民:《敦煌遗书论文集》,116~133 页,中华书局,1984;邓文宽、马德主编:《中国敦煌学百年文库》,科技卷(一),24~34 页,甘肃文化出版社,1999。

⑤ 《辅仁学志》,第 11 卷 1、2 期合刊,137~157 页,1942。

⑥ 李俨:《中国算学史》第四章"印度历算之输入",55~62 页,商务印书馆,1937,此据 1998 年影印版。

⑦ 临川书店,1943 年初版,1989 年增订。

⑧ [英]李约瑟:《中国科学技术史》第四卷《天学》,中译本,72~83 页,科学出版社,1975。

⑨ 见《东方学报》(京都版),第 45 册,377~441 页,1973。

日研究》①等论著，在七曜相关问题的探讨上均取得很大成就。20 世纪 80 年代以后，随着材料的不断拓展和认识的逐步深入，一批从事中西交通及中外关系史、科技史和宗教研究的学者也加入到七曜的探讨中，在七曜东渐入华的历程②、七曜历③、历日中的"蜜"字标注④、汉译佛经中的天文学源流⑤以及七曜与九曜、十一曜关系⑥等问题的考辨中取得了一系列研究成果，进一步推动了七曜这一课题的研究。

① 敦煌文物研究所编：《1983 年全国敦煌学术讨论会文集》，文史遗书编上，305～366 页，甘肃人民出版社，1987；《中国敦煌学百年文库》，科技卷（一），76～111 页，甘肃文化出版社，1999。

② 江晓原：《东来七曜术》（上），载《中国典籍与文化》，1995(2)，100～103 页；载《东来七曜术》（中），载《中国典籍与文化》，1995(3)，23～26 页；《东来七曜术》（下），《中国典籍与文化》，1995(4)，54～57 页；《〈七曜攘灾诀〉传奇》，载《中国典籍与文化》，1996(3)，42～45 页。

③ 刘世楷：《七曜历的起源——中国天文学史上的一个问题》，载《北京师范大学学报》（自然科学版），1959(4)，27～39 页；罗增祥：《二十四史中的七曜历初考》，载《文教资料》，2008 年 7 月号下旬刊，71～73 页；陈志辉：《隋唐以前之七曜历术源流新证》，载《上海交通大学学报》，2009(4)，46～51 页。

④ ［日］羽田亨撰，郑元芳译：《西域文明史概论》，上海：商务印书馆，1934，此据耿世民译本，67～69 页，中华书局，2005；庄申：《蜜日考》，见《历史语言研究所集刊》，第 31 本，271～301 页，1960；［日］石田干之助：《以"蜜"字标记星期日的具注历》，见《日本学者研究中国史论著选译》，第 9 卷，428～442 页，中华书局，1993。

⑤ 钮卫星、江晓原：《〈七曜攘灾诀〉木星历表研究》，见《中国科学院上海天文台年刊》，241～249 页，1997；钮卫星：《西望梵天——汉译佛经中的天文学源流》，上海交通大学出版社，2004；李辉：《〈宿曜经〉汉译版本之汉化痕迹考》，载《上海交通大学学报》，2007(4)，45～52 页。

⑥ 饶宗颐：《论七曜与十一曜——记敦煌开宝七年(974)康遵批命课》，见《选堂集林·史林》中，771～793 页，中华书局，1982；高国藩：《论敦煌唐人九曜算命术》，见《第二届国际唐代学术会议论文集》，775～804 页，文津出版社，1993；收入邓文宽、马德主编：《中国敦煌学百年文库·科技卷》，220～235 页，甘肃文化出版社，1999；［法］Marc Kalinowski, *Divination et sociétédans la Chine médéivale*, Bibliothèque nationale de France，2003，pp. 237-241，253-254，260；赵贞：《"九曜行年"略说——以 P. 3779 为中心》，载《敦煌学辑刊》，2005(3)，22～35 页；余欣：《七曜日占法》，见《神道人心：唐宋之际敦煌民生宗教社会史研究》，270～274 页，中华书局，2006；宁宇：《敦煌写本 P. 3081 号文书与唐代五月五日禁忌研究》，载《敦煌学辑刊》，2012(1)，60～73 页；陈于柱：《P. 3081〈七曜日生福禄刑推〉研究》，见《区域社会史视野下的敦煌禄命书研究》，151～164 页，民族出版社，2012。

总体来看，国内外学者对七曜的研究主要体现在三方面：一是结合汉译佛经，对七曜初传中国及其东渐入华的历程进行文献梳理；二是以《宿曜经》下卷第八品的描述为例，对七曜的汉语名称与来自波斯、西域康居的外来译名如蜜、莫、嘀、云汉、嗢没斯、鸡缓、那颉进行比对；三是七曜历在中古社会中地位特殊，影响较大，并始终对官方历法和具注历日有所渗透。事实上，七曜关涉的不仅是中原与西域之间天文历算之学的交流，而且还关系到中古时期的星曜推命和礼俗信仰，特别是与七曜日息息相关的吉凶宜忌和禄命推占，尤为时人所关注。本章即以《宿曜经》的"七曜直日"为据，结合敦煌石室所出的七曜历术文献，尝试对这种渗透着浓厚佛教文化色彩的七曜日占法进行论述。

## 第一节　七曜时日宜忌

《宿曜经》全称《文殊师利菩萨及诸仙所说吉凶时日善恶宿曜经》，是乾元二年(759)大兴善寺三藏沙门不空奉诏翻译、广德二年(764)其弟子杨景风校注的一部密宗佛经。① 此经分上、下两卷，共有分定宿直、日宿直所生、三九秘宿、七曜直日、秘密杂占、黑白月份、日名善恶、七曜直日历八品，大体叙述二十七宿与十二宫及七曜的对应关系、黑白月份的吉凶以及相关的择日、择时和秘密杂占等内容②。经文中两次提到了"七曜直日"，如上卷第四品云：

> 夫七曜，日月五星也。其精上曜于天，其神下直于人，所以司善恶而主理吉凶也。其行一日一易，七日一周，周而复始。直神善恶言

---

① ［法］伯希和、沙畹：《摩尼教流行中国考》，见《西域南海史地考证译丛》，第八编，55～56 页，商务印书馆，1958；［英］李约瑟：《中国科学技术史》第 4 卷《天学》，中译本，198 页，科学出版社，1975。

② 李辉：《〈宿曜经〉汉译版本之汉化痕迹考证》，载《上海交通大学学报》（哲学社会科学版），2007(4)，45～52 页。

具说之耳。①

其意是说，七曜之精气升腾上天，放射光芒，其神灵则降临人间，依次值日，伺察人间的善恶吉凶。每曜各值一日，七日为一周期，各曜所主事"有宜者有不宜者"。这种吉凶宜忌，按照杨景风的说法，当时的胡人、波斯及五天竺人比较熟悉，表明以七曜值日为核心的七曜占，在中古的西域、中亚乃至天竺地区甚为流行。

七曜值日的善恶吉凶，此经上卷第四品、下卷第八品均有描述，以太阴值日为例，经文曰：

> 大阴直日，其日宜造功德必得成就，作喜乐朋僚，教女人裁衣服，造家具安坐席，穿渠造堤塘，修井灶，买卖财物，仓库内财，洗头割甲，着新衣并大吉。其日不嫁娶入宅结交私情出行，不问近远行大凶，奴婢逃走难得，禁者出迟，杀生行恶入贼者必凶。此日生者多智美貌，乐福田好布施孝顺。若五月五日遇此曜者，其年多疫疾，秋多霜冷加寒。其日若日月蚀并地动，其转无休息，至日月在时未来世已来年月日亦然常转无尽。②

太阴值日的性格，经文从时日宜忌、生人吉凶、五月五日占和日月亏蚀占四方面做了说明，其他六曜的情况亦是如此。故从结构来说，《宿曜经》所见的"七曜占"实由择日、生人、五月五日、日月亏蚀四项要素组成。其中前两项是个体吉凶宜忌的描述，后两项则是国运善恶及年岁丰歉光景的预言。七曜值日的这种占卜方式，在敦煌七曜历术文献中也有反映。P.2693《七曜历日一卷》"莫空"条：

> 阴直，宜辅官位，见官申诉论理，就三宝求福启忏，乞聪明造功德穿渠井穴水，五谷宜入仓，不被虫暴，宜为兴易东方北方，出行得利，宜嫁娶并吉。此日不宜新入宅，结友私语，出财放债，后必不

---

① No.1399《文殊师利菩萨及诸仙说说吉凶时日善恶宿曜经》卷上，见《大正藏》，第21册，391页。

② No.1399《文殊师利菩萨及诸仙说说吉凶时日善恶宿曜经》卷下，见《大正藏》，第21册，398～399页。

获。修宅舍出行、服药、刺血、沐浴、剪甲、串衣、裁衣为论惑虚矫之事必败，与人结为事。房室生子短命，禁者不出，逃亡不还，失物不得，病者难差，为恶事不顺，一造举动事，并不宜，先起手凶。此日生男女九十日厄，宜功德助之，过厄大吉。所生男女多短命，为姓孝顺稳密沉重，昼则柔软，夜则猛健，两膊下及脚合有黑点记所出者凶，大人吉。若逢阵敌，宜着绿衣，乘骑聪马，着青璎拂。若五月五日遇此直者，其多疾病，秋多霜冷加寒苦，此直日遇日月被蚀及地动，其年多疾死，复多苦，又触事渐贫，损财物，用日及时。①

这里"阴直"即太阴值日，也就是月曜日。此曜吉凶宜忌的事项杂占，虽然内容相较《宿曜经》要丰富一些，但论其结构与主旨，依然按照时日宜忌(宜与不宜)、此日生男女、"五月五日遇此直"和"此直日遇日月被蚀及地动"四方面来阐释，大体与《宿曜经》的描述相同。七曜直日的吉凶宜忌，《宿曜经》有详细描述。同样以七曜为序，排列如下：

表 11-1 《宿曜经》所见七曜时日宜忌表

| 七曜直日 | 宜事 | 不宜(忌)事 |
| --- | --- | --- |
| 太阳直日 | 册命、拜官、受职、见大人，教旗斗战申威，及金银作、持咒、行医、游猎、放群牧，王公百官等东西南北远行，及造福、礼拜、设斋、供养诸天神，所求皆遂，合药、服食、割甲、洗头，造宅、种树、内仓库、捉获逃走，入学经官理当并吉 | 诤竞、作誓、行奸必败，不宜先战，不宜买奴婢 |
| 太阴直日 | 造功德必得成就，作喜乐朋僚教女人裁衣服，造家具安坐席穿渠造堤塘，修井灶买卖财物仓库内财，洗头割甲着新衣并大吉 | 不嫁娶入宅结交私情出行，不问近远行大凶，奴婢逃走难得，禁者出迟，杀生行恶入贼者必凶 |
| 荧惑直日 | 决罚罪人园取盗贼，作诳事买金宝置牛羊群，动兵甲修甲仗教旗打贼，入阵必胜奸盗者成，作誓何畏，宜出猎先经官府者胜，宜种田及种菓木。调马疗病合药并吉 | 不宜下血者，其日成亲着新衣，洗头割甲入宅结交，火下出财皆不吉，宜征债禁者难出，病者必重 |

① 上海古籍出版社、法国国家图书馆编：《法国国家图书馆藏敦煌西域文献》，第17册，274页，上海古籍出版社，2001。

| | | |
|---|---|---|
| 辰星直日 | 入学及学一切诸工巧皆成，收债本利具获，割甲剃头远行者则宜。伏怨敌 | 不宜修造宅舍，遇战敌勿先斗，看十问因必谩语作誓并凶，被禁自出失物及逃走必获 |
| 岁星直日 | 宜册命，及求善知识并学论议，受法礼拜造功德布施，谒官成亲交喜乐，入宅着新衣洗头，宅内种菜木修仓库内财，调马买奴婢及嫁娶，内象马造宅作诸事并吉 | 作誓作贼必败，妄语争竞必凶，其日亡者未得出埋，不宜祭亡人，吊死问病 |
| 太白直日 | 见大人及诸官长，洗头着新衣冠带，成亲平章婚事，结交友会朋流，置宅舍 | 逃走难得，勿畋猎，并战阵不吉 |
| 镇星直日 | 修园圃，买卖田地，买口马，宜合药、伏怨家、放野烧打墙作灶一切事，总合作将入宅吉，举哀葬吉，鞍马上槽内仓库并吉 | 结婚、作喜乐、服新衣及远行 |

　　七曜的时日宜忌，在敦煌发现的《具注历》中也有描述。如 S. P6《唐乾符四年丁酉岁（877）具注历日》"推七曜直用日法立成"条："日蜜，第一太阳直日，宜见官、出行、求财、走失必得，吉事重吉，凶事重凶；月暮（莫），第二太阴直日，宜□礼、内财、治病、服药、修井灶门户吉，不得见官；火云汉，第三火直日，宜买六畜、治病、合火、下□□书契，合市吉，忌针灸凶；水嘀日，第四水直日，宜入学造功德，一切工巧皆成，凡六畜走失自来□（吉）。"①又 S. 2404《后唐同光二年甲申岁（924）具注历日并序》"推七曜直用日吉凶法"云："第一蜜，太阳直日，宜见官、出行、捉走失，吉。事重吉，凶事重凶；第二莫，太阳（阴）直日，宜纳财、治病、修井灶门户，吉。忌见官，凶；第三云汉，火直日，宜买六畜、治病、合火（伙）造书契、市买，吉；忌针灸，凶；第四嘀，水直日，宜入学、造功德，一切工巧皆成，人、畜走失自来，吉；第五温没斯，木直日，宜见官、礼事、买庄宅、下文状、洗头，吉；第六那颉，金直日，宜受法，忌见官，市口马、着新衣、修门户，吉；第七鸡缓，土直日，宜典庄田、市买牛马，利加万倍，及修仓库，吉。今年莫日受岁。"②此外，在 S. 1473＋S. 11427v《宋太平兴国七年（982）具注历日并序》和 P. 3403《北宋雍熙三年丙

　　①　中国社会科学院历史研究所等编：《英藏敦煌文献（汉文佛经以外部分）》，第14 卷，244 页（图），四川人民出版社，1995。

　　②　邓文宽：《敦煌天文历法文献辑校》，378～379 页，江苏古籍出版社，1996。

戌岁（986）具注历日并序》所附"推七曜直日吉凶法"中也有相同的描述。在这四件《具注历》中，S. P6 是由敦煌的某位翟姓州学博士根据中原历改造而成①，其余三件的编撰者翟奉达、翟文进、安彦存，官署"押衙守随军参谋"或"押衙知节度参谋"，俱为沙州归义军的历日学者，他们编纂历日时不约而同地渗透了"七曜直日"的择吉观念。同时，敦煌所出历日中还有七曜"受岁"的些许记载，如 P. 2729v《唐太和三年己酉岁（829）历日》十二月一日丙午，注有"温漠（没）[斯]"；P. 2765《唐太和八年甲寅岁（834）具注历日》正月一日壬子，标注"嘀"②；P. 3054 piece1《唐乾符三年丙申岁（876）具注历日》"今年太阴日受岁"③，P. 3555v《后梁贞明八年壬午岁（922）具注历日》"今年嘀日受岁"，S. 681v《后晋天福十年乙巳岁（945）具注历日》"今年鸡缓日受岁"，S. 95《后周显德三年丙辰岁（956）具注历日》"今年温没斯日受岁"，P. 2623《后周显德六年己未岁（959）具注历日》"今年那颉日受岁"等④，其实是"七曜直日"乃至"蜜"日标注的另一种方式，这充分说明七曜规范下的时日宜忌在晚唐五代宋初的敦煌地区十分流行。

就时日宜忌而言，《具注历》渗透较多的是"宜"，而"不宜"或"忌"描述较少⑤。P. 3081《七曜日吉凶推法》中收有"七曜历日忌不堪用等"一篇，可

①　严敦杰指出，唐乾符四年用长庆《宣明历》，用《宣明历》来推算乾符四年朔闰和节气干支，均与残历相合。邓文宽认为此历体例不甚统一，历注中有不少错误，推断应是敦煌当地学者据中原历改写而成。参见严敦杰：《跋敦煌乾符四年历书》，见中国社会科学院考古研究所编：《中国古代天文文物论集》，243～251 页，文物出版社，1989；邓文宽：《敦煌天文历法文献辑校》，236 页。

②　邓文宽：《敦煌天文历法文献辑校》，136、142 页。

③　邓文宽：《两篇敦煌具注历日残文新考》，见《敦煌吐鲁番研究》，第 13 卷，197～201 页，上海古籍出版社，2013。

④　邓文宽：《敦煌天文历法文献辑校》，345、460、472、509 页。

⑤　法国学者华澜指出，敦煌历书中每个历日的活动几乎全都是吉利性的，而不写凶的。少数的几个例外也只是出现在早期的历书中，如 821、834、864 年的"不杀生""不种莳""不破地"和"不远行"等。……从某种意义上说，9—10 世纪的历书注重的只是适合去做的事情，因而人们的活动所受到的限制也就更少一些。参见[法]华澜：《略论敦煌历书的社会与宗教背景》，见国家图书馆善本特藏部敦煌吐鲁番学数据中心编：《敦煌与丝路文化学术讲座》，第一辑，187 页，北京图书馆出版社，2003；[法]华澜著，李国强译：《敦煌历日探研》，见中国文物研究所编：《出土文献研究》，第七辑，229～230 页，上海古籍出版社，2005。

补"忌"之不足，其文曰：

> 蜜日，不得吊死、问病、出行、往亡、殡葬、斗竞、咒誓、速见耻辱，凶；莫日，不得裁衣、冠带、剃头、剪甲、买奴婢、六畜及欢乐，凶；云汉日，不得聚会作乐、结交朋友、合火下及同财、迎妻纳妇，凶；嘀日，不得出行、未曾行处不合去、冠带、沐浴、着新衣，凶；嚤（嗢）没斯日，不得恶言啾唧、奸非盗贼、吊死、问病、阗讼，凶；那颉日，不得合和汤药、往亡、殡葬、哭泣、兴易，凶；鸡换日，不得出财、一出不回作欢乐、聚会、赏歌舞、音声，凶。①

从篇目来看，这些"忌不堪用"的诸多活动，都是"七曜历日"中不宜兴作的事项，否则便会招来凶祸。或可注意的是，这些忌讳的事项，虽然列入"七曜历日"中，但其吉凶宜忌却与《具注历》的描述略有差异。比如，蜜日"不得吊死、问病"，这与 S.95、S.1473、S.2404、P.2623、P.3403《具注历》"蜜日不吊死问病"的说明相同；蜜日不得"殡葬"，这在宋人王洙编纂的《地理新书》中有所描述："若值太阳星直名蜜日，亦不宜举凶事。"②即言丧葬诸事均不宜在蜜日进行。蜜日"不得斗竞、咒誓"，又与《宿曜经》"太阳直日"的不宜事项亦相契合。相比之下，蜜日"出行"的吉凶宜忌变化较大。P.3081《七曜日吉凶占法》表述为"不得出行、往亡"，但是按照《具注历》的规定，蜜日，太阳直，适宜于见官、出行、求财和捉走失。其他如嫁娶、修造、市买、内财、移徙、修造、入学、解厌、治病、服药、符解等事项，也适宜于在特定的"蜜"日实施（S.1473＋S.11427v）。再看P.2693《七曜历日一卷》中"蜜"日的宜忌：

> 宜谒君及受名位国百官等□□□官，谒人求事，养取他人男女，出东西远近游行，清斋修供，布施求恩，乞□□□诸并得随意。修园圃沟灌戒时修造宅舍，治宫阁，新入宅，安置仓库，纳□□财贮赎买

① 上海古籍出版社、法国国家图书馆编：《法国国家图书馆藏敦煌西域文献》，第21册，259～260页，上海古籍出版社，2002。
② （宋）王洙等编，（金）张谦重校：《重校正地理新书》卷11《杂吉凶日》。

卖纳财，净场五谷，种田收刈，初入学，仕贵人，医方合炼汤药服□登礼席，动音乐，迎妻纳妇，串新□，调六畜，沐浴割甲，出行早回，逃走失物不觅自得，宜卖奴婢。①

王重民曾说："盖七曜推灾之术，普遍人间，修历者为社会方便计，凡日曜日注以朱书蜜字，扩其目的，不过为检寻此种星占书而已。"②换言之，随着七曜推灾之术的普及，"蜜"日所具有的择吉避凶的社会文化意义显露出来，表现在历日中便是"蜜"日的适宜之事相当广泛，凡拜谒、见官、远行、修造、安宅、买卖、纳财、收获、入学、医方、服药、嫁娶等，均适合在"蜜"日行事。《云笈七笺》卷77《南岳真人郑披云传授五行七味丸方》载："欲修合、服药之时，须用丙寅、丙午日或蜜日所合和"③，这说明道教也甚为重视蜜日服药之事。清代钦定的择日书《协纪辨方书》中，对蜜日的起源及吉凶宜忌有不同的描述：

> 密日者乃房虚星昴四宿，七政属日，西语曰密，彼地以为主喜事，而中国遂以其日忌安启攒凶事，亦无谓矣。且西域二十八宿分属七政，其日各有宜忌，与中国风俗迥然不同。专取密日，更属无谓。④

由此可见，在日曜日的标注上，"密""蜜"二字其实是相通的。推其原始，西域胡人发明的"蜜日"多主喜庆吉祥之事，但传至中土后含义有所衍化，乃至承载了"忌安启攒凶事""不宜举凶事"的意义。"密日者乃房虚星昴四宿"，是说标注日曜（太阳）的"密日"，固定地被安排在房、虚、星、昴四宿中，由此七曜就与二十八宿联系起来。一般来说，七曜的排列顺序为太阳—日曜—蜜、太阴—月曜—莫、荧惑—火曜—云汉、辰星—水曜—嘀、岁星—木曜—温没斯、太白—金曜—那颉、镇星—土曜—鸡缓，二十

---

① 上海古籍出版社、法国国家图书馆编：《法国国家图书馆藏敦煌西域文献》，第17册，274页，上海古籍出版社，2001。

② 王重民：《敦煌本历日之研究》，见《敦煌遗书论文集》，128页，中华书局，1984。

③ （宋）张君房编，李永晟点校：《云笈七笺》，1742页，中华书局，2003。

④ 《钦定协纪辨方书》卷三六《辨讹·伏断日密日裁衣日》，四库术数类丛书（九），影印本，1014页，上海古籍出版社，1991。

八宿则从"角"宿开始，"角"为东方七宿之首，在五行中与"木"对应，于是角宿与木曜相值，依次类推，房宿与日曜相值。同样道理，北方七宿中之虚宿、西方七宿中之昴宿、南方七宿中之星宿，都与日曜相值。这样一来，七曜值日中，蜜日（日曜）就固定为房、虚、昴、星四宿了①。在历日实践中，黑城出土的《宋淳熙九年壬寅岁(1182)具注历日》《宋嘉定四年辛未岁(1211)具注历日》已明确地将蜜日固定为虚、昴、星、房四宿。敦煌具注历日中，S.2404《后唐同光二年甲申岁(924)具注历日》分别在正月一日（莫日）、正月三日出现了"虚""室"两宿，尽管这次星宿注历出现了一点错误（即正确的标注应为"危""壁"）②，但经过校正后蜜日刚好与"虚"宿对应。由此笔者猜想，具注历日中的"蜜"字标注，有可能是二十八宿注历的一种方式。

表 11-2　黑城出土历日所见蜜日星宿表③

| 蜜日 | 星宿 | 具注历日 |
|---|---|---|
| 正月十七日戊子火开 | 虚 | 《宋淳熙九年壬寅岁(1182)具注历日》(TK297) |
| 三月二十四日丙子水危 | 虚 | 《宋嘉定四年辛未岁(1211)具注历日》(TK5285、8117、5306、5229、5469) |
| 八月廿四日癸卯金执 | 昴 | |
| 九月一日庚戌金建 | 星 | |
| 九月八日丁巳土危 | 房 | |

值得注意的是，蜜日宜"清斋修供，布施求恩"，非常适合设斋修持的法会活动。《宿曜经》卷下第八品谓："其（七曜）所用各各于事有宜者不宜者，请细详用之。忽不记得，但当问胡及波斯并五天竺人总知，尼乾子末

① 邓文宽：《黑城出土〈西夏皇建元年庚午岁(1210)具注历日〉残片考》，载《文物》，2007(2)，86 页；《敦煌天文历法考索》，273 页，上海古籍出版社，2010。

② ［法］华澜：《简论中国古代历日中的廿八宿注历》，见《敦煌吐鲁番研究》，第七卷，413～414 页，中华书局，2004；［法］华澜著，李国强译：《敦煌历日探研》，214、248 页。

③ 表格中的两件历日，参见邓文宽：《黑城出土〈宋淳熙九年壬寅岁(1182)具注历日〉考》及《黑城出土〈宋嘉定四年辛未岁(1211)具注历日〉三断片考》，见氏著《敦煌天文历法考索》，262～270、277～295 页。

摩尼常以蜜日持斋，亦事此日为大日。"①这说明七曜的时日宜忌，当时的中亚和西域胡人更为熟悉，摩尼教徒由于通常在蜜日"持斋"祈福，故将蜜日视为大吉祥日。北宋宣和二年（1120）十一月，臣僚奏言："温州等处狂悖之人自称明教，号为行者。今来明教行者，各于所居乡村建立屋宇，号为斋堂，如温州共有四十余处，并是私建无名额佛堂。每年正月内取历中密日，聚集侍者、听者、姑婆、斋姊等人，建设道场，鼓扇愚民，男女夜聚晓散。"②这些明教（摩尼教）徒众选择在"历中密日"秘密聚会，布法传道，就是借用了摩尼教密（蜜）日"持斋"礼拜的吉祥意义。摩尼教经典《下部讚》（S.2659）云"此偈凡莫日用为结愿"，"此偈凡至莫日，与诸听者忏悔愿文"③，表明"莫日"为摩尼教结愿忏悔之日。这些细节似乎印证了七曜历是由摩尼教传至中国的结论④。

李约瑟先生指出，"蜜"是摩尼教对星期日的称呼，这在清末中国福建沿海地区和日本国收藏的历书中是通用的⑤。日本学者石田幹之助认为"蜜"字是粟特语（Sodgian）mir 的音译，意味着日（太阳）或其值日星期日。此日因有种种宗教上的修持，故摩尼教徒视为"特别重要之圣日"，为免忘

① No.1299《文殊师利菩萨及诸仙所说吉凶时日善恶宿曜经》卷下，见《大正藏》，第21册，398页。

② 《宋会要辑稿》刑法二之七八，影印本，6534页，中华书局，1957。

③ 林悟殊：《摩尼教及其东渐》，313～314页，淑馨出版社，1997。

④ 伯希和、沙畹在《摩尼教流行中国考》中说："惟吾人确知者，西亚及印度已知之九曜，于八世纪时输入中国，以七日为一周，以伊兰语（Iran），质言之，以康居（Sogdien）译名七日，皆于直接与摩尼教有关系之经文见之。……康居名之七曜，似为摩尼教徒所习用。由是吾人可以推测日曜日下注蜜字之敦煌历书，及今日中国东南所用通书，盖为昔日摩尼教徒所重视日曜日之证。"日本学者羽田亨也认为："粟特语的七曜日名称是由摩尼教徒传至中国的。中国五代宋时的历书上都有这七曜之名。例如日曜日，历书上写有一个蜜字，此为粟特语称日曜日为 Mir 的译音。"庄申《蜜日考》谓："而此蜜日或七曜历日之传播，既乃关系于唐代摩尼教徒之行用，故于其输入之来源，与摩尼教在中国传播之简略情节，亦不得不为扼要之叙述。"参见冯承钧译：《西域南海史地考证译丛八编》，51～58页，中华书局，1958；［日］羽田亨撰，耿世民译：《西域文明史概论（外一种）》，67～69页，中华书局，2005；《历史语言研究所集刊》，第31本，1960，272页。

⑤ ［英］李约瑟：《中国科学技术史》第四卷《天学》，78页，科学出版社，1975。

失，所以在历书中才会出现"蜜"字标记①。由此可见，蜜日为摩尼教"持斋"的吉祥日可无疑义，但从《宿曜经》的描述来看，这种吉祥日对于佛教亦同样适用。如《宿曜经》卷上第四品云："日精日，太阳直日，宜策命、拜官、观兵、习战、持真言、行医药、放群牧、远行、造福、设斋、祈神、合药、内仓库、入学、论官并吉。不宜诤竞、作誓、行奸，对阵不得先起。"②又卷下第八品曰："太阳直日，其日宜册命、拜官受职、见大人、教旗鬪战申威，及金银作、持呪、行医、游猎、放群牧，王公百官等东西南北远行，及造福、礼拜、设斋、供养诸天神、所求皆遂，合药、服食、割甲、洗头、造宅、种树、内仓库、捉获逃走、入学、经官理当并吉。其日不宜诤竞、作誓、行奸必败、不宜先战、不宜买奴婢。"③在太阳值日的诸多吉庆事项中，"持真言"④"造福""设斋""祈神""持呪""礼拜""供养诸天神"等，应与密教设斋供养和持呪摄伏的宗教活动有关。如《宿曜经》卷下第八品云：太阳直日，月与軫合，名甘露日是大吉祥，宜册立受灌顶法，造作寺宇及受戒、习学经法、出家修道，一切并吉；太阳直日，月与尾合，名金刚峰日，宜作一切降伏法，诵日天子呪及作护摩，并诸猛利等事；太阳直日，月与胃合，名罗刹日，不宜举百事，必有殃患⑤。又卷上第五品(秘密杂占)也有描述：即凡軫星太阳直为甘露吉祥日，"宜学道求法，受密印及习真言"；凡尾宿太阳直为金刚峰日，"宜降伏魔怨持日天子真言"；凡胃宿太阳直为罗刹日，"不宜举动百事，唯射猎及诸损害之事

北京师范大学史学探索丛书

① ［日］石田幹之助：《以"蜜"字标记星期日的具注历》，见刘俊文主编《日本学者研究中国史论著选译》第九卷《民族交通》，428～442 页，中华书局，1993。

② No.1299《文殊师利菩萨及诸仙所说吉凶时日善恶宿曜经》卷上，见《大正藏》，第 21 册，391 页。

③ No.1299《文殊师利菩萨及诸仙所说吉凶时日善恶宿曜经》卷下，见《大正藏》，第 21 册，398 页。

④ 《宿曜经》卷上第五品(秘密杂占)谓："凡人有灾厄时，可持真言立道场而用禳之"，表明"持真言"是禳除灾厄的法门之一。见《大正藏》，第 21 册，392 页。

⑤ No.1299《文殊师利菩萨及诸仙所说吉凶时日善恶宿曜经》卷下，见《大正藏》，第 21 册，398 页。

也"①。由此看来，太阳直日(蜜日)又可分为吉祥日、金刚峰日和罗刹日三种情况，其中罗刹日诸事不宜；吉祥日适宜于出家修道、受灌顶、受密印、习真言，是密教修持密法最为吉庆的日子。金刚峰日适宜于手持真言，降魔外道，收禁病鬼。一行撰《七曜星辰别行法》云："夫欲知人间疾患，皆由二十八宿管行病之所为，此法一一通于神通，名为西国七曜别行法。七曜即管二十八宿，二十八宿即管诸行病鬼王，先须记得七曜日，即咒愿曰：今日是密日等二十八宿当角星等直日，火急为厶乙收禁其鬼，皆须限当日令差。"②应是密日(蜜日)"持咒"收鬼治病的反映。

总之，《宿曜经》所见"蜜日"的诸种仪式，展示了密教境遇中"太阳直"散发的吉祥日的意义。"蜜日"不仅适宜于出家修道和研习真言，也适宜于醍醐灌顶和祗受密印，还适宜于设斋供养和礼佛祈福，更适宜于执持神咒和降伏外道。作为日曜日，蜜日不单是摩尼教的星期日和持斋、礼拜吉日，还是密教修持密法仪轨的吉祥日子③，"蜜"字因而似有"密"字包含的秘密、修密和密法的意义。

表 11-3　七曜名称对照表

| 七政 | 宿曜经 | 七曜攘灾决 | 梵天火罗九曜 | P. 3779 | P. 2693 | P. 3081 | S. 2404 | S. 1473 | P. 3403 |
|------|--------|------------|--------------|---------|---------|---------|---------|---------|---------|
| 日 | 太阳 | 蜜 | 蜜 | 太阳 | 蜜 | 蜜 | 蜜 | 蜜 | 蜜 |
| 月 | 太阴 | 莫 | 暮(莫) | 太阴 | 莫空 | 莫 | 莫 | 莫 | 蜜(莫) |
| 火 | 荧惑 | 云汉 | 虚(云)汉 | 云汉 | 云汉 | 云汉 | 云汉 | 云汉 | 云汉 |
| 水 | 辰星 | 咥 | 嘀 | 嘀 | 嘀 | 嘀 | 嘀 | 嘀 | 嘀 |
| 木 | 岁星 | 温没斯 | 嗢没斯 | 温没斯 | 温没斯 | 欝没斯 | 温没斯 | 温没斯 | 温没斯 |
| 金 | 太白 | 那颉 | 那颉 | 那颉 | 那溢 | 那颉 | 那颉 | 那颉 | 那颉 |
| 土 | 镇星 | 鸡缓 | 鸡缓 | 鸡缓 | 鸡缓 | 鸡换 | 鸡缓 | 鸡缓 | 鸡缓 |

---

①　No. 1299《文殊师利菩萨及诸仙所说吉凶时日善恶宿曜经》卷上，见《大正藏》，第 21 册，392 页。

②　No. 1309《七曜星辰别行法》，见《大正藏》，第 21 册，452 页。

③　刘世楷：《七曜历的起源——中国天文学史上的一个问题》，34～38 页。

## 第二节　七曜生人吉凶

七曜占的第二项内容是生人（男女）吉凶的规定，这在《宿曜经》《七曜攘灾决》和敦煌文献 P.2693《七曜历日一卷》、P.3081《七曜吉凶推占法》中都有记载。先看《宿曜经》的描述：

> 太阳直日，生者足智端正，身貌长大，性好功德，孝顺父母，足病短命；太阴直日，生者多智美貌，乐福田，好布施孝顺；荧惑直日，生者丑漏，恶性妨眷属，便弓马，能言语，勇决难养；辰星直日，生者饶病不孝，妨财物，长成已后，财物自足，有智长命；岁星直日，生者宜与人养，长命成收之，长有智心，善得大人贵重，于父母有相，钱财积聚；太白直日，生者短命，好善孝顺，人皆钦慕；镇星直日，生者少病足有声名，乐善孝顺，信于朋友。①

显然，七曜值日中，太阳（日曜）、太阴（月曜）和岁星（温没斯）三曜生人均为吉兆，其他四曜或主杀罚，或为刀兵，均是不吉的凶祸②。太阳、太阴二曜，既为日月，一阳一阴，世间赖之而光明，万物因之而化生，故生人为吉。岁星（温没斯），"木之精，其位东方主春，苍帝之子，人主之象，五星之长，司农之官，主福庆，以其主岁，故名岁星。"③在中古的天文星占中属于吉庆和祥瑞之星宿。P.3081《七曜日吉凶推占》谓："欎（温）没斯者木也，岁星也。平直注天下富饶，性宽也，慈惠也。世间一切金银宝玉及地利之物并阙。此星也，此日所作皆吉。宜大人申诉文状、登住入新房、设斋供养、求恩福、裁衣、冠带、沐浴、剃头、合和汤药、疗病、服药、出行、兴易、洁（结）交朋友，吉。此日上国王大臣、贤人君子、人

---

① No.1299《文殊师利菩萨及诸仙所说吉凶时日善恶宿曜经》卷下，见《大正藏》，第 21 册，398～399 页。

② 赵贞：《"九曜行年"略说》，载《敦煌学辑刊》，2005(3)，29～30 页。

③ ［日］中村璋八校注：《五行大义校注》，增订版，138 页，汲古书院，1998。

用吉。种吉。好日。"①礜（温）没斯值日既为"好日"，故此日生人同样是吉庆之兆。P. 2693《七曜历日一卷》云："温没斯日生，男女分相，众皆怜爱，长命有智，足善好心，亦生之后起举家资钱财积聚于父母好，左畔有黑记吉。生女大分相，迎妇日出门行十五步，父母必须唤回看，父母家大吉。"②可见，此日所生男女，对于家资、父母来说都是大吉。

《宿曜经》对七曜生人吉凶的描述，主要着眼于形貌、品性、受命、财物诸方面，总体略显简单。相较而言，P. 3081《七曜日吉凶推法》所收"七曜日生福禄刑推"有详细说明：

> 蜜日生人多声气，美容貌，心性平直孝顺，通于父母，禄二千石。通于文武，有道心爱近高贵，命中寿，害及生命勿食之，合娶二妻，少男女。纵有一子，乞姓养之利益；莫日生人冷心肚，少言语，孝顺父母。禄至五品，频破散不坚久。久宜商旅，薄有心道，宜近福禄，人命下寿，须断酒肉。合用妻财成家业，少男女，儿必须遣诸人养吉；云汉日生人多嗔怒，爱啾唧不顺恶性，爱煞戮，好食肉，禄至二千石。常得之畏惧，无道心，命中寿，合娶数妻，少男女；嘀日生人法合明净，受香花装束解潔不孝顺，善书算，足伎艺术，禄至三品。多被不坚，及得贵人，钦仰爱重，足道心，多分出家，命中寿。若断回味，不杀生即得上寿，妨数妻。若二妻同居则不好，亦妨男女。纵有只得一子，宜教他人养之大吉；礜没斯日生人法合宽心慈善，形貌端正，孝顺父母。常得贵人怜念，禄至二千石，位至三品。性常爱念下人，命上寿。无男女，索得贵人妻。宜奴婢，有庄园田宅兴反（贩）吉；那颉日生人多诣曲，不定度，无意慈善，不孝父母。性好淫荡，有巧性解医。禄至五品。合得贵妻，当惧妻，不敢相违。命上寿，多病足男女；鸡换日生人法合恶性，小家穷寒，薄福得嫁，身

---

① 上海古籍出版社、法国国家图书馆编：《法国国家图书馆藏敦煌西域文献》，第21册，259页，上海古籍出版社，2002。

② 上海古籍出版社、法国国家图书馆编：《法国国家图书馆藏敦煌西域文献》，第17册，275页，上海古籍出版社，2001。

奸诈，心口相违，不孝父母，无禄料，纵欲兴生无财产，合损上祖家业。不宜奴婢，少伎艺。若得妻，多男女，常被损辱。宜游外州，上寿，出家吉。①

以上七曜生人吉凶的解说，涉及性格、慈孝、官禄、娶妻(婚姻)、寿命、伎艺、男女、家业等方面。其中有关仕途、禄命的占辞"禄至二千石""位至三品""禄至五品"等，借用了汉唐时代的品位与职官模式，流露出中原本土文化渗透的痕迹。按照汉代官秩等级，郡守俸禄为两千石②，"二千石"因而成为州牧、郡守、国相以及地位与之相当的中央高级官员的泛称③。在九品官秩中，五品以上官员为通贵，三品以上为贵，时人均视为高官。这样看来，除鸡换日(土曜日)外，其他六曜生人俱有高官厚禄的美好前景。

七曜日生人的性格及命运，还受到二十八宿的影响，这在另一部密教经典《七曜攘灾决》中有明确体现：

> 蜜日生者，稳重忍辱好生善质直孝顺，端省忧恼，不乏财食，多谦恭高朋友，得人钦仰，得他人财物。遇安重和善轻躁等宿，有官禄财食心当富贵；莫日生者，端正慈好妻妾能言语高交游，荣辱不常少，子孙多福禄。云汉日生者，合长大坚刚容貌，带胡心性高抵嗔喜不定，爱兵好杀多如足衰厄，生宿与日和善，即有官禄无横灾；哑日生者，合轻法爱戏玩多欲心，性随邪善能辅助；温没斯日生者，能言语足词理，端正好色性快健。爱伎术有学问，高交友得人钦仰；那颉日生者，合足语词舌多色好游，吏性沉审为事坚刚，不伏弱，有信义；鸡缓日生者，合敦重好事，爱艺术多智谋，质直毒恶矜恤贫乏，

① 刘复辑：《敦煌掇琐》，393～395 页，中研院历史语言研究所专刊，1925；黄永武主编：《敦煌丛刊初集》，第 15 册，417～419 页，新文丰出版公司，1985；上海古籍出版社、法国国家图书馆编：《法国国家图书馆藏敦煌西域文献》，第 21 册，260 页。

② 《汉书》卷一九上《百官公卿表》载："郡守，秦官，掌治其郡，秩二千石。"742 页，中华书局，1962。

③ 中国历史大辞典编委会：《中国历史大辞典》，8 页，上海辞书出版社，2000。

官禄晚成。右七直日与所生宿，相依和叶则吉，相恶则凶。当推算之事无不应。①

若以生人吉凶而言，蜜、莫、温没斯三曜为吉兆，其他四曜均为不吉，这与《宿曜经》表达的主旨相同。所不同者，《攘灾决》将二十八宿引入禄命推占中，进一步来描述七曜日生人的品质与官禄。比如，蜜日生人，"遇安重和善轻躁等宿"，如果恰好遇到安重、和善、轻躁等宿，那么便有官禄、财食，"心当富贵"。其中的缘由，《七曜攘灾决》解释说："毕翼斗壁安重宿，安重威严有名闻。觜角房奎和善宿，柔善温良多智照。参柳心尾毒害宿，果决刚毅有信让。鬼轸牛娄急速宿，刚健质直有急难。胃星张箕室猛恶宿，恶性刚猛有毒烈。井亢女虚危轻躁宿，质直和善有信义。昴氐二宿刚柔宿，宽柔慈猛有孝行。"②显然，二十八宿又被划分为安重宿（毕、翼、斗、壁）、和善宿（觜、角、房、奎）、毒害宿（参、柳、心、尾）、急速宿（鬼、轸、牛、娄）、猛恶宿（胃、星、张、箕、室）、轻躁宿（井、亢、女、虚、危）、刚柔宿（昴、氐）七种，每种星宿都代表着自然人不同的性格气质。一旦某星宿与七曜日相遇，便会对此日生人的禄命施加影响，该星宿也成为自然人的"生宿"。如果"生宿"与七曜日"相依和叶"，那么此日生人大吉，反之则凶。但另一方面，研究者指出，《七曜攘灾决》是一部以七曜配十二宫（命位、财物、兄弟、田宅、男女、童仆、夫妻、疾病、迁移、官禄、福德、困穷）及黄道十二宫（羊、牛、仪、蟹、狮子、双女、秤、蝎、弓、磨羯、宝瓶、鱼）以占断时运吉凶的星占书③，因此，在七曜生人吉凶的具体推占中还将十二命宫联系起来。如命位、僮仆、疾病三宫，《七曜攘灾决》云：

> 用式法以生宿，如命位，视七曜所在之宿，临何宿，详其休咎。
>
> 若凶曜临命宫则命厄，临前五宫童仆宫则多散财，临后五宫病厄

① No.1308《七曜攘灾决》，见《大正藏》，第21册，450页。
② No.1308《七曜攘灾决》，见《大正藏》，第21册，449页。
③ 陈万成：《杜牧与星命》，见《中外文化交流探绎：星学·医学·其他》，16页，中华书局，2010。

宫则患腹藏病。①

其意是说，先按所生月日确定命位等十二宫，然后观察七曜莅临何宿，据此定其吉凶。若凶曜降临命位宫（在卯位）当然不利。从命宫往前数五宫即僮仆宫（在戌位），凶曜降临主多散财。从命宫向后数五宫即病厄宫，或曰疾病宫（在申位），凶曜降临主有腹脏之祸②。

值得注意的是，P.2693《七曜历日一卷》中，每曜还依据十二地支（确切地说是十二时）划分出十二"名宫"③，这些"名宫"并非固定地对应于某一地支，而是随着七曜日的不同而略有变化④。它们的"占辞"大都贴近生活，通俗易懂，中间也没有渗入命理术语，流露出较强的实用性特征。七曜"名宫"的具体名目，大体言之，有负雠、美食、忧疹、胜酬、分离、困乏、称心、快乐、肠胀、丰钱、吉祥、斗竞、重耗、损耗、愁苦、动厄、

———————————

① No.1308《七曜攘灾诀》，见《大正藏》，第21册，449页。

② 陈万成：《中外文化交流探绎：星学·医学·其他》，18页。

③ 十二"名宫"的含义不明，待考。江晓原认为十二支代表的"名宫"就是黄道十二宫，"卷子以人出生时刻所属的日（何曜当值）、时（实即以时表征宫，比如出生时刻恰好中天或初升之宫）来预言其一生的贵贱吉凶休咎，实为十足西方色彩的生辰星占学"。可以肯定的是，黄道十二宫与十二时建立了一一对应关系，但P.2693中十二"名宫"的名称并不固定，往往随着七曜、十二时的不同而略有变化。不仅如此，同一"名宫"还可以对应2—3个时辰，如蜜日"称心"对应寅、巳、酉，"愁苦"对应卯、辰，莫日"美食"对应子、午，那颉日"快乐"对应子、辰，"衣裳"对应未、申，"吉祥"对应酉、戌，鸡缓日"损财"对应卯、未、申，如此等等。若同一"名宫"不重复统计，那么，蜜日有9宫，莫日11宫，云汉日11宫，嘀日10宫，温没斯12宫，那颉日9宫，鸡缓日8宫，显然与12宫名不副实。因此，从这些细节来看，所谓的十二"名宫"与黄道十二宫还有很大距离。黄正建指出，卷子中的十二"宫"，在卷末题记中被称为"十二时"，推测前者可能有外来因素，后者则是本土特色，可见本件文书内容是中西文化交流的结果。他还指出，文书中既用了"七曜"，又用了干支五行，也有中外文化交流的特征。余欣倾向于认为，这些"名宫"的命名似乎完全是中国化的，并猜测P.2693很有可能是敦煌当地的卜师编写的。分见江晓原：《天学真原》，350页，辽宁教育出版社，1995；黄正建：《敦煌占卜文书与唐五代占卜研究》，79～80页，中国社会科学出版社，2014；余欣：《神道人心》，274页。

④ 以"子"为例，七曜对应的"名宫"分别为负雠（蜜）、美食（莫）、负雠（云汉）、遇讼（嘀）、祗智（温没斯）、快乐（那溢）、重厄（鸡缓），它们描述的吉凶祸福各不相同。稍有例外的是，"戌"对应的七曜"名宫"没有变化，均固定为"吉祥"。

口舌、利闰、衣裳、增财、病患、重厄、病财、宁静、益禄、讼论、取离、分离、火炎、狂妄、祉智、遇讹、憎忧、徵病、建辰、爱才、损职、损财等，基本囊括了禄命推占的诸多方面，P. 2693 因而也成为一部关乎敦煌民众日常杂占的"百科全书"。

**表 11-4 P. 2693 所见七曜十二"名宫"表**

| 七曜<br>十二时 | 蜜 | 莫 | 云汉 | 嘀 | 温没斯 | 那颉 | 鸡缓 |
|---|---|---|---|---|---|---|---|
| 子 | 负雠 | 美食 | 负雠 | 遇讹 | 祉智 | 快乐 | 重厄 |
| 丑 | 取离 | 忧疹 | 损耗 | 利闰 | 增财 | 益禄 | 损耗 |
| 寅 | 称心 | 胜酬 | 称心 | 憎忧 | 愁苦 | 胜酬 | 称心 |
| 卯 | 愁苦 | 分离 | 愁苦 | 徵病 | 狂妄 | 受才 | 损财 |
| 辰 | 愁苦 | 困乏 | 忧愁 | 快乐 | 衣裳 | 快乐 | 病患 |
| 巳 | 称心 | 称心 | 称心 | 称心 | 辛苦 | 损耗 | 称心 |
| 午 | 病贼 | 美食 | 动厄 | 损财 | 快乐 | 病贼 | 病财 |
| 未 | 重厄 | 肠胀 | 火炎 | 快乐 | 损职 | 衣裳 | 损财 |
| 申 | 损耗 | 重耗 | 建辰 | 重厄 | 益禄 | 衣裳 | 损财 |
| 酉 | 称心 | 丰钱 | 快乐 | 宁静 | 损财 | 吉祥 | 衣裳 |
| 戌 | 吉祥 | 吉祥 | 吉祥 | 吉祥 | 吉祥 | 吉祥 | 吉祥 |
| 亥 | 讼论 | 斗竞 | 口舌 | 利闰 | 损耗 | 利闰 | 重厄 |

## 第三节 五月五日占

七曜占的第三部分是五月五日占。《宿曜经》卷下七曜直日历品第八云：

太阳直日，……若五月五日得此曜者，其岁万物丰熟。其日若日月蚀及地动者，其处万物不生；太阴直日，……若五月五日得此曜者，其年多疫疾，秋多霜冷加寒。其日若日月蚀及地动，其转无休息，至日月在时未来世已来年月日亦然，常转无尽（年疾死后多虚耗）；荧惑直日，……若五月五日遇此曜者。其年多斗诤后兵贼饶疫病畜生死损。此日若有日月蚀及地动。其年多兵马伤者多死。辰星直日，……若五月五日遇此曜者。其年江水泛溢百物不成加寒。若此日日月蚀并地动，岁多饥俭；岁星直日，……若五月五日遇此曜者。其岁万物丰四时调顺。如此日日月蚀及地动，王公巳下灾厄；太白直日，……五月五日遇此曜者，人畜例惊失，必狂贼扰乱，候取良从东击胜。此日日月蚀及地动者，其岁足风复有雷电损多少田苗；镇星直日，……若五月五日遇此曜者，有土功咸重事。此日日月蚀及地动者，世界不安咸重人厄。①

七曜遇五月五日的吉凶，P.2693《七曜历日一卷》也有记载。如"云汉日"条："若五月五日遇此，其年多有斗战，急须多兵马，亦有病疫畜死损。若此日月被蚀地动，其年多动兵马死伤，当有流血其甚。"其意大致与《宿曜经》相同。又 P.3081《七曜日吉凶推占》"七曜日占五月五日直"条：

> 蜜，五月五日得此直，一年之内万事丰熟，四时衣节；莫，五月五日得此直，一年之内五谷不熟，秋多霜冷；云汉日，五月五日得此直日，一年之内足疾病多行兵起，四方不宁；嘀，五月五日得此直日，一年之内流水遍野，江河泛溢，秋多霜；㔉没斯日，五月五日得此直日，一年之内五谷丰熟，四方安，百性（姓）乐；那颉日五月五日得此直，一年之内国乱兵起，四方不宁；鸡换日，五月五日得此直日，一年之内五谷薄熟，日涝不调，四时失节。②

显而易见，五月五日占是年岁光景状况的占卜，其占辞涉及天道行度、年岁收成、四时更替、江河流水、起兵谋叛和百姓安居等，无论对于维系国家的长治久安，还是稳定社会的井然秩序都至关重要。五月五日占中，蜜日（日曜）、温没斯日（木曜）均是五谷丰熟，百姓安乐的吉兆，其他五曜或五谷不熟，或流水遍野，或四方不宁，俱为不吉的凶祸。而从《宿

---

① No.1299《文殊师利菩萨及诸仙所说吉凶时日善恶宿曜经》卷下，见《大正藏》，第 21 册，397～398 页。

② 上海古籍出版社、法国国家图书馆编：《法国国家图书馆藏敦煌西域文献》，第 21 册，259 页。

曜经》和 P.2693 的描述来看，五月五日占与"日月蚀及地动占"相提并称，我们知道，中古的阴阳术数文化中，日蚀、月蚀、彗星等异常天象的出现，绝大数情况下预示着灾祸的发生。而水涝、旱灾、地震等则是由阴阳失调而间接引发的自然灾害，从这个意义上说，五月五日既与预示灾祸的日蚀、月蚀、地动(地震)等灾异并举，说明五月五日可能也是带来灾祸的凶日①，以致才有"五月五日占"的条目。

表 11-5　七曜直五月五日占

| 七曜日 | 宿曜经 | P.2693 | P.3081 |
|---|---|---|---|
| 太阳直日(蜜日) | 其岁万物丰熟 | 年万事丰熟 | 万事丰熟，四时衣节 |
| 太阴直日(莫日) | 岁多疾病，秋足霜冷 | 其多疾病愁多霜冷加寒苦 | 五谷不熟，秋多霜冷 |
| 荧惑直日(云汉日) | 岁中多诤竞 | 其年多有斗战急须多兵马，亦有病疫畜死损 | 足疾病多行兵起，四方不宁 |
| 辰星直日(嘀日) | 岁中有水灾 | 其多江河泛溢，百物薄熟，冬加寒冷 | 流水遍野，江河泛溢，秋多霜 |
| 岁星直日(欝没斯日) | 岁中丰熟 | 其年田苗万物丰熟，四时依节 | 五谷丰熟，四方安，百性(姓)乐 |
| 太白直日(那颉日) | 下田不收，岁中惊扰之事 | 世间人畜多有惊失，复失四方，贼动已贼，临时，夏取好日，从东击之，其贼必败亡 | 国乱兵起，四方不宁 |
| 镇星直日(鸡缓日) | 岁中多土功 | ——— | 五谷薄熟，日涝不调，四时失节 |

五月五日占的来源，黄正建推测"可能是印度的习俗"，"若果然，则可知在七曜类占法中，有些是照搬了域外的东西，因而在以后的发展中，它将会逐渐衰落的"②。李辉认为，《宿曜经》在汉译及注解中进行了一些汉化处理，特别是高僧不空自幼来华后大半辈子在中土度过，对唐人视五月

① 五月五日占中，蜜日(日曜)、温没斯日(木曜)年岁丰熟，这与太阳普照万物以及木星"人主之象""主福庆"的性格有关，其实与五月五日为"凶日"并不矛盾。

② 黄正建：《敦煌占卜文书与唐五代占卜研究》，81 页，中国社会科学出版社，2014。

五日为"凶日"的传统感同身受，因而在译经中添加了"五月五日占"的内容①。

尽管在中土文化语境中很难看到"五月五日占"的记载，但五月五日被视为不吉的"凶日"却有较为浓厚的文化渊源②。中国古代，农历五月被视为"恶月"，故多有禁忌。《初学记》卷4《岁时部下》引汉董勋《问礼俗》："五月俗称恶月，俗多六斋放生。"③南朝梁宗懔《荆楚岁时记》也说，"五月俗称恶月，多禁，忌曝床荐席，及忌盖屋。"④元好问《遗山集》："古今俗以五月为恶月，端午为恶日，赴官者顿不敢发，生子者弃不敢举。"⑤顾炎武《日知录》引《南史·王镇恶传》谓："镇恶以五月五日生，其祖猛曰：'昔孟尝君以恶月生而相齐。'是以五月为恶。"⑥由此可见，五月被视为不祥的"恶月"，此种观念在中古社会深入人心，颇为流行。至于五月的禁忌，《北齐书》称："五月不可入官，犯之不终于其位。"⑦唐朝的诏敕、格条也多次提到"五月为忌月"，"不宜上任"，"不得行刑，禁屠杀"⑧。清人袁景澜总结说："是月俗称毒月，百事多禁忌，不迁居，不婚嫁。"⑨

应劭《风俗通义》描述汉代民间风俗说："今俗间多有禁忌生三子者，五月生者，以为妨害父母，服中子犯礼伤孝，莫肯收举。"⑩五月既为"恶月"，生子自然不利父母。特别是五月五日，又名"重五"，可

北京师范大学史学探索丛书

---

① 李辉：《〈宿曜经〉汉译版本之汉化痕迹考》，载《上海交通大学学报》，2007(4)，48～50页。

② ［日］池田温：《中国古代重数节日的形成》，见［日］池田温著，孙晓琳等译：《唐研究论文选集》，365～385页，中国社会科学出版社，1999；宁宇：《敦煌写本P.3081号文书与唐代五月五日禁忌研究》，载《敦煌学辑刊》，2012(1)，70～72页。

③ 《初学记》卷四《岁时部下·五月五日第七》，74页，中华书局，1962。

④ （梁）宗懔撰，宋金龙校注：《荆楚岁时记》，46页，山西人民出版社，1987。

⑤ 《遗山先生文集》卷三九《靖德昭儿子高户字说》，四部丛刊初编（集部），404页，上海商务印书馆。

⑥ 《日知录集释》卷三〇《正五九月》，1709页，上海古籍出版社，2006。

⑦ （清）袁景澜撰，甘兰经、吴琴校点：《吴郡岁华纪丽》，165页，江苏古籍出版社，1998。

⑧ 《日知录集释》卷三〇《正五九月》，1708页。

⑨ （清）袁景澜撰，甘兰经、吴琴校点：《吴郡岁华纪丽》，165页。

⑩ 应劭撰，王利器校注：《风俗通义校注》，128页，中华书局，1981。

谓"恶中之恶",故此日生子被古人赋予了很多不吉祥的意义。史载,
孟尝君田文生于五月五日,当时流行"不举五月子"的观念,认为"五月
子者,长与户齐,将不利其父母"①,所幸有母亲的竭力庇护,田文才
没有被其父田婴所弃。西汉成帝名臣王凤,也于五月五日出生,"其父
欲不举",理由是"俗谚举五日子,长及户则自害,不则害其父母"②。
好在有叔父的保护,否则难逃遗弃的厄运。东汉重臣胡广,五月五日
出生,"父母恶之","乃置瓮投于江"③。显然,五月五日"生子不举",
这是汉代社会的一种陋俗,其根源在于"五月子妨害父母"的普遍观念。王
充《论衡》批评这种恶俗说:"四曰讳举正月、五月子。以为正月、五月子
杀父与母,不得[举也]。已举之,父母祸(偶)死,则信而谓之真矣。……
夫正月岁始,五月盛阳,子以此月生,精炽热烈,厌胜父母,父母不堪,
将受其患。传相仿效,莫谓不然。有空讳之言,无实凶之效,世俗惑之,
误非之甚也。"④但是,王充的批判并没有改变世人约定俗成的观念。相反,
这种陋俗陈规在中古社会长期流衍传布,甚至皇帝也深为芥蒂。如北宋徽
宗"以五月五日生,以俗忌,因改作十月十日为天宁节"⑤,由此可见其惰
性之强。

　　五月被古人视为恶月,应与仲夏五月的时令有关。《礼记·月令》云:
"是月也,日长至,阴阳争,死生分。"郑玄注:"争者阳方盛,阴欲起也。
分,犹半也。"⑥其意是说,农历五月盛夏即将来临,阴阳两种元气胶着相
持,此消彼长,万物生灵处于生死各半或生死转化的状态,面临着重新分
化与组合。当此时节,"爰气始盛,虫蠹并兴"⑦,特别是南方天气湿热,
"阴气萌作",恶气滋生,毒气弥漫,毒虫(如蛇蝎、蚊蝇等)肆虐,瘴疠瘟

　　①　《史记》卷七五《孟尝列传》,2352页,中华书局,1959。
　　②　刘歆:《西京杂记》卷上《丙卷·五日子欲不举》,丛书集成初编,10页,中华
书局,1991。
　　③　《太平御览》卷七五八《器物部三·瓮》,影印本,3364页,中华书局,1966。
　　④　《论衡校释》卷二三《四讳篇》,977、979页,中华书局,1990。
　　⑤　(宋)周密撰,吴企明点校:《癸辛杂识》,105页,中华书局,1988。
　　⑥　《礼记正义》卷一六《月令》,见《十三经注疏》,影印本,1370页。
　　⑦　(东汉)崔寔撰,缪启愉辑释:《四民月令辑释》,53页,农业出版社,1981。

疫极易流行，严重威胁着人们的身体健康和生命安全①。在防暑降温条件落后、医药科技水平低下的时代，驱邪、防疫、消毒、止恶自然成为人们自我保护和禳灾祈福的重要方式。如《夏小正》曰："此月蓄药以蠲除毒气也。"②进一步言之，五月五日因是恶月中的恶日，毒气疫病更易来袭，故防治流行时疾、瘟疫更为重要。《风俗通》云："五月五日，以五彩丝系臂者，辟兵及鬼，令人不病瘟。"③《后汉书·礼仪志》载："故以五月五日，朱索五色印为门户饰，以难止恶气。"④《玉烛宝典》曰："五月五日采艾悬于户上，以禳毒气。"⑤诸如"五彩丝"、门户饰、采艾等民俗活动，尽管后世被赋予了端午节吉庆娱乐和祈福纳祥的意义⑥，但推其原始，应是人们面对"恶月"乃至"凶日"的境遇下，为预防毒虫和疫病来袭而采取的积极措施。

　　总之，由于受医疗水平的限制以及对气候环境的认识不足，古人对仲夏五月的物候变化心生恐惧，特别是毒虫的出现和疫病的流行，严重威胁着人们的身体健康和生命安全，由此萌发了五月为"恶月"的模糊认识，乃至形成了"不入官""不行刑""不迁居""不婚嫁"等诸多禁忌。而五月五日作为"恶中之恶"，自然是"灾中之灾"的重要凶日。从这个意义上说，由时令物候和自然环境变化而引发出来的忌日——五月五日，与日蚀、月蚀和地动等灾异，有异曲同工之妙，即它们都是由阴阳失调而诱发的潜在灾祸，因而具有重要的占卜价值。

　　① 王利华：《端午风俗中的人与环境——基于社会生态史的新考察》，载《南开学报》，2008(2)，24 页。

　　② 《太平御览》卷三一《时序部十六·五月五日》，147 页。

　　③ 《太平御览》卷三一《时序部十六·五月五日》，147 页。

　　④ 《后汉书》志第五《礼仪中》，3122 页，中华书局，1965。

　　⑤ 《太平御览》卷三一《时序部十六·五月五日》，147 页，中华书局，1966。

　　⑥ 程蔷、董乃斌《唐帝国的精神文明——民俗与文学》谓："五月五日的端午节，从其起源看，大抵亦与避瘟免疫有关。……在唐时，避瘟免疫也好，纪念屈原也好，已渐渐退化为全国上下欢度端午节的一个口实。当时人们真正感兴趣的，主要是节日的诸种民俗活动。"74 页，中国社会科学出版社，1996。

## 第四节　日月蚀及地动占

七曜占的第四部分是日月蚀及地动占，即七曜日值日蚀、月蚀及地动时年岁光景的占卜，大体亦以灾祸为主，涉及谷物收成、六畜及兵马损伤、疾疫流行和公卿罹灾等方面（参见下表）。S.1396《七曜日并十二时推命书》云："若此日曜直日，有日月变蚀，北（地）动见星，本曜生之人重厄怕死大受灾厄。及所见变，本分野国主人民，病疫死丧，须禳。"注曰："星见谓蜜、其（莫）、客星、长急之属也。"① 这种以七曜日为据而进行灾异解读的预言方式，在传统的阴阳术数和方技之学中并不多见。

表 11-6　七曜直日月亏蚀及地动占

| 七曜日 | 宿曜经 | P.2693 |
|---|---|---|
| 太阳直日（蜜日） | 万物莫实，不千日为灾 | 大熟又不熟 |
| 太阴直日（莫日） | 岁中饶疾死 | 其年多疾死，复多苦，又触事渐贫，损财物，用日及时 |
| 荧惑直日（云汉日） | 岁中多有兵马损伤 | 其年多动兵马死伤，当有流血其甚 |
| 辰星直日（嘀日） | 百物不熟，人多瘴疠耳 | —— |
| 岁星直日（欝没斯日） | 公王必死 | 三官贵人多灾厄，贫贱者诸事皆好 |
| 太白直日（那颉日） | 六畜多损伤耳 | 其年足风尘雷电，征损多少田苗 |
| 镇星直日（鸡缓日） | 国中人民不安泰 | —— |

古代的星象学中，日蚀、月蚀的出现并不认为是自然现象的发生，而是灾难来临的象征。如普遍的观念，"日为太阳之精，积而成象人君"，"月为太阴之精，……以之配日，女主之象。……列之朝廷，诸侯大臣之数也"。日食（蚀）则是"月来掩之也，臣下蔽君之象"②，意味着君主的权力

---

① 郝春文编著：《英藏敦煌社会历史文献释录》，第六卷，85页，社会科学文献出版社，2009。

② 《乙巳占》卷一《日占第四》《日蚀占第六》，卷二《月占第七》，丛书集成初编，11、21、25页，中华书局，1985。

将被大臣侵夺，君主的统治由于受到臣僚的挑战而出现了危机。同样道理，月食（蚀）的发生常与后宫以及诸侯大臣的失职行为联系起来。总而言之，日食、月食的出现由于被赋予了特别的政治象征意义，因而历代王朝对于日月亏蚀的异常天象倍加重视。与此相应，对于日蚀、月蚀的占卜与解读也成为星象学中的重要内容。如日蚀，P. 2610《太史杂占历》描述了四时占和十二辰占两种方式①，瞿昙悉达《唐开元占经》收录了"日四时蚀""日十二月蚀""日六甲蚀""日十二辰蚀""日在东方七宿蚀""日在北方七宿蚀""日在西方七宿蚀""日在南方七宿蚀"八种占卜方式，其预言涉及的灾祸，大体有"国君不宁""大臣有忧""谷粟贵""六畜死""天下大旱""水大出"，以及谋叛、兵起等诸多方面。至于月蚀，除了以"十干"代替"六甲"外，其他的占卜方式大致与日蚀相同。

地动，或曰地震，即由地球内部的变动引起的地壳的急剧变化和地面的震动②。对于这种自然灾害，古人按照惯常思维依然用主流的"知识"——阴阳学说予以解释。西周幽王二年，"三川皆震"，太史阳伯父解释说："天地之气，不过其序。若过其序，人乱也。人政乖错，则上感阴阳之气，阳伏而不能出，阴迫而不能升，于是有地震。"③即将地震的发生归因于"人政乖错"而引发的阴阳失调。刘向《洪范传》云："地动者，臣不臣也，臣下大贵也。"董仲舒《对灾异》谓："地者，阴之类也；动者，后宫臣下专，主之盛阳衰，故致疾疫。当制后宫，齐御百官以救之。"④显然，在帝王政治中，地动（地震）的出现具有臣僚、后宫专权的象征意义。《新

① P. 2610《太史杂占历》云："凡日蚀修德，月蚀修于刑。彗星修政，谓应合蚀者，若非食时蚀者，其年岁日月所注恶。日春蚀，其年凶恶；日秋蚀，其岁起兵；日冬蚀，其年有灾；日夏蚀，其年大旱。日食尽不出春三月，更立侯王，其以野占为决定。子日蚀有兵，丑日蚀大旱，寅日蚀大旱，卯日蚀大乱，辰日蚀有兵，巳日蚀有火灾起，午日蚀天兵□动，未日蚀有水灾厄，申日蚀其年大乱，酉日蚀兵起南行，戌日蚀大兵□行，亥日蚀小人用事。凡日蚀及薄，皆阴侵阳之象。日蚀皆以晦日，亦以月一日、三日忽中旬蚀者，大凶，王位恶之。"参见上海古籍出版社、法国国家图书馆编：《法国国家图书馆藏敦煌西域文献》，第16册，229页，上海古籍出版社，2001。

② 罗竹风主编：《汉语大词典》，第2卷，1034页，汉语大词典出版社，1988。

③ 《旧唐书》卷三七《五行志》，1348页，中华书局，1975。

④ 《唐开元占经》卷四《地占·地动》，32页，中国书店，1989。

唐书·五行志》载："阴盛而反常则地震，故其占为臣疆，为后妃专恣，为夷犯华，为小人道长，为寇至，为叛臣。"①这说明地动（地震）警示的灾祸亦相当广泛，大体皆为危及社稷的"军国大事"，故深为帝王所重视。

地动的占卜，汉代的阴阳学家京房描述说："地以春动，有音，岁不昌；以夏动，有音，人主有丧；以四月动，有音，五谷不熟，民大饥；以五月动，有音，人主有丧，民流亡；以六月动，有音，少老多死，岁恶；以秋动，有音，大兵起；以九月动，有音，殃大；以冬动，有音，人主有丧，兵起；以十月动，有音，其邑有功；以十一月动，有音，其邑有大兵丧，及民饥亡；以十二月动，有音，其邑有兵行。"②归纳起来，京房所述有四时占和十二月占两种方式，它们都是以地动"有音"来占年岁善恶、兵起和人主死丧。《摩登伽经·观灾祥品》云："凡地动者，必多兵起。其一地动，三大亦然。三月地动，不过一旬，当有兵起。四月地动者，亦如上说。……十一月地动，不过百日，便有兵起。腊月动者，如上所说。正月地动，至九十日，便有兵起。二月地动，至三十日便有兵起。"③显然也是十二月地动占的描述，而其占辞俱是"兵起"之象。除此之外，《摩登伽经》还有"月在众宿地动之相"的记录，大致是月在二十七宿（牛宿除外）地动的解读。如月在昴宿而地动者，"火势炽盛，焚烧城邑，金银工作，悉皆衰灭，生者尽死"，是为大火之象。月在毕宿而地动者，"怀孕妇人，胎多夭殇，诸果凋落，饥馑疾疫，兵刀相害，死者甚众及诸国王，亦当衰损"④，是为衰竭死丧之象。

相比之下，敦煌文献对于地动的描述中，以 S.2729v《太史杂占历》最详：

> 正月地动南界，国王丧，何以知之，正月气之合灭在于父，南方注火，故知灭事；二月地动西界，凶，国中空，人民不安，何以知之，二月土之起，丧之金，西方金注，故知凶；三月地动者，北方

---

① 《新唐书》卷三五《五行志二》，906 页，中华书局，1975。
② 《唐开元占经》卷四《地占·地动》，32 页。
③ No.1300《摩登伽经》卷下，见《大正藏》，第 21 册，408 页。
④ No.1300《摩登伽经》卷下，见《大正藏》，第 21 册，408 页。

丧，别立王，人民失计，忙怕回惶，何以知之，三月水之墓，丧在北；四月地动者，东方大乱，国主不安，人民荒乱，逃走他乡，何以知之，四月水动在东方乱故；五月地动者，中央天下大乱，四方俱起，恶心五年不定，何以知之，五月土之始，在母腹，故知恶；六月地动者，国中安定，人民服业，却归本管，何以知之，六月冠带于末，起动游行故知行；七月地动者，天下丰熟，诸国多病，妇人产死，何以知之，水七月生于申，故知产死也；八月地动者，西方、北方安乐，人民无忧，何以知之，八月水之养在于酉，水注西方，故无忧；九月地动者，东北方大灾起，国主不安，万人荒乱，何以知之，水九月冠带在于戌，故知其国不善；十月地动者，刀兵起，人民相煞，诸方不安，国主逃散，何以知之，十月天刚相击，故知此事；十一月地动者，大地荒乱，人民相食，三灾竞起，王争国□六十年，何以知之，十一月太冲相灭，故知此事；十二月地动者，其岁凶恶，人民相食，南方竟□，何以知之，十二月神右，故知此事。

春三月地动，兵起南行；夏三月地动者，其岁六畜贵；秋三月地动者，其岁大凶；冬三月地动，其岁兵起。

子日地动，其岁有水伤人；丑日地动，其岁六畜贵；寅日地动，其岁安定；卯日地动，国王失位；辰日地动，大军败散；巳日地动，其岁有疾；午日地动，南方有火灾起；未日地动，其岁不熟，赤旱千里；申日地动，其岁不宁，三王争位；酉日地动，其岁丰熟，人民安乐；戌日地动，有土功事；亥日地动，人民多病。①

《太史杂占历》有关地动的预言，归纳起来有十二月占、四时占和十二辰占三种方式。十二月占，P.2610 题作"占候十二月地动吉凶"，即分别在一年十二月中发生地动时福祸吉凶的预测。与京房《易传》相比，《太史杂占历》不仅描述了各月地动的灾祸，而且还通过"何以知之"的发问，解释了每月地动（地震）时灾祸出现的原因。四时占是春、夏、秋、冬四季地动

---

① 中国社会科学院历史研究所等编：《英藏敦煌文献（汉文佛经以外部分）》，第 4 卷，229 页，四川人民出版社，1991。

时的占卜，其预言涉及"兵起""六畜贵""大凶"等，这与京房"岁不昌""人主有丧""兵起"的解释略有不同。至于十二辰占，或十二日占，这是以子、丑、寅、卯、辰、巳、午、未、申、酉、戌、亥十二地支为据而进行地动推占的一种方式，其占辞涉及国运善恶、年岁丰歉、百姓安乐、水旱疾疫等方面，此种占法以日为序，一日一占，十二日为一周期，大致与"一日一易，七日一周"的七曜占较为接近。宋人勾延庆《锦里耆旧传》卷五："（中和五年）正月地动，一月十余度，以七曜占之，多兵饥馑。"①就是运用七曜日来推占地动灾祸的事例。

## 本章小结

以上笔者结合敦煌七曜历术文献，从时日宜忌、生人吉凶、五月五日占和日月蚀及地动占四方面对《宿曜经》所见的"七曜占"作了初步梳理。事实上，七曜占的内容相当广泛，而并不限于上述四方面。以P.3081《七曜日吉凶占法》为例，此件收录"七曜历日忌不堪用""七曜日得病望""七曜日失脱逃走等事""七曜日生福禄刑推""七曜日发兵动马法""七曜日占出行及上官""七曜日占五月五日直"七篇，每篇皆以七曜为序，述其吉凶休咎，其分类编次，"每事以七日为周，则检一事而七日俱备"②，应是七曜日占法用于疾病、失脱、逃走、福禄、出行、兵马等事项的反映。

七曜占在中古社会的流行，可从七曜或九曜"注历"中得到说明。前举S.P6、S.2404、S.1473＋S.11427、P.3403 等《具注历》所收"推七曜直用日法立成""推七曜直用日吉凶法""推七曜直日吉凶法"，就是七曜值日宜做某事和不宜某事的总结，自然也是七曜占的部分内容。此外，S.P10《中和二年剑南西川成都府樊赏家历日》附有"推男女九曜星图"，S.612《宋太

---

① （宋）勾延庆纂：《锦里耆旧传》，丛书集成初编，1 页，商务印书馆，1939。

② 王重民编：《敦煌古籍叙录》，177 页，中华书局，1957；上海古籍出版社、法国国家图书馆编：《法国国家图书馆藏敦煌西域文献》，第 21 册，259～261 页，上海古籍出版社，2002。

平兴国三年(978)戊寅岁具注历日》收有"九曜歌咏法",它们均是根据行年数字(年龄)而将人的命运与九曜中的某一曜联系起来。五代后周时,端明殿学士王朴奏呈《钦天历》说:"因言历有九曜,以为注历之常式",说明九曜"注历"已成为当时历法编纂中最为常见的内容①。推究其中缘由,应与九曜描述的吉凶祸福和禄命生死密切相关。

七曜占的流行,还可从国家对七曜历的控制中得到说明。《唐律疏议》卷9《私有玄象器物》云:"诸玄象器物,天文、图书、谶书、兵书、七曜历、太乙雷公,私家不得有。"〔疏议〕曰:"天文者,《史记·天官书》云,天文日月五星二十八宿等。故易曰,仰则观于天文。图书者,河出图,洛出书是也。谶书者,先代圣贤所记未来徵祥之书。兵书,谓太公六韬、黄石公三略之类。七曜历,谓日月五星之历。太乙雷公者,并是式名以占吉凶者。"②根据"疏议"的解释,天文、谶书、太乙雷公等具有预测军国大事、"未来徵祥"及推占吉凶的功能,七曜历既与天文、图书、谶书等相提并称,显然亦有预测灾祥和"以占吉凶"的作用。这种"符命历数之说","从来为皇家所重视,七曜历既属外来历法与卜筮书,则输入以后,不久当可引起皇家之注意"③,故而朝廷明令予以禁止。

大历二年(767),代宗颁布《禁藏天文图谶制》:"其玄象器局、天文图书、七曜历、太一雷公式等,私家不合辄有。"④重申天文图书及七曜历之禁令,正说明唐代社会中钻研七曜历者绝不在少数。杜甫《送樊二十三侍御赴汉中判官》诗:"坐知七曜历,手画三军势。"⑤可知这位赴汉中任职的"侍御"就精通七曜历法。以七曜的撰述为例,咸通六年(865)归国的日本僧人宗叡在《新书写请来法门等目录》中收录了唐人编撰的《七曜禳灾决》《七曜二十八宿历》《七曜历日》各1卷⑥,可知咸通年中,"七曜历日已普遍

北京师范大学史学探索丛书

---

① 赵贞:《"九曜行年"略说》,载《敦煌学辑刊》,2005(3),25页。

② (唐)长孙无忌撰,刘俊文笺解:《唐律疏议笺解》,763~764页,中华书局,1996。

③ 王重民:《敦煌本历日之研究》,见《敦煌遗书论文集》,126页,中华书局,1984。

④ 《旧唐书》卷一一《代宗纪》,285页,中华书局,1975。

⑤ (唐)杜甫著,(清)仇兆鳌注:《杜诗详注》,351页,中华书局,1979。

⑥ No.2174《新书写请来法门等目录》,见《大正藏》,第55册,1111页。

流行于各处"①。乃至五代后周,"市儿有解算七曜历经者"②,民间七曜历流行之广,由此可见一斑。广顺三年(953),太祖诏敕:"自今后玄象器物、天文图书、谶记、七曜历、太一雷公式法等,私家不合有。"③但这种禁令并没有收到很大成效,以致宋开宝五年(972),仍能看到天文、图谶、七曜历等"不得藏于私家"的诏令④。

七曜历"占候吉凶"的特征,在唐李涪《刊误》卷下《七曜历》中亦有反映:

> 贾相国耽撰《日月五星行历》,推择吉凶,无不差缪。夫日星行度,迟速不常。谨按《长历》,太阳与水星一年一周天,今贾公言一星直一日,则是唐尧圣历,甘氏星皆无准凭,何所取则?是知贾公之作,过于率尔。复有溺于阴阳,曲言其理者曰:"此是七曜日直,非干五星常度。"所言既有迟速,焉可七日之内,能致一周。贾公好奇而不悟其怪妄也。⑤

按照《唐律疏议》的解释,"七曜历者,日月五星之历",即是推算日月五星自然行度的历法,正与《日月五星行历》相合。其中"一星直一日""七曜日直""七日之内,能致一周"诸句,刚好与《宿曜经》"其行一日一易,七日一周,周而复始"呼应,说明贾耽所撰《日月五星行历》就是不折不扣的七曜历。所谓"推择吉凶,无不差谬"的描述,其实正是七曜历"推占吉凶、卜择时日"的反映。至于七曜历日,尽管分类编次并不统一,或者"以日统事,休咎均系于每日之下,则揭一日而吉凶毕见",或者"以事统日,每事以七日为周,则检一事而七日俱备"⑥,但都是吉凶宜忌和休咎福祸的推占。因此,不论是推演日月五星行度的七曜历法,还是规范时日宜忌的七曜历日,事实上都有七曜日吉凶推占的内容,在一定程度上正是七曜占在中古社会广泛流行的反映。

---

① 王重民:《敦煌本历日之研究》,见《敦煌遗书论文集》,126页。
② 《册府元龟》卷六一三《刑法部·定律令五》,7363页,中华书局,1960。
③ 《五代会要》卷一一《杂录》,142页,中华书局,1998。
④ 《续资治通鉴长编》卷一三《太祖·开宝五年》,290页,中华书局,1979。
⑤ (唐)李涪:《刊误》卷下《七曜历》,丛书集成初编,18页,中华书局,1991。
⑥ 王重民:《敦煌本历日之研究》,见《敦煌遗书论文集》,128页。

# 第十二章　敦煌具注历日社会
# 文化意义探析

　　历日是一年中月日、朔闰、节气、物候等时间要素的安排。通常来说，岁时节候的确定需要借助日月星辰运行的推算而完成，因而在一定程度上，历日的编纂与颁行始终体现着历法学"敬授人时"的成果。以中古时代为例，历日的颁示力求与规范帝国政治、礼仪活动的"月令"相合拍，自然对于帝王政治具有实际的指导作用。另一方面，历日的功能绝不限于"纪日授时"的意义，而是伴随岁时节令的推演，还衍生出许多社会生产、民俗礼仪及选择宜忌的内容，这就使得历日呈现出更为丰富多彩的社会历史文化特征。因此，对于中古历日的考察，不能局限于纪时、朔闰、定年的历法意义，毕竟国内外学者已有很多创获①。从社会史的角度来说，透过历日界定的时间秩序，重新审视并开掘历日蕴含的形制、内容及社会历史文化信息，对于中古社会的"同情性了解"或许更有意义。本章在汲取前

北京师范大学史学探索丛书

---

　　① 中古时期的历日文献，主要见于敦煌吐鲁番文书，其中以敦煌所出历日为大宗。长期以来，学者对于历日文献的研究，一直以定年、朔闰为重点。参见王重民：《敦煌本历日之研究》，载《东方杂志》，1937，34(9)，13～20页；收入王重民：《敦煌遗书论文集》，116～133页，中华书局，1984；[日]藤枝晃：《敦煌历日谱》，载《东方学报》(京都版)，第45册，377～441页，1973；施萍婷：《敦煌历日研究》，见敦煌文物研究所编：《1983年全国敦煌学术讨论会文集》，文史遗书编上，305～366页，甘肃人民出版社，1987；黄一农：《敦煌本具注历日新探》，载《新史学》，1992，3(4)，1～56页；邓文宽：《敦煌吐鲁番天文历法研究》，甘肃教育出版社，2002；陈昊：《吐鲁番台藏塔新出唐代历日研究》，见《敦煌吐鲁番研究》，第10卷，207～220页，上海古籍出版社，2007；邓文宽：《敦煌天文历法考索》，上海古籍出版社，2010。

贤成果的基础上①，通过历日修造与颁行的梳理，尝试对历日的社会文化意义进行探究。

## 第一节　中古历日的修造与颁布

《周礼注疏》卷26《大史》："正岁年以序事，颁之于官府及都鄙，颁告朔于邦国。"郑玄注："若今时作历日矣，定四时，以次序授民之事。"贾公彦疏："正岁年者谓造历，正岁年以闰，则四时有次序，依历授民以事。"②说明"大史"负责历日的修造以调节年岁，并表奏朝廷，颁行天下以指导官民的生产生活。《后汉书·百官志》载："太史令一人，六百石。本注曰：掌天时、星历。凡岁将终，奏新年历。凡国祭祀、丧、娶之事，掌奏良日及时节禁忌。"③可知汉时太史令，每逢岁末年终都要主持修订来年历日。《唐六典·太史局》载："每年预造来岁历，颁于天下。"④《天圣令》复原唐令："诸每年［太史局］预造来岁历，［内外诸司］各给一本，并令年前至所

　　① 历日蕴含的社会文化与礼俗信仰，学者多有探讨。参见邓文宽：《敦煌吐鲁番历日略论》，载《传统文化与现代化》，1993(3)，40～48页；《敦煌本唐乾符四年丁酉岁(877)具注历日杂占补录》，见《敦煌学与中国史研究论集》，135～145页，甘肃人民出版社，2001；《从"历日"到"具注历日"的转变》，见《敦煌吐鲁番天文历法研究》，134～144页，甘肃教育出版社，2002；刘永明：《唐宋之际历日发展考论》，载《甘肃社会科学》，2003(1)，143～147页；［法］华澜：《敦煌历书的社会与宗教背景》，见《敦煌与丝路文化学术讲座》，第一辑，175～191页，北京图书馆出版社，2003；刘永明：《敦煌道教的世俗化之路：道教向具注历日的渗透》，载《敦煌学辑刊》，2005(2)，194～210页；［法］华澜：《敦煌历日探研》，见《出土文献研究》，第7辑，196～253页，上海古籍出版社，2005；《9至10世纪敦煌历日中的选择术与医学活动》，见《敦煌吐鲁番研究》，第9卷，425～448页，中华书局，2006；邓文宽：《敦煌历日中的唐五代祭祀、节庆与民俗》，见张弓主编：《敦煌典籍与唐五代历史文化》，1073～1096页，中国社会科学出版社，2006；陈昊：《"历日"还是"具注历日"——敦煌吐鲁番历书名称与形制关系再讨论》，载《历史研究》，2007(2)，60～68页。
　　② 见《十三经注疏》，影印本，817页。
　　③ 《后汉书》志二五《百官二》，3572页，中华书局，1965。
　　④ (唐)李林甫等撰，陈仲夫点校：《唐六典》，303页，中华书局，1992。

在。"①显然，唐代官方钦定的年历是由国家的天文机构——太史局来负责修造和颁发的。

唐太史局中，负责历日修造的官员有太史令、司历和历生。太史令"掌观察天文，稽定历数"，其中包括了历法、历日的考核与制定。司历"掌国之历法、造历以颁于四方"，掌管历法、历日的修造与颁行事宜。历生是唐代培养历法人才的后备力量，通常选取 18 岁以上中男"解算数者"，"掌习历"。《大唐故秘阁历生刘君墓志铭》提到："步七耀而测环回，究六历而稽谏密。"②表明历生主要研习历法推演之事。吐鲁番台藏塔新出的一件唐代历日残片（编号 2005TST26）中，存有三行文字，其中第三行残存"三校"两字，前两行分别为"历生□玄彦写并校""历生李玄逸再校"。此件由于形制和书写较为粗糙，陈昊推测是地方转抄中央颁布历日的尾题，说明历生习历的重要途径和他们基本的工作就应该是抄写和校勘每年颁布的历日③。可以肯定的是，参与历日抄写并校勘的两位历生——□玄彦和李玄逸，是官方天文机构——太史局中的天文人员。

唐制，每年历日都由太史局（司天监）提前修造，并表奏中央，然后由朝廷统一颁发。日本《养老令·杂令》第 8 条："凡阴阳寮每年预造来年历日，十一月一日申送中务，中务奏闻。内外诸司各给一本，并令年前至所在。"其中"内外诸司"，注曰："谓被管寮司及郡国司者。省国别写给。"天一阁藏《天圣令·杂令》第 9 条："诸每年司天监预造来年历日，三京、诸州各给一本，量程远近，节级送。枢密院颁散，并令年前至所在。"④综合《养老令》和《天圣令》的规定，可知来年历日的颁布是在岁末年终的十一、十二两月，大致在新年来临前，完成从中央内外诸司到地方诸州的颁历工作。甚至僻居敦煌的归义军节度使，历日的修造也是十一月。P.4640《归

北京师范大学史学探索丛书

326

---

① 天一阁博物馆、中国社会科学院历史研究所天圣令整理课题组校证：《天一阁藏明钞本天圣令校证（附唐令复原研究）》，734、749 页，中华书局，2006。

② 周绍良主编：《唐代墓志汇编》，上册，589 页，上海古籍出版社上海，1992。

③ 陈昊：《吐鲁番台藏塔新出唐代历日研究》，见《敦煌吐鲁番研究》，第 10 卷，207～220 页，上海古籍出版社，2007。

④ 《天一阁藏明钞本天圣令校证（附唐令复原研究）》，734 页，中华书局，2006。

义军破纸历》载：己未年（899）十一月二十七日，"支与押衙张忠贤造历日细纸叁帖"；庚申年（900）十一月二十七日，"支与押衙邓音三造历日细纸叁帖"①。张忠贤和邓音三是张承奉执掌归义军时期的历日学者，尽管他们编修的是在归义军境内行用的地方历日，但时间上仍限定于十一月"造历日"，体现了与唐王朝历日颁行的一致性。

不过，考虑到唐代疆域的空前辽阔，中央王朝的历日要在两月之内颁发至地方诸州，达到"年前至所在"的程度，可能也有一定的难度。开成五年（840）正月十五日，日僧圆仁在求法途中，"得到当年历日抄本"②，时间上已延迟半月。阿斯塔那506号墓所出《唐天宝十三载（754）交河郡长行坊具一至九月蹿料破用帐请处分牒》称："为正月、二月历日未到，准小月支，后历日到，并大月，计两日料。今载二月十三日牒送仓曹司充和籴讫。"③不难看出，该年历日在二月后还未送至西州。比照《天圣令》所见宋代颁历"量程远近，节级送"的原则，唐代历日的颁行应该也有道途里程和逐级递送的规定④，因而与中原内地相比，历日送达缘边州府的时间显然要更晚一些。

太史局修造的"来岁历"，除了向京城的内外诸司和地方诸州颁发外，唐代帝王还经常向百官公卿和朝中大臣颁赐历日。张说《谢赐钟馗及历日表》："中使至，奉宣圣旨，赐臣画钟馗一及新历日一轴者。……屏祛群厉，缋神像以无邪；允授人时，颁历书而敬授。"⑤钟馗是传统民间的降魔捉鬼大神，因而钟馗画像的供养意在"驱除群厉"，镇妖避邪。历日的颁赐可谓"三百六旬，斯须而咸睹；二十四气，瞬息而可知"⑥，以便官员更好地安排来年的政事。不唯京城官员，皇帝颁给藩镇长官的"腊日"赏赐物品

① 唐耕耦、陆宏基编：《敦煌社会经济文献真迹释录》，第三辑，260、266页，全国图书馆文献缩微复制中心，1990。
② ［日］圆仁著，白化文等校注：《入唐求法巡礼行记校注》，198页，花山文艺出版社，1992。
③ 唐长孺主编：《吐鲁番出土文书》［肆］，487页，文物出版社，1996。
④ 陈昊：《吐鲁番台藏塔新出唐代历日研究》，217页。
⑤ 《全唐文》卷二二三，2255页，中华书局，1983。
⑥ 《全唐文》卷五一一郑絪《腊日谢赐口脂历日状》，5194页。

中也多有"新历一轴"。刘禹锡《为淮南杜相公谢赐历日面脂口脂表》："中使霍子璘至，奉宣圣旨，……兼赐臣墨诏及贞元十七年新历一轴，腊日面脂、口脂、红雪、紫雪并金花银合二、金稜合二。"①这些颁赐公卿大臣和藩镇使主的新年历日，应是来自集贤院书写的历本。《玉海》卷55"唐颁历日"条引《集贤注记》："自置院之后，每年十一月内即令书院写新历一百二十本，颁赐亲王公主及宰相公卿等，皆令朱墨分布，具注历星，递相传写，谓集贤院本。"②所谓"朱墨分布"是说集贤院本历日主体是用墨色抄写而成，但中间也有朱笔点勘和标注，从而形成朱墨相间的形态。敦煌具注历日中，P. 2591、P. 2623、P. 2705、P. 3247、P. 3403、P. 3555A、S. 95、S. 276、S. 681、S. 2404 等写本中所见九宫色、岁首、岁末、蜜日、漏刻、日游、人神、人日、藉田、启源祭、祭川原、社、奠、祭雨师、初伏、中伏、后伏、腊等信息，俱为朱笔标注③，而其他历日内容，全用墨笔写成。至于"具注星历"，当是历日中吉凶休咎和选择宜忌的注释和说明。《唐六典·太卜署》载："凡阴阳杂占，吉凶悔吝，其类有九，决万民之犹豫：一曰嫁娶，二曰生产，三曰历注，四曰屋宅，五曰禄命，六曰拜官，七曰祠祭，八曰发病，九曰殡葬。凡历注之用六：一曰大会，二曰小会，三曰杂会，四曰岁会，五曰建除，六曰人神。凡禄命之义六：一曰禄，二曰命，三曰驿马，四曰纳音，五曰涯河，六曰月之宿也，皆辨其象数，通其消息，所以定吉凶焉。"④这些趋吉避凶的时日宜忌添加于历日中，从而以"历注"的形式赋予年、月、日的选择意义，成为指导人们生产生活的依据。这样看来，"朱墨分布，具注星历"并非集贤院本的独特形致，实是中古历日撰述中比较常见的一种书写形式。

唐制，历日的修造与颁布始终在大一统王朝的严格控制下来进行。安

---

① 《全唐文》卷六〇二，6082 页。

② （宋）王应麟：《玉海》卷五五《艺文·唐赐历日》，1054 页，上海书店、浙江古籍出版社，1988。

③ 甚至 P. 2705 卷末的"勘了，刘成子"的题记，以及 S. P6 卷尾"报麹大德永世为父子，莫忘恩也"的题识，亦用朱笔所写。

④ 《唐六典》卷一四《太卜署》，413 页。

史乱后，随着藩镇势力的强大以及边疆民族危机的加深，中央王朝对于周边民族、地方藩镇的控制与影响大为降低。中唐以后，唐室帝王对于百官臣僚和方镇长官频繁的历日赏赐，事实上也降低了"太史历本"象征的君主特权。差不多同时，历日已经融入人们的日常生活之中，并成为官员文人的案头常备物。李益《书院无历日以诗代书问路侍御六月大小》①表明，历日是官员了解一年时间行度、每月大小的重要方式。白居易《十二月二十三日作兼呈晦叔》："案头历日虽未尽，向后唯残六七行。"②说明历日已经成为文人官员立身行事的指南，似乎日常活动都要翻看历日，且每过一日，即撕去一角，乃至十二月二十三日，旧历仅存六七行。元稹《题长庆四年历日尾》："残历半张余十四，灰心雪鬓两凄然。定知新岁御楼后，从此不名长庆年。"③即言案头摆放的历日残存十四行，距离新岁宝历元年仅有为数不多的 14 日，因而诗人发出了"从此不名长庆年"的感叹。

随着历日内在实用功能的增强以及雕版印刷的发明，唐代民间私造历日的活动甚为盛行。比如，剑南东、西两川及淮南道，"皆以版印历日鬻于市"，每年司天台还没有颁下新历，民间私自刻印的历日已经遍布天下。文宗大和九年（835）十二月，东川节度使冯宿上疏，要求朝廷禁断"印历日版"④。同月丁丑，文宗诏敕，命令"诸道府不得私制历日版"⑤。但开成三年（838）十二月二十日，日僧圆仁在扬州"买新历"⑥，可知并不能从根本上阻止民间私自印历的风气，甚至在上都长安的东市，还有"大刀家"店铺堂而皇之地印制历日（S. P12）。《唐语林》卷 7《补遗》载："僖宗入蜀，太史历本不在江东，而市有印货者，每差互朔晦，货者各徵节候，因争执，里人拘而送公，执政曰：'尔非争月之大小尽乎？同行经纪，一日半日殊是小事。'遂叱去。"⑦所谓"僖宗入蜀"是指黄巢起义军攻入长安之际，僖宗逃亡

---

① 《全唐诗》卷二八三，3231 页，中华书局，1960。

② 《白居易集》卷三一，顾学颉校点，691 页，中华书局，1979。

③ 《元稹集》卷八，90 页，中华书局，1982。

④ 《全唐文》卷六二四冯宿《禁版印时宪书奏》，6301 页。

⑤ 《旧唐书》卷一七《文宗纪》，563 页。

⑥ 《入唐求法巡礼行记校注》，87 页。

⑦ （宋）王谠撰，周勋初校证：《唐语林校证》，671 页，中华书局，1987。

成都之事。因为皇权扫地，一落千丈，作为体现君主统治的"太史历本"，自然没有在江东行用，蜀地因而遂有自制历日之使用。即使在蜀地，当时民间行用的历日也不统一，以至于市场上货卖的不同历日，常有晦朔之差。可知蜀地自造历日者，也并非一家。唐末历日之混乱[①]，由此可见一斑。

蜀地自造贩卖的诸家历日，除了晦朔之差外，还兼有禄命推占和吉凶祸福的内容。S.P10《唐中和二年（882）剑南西川成都府樊赏家印本历日》云：

1　剑南西川成都府樊赏家历□□□

2　中和二年具注历日。凡三百八十四日，太岁壬寅，干属水、支木、纳音属金，年□□□

3　推男女九曜星图。行年至罗候星，求觅不称情，此年忌起造、拜蘸最为情□□白吉。运至太白宫，合有厄相逢，小人多服孝，君子受三公。岁逢计都不安宁，且须□□□

（后缺）

这里"樊赏家"，即西川成都府刻板印刷历日的店铺名称。除此之外，敦煌文书所见的佛经、阴阳书、灸经和历日中，还有"西川过家真印本""京中李家印本"和"上都东市大刀家本印"的题记，可见9世纪时期成都、长安两地都有雕版印刷的铺子[②]。成都府樊赏家所印具注历日在敦煌发现并被保存，乃是因为中古的晚唐五代，"成都与敦煌之间，已经有了相互交往的路线"[③]。所以这些西川印本历日、佛经以及阴阳书籍，借此得以流转敦煌。其中第3行"推男女九曜星图"及罗候（睺）、计都、太白的行年推

---

① 王重民认为，唐历与蜀历有所不同，然据《北梦琐言》所载，蜀历又与敦煌历相同。由此，王氏指出唐末边疆历日之不统一。参见《敦煌本历日之研究》，见《东方学报》，第34卷，1937。

② ［日］妹尾达彦：《唐代长安东市民间的印刷业》，见《中国古都学会第十三届年会论文集》，1995，226～234页。

③ 陈祚龙：《中世敦煌与成都之间的交通路线》，见《敦煌学》，第一辑，1974，79～86页；《唐代研究论集》，第三辑，433～445页，新文丰出版公司，1992。

命，是中古时期颇为流行的一种星命推占，可称为"九曜行年"，这是以世人的年岁为据而将人的命运与九曜联系起来的推命方式，同时兼顾一些本命斋醮和祈禳的因素①。若将视野进一步拓展，S.P6《乾符四年（877）丁酉岁具注历日》是由敦煌的一位翟姓州学博士根据中原历改造而成②，其中包含了许多吉凶宜忌和禄命推占的阴阳术数元素。另一件来自长安东市"大刀家"店铺的印本历日（S.P12），虽然仅存尾部一残页，但仍残存"八门占雷"和"周公五鼓逐失物法"的部分内容。从敦煌发现的这3件刻本历日来看，民间私自印制的历日，往往含有禄命推占和吉凶宜忌的阴阳占卜内容，恰到好处地迎合了广大民众趋吉避凶的普遍观念，因而致使民间私造、印历之风屡禁不止。

降至五代，民间私制历日仍屡兴不辍。后唐同光二年（924）九月，庄宗诏敕："司天台请禁历日，从之。"③然其成效微乎其微。后周广顺三年（953），太祖诏敕，每年历日由司天台和翰林院"算造奏定"后，由国家统一颁布发行，民间不得私自印制历日④。但与此同时，国子博士王处讷仍然在家中私撰《明玄历》⑤，朝廷并没有治罪。看来，晚唐五代，私历的制作与印行已成为不可逆转之势了。

## 第二节　繁简之分：中古历日的基本形制

就形制而言，历日有简本和繁本之分。通常来说，简本历日以朔日甲子为序，或逐日排列，或以二十四节气为序进行编排，中间兼及社、奠、

① 赵贞：《"九曜行年"略说——以P.3779为中心》，载《敦煌学辑刊》，2005（3），22～35页。

② 严敦杰指出，唐乾符四年用长庆《宣明历》，用《宣明历》来推算乾符四年朔闰和节气干支，均与残历相合。邓文宽认为此历体例不甚统一，历注中有不少错误，推断应是敦煌当地学者据中原历改写而成。参见严敦杰：《跋敦煌乾符四年历书》，见中国社会科学院考古研究所编：《中国古代天文文物论集》，243～251页，文物出版社，1989；邓文宽：《敦煌天文历法文献辑校》，236页。

③ 《旧五代史》卷三二《庄宗本纪》，441页。

④ 《五代会要》卷一一《杂录》，142页。

⑤ 《新五代史》卷五八《司天考》，670页。

腊等个别纪事，总体没有吉凶标注，内容相对简单。如 S.3824《元和十四年己亥岁(819)历日》，首起五月十八日甲午金建，终于六月九日乙卯水成，皆以干支为序，逐日编排，不知年九宫、月九宫，亦无吉凶注，仅五月十八日注"天赦"和蜜日注①，显然为简本历日。杏雨书屋藏羽 40v《年次未详历日抄》中，七月"十六日戊申土建"下注"天赦"，"廿三日乙卯水破"下注有"八月节"，八月"廿四日乙酉水闭"下注有"九月节"，七月"十九日辛亥金平""二十六日戊午火收"，八月"十五日丙子水平""廿一日壬午木收""廿八日己丑火平"下注有"罡"字②，其他均无宜忌标注，因而仍属简本之列。

值得注意的是，杏雨书屋藏羽 41V—3《戊寅年历日》。此历起于二月十九日，其抄写格式甚为特殊：每日仅写地支和建除，而没有天干和五行内容。如"二月十九日酉破，廿日戌危，廿一日亥成，廿二日子收，廿三日丑开，廿四日寅闭，廿五日卯建，廿六日辰除，廿七日巳满，廿八日午平，廿九日未定，卅日申执"③。此下亦遵循这种格式，逐日依次排列，建除十二客则连续分配于每日之下，中间没有任何节气说明，也没有其他注记，总体看来属于简本历日。邓文宽据各月朔日地支，判定此件为《宋太平兴国三年戊寅岁(978)历日草稿》④。

以二十四节气为序而编排的简本历日，目前所见共有两件。其一是《北魏太平真君十一年(450)、十二年(451)历日》⑤，内容仅有朔日、二十四节气、春秋二社、腊日、始耕、月食等条，其他日期均不收录。另一件是《开成五年日历》，圆仁《入唐求法巡礼行记》曾有收录，现摘引如下：

> 开成五年历日，干同支同(金)纳音本(木)，凡三百五十五日，合

①　邓文宽：《敦煌天文历法文献辑校》，124～127 页，江苏古籍出版社，1996。
②　[日]武田科学振兴财团编集：《杏雨书屋藏敦煌秘笈》，影片册一，272～273 页，はまや印刷株式会社，2009。
③　[日]武田科学振兴财团编集：《杏雨书屋藏敦煌秘笈》，影片册一，280 页。
④　邓文宽：《跋日本"杏雨书屋"藏三件敦煌历日》，见黄正建主编《中国社会科学院敦煌学回顾与前瞻学术研讨会论文集》，153～156 页，上海古籍出版社，2012。
⑤　邓文宽：《敦煌天文历法文献辑校》，101～102 页。

在乙巳上取土修造。大岁申，大将军在午，岁德在甲寅，岁刑在寅，岁破在寅，岁煞在未，黄幡在辰，豹尾在戌，蚕官在巽。

正月大，一日戊寅土建，四日得辛，十一日雨水，廿六日惊蛰。

二月小，一日戊寅土破，十一日社、春分，廿六日清明。

三月大，一日丁丑水闭，二日天赦，十二日谷雨，廿八日立夏。

四月小，一日丁未水平，十三日小满，廿八日芒种。

五月［小］，一日丙子水破，十四日夏至，十九日天赦。

六月大，一日乙巳火开，十一日初伏，十五日大暑，卅日立秋。

七月小，一日乙亥土平，二日除（后）伏，十五日处暑。

八月大，一日甲辰火成，白露，五日天赦，十五日社，十六日秋分。

九月小，一日甲戌火除，二日寒露，十七日霜降。

十月大，一日癸卯金执，二日立冬，十八日小雪，廿［二］日天赦。

十一月大，一日癸酉金收，三日大雪，廿日冬至。

十二月［大］，一日癸卯金平，三日小寒，十八日大寒，廿六日腊。

右件历日具注勘过。①

不难看出，《开成五年历日》旨在二十四节气的描述，同时兼顾了朔日干支及春社、秋社、初伏、后伏、腊的日期。除此之外，还有两点值得注意：一是"得辛"，即正月初一后的第一个"辛"日，此历正月朔日戊寅，可知四日辛巳，故有"四日得辛"的说法。与此相应，历日中还有"几龙治水"的标注。S.612《宋太平兴国三年戊寅岁（978）具注历日》："六日得辛，七龙治水。"②《金天会十三年乙卯岁（1135）历日》："十二龙治水，七日得辛。"所谓"几龙治水"，是以正月初一后的第几日为"辰"日来计算的。古人认为

---

①　［日］圆仁撰，白化文等校注：《入唐求法巡礼行记校注》，198页，花山文艺出版社，1992。

②　郝春文编著：《英藏敦煌社会历史文献释录》，第3卷，284页，社会科学文献出版社，2003。

龙多则雨少，龙少则雨多，故须在得辛日备供品向神明祈谷①，以求风调雨顺，五谷丰登。二是"天赦"，即赦宥罪过之吉日。《星历考原》卷三"天赦"条引《天宝历》曰："天赦者赦过宥罪之辰也。……天赦其日，可以缓刑狱、雪冤枉、施恩惠，若与德神会，合尤宜兴造。"《历例》曰：春戊寅，夏甲午，秋戊申，冬甲子是也。曹震圭曰："天赦者，乃天之赦过宥罪之神也。"②同书卷六"肆赦"条引《历例》曰："凡赦过宥罪、释狱缓刑、蠲除赋役、起拔幽锢、抚纳流亡、复还迁黜等事，宜天赦天德合。"③由此可见，天赦是颁布大赦、释放囚徒、蠲免赋役、宣示恩惠的吉日。开成五年历中，天赦注于三月二日（戊寅）、五月十九日（甲午）、八月五日（戊申）、十月廿二日（甲子），这与《历例》的规定正相契合④。这样看来，历日中的"天赦"标注，显然是适应了朝廷大赦天下的需要。中唐以后，中央王朝面对当前的政治和社会问题（如疏理囚徒、减免赋役、权停修造、赈济灾害、旌表孝亲等），往往通过各种形式的大赦诏令来予以解决，因而反映在历日中便有"天赦"的标注。

至于繁本历日，就是通常所说的具注历日，虽然也是逐日排列，但每日大致都有吉凶神煞、宜忌事项、日游和人神位置的说明，总体呈现出择吉避凶的宜忌特征，从而给人们的立身行事和日常生活提供时间指南。敦煌吐鲁番所出历日中，此类"具注历星"的写本较多，兹不赘述。需要说明的是，P.3507虽有"淳化四年癸巳岁具注历日"标题，且有年九宫、月九宫信息，但其内容与抄写方式明显与其他《具注历》不同：

> 正月小建，甲寅。一日庚寅木除，水泽腹坚，嫁、修、符、葬吉。四日蜜。六日立春正月节。七日人日。八日上弦。十一日蛰虫［始］［振］。十二日往亡、祭风伯。十五日望。十六日鱼上冰。

① 邓文宽：《金天会十三年乙卯岁（1135）历日疏证》，载《文物》，2004（10）。

② 《钦定星历考原》卷三《月事吉神·天赦》，四库术数类丛书（九），41页，上海古籍出版社，1991。

③ 《钦定星历考原》卷六《用事宜忌·肆赦》，96页。

④ S.3824《元和十四年己亥岁（819）历日》"五月十八日甲午"和羽40v《年次未详历日抄》"七月十六日戊申"注有"天赦"，亦与此制相合。

廿一日雨水正月节。廿二日藉田。廿三日下弦，启原祭。廿六日鸿雁来。廿八日灭。廿九日祭祀。六日书（昼）四十四刻，夜五十六刻。十四日昼四十五刻，夜五十五刻。廿三日昼四十六刻，夜五十四刻①。

二月大［建］，乙卯。一日己未火执，二日草木萌动，昼四十七刻，夜五十三刻。三日蜜。七日惊蛰二月节，桃始花（华）。九日上弦。十日昼四十八刻，夜五十二刻。十二日鹡鸰鸣。十六日望。十七日鹰化为鸠。十八日昼四十九，夜五十一。十九日奠。廿日往亡、社、天赦。廿一日没。廿三日春分中，玄鸟至。廿四日下弦，昼五十刻，夜五十刻。廿八日雷乃发声。

三月小建，丙寅（辰）。一日己丑火开。二日昼五十一刻，夜四十九刻。三日始电。八日上弦，清明三月节，桐始花（华）。十日昼五十二刻，夜四十八刻。十二日田鼠化为鴽。十五日望。十六日昼五十四（三）刻，夜四十六（七）刻。十八［日］虹始见。廿日土王事，祭川原。廿三日下弦，谷雨三月中，萍始生。（后缺）

可见，此历在编排中着眼于朔、望、节气、物候、漏刻、上弦、下弦等要素，同时兼顾了人日、祭风伯、藉田、启原祭、奠、社、祭川原等祭祀礼仪，所谓的"具注"其实仅限于正月一日的婚嫁、修造、符镇和丧葬，因而形式上似与简本更为接近。不过，此历还关注了蜜、没、灭、往亡、天赦等时日宜忌。P. 2765《唐太和八年甲寅岁（834）具注历日》云"往亡日不拜官、移徙，不呼女娶妇、远行、归家"，"没、灭日不涉深水、江河"。S. 1473＋S. 11427v《宋太平兴国七年（982）具注历日并序》称"蜜日不吊死问病，朔日不会客及歌乐"，"往亡日不远行及归家、掘墓、移徙"，"灭、没日不涉深水及行船"②。在帝王政治中，朔日宜朝会群臣，天赦宜赦宥罪

---

①　邓文宽：《敦煌天文历法文献辑校》，664～665 页。

②　郝春文编著：《英藏敦煌社会历史文献释录》，第七卷，38～39 页，社会科学文献出版社，2010。

过，往亡"不利出师""不可出军"①，皆为吉凶宜忌之事。这样看来，P.3507《淳化四年癸巳岁（993）历日》的书写形式上虽然简单，但实则覆盖了历日的必备要素及当时社会甚为关注的祭祀礼仪，并初步汲取了九宫、时日宜忌等"具注"元素，客观反映了历日形态从简本向繁本过渡、演进的大致历程。

## 第三节　具注历日中的宜忌选择

中古时期的具注历日，通常包括历序和历日两部分内容。历序是历日性质、功能、神煞及择吉避凶的概括性描述。S.95《后周显德三年丙辰岁（956）具注历日》："夫历日者，是阴阳之纲纪，造化之根原。二仪交泰，即有易变之殊；八节推迁，四时更改。审观七十二候，廿四气，显示一年日晨，知月朔之大小，昏晓无亏，定昼夜之矩（短）长。紫、白二方，修造免冲凶地。凡三五十四晨，足下检吉定凶。公私最要，无过于历日也。金乌运转，玉兔巡行，如（而）成其岁。凡人年内造作，举动百事，先须看太岁及已下诸神将并魁罡，犯之凶，避之吉。"②理论上来说，历日的核心是对四时、八节、二十四气、七十二候的确定，并力求与天道、自然与时令保持一致，可谓是历法学中对于时日至上至美的追求。但在社会实践和应用层面，无论官方还是民间，历日提供的都是社会生活中"检定吉凶"和选择宜忌的诸多指南。当然，对于农业社会而言，历日界定的时令秩序对于农业生产的指导不乏积极意义。P.2765《唐太和八年甲寅岁（834）具注历日》："夫为历者，自故常规，诸州班（颁）下行用，尅定四时，并有八节。

---

① 《通鉴》卷一一五"晋义熙六年（410）春二月"条："丁亥，刘裕悉众攻城。或曰：'今日往亡，不利行师。'裕曰：'我往彼亡，何为不利！'四面急攻之。"同书卷二四〇"宪宗元和十二年（817）九月"条："甲寅，李愬将攻吴房，诸将曰：'今日往亡。'愬曰：'吾兵少，不足战，宜出其不意。彼以往亡不吾虞，正可击也。'遂往，克其外城，斩首千余级。"《武经总要·后集》卷二一《六壬占法·择岁月日时法》："凡往亡及日月蚀，并不可出军，归忌亦不宜用。"

② 郝春文编著：《英藏敦煌社会历史文献释录》，第 1 卷，142 页，科学出版社，2001。

若论种莳，约□行用，修造亦然。恐犯神祇，一一审自祥察，看五姓行下。沙州水总一流，不同山川，惟须各各相劝，早农即得善熟，不怕霜冷，免有失所，即得丰熟，百姓安宁。"①显而易见，这是吐蕃时期敦煌自编的本土历日，虽然从"赳定四时，并有八节"的术语来看略显粗糙，但由于是本土造历，结合了沙州山川、河水和气候的实际情况，因而更能起到指导农业生产的作用。不违农时，从而保证五谷俱熟，百姓丰衣足食②。

就历日的择吉而言，首先表现在七曜直日、十二时、建除十二客以及朔、望、晦、魁、罡等规范的时日宜忌上。这在 S.95、S.612、S.681、S.1473、S.2404、P.2623、P.3403 等《具注历日》所见"历序"中有明确反映：

> 推七曜直日吉凶法：第一蜜，太阳直日，宜出行，捉走失，吉事重吉，凶事重凶。第二莫，太阴直日，宜纳财、治病、修井灶门户，吉；忌见官，凶。第三云汉，火直日，宜买六畜、合火（伙）下书契、合市，吉；忌针灸，凶。第四嘀，水直日，宜入学、造功德，一切工巧皆成，人、畜走失自来，吉。第五温没斯，木直日，宜受法，忌见官，市口马、着新衣、修门户，吉。第六那颉，金真（直）日，宜见官、礼事、买庄宅、下文状、洗头，吉。第七鸡缓，土直日，宜典庄田、市买牛马，利加万倍，修仓库，吉。

> 今年那颉日受岁。月虚日不煞生祭神，八魁日不开墓，复日不为凶事，九焦、九坎日不种莳及盖屋，天李、地李日不祭祀及入官论理，蜜日不吊死问病，朔日不会客及歌乐，晦日不裁衣及动乐，往亡日不远行及归家、掘墓、移徙，血忌日不煞生祭神及针灸出血，归忌日不归家及招女呼妇，弦、望日不合酒酢及煞生，章光、天门、天尸、天破日不出师，九丑日不出军，阴煞、大败日不出兵战斗，反击日不攻伐，地囊日不动土，灭、没日不涉深水及行船，魁、罡日不举

---

① 上海古籍出版社、法国国家图书馆编：《法国国家图书馆藏敦煌西域文献》，第18册，129页，上海古籍出版社，2001；邓文宽：《敦煌天文历法文献辑校》，140页。

② 谭蝉雪：《敦煌岁时文化导论》，357～358页，新文丰出版公司，1998。

百事。

建宜入学，不开仓。除宜针灸，不出血。满宜纳财，不服药。平宜上官，不修渠。定宜作券，不诉讼。执宜求债，不伐废。破宜治病，不求师。危宜安床，不远行。成宜纳礼，不拜官。收宜纳财，不安葬。开宜治目，不塞穴。闭宜塞穴，不治目。

子日不卜问，丑日不买牛，寅日不祭祀，卯日不穿井，辰日不哭泣，巳日不迎妇，午日不盖屋，未日不服药，申日不裁衣，酉日不会客，戌日不养犬，亥日不育猪及罚罪人。①

以上是不同系统下对于时日宜忌的描述。综合来看，这些不同模式的纪日实已覆盖了一年中的所有日子，与此相关的宜忌事项也包含了社会生活（如衣食住行）的方方面面，因而似有"百科全书"的意义。其中"蜜日不吊死问病"，P. 3081《七曜日吉凶占法》："蜜日不得吊死问病、出行、往亡、殡葬、斗竞、咒誓，速见耻辱，凶。"正与此合。又"魁、罡日不举百事"，S. 1473＋S. 11427v《宋太平兴国七年（982）具注历日并序》："今年二月天罡，八月河魁，魁、罡之月切不得修造动土，大凶。"《通鉴》卷二二六德宗建中元年（780）九月条："壬午，将作奏宣政殿廊坏，十月魁冈，未可修。上曰：'但不妨公害人，则吉矣。安问时日！'即命修之。"胡三省注曰："阴阳家拘忌，有天冈、河魁。凡魁冈之月及所系之地，忌修造。"②魁冈之月忌修造，自然也在"不举百事"之列。又如"辰不哭泣"，《资治通鉴》卷一九四太宗贞观六年（632）四月条："辛卯，襄州都督邹襄公张公谨卒。明日，上出次发哀。有司奏，辰日忌哭。上曰：'君之于臣，犹父子也，情发于衷，安避辰日！'遂哭之。"胡三省注曰："彭祖百忌，辰不哭泣。"③这些事例表明，敦煌具注历中的时日宜忌与中原流行的阴阳"拘忌"不谋而合，呈现出共通性的特征。

对于日常生活中的具体事项，历日也有择吉的时日界定。比如，身体

---

① S. 1473＋S. 11427v《宋太平兴国七年（982）具注历日并序》，见《英藏敦煌社会历史文献释录》，第 7 卷，38～39 页。

② 《资治通鉴》，第 16 册，7289 页，中华书局，1956。

③ 《资治通鉴》，第 13 册，6096 页。

关照中的洗头，S. P6《乾符四年丁酉岁具注历日》"洗头日"条："（每月）三日八日富贵，九日加官，十日招财，十一十二日□明，十五廿日大吉，廿四日招财，廿六日有游食，已上日吉，余日凶。"①S. 612《太平兴国三年戊寅岁（978）具注历日》中，每月一日、三日、五日、七日、九日、十一日、十三日、十五日、十七日、十九日、廿一日、廿三日、廿五日、廿七日、廿九日，洗头皆为吉日。若用子、丑、申、酉、戌、亥日洗头，也是大吉②。S. 6886v《宋太平兴国六年辛巳岁（981）具注历日》中，正月三日乙丑、十五日癸丑、二十七日乙丑、二月五日癸酉、十九日丁亥、廿一日己丑、二十九日丁酉、三月三日庚子、四月十七日甲申、二十九日丙申、五月一日丁酉、五月十七日癸丑、二十九日乙丑、六月七日癸酉、二十一日丁亥、二十三日己丑、七月一日丙申、五日庚子、八月十七日甲申、二十九日丙申、九月三日庚子、十月七日癸酉、二十三日己丑、十一月一日丁酉、十七日癸丑、二十九日乙丑、十二月十九日甲申等，皆注有"洗"字③，表明是该年洗头的吉日。传世本《大宋宝祐四年丙辰岁（1256）会天万年具注历》许多"沐浴"的标注也限定于子、丑、申、酉、亥日，显然与"洗头"吉日完全一致。

又如，农事活动中的种莳，S. P6《乾符四年丁酉岁具注历日》"五姓种莳日"条："禾，用巳、酉、丑日吉；麦，用卯、亥日大吉；豆，用子、寅、丑日吉；糜，卯日、戌日吉；乔，申、酉日吉；稻，未日、午日吉；葱韭苽茄，用寅、卯日大吉。"④S. 612《太平兴国三年戊寅岁（978）具注历日》"推杂种莳法"条：麦，辛未、辛亥；禾，己未、丁卯；秋，辛巳辛亥；稻，甲申、甲辰；苽，甲子、壬子；麻，壬戌、庚戌；葱，戊辰庚辰；菜，壬辰日；豆，壬申、甲申。⑤ 其他如祭祀、出行、针灸等活动，历日

---

① 中国社会科学院历史研究所等编：《英藏敦煌文献（汉文佛经以外部分）》，第14卷，244页，四川人民出版社，1995。

② 郝春文编著：《英藏敦煌社会历史文献释录》，第3卷，288页。

③ 邓文宽：《敦煌天文历法文献辑校》，530～556页。

④ 中国社会科学院历史研究所等编：《英藏敦煌文献（汉文佛经以外部分）》，第14卷，246页。

⑤ 郝春文编著：《英藏敦煌社会历史文献释录》，第7卷，287～288页。

都有宜忌选择的描述。

　　值得注意的是，历日中特别强调了动土修造的注意事项。S. P6《乾符四年丁酉岁具注历日》："凡修造地动，逐月下看日辰犯之牢□一尺，损之大凶。"S. 1473＋S. 11427v《宋太平兴国七年（982）具注历日并序》："今年岁德在丁，合德在壬，丁、壬上取土及修造吉，右件太岁已下其地不可穿凿动土，因有破坏，事须修营。其日与岁德、月德、岁德合、月德合、天赦、天恩、母仓并者，修营无妨。"①不难看出，历日中的诸多神煞对动土修造的日辰与方位作了专门规定。如太岁、将军同游日，不宜修造，犯之凶；又如，土公"常以甲子日北游，庚午日还；戊寅日东游，甲申日还；甲午日南游，庚子日还；戊申日西游，甲寅日还。凡土公本位恒在中庭，每有游日之方，不得动土，犯之凶"②，正所谓"太岁、土公等所游不在之日，修营无妨"。还有日游神，S. P6《乾符四年丁酉岁具注历日》："夫日游神，天上云太一游历之使，常以癸日之日游左堂之内，于六日不得安床、立帐、生游（?）行、修造凶，从己酉日出外卅四日，所在不可于其方出行、起土、移徙、修造，忌吉。"③具体到宅内的修造，还要考虑"伏龙游法"："正月一日在中庭，去堂六尺，六十日；三月一日在堂门内，一百日；六月十一日移在东垣，六十日；八月十一日在四隅，一百日；十一月廿一日移在灶内，卅日。伏龙所在之处，不可动土穿地，若犯者，则伤家长。"④概言之，太岁、将军、土公、日游、伏龙诸神所在之处，或所游之日，不得动土修造。不唯如此，S. P6 中还有《推地囊法》和飞廉神像及其游法（图12-1）。或可参照的是，P. 2615《诸杂推五姓阴阳等宅图经》有"推宅内土公、伏龙、飞廉、地囊日法"，其中提到："右已前土公、伏龙、飞廉、地囊所在之处，不得动土修造，切忌，慎之。"⑤可知飞廉、地囊也是制约动土修

---

① 郝春文编著：《英藏敦煌社会历史文献释录》，第 7 卷，38～39 页。

② S. 2404《后唐同光二年甲申岁（924）具注历日》，见《敦煌天文历法文献辑校》，375～376 页。

③ 中国社会科学院历史研究所等编：《英藏敦煌文献（汉文佛经以外部分）》，第 14 卷，246 页。

④ 邓文宽：《敦煌天文历法文献辑校》，375～376 页。

⑤ 关长龙：《敦煌本堪舆文书研究》，307 页，中华书局，2013。

造的神煞。此外，在九方色中，依紫、白二方修造，"出贵子，加官改职，横得财物，婚嫁酒食，所作通达，合家吉庆"，但在黑方动土"主凶丧"①。至于修造的吉日，S. P6《乾符四年丁酉岁具注历日》"五姓修造日"条有详细描述：

> 修宅，用甲子、乙丑、甲午、戊申，吉；起土，甲子、己卯、天恩、母仓，大吉；移徙，用甲子、乙丑、丁卯、壬辰；修门，甲子、甲午、壬午、癸巳；修井，甲子、甲午、庚午、乙巳；灶，乙亥、乙酉、庚子、甲午；碓磑，甲子、甲戌、丙子、丙申；修厕，丙子、壬子、己卯、丁卯；扫舍，壬午、丙子、天赦，大吉；上梁，甲子、甲午、己巳、壬子；破拆，辛巳、壬辰、辛卯、癸未；杂修，甲子、乙巳、辛卯、己卯。②

以上有关修造的吉日，P. 2615《诸杂推五姓阴阳等宅图经》"五姓杂修造日法"也有类似的表述③，只不过稍显简略，其中也有若干差异。相比之下，S. P6似在强调甲子日在大多数情况下都比较适合修造事宜。表现在具注历日中，太和八年(834)正月十三甲子日，宜于修宅、起土、治井灶和碓磑(P. 2765)④。乾宁二年(895)九月九日甲子金满，"移徙、修造吉"(4627＋P. 4645＋P. 5548)⑤。后周显德三年(956)六月三日甲子金执，"修井灶、移徙、修宅吉"(S. 95)⑥，显然也是修造的吉日。

---

① P. 3403《宋雍熙三年丙戌岁(986)具注历日》，见《敦煌天文历法文献辑校》，591页。

② 中国社会科学院历史研究所等编：《英藏敦煌文献（汉文佛经以外部分）》，第14卷，246页。

③ P. 2615"五姓杂修造日法"条："修宅，甲子甲午日；起土，天恩、母仓日；移徙，乙丑、壬辰日；修门，甲子、甲午日；修井，甲子、乙巳日；作厕，丙子、丁卯日；修灶，乙亥、乙酉日；修碓磑，甲子、甲戌日；扫舍，壬午、天赦日吉；上梁，己上(卯)、己巳日吉；破拆，辛未、辛卯日。杂修，甲子、乙丑。右前件修造日，审看之，为得天赦日总吉，次得天恩、母仓日亦吉。"参见关长龙：《敦煌本堪舆文书研究》，303～304页。

④ 邓文宽：《敦煌天文历法文献辑校》，143页。

⑤ 邓文宽：《敦煌天文历法文献辑校》，298页。

⑥ 郝春文编著：《英藏敦煌社会历史文献释录》，第1卷，154页。

图 12-1　飞廉神

　　上引"五姓修造法"表明，修造活动的吉凶选择中还要考虑"五姓"的因素。所谓"五姓"，是基于阴阳五行来判断吉凶的基础原理，将人之姓氏尽归于宫商角徵羽五音分类，并以此来规范婚丧嫁娶等日常生活。① 与五音密切相关的"五姓"原本在风水术或《宅经》中加以应用，但后来被广泛运用到日常生活的其他领域中，以致在具注历日中也有"五姓"的渗透。比如，S. P6《乾符四年丁酉岁具注历日》中的"五姓种莳法"，S. 612《宋太平兴国三年戊寅岁(978)应天具注历日》中的"五姓祭祀神在吉日"，即属此类。但与种莳、祭祀相比，"五姓"用于修造活动更为常见。这在 S. P6、S. 2404、S. 681、S. 1473、P. 3403 等历日所见"推五姓利年月法"中均有反映。其中尤以 S. P6《乾符四年丁酉岁具注历日》最具代表性，如"推丁酉年五姓起造图"条：

　　　　今年宫羽得大利，起造拾财益人口；商姓小利，年起造亦吉；徵姓起造害财；角姓切忌修造，凶。宫徵羽三月九月墓，凶吉□不用；商角姓六月十二月墓。②

　　不难看出，五姓中宫、商、羽三姓当年"起造"俱为吉利，而徵、角二

<hr/>

　　① ［法］茅甘：《敦煌写本中的"五姓堪舆法"》，见《法国学者敦煌学论文选萃》，249～256 页，中华书局，1993；［日］高田时雄：《五姓说之敦煌资料》，见氏著《敦煌·民族·语言》，328～358 页，中华书局，2005。

　　② 中国社会科学院历史研究所等编：《英藏敦煌文献（汉文佛经以外部分）》，第 14 卷，245 页。

姓则不宜修造。为进一步说明五姓宅的方位布局，历日还有"五姓安置门户井灶图"，对宫、商、角、徵、羽五姓宅第的庭院布局作了总体概括，并以当年修造"得大利""拾财益人口"的宫姓为例，附有《宫姓宅图》（图12-2），形象地描绘出宫姓人家中大门、便门、厨、佛堂、仓库、井、碓磑、厕、马坊、鸡栖、羊[圈]、猪[栏]等屋舍安置的具体方位。如大门在南方丁位，仓库在西方辛位，猪栏在北方亥位，羊圈在北方癸位，这些布局大体与"五姓安置门户井灶图"相一致。考虑到P.2615《宅经》中的"五姓安佛堂地法""五姓安井吉地""五姓安楼台地""五姓安场地法""宫姓人宅图""宫家宅图""五姓安门开户法图""五姓开井图"等条目，那么历日中的五姓修造元素显然是编者为满足日常生活中民众的"起造"与择居需要，进而对《宅经》文献进行加工、改造与吸收的客观产物，在一定程度上也反映了《宅经》向具注历日渗透的必然趋势。

表12-1　五姓安置门户井灶表（S. P6）

| | 大门 | 便门 | 井 | 灶 | 佛堂 | 碓 | 仓 | 厕 | 马 | 牛 | 羊 | 猪 |
|---|---|---|---|---|---|---|---|---|---|---|---|---|
| 宫 | 丁 | 庚 | 巳 | 酉 | 酉 | 甲 | 辛 | 亥 | 巳 | 癸 | 癸 | 亥 |
| 商 | 庚 | 乙 | 巳 | 子 | 酉 | 甲 | 辛 | 壬 | 午 | 申 | 癸 | 亥 |
| 角 | 丙 | 甲 | 辰 | 子 | 酉 | 寅 | 申 | 壬 | 丁 | 庚 | 癸 | □ |
| 徵 | 丁 | 甲 | 酉 | 辰 | 丑 | 庚 | 辛 | 亥 | 申 | 申 | 癸 | □ |
| 羽 | 甲 | 庚 | 丙 | 子 | 酉 | 寅 | 申 | 壬 | 申 | 子 | 癸 | 子 |

图12-2　宫姓宅图

## 第四节　决民犹豫：中古历日"阴阳杂占"的渗透

中古时期的具注历日，除了统合时日宜忌和择吉避凶的选择术外，还包含着丰富多彩的社会历史文化内容。比如，前面提到的藉田、奠、祭川原、风伯、雨师、春秋二社、腊等传统民俗祭礼；又如，通过"男女命宫"来推算吉凶祸福的九宫图形；再如，汲取《宅经》元素的"五姓修造"，还有"日游法"和"人神法"反映的妇女生产和针灸刺血等医学活动①。特别是S.6886v《宋太平兴国六年辛巳岁（981）具注历日》中"马平水身亡"（六月廿六日）、"开七了"（七月三日）、"二七"（七月十日）、"三七"（七月十七日）、"四七"（七月廿四日）、"五七"（八月一日）、"六七"（八月八日）、"七七"（八月十五日）、"百日"（十月七日）等标注，是民间为马平水身亡举行"七七斋"和"百日祭"的记录②，较为曲折地反映了佛教文化向具注历日渗透的若干痕迹。除此之外，具注历中还渗透着许多社会民俗文化，择其要者，试举例说明。

（1）国忌。国忌是朝廷特定的先帝、先后的忌日。《唐律》第390"忌日作乐"条："诸国忌废务日作乐者，杖一百。"③可见唐时国忌日休务，不作乐。但至宋时，国忌始见于历日中。S.612《宋太平兴国三年戊寅岁（978）应天具注历日》"国忌"条："正月廿五日，四月十二日，五月廿一日，六月二日、十七日，七月廿六日，十月二十日，十二月七日。右件已上日切忌动染。"④在这些忌日中，正月二十五是"朝廷忌日"，四月十二日是翼祖简恭皇帝忌，五月二十一日是惠明皇后忌，六月二日是明宪皇太后忌，六月十七日是文懿皇后忌，七月二十六日是宣祖昭武皇帝忌，十月二十日是太祖、简穆皇后忌，十二月七日是僖宗文献皇帝忌。按照宋代制度的规定，

① ［法］华澜：《9至10世纪敦煌历日中的选择术与医学活动》，见《敦煌吐鲁番研究》，第9卷，425～448页。

② 邓文宽：《敦煌天文历法文献研究》，56页，甘肃教育出版社，2002。

③ 《唐律疏议》卷二六《杂律》，480页，中华书局，1983。

④ 郝春文编著：《英藏敦煌社会历史文献释录》，第3卷，284页。

凡国忌日"禁乐、废务，群臣诣佛寺行香修斋"①。《宋史·礼志二十六》："中兴之制，忌日：百僚行香，……大祥后次年，于历日内笺注立忌辰，禁音乐一日。"②因此，从"中兴之制"来看，南宋的历日中笺注"国忌"已成为定制。传世本《大宋宝祐四年丙辰岁(1256)会天万年具注历》中的30条皇帝、皇后的"大忌"可以说提供了很好的佐证③。

表 12-2　《会天具注历》所见南宋"国忌"名目表

| 正月十二日 | 宣皇帝大忌 | 六月二日 | 淑德皇后大忌、宪节皇后大忌、成穆宗皇后大忌 |
|---|---|---|---|
| 正月十三日 | 钦圣宪肃皇后大忌 | 六月四日 | 慈懿皇后大忌 |
| 二月九日 | 昭怀皇后大忌 | 六月九日 | 孝宗皇帝大忌 |
| 二月十六日 | 钦成皇后大忌 | 六月二十五日 | 成恭皇后大忌 |
| 二月十九日 | 真宗皇帝大忌 | 八月三日 | 宁宗皇帝大忌 |
| 三月五日 | 神宗皇帝大忌 | 八月八日 | 光宗皇帝大忌 |
| 三月十二日 | 元德皇后大忌 | 九月三日 | 宣仁圣烈皇后大忌 |
| 三月二十九日 | 太宗皇帝大忌、章宪明肃皇后大忌、仁宗皇帝大忌 | 九月二十日 | 显仁皇后大忌 |
| 四月十四日 | 昭慈圣献皇后大忌 | 九月二十五日 | 仁怀皇后大忌 |
| 四月十六日 | 章穆皇后大忌 | 九月二十六日 | 显恭皇后大忌 |
| 四月二十一日 | 徽宗皇帝大忌 | 十月八日 | 高宗皇帝大忌 |
| 四月二十八日 | 孝章皇后大忌 | 十月二十日 | 慈圣光献皇后大忌 |
| 五月三日 | 章怀皇后大忌 | 十一月七日 | 恭淑皇后大忌 |
| 五月十六日 | 成肃皇后大忌 | 十二月六日 | 恭圣仁烈皇后大忌 |
| 五月十九日 | 钦宗皇帝大忌 | 十二月七日 | 孝明皇后大忌 |

（2）十二相属。《唐六典·太卜署》载："凡阴阳杂占，吉凶悔吝，其类有九，决万民之犹豫：一曰嫁娶，二曰生产，三曰历注，四曰屋宅，

① 《宋会要辑稿》礼四二，1408、1410、1412 页，中华书局，1957。
② 《宋史》卷一二三《礼志二十六》，2891 页，中华书局，1977。
③ （宋）荆执礼撰：《宝祐四年会天历》，见（清）阮元编：《宛委别藏》，第 68 册，1～54 页，江苏古籍出版社，1988。

五曰禄命，六曰拜官，七曰祠祭，八曰发病，九曰殡葬。"①可见，凡有关婚娶、丧葬、发病、镇宅等事项的推占，俱属"阴阳杂占"之列，它们往往在具注历日多有渗透或描述。如以"婚娶"为例，S. P6《乾符四年丁酉岁具注历日》还有"十二相属灾厄法"的条目，此条分上、下两栏，图文并茂，上栏是鼠、牛、虎、兔、龙、蛇、马、羊、猴、鸡、狗、猪十二相属的绘图，并依次注有"吉""黄幡""三丘""灾煞""六合""吉""将军""五鬼豹尾""吉""太岁""六害""年驿马"（图 12-3）。下栏则是十二相属的简单占辞：

> 子生人，不宜与午生人同财及为夫妻，厄五月十一月。丑生人，不宜与未生人同财及为夫妻，厄六月十二月。寅生人，不宜与申生人同财及为夫妻，厄正月七月。卯生人，不宜与酉生人同财及为夫妻，厄二月八月。辰生人，不宜与戌生人同财及为夫妻，厄三月九月。巳生人，不宜与亥生人同财及为夫妻，厄四月十月。午生人，不宜与子生人同财及为夫妻，厄五月十一月。未生人，不宜与丑生人同财及为夫妻，厄六月十二月。申生人，不宜与寅生人同财及为夫妻，厄正月七月。酉生人，不宜与卯生人同财及为夫妻，厄二月八月。戌生人，不宜与辰生人同财及为夫妻，厄三月九月。亥生人，不宜与巳生人同财及为夫妻，厄四月十月。②

图 12-3 十二相属灾厄法

① 《唐六典》卷一四《太卜署》，413 页。

② 中国社会科学院历史研究所等编：《英藏敦煌文献（汉文佛经以外部分）》，第14 卷，245 页；黄正建：《敦煌占婚嫁文书与唐五代的占婚嫁》，见项楚、郑阿财主编：《新世纪敦煌学论集》，274～293 页，巴蜀书社，2003。

有关十二相属的推占，敦煌所出汉文本 P.3398、P.4058、S.6157 以及藏文本《推十二时人命相属法》均有描述，并明确提到"子生鼠相人""丑生牛相人""寅生虎相人"，以及"亥生猪相人"等，其占辞涉及命属、日料、大厄、小厄及有关宜忌，内容显然要比《历日》丰富一些。比如，"午生马相人"，"命属南方赤帝子，日料小豆三石五斗一升，宜着赤衣，有病宜服赤药，大厄子午之年，小厄五月十一月，不得吊死问病，一生不宜共子生人同财"。相比之下，《历日》中的午年生人，除了不宜与子年生人"同财"外，还强调不宜与鼠相人"为夫妻"。《五行大义》卷二《论冲破》云："冲破者，以其气相格对也。冲气为轻，破气为重。……支冲破者，子午冲破，丑未冲破，寅申冲破，卯酉冲破，辰戌冲破，巳亥冲破。此亦取相对，其轻重皆以死生言之。"①这就是说，十二地支中，子午相对，互为冲破，故不能同财，自然也不宜男女婚配。进一步来说，十二相属中互相冲破者，如鼠与马、牛与羊、虎与猴、兔与鸡、龙与狗、蛇与猪，皆不宜婚配，这是中古社会婚姻择吉的属相禁忌。或可补充的是，S.P6"同属婚姻"条："同属相取，福禄自随。相生即宜，相尅不宜"。同卷"吕才嫁娶□□图"条："干合为婚，五男二女。夫妻久长，法居印绶。三五合婚，夫妻保爱。男孝女贞，永无离背。支合相取，命会天星。百年并老，夫贵妻贞。支合夫妻，命合天亲。十男五女，多是金银。"②说明男女婚配不仅讲求天干相合，而且极为看重"支合相取"，力求地支亦有好合。唯有如此，夫妻才能长久保爱，白头到老。

与十二相属相关者，可能还有"十二元神"。S.612《宋太平兴国三年戊寅岁（978）应天具注历日》："今年新添换太岁并十二元神真形各注吉凶图。……右件十二元神，凡人本命之日，于夜静烧银钱、驰马、名香、恭（供）菓，并画形供养，必得除灾添寿，故安历上切宜。"③从形象来看（图 12-4），十二元神身穿官服，手执笏版（仅有七位），头戴属相冠帽，

敦煌文献与唐代社会文化研究

347

第十二章 敦煌具注历日社会文化意义探析

---

① ［日］中村璋八校注：《五行大义校注》，增订版，83～84 页，汲古书院，1998。

② 中国社会科学院历史研究所等编：《英藏敦煌文献（汉文佛经以外部分）》，第 14 卷，244 页。

③ 郝春文编著：《英藏敦煌社会历史文献释录》，第 3 卷，284～286 页。

显示出十二元神与十二相属的内在联系。即每一属相生人，都有头戴同一属相冠帽的"本命元神"加以护佑，只要在本命日焚香烧纸，虔心供养，便能消灾赐福，常保安康。S.2404《后唐同光二年甲申岁(924)具注历日》中，绘有上、下两幅图像，上图是敬礼北斗的情景，并有"葛仙公礼北斗法"，透露出道教北斗信仰的背景。下图正中绘一身穿官服、头戴猴帽、手执笏版的元神形象，右上方有一猴首人身者与之对视，跪拜于前。其下文字曰："申生人猴相本命元神，若有精心之者，逐日供养元神者，消灾益福，及画形头前安之，大吉。"①描述的应是猴相人虔心礼敬"本命元神"的情景。

348

北京师范大学史学探索丛书

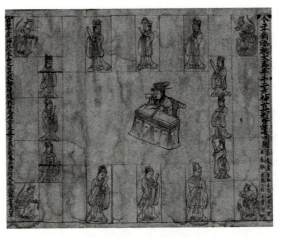

图12-4　十二元神

（3）禄命。S.P10《唐中和二年(882)剑南西川成都府樊赏家印本历日》题有"推男女九曜星图"，S.P6《乾符四年丁酉岁(877)具注历日》杂有"推男女小运行年灾厄法""推游年八卦法""九宫八□□立成法"，S.612《宋太平兴国三年戊寅岁(978)应天具注历日》抄有"九曜歌咏法""推小运知男女灾厄吉凶法""六十相属宫宿法"等，大致是通过九宫方位、游年八卦、九曜行年等方式进行运命吉凶的推占，这在敦煌禄命类文书（如P.3779、S.5772等）中有生动反映。其他如五姓修造、十干推病、周公八天出行以及镇宅符等，也多与敦煌所出《宅经》《发病书》、失物占、出行占等术数文

① 邓文宽：《敦煌天文历法文献辑校》，380～381页。

献相参照。这说明具注历日渗透的"阴阳杂占"内容，应是编者结合民众的社会生活实际，进而对中古时期的阴阳术数文献进行采摘、撷取和加工的最终结果，并通过历日体现的时间秩序，对人们的日常生活和各种活动（如公务、医疗、农事、丧葬）施加影响，从而达到"决万民之犹豫"的效果。因此，在某种程度上，具注历日丰富多彩的社会文化具有中古社会"百科全书"的象征意义。

《傅与砺文集》卷七《书邓敬渊所藏大明历后》谓："右邓君敬渊所藏至元十四年丁丑岁大明具注历一本，盖国朝混一天下始颁正朔之制也。其十二月下所注与今授时历小异而加详焉。……若八门占雷、五鼓卜盗、十干推病、八卦勘□凡以使民勤事力业趋吉避凶者，亦莫不备至。"①这部体现授时历法的《具注历》中，凡有关民众生产生活及"趋吉避凶"的内容，莫不记载。其中"八门占雷、五鼓卜盗、十干推病、八卦勘□"，也见于 S.P6《乾符四年丁酉岁具注历日》"内行图，外占雷""周公五鼓逐［失物法］""推十干得病日法"和"吕才嫁娶□□图"条中，且图文并茂，由此不难看出中晚唐历日对于后世历书的深刻影响。晚唐五代，民间私造、印历之风屡禁不止，很大程度上应与私家历日普遍渗透的"趋吉避凶""阴阳杂占"内容有很大关系。

① 《北京图书馆古籍珍本丛刊》，第 92 册，影印本，721 页，书目文献出版社，1991。

# 第十三章　英藏 S. P12《上都东市大刀家印具注历日》残页考

　　敦煌石室所出具注历日中，S. P12（Or. 8210/P. 12）系为一件木刻印本残页，尺寸为 17cm×7cm，尾部有"上都东市大刀家大印"题记，可知是在长安东市一家名为"大刀家"的店铺印制的历日残片①，《英藏敦煌文献》据此定名为《上都东市大刀家印具注历日》（简称《上都历日》）②。1985 年，严敦杰撰文《读授时历札记》指出，唐乾符四年（877）具注历和敦煌本上都东市大刀家大印历均有"八门占雷"的内容③。日本学者妹尾达彦认为，S. P12 的印刷内容部分与僖宗乾符四年《丁酉岁具注历日》（S. P6）的记载相重复，所以《上都东市大刀家大印历日》的印刷时期，很可能与《丁酉岁具注历日》同为 9 世纪末④。黄正建对敦煌占卜文书的梳理中，注意到 S. P6 和 S. P12 两件印本历日均有"占走失"的内容⑤。法国学者华澜（Alain Arrault）在整体审视敦煌具注历日的基础上，参照 S. P6《乾符四年丁酉岁具注历日》（简称《乾符历日》）的描述，正确地判定出 S. P12《上都历日》包含了"周公五鼓法"和"周公八天出行图"两部分内容⑥。邓文宽虽未对 S. P12

---

　　①　[日]妹尾达彦：《唐代长安东市民间的印刷业》，见《中国古都学会第十三届年会论文集》，1995，226～234 页；《唐代长安东市の印刷业》，见日本唐代史研究会编著：《东アジア史における国家と地域》，200～238 页，刀水书房，1999。

　　②　中国社会科学院历史研究所等编：《英藏敦煌文献（汉文佛经以外部分）》，第 14 卷，252 页，四川人民出版社，1995。

　　③　载《自然科学史研究》，1985，4(4)，312～320 页。

　　④　[日]妹尾达彦：《唐代长安东市民间的印刷业》，见《中国古都学会第十三届年会论文集》，1995，228～229 页。

　　⑤　黄正建：《敦煌占卜文书与唐五代占卜研究》，增订版，135 页，中国社会科学出版社，2014。

　　⑥　[法] Alain Arrault，"S—P12 Calendriers"，MarcKalinowski，*Divination et sociétédans la Chine médiévale*，Etude des manuscripts de Dunhuang de La Bibliothèdque nationale de France et du British Museum，2003，p. 205.

给予关注，但他对 S. P6《乾符历日》的文本整理及有关"杂占"元素的补录①，对我们理解 S. P12 的性质仍有启发意义。在上述诸位学者的提示下，笔者拟对这件历日残页(S. P12)的内容进行探讨，并对具注历日蕴含的"阴阳杂占"元素略加说明。

## 第一节　周公五鼓逐失物法

从国际敦煌项目(IDP)和《英藏敦煌文献》公布的图版来看②，S. P12 中的历日残页，分上、中、下三栏，上栏残存文字六行(图 13-1)，其文曰：

1 ☐☐☐☐上，到失物日止，
2 □(值)圆画急求(未)得，迟不得。
3 ☐☐☐☐物走者得脱，值
4 ☐☐☐☐日，亡者不逐自
5 来，走者不觅自至。唯
6 在志心，万不失一③。

**图 13-1　(S. P12)**

如学者所言，S. P6《乾符历日》有"周公五鼓逐失物法"条目，且绘有"五鼓"图形，其下文字适可与 S. P12《上都历日》相印证(图 13-2)：

　　① 邓文宽：《敦煌天文历法文献辑校》，198～231 页，江苏古籍出版社，1996；《敦煌本〈唐乾符四年丁酉岁(877)具注历日〉"杂占"补录》，见段文杰等主编：《敦煌学与中国史研究论集——纪念孙修身先生逝世一周年》，135～145 页，甘肃人民出版社，2001。

　　② 本文所用 S. P12、S. P6、S. 612 图片，来自国际敦煌项目(International Dunhuang Project)，网址是 http：//idp. nlc. gov. cn/。

　　③ 中国社会科学院历史研究所等编：《英藏敦煌文献(汉文佛经以外部分)》，第 14 卷，252 页。

1　凡大月从上数至下，小月

2　从下数至上，到失物日止。

3　值圆画急未得，迟不得。

4　至长画失物，走者得脱。至

5　短画失物日，亡者不逐自

6　来，走者不觅自至。唯

7　在志心，万不失[一]。①

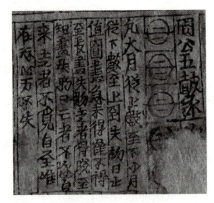

图 13-2　（S. P6）

　　显而易见，在失物、走失占法的描述上，S. P6 与 S. P12 完全相同，据此可将 S. P12 上栏的内容定为"周公五鼓逐失物法"。我们知道，中国古代的术数文献中，多有托名"周公"者。比如，敦煌占卜文书中就有《周公卜法》（P. 3398）、《周公孔子占法》（P. 2574、P. 2859）、《占周公八天出行择日吉凶法》（S. 5614）、《新集周公解梦书》（P. 3908）、《先贤周公解梦书》（Fragment 58）等，《宋史·艺文志》收有《周公解梦书》《周公坛经》《周公要诀图》三部著作②。周公是西周初期杰出的政治家和思想家、教育家，是孔子之前中国文化的集大成者③，后世术数文献冠名周公、孔子者，"无非为了增强其可信度"④。所以，"周公五鼓逐失物法"应是后世编纂而托名"周公"的一部失物、走失占卜文献。参照 S. P6《乾符历日》和 S. 612《宋太平兴国三年戊寅岁（978）应天具注历日》中的"五鼓"图形（图 13-3），笔者推测，S. P12《上都历日》原来可能也有五鼓图。这种图文并茂的五鼓占法，并不仅限于具注历日，如在敦煌占卜文书（P. 3602v《神龟推走失法》）中亦有类似描述：

　　①　中国社会科学院历史研究所等编：《英藏敦煌文献（汉文佛经以外部分）》，第 14 卷，246 页；邓文宽：《敦煌本〈唐乾符四年丁酉岁（877 年）具注历日〉"杂占"补录》，见《敦煌学与中国史研究论集——纪念孙修身先生逝世一周年》，135～145 页。

　　②　《宋史》卷二○六《艺文五》，5242、5253、5263 页，中华书局，1977。

　　③　李建：《历史教育与周公》，载《史学史研究》，2003(4)，12 页。

　　④　余欣：《神道人心——唐宋之际敦煌民生宗教社会史研究》，259 页，中华书局，2006。

大月从上向下数之，至失时止；小月从小向上数之，至失时止。数值长画者，走失下（不）可捉得。数值罗城者，走失急捉得。数值短画者，走失不捉自来，万无一失。①

这里"罗城"，周西波推测为五鼓图中的椭圆②，应是。这样看来，P.3602v虽然个别词语略有差异，但主旨内容其实与 S. P6、S. P12 相同。就占法而言，"五鼓"的核心是长、短、圆三种形式的数值笔画，在失物、走失的占卜中，它们分别代表着"不可捉得""急捉得"和"不捉自来"三种结果③。另一方面，从"大月""小月"的记数规则来看，"长画""短画""圆画"及其构建的"五鼓"图形还有记日的功能。简单说来，每月30日由"五鼓"来标记，则每鼓可记6日。用图形可表示如下：

1 日，一长横： ————

2 日，一长横＋上部半圆：

3 日，一长横＋上部半圆＋一短横：

4 日，一长横＋上部半圆＋一短横＋一长横：

5 日，一长横＋上部半圆＋一短横＋一长横＋下部半圆：

6 日，一长横＋上部半圆＋一短横＋一长横＋下部半圆＋一短横：

**图 13-3　(S. 612)**

至于第7日，则是在第6日的基础上添加一长横，第8日再加一半圆，显然又是另一"鼓"了。……如此循环往复，至第30日，则构成形如图13-3的五鼓图形。概言之，此图是由"五鼓"（椭圆）与十条长横、十条短横组合

① 上海古籍出版社、法国国家图书馆编：《法国国家图书馆藏敦煌西域文献》，第26册，64页，上海古籍出版社，2002；黄正建：《敦煌占卜文书与唐五代占卜研究》，增订本，135页，中国社会科学出版社，2014。

② 周西波：《敦煌文献中之逐盗求失物方术略考》，见刘进宝、高田时雄主编：《转型期的敦煌学》，539～553页，上海古籍出版社，2007年。

③ 黄正建：《敦煌占卜文书与唐五代占卜研究》，增订本，125页。

而成。表面看来，"五鼓"记日稍嫌烦琐复杂，但其占法则视其数值图形而定，简单易行，颇有些许"数占"的味道①，要之不外乎三种结果。论其原理，或与秦简"戎磨日"的占求方法不谋而合②。

## 第二节　周公八天出行图

S. P12《上都历日》中栏为"周公八天出行图"，此图由内外两层圆圈组合而成，尽管其右半圆弧略残（图 13-4），但可据 S. P6 补充完整。内层的圆圈为八天及对应的日期，按顺时针方向依次为天门，一日、九日、十七、廿五；天贼，二日、十日、十八、廿六；天财，三日、十一、十九、廿七；天阳，四日、十二、廿、廿八；天宫，五日、十三、廿一、廿九；天阴，六日、十四、廿二、卅日；天富，七日、十五、廿三；天盗，八日、十六、廿四。外层则为八门，顺行为西北方天门、北方水门、东北方鬼门、东方木门、东南方风门、南方火门、西南方石门、西方金门（图 13-5）。

图 13-4　(S. P12)

图 13-5　(S. P6)

① 关于"数占"，法国学者马克（Marc Kalinowski）有专文探讨，但未涉及五鼓占法。参见［法］马克：《敦煌数占小考》，见《法国汉学》，第五辑（敦煌学专号），187～214页，中华书局，2000。
② 周西波：《敦煌文献中之逐盗求失物方术略考》，539～553页。

内圆"八天"及对应日期，也见于 S.612《宋太平兴国三年戊寅岁（978）应天具注历日》，收有"周公八天出行图"，其文曰：

天门：一日、九日、十七、廿五，所求大吉。

天贼，二日、十日、十八、廿六，伤害，凶。

天财，三日、十一、十九、廿七，百事吉。

天阳，四日、十二、廿、廿八，出行平。

天宫，五日、十三、廿一、廿九，开通吉。

天阴，六日、十四、廿二、卅日，主水灾，凶。

天富，七日、十五、廿三，来财吉。

天盗，八日、十六、廿四，主劫害，凶。①

以上"周公八天"及对应日期，与 S.P6、S.P12 完全相同，由此可证内圆"八天"的主要意义在于"出行"吉日的选择。古代社会中，不论遣使通好的使者，或是兴贩牟利的商旅，乃至东来西去的求法高僧，他们的"出行"绝不是平顺的康庄大道，相反旅途多有凶险和未知情况，甚至被视为"畏途"。因此，人们出于旅途平安的企求，往往从日期、方位、禁忌、礼俗、仪式、信仰等层面②，对"出行"赋予特别的象征意义。自然，趋吉避凶的"周公八天"是其中之一。就占法而言，实是将每月 30 日依次分配于"八天"中，且始终以八日为周期，循环分布，由此产生出每相隔为"八"的日期具有相同的占卜意象。同时，就择日吉凶而言，每月中凡天门、天财、天宫、天富对应的所有奇数日期均为吉兆，而偶数中的吉日，仅限于天阳对应的四日、十二日、二十日和二十八日，其他偶数日期俱为凶兆。

事实上，S.612、S.P6、S.P12 等历日中的"周公八天"，也见于敦煌占卜文书中。根据陈庆英、陈于柱的揭示，敦煌藏文本 S.6878v 亦绘有圆

① 郝春文编著：《英藏敦煌社会历史文献释录》，第三卷，288～289 页，社会科学文献出版社，2003。

② 有关"出行"的礼俗与信仰，参看刘增贵：《〈秦简〉中的出行礼俗与信仰》，载《历史语言研究所集刊》，第 72 本，第 3 分，2001，503～541 页；余欣：《游必有方：敦煌文献所见中古时代之出行信仰》，见《神道人心——唐宋之际敦煌民生宗教社会史研究》，255～361 页，中华书局，2006。

形的八天出行图，虽然没有"周公"题名，但"八天"对应的日期则与《历日》大致相同①。所不同者，"八天"的解说文字略有差异：

> 天门之日，宜远行，吉利；天贼之日，出门遇耗损，大凶；天财之日，出门逢友，诸事顺遂，大吉；天阳之日，出门逢亲戚及宴会，吉利；天宫之日，出门逢友，获厚利，大吉；天阴之日，出门遇耗损，失财，大凶；天富之日，出门逢友，诸事顺遂，大吉；天盗之日，出门遇匪盗，大凶。②

若以《历日》为参照，不难看出，"出行"一词已全然为"出门"所替代，甚至吉凶的征兆也与"出门"有关。如果出门遇到亲友，即为大吉利。反之，出门遇到"耗损"，则为大凶。同类性质的占法在敦煌汉文写本中也有描述，如国图藏 BD10335《占周公八日出行吉凶法》残片，存文字12行，前3行有"[天]门日行，万事大吉昌""[天]贼日行，道逢劫贼，凶""[天]财日行，所求皆得"诸字，后9行残沥过甚，每行或存一字，或有二字③。S.5614《占周公八天出行择日吉凶法》④载：

> 1　每月一日、九日、十七日▯▯▯▯
>
> 2　行日，大吉，得财。十一日、三日、十九日、廿七日是天财
>
> 日，出▯▯▯▯

———————

①　据陈庆英揭示，S.6878v中"天宫"对应的日期为5、13、20、21，"天相（阳）"的日期为4、12、28，由于各"天"日期均相隔8日，所以"天宫"对应的日期中漏掉了29日，而20日显然应归入"天阳"中。如此调整后，S.6878v中"八天"的对应日期就与《历日》完全一致。参见陈庆英：《〈斯坦因劫经录〉、〈伯希和劫经录〉所收汉文写卷中夹存的藏文写卷情况调查》，载《敦煌学辑刊》，1981(1)，111~116页。

②　其中"天贼""天财""天阳""天阴"，陈庆英依次释作"天节""天友""天相""天影"，疑误，陈于柱、张福慧作了校正。参见陈于柱、张福慧：《敦煌藏文本S.6878V〈出行择日吉凶法〉考释》，载《首都师范大学学报》，2012(6)，16~19页。

③　中国国家图书馆编：《国家图书馆藏敦煌遗书》，第107册，249页，北京图书馆出版社，2009；《国家图书馆藏敦煌遗书·条记目录》，63页；黄正建：《敦煌占卜文书与唐五代占卜研究》，增订本，85页。

④　中国社会科学院历史研究所等编：《英藏敦煌文献（汉文佛经以外部分）》，第8卷，150页，四川人民出版社，1992。

3　吉。十三日、五日、廿一日、廿九日是［天］宫日，小吉，出

行恐失￭￭￭￭

4　廿三日是天富日，出行觅财、求官，四路□￭￭￭￭

5　天阳日，出行平安，大吉，得官禄。十八日、二日、廿￭￭￭

6　伤折，或逢贼劫剥。十四日、六日、廿二日是天阴，￭￭￭

7　官事起。十六日、八日、廿四日是［天］盗日，出行￭￭￭

此件略有残缺，但所述"八天"日期及占卜意义基本清楚，大体与《历日》保持一致。所不同者主要有二：一是有关出行吉凶的占辞，相较《历日》显然要丰富一些；二是在排列顺序上，《历日》所见"八天"是奇偶相间，吉凶交杂，这样的次序既结合了古代每月记日的传统习惯，同时又兼顾了圆形构图的基本模式。相比之下，S.5614 的排列贯彻了"吉日在前，凶日在后""奇数在前，偶数在后"的原则，首先描述吉兆的奇数四天（天门、天财、天宫、天富）；其次为偶数的天阳，也是吉兆；最后则为凶兆的偶数三天（天贼、天阴、天盗）。这种趋吉避凶的出行择日在中国古代甚为流行，以致后世所出明刻本《居家必用事类全集·丙集》中也有"周公出行吉日"的记载：

天门：初一、初九、十七、二十五。

天财：初三、十一、十九、二十七。

天阳：初四、十二、二十、二十八。

天仓：初五、十三、二十二（一）、二十九。

天富：初七、十五、二十三。并宜求财。①

显然，不论从篇题还是各天对应的日期②，都可看出上述五天脱胎于"周公八天"的痕迹。因为考虑到民众和"居家必用"的择吉需要，所以编者

① 《北京图书馆古籍珍本丛刊》，第 61 册，116 页，书目文献出版社，1989。

② 从对应的日期来看，此处"天仓"应是"天宫"晚出的称呼。又"天宫"对应日期中，"二十二"当为"二十一"之误。参见余欣：《神到人心：唐宋之际敦煌民生宗教社会史研究》，261 页，中华书局，2006。

特意选取了"周公八天出行图"中的吉日，即对应于奇数日期的四天和偶数日期的天阳，组成"并宜求财"的出行吉日。至于天贼、天阴、天盗，它们对应的都是偶数日期，且由于出行皆为凶兆，故不予收录，全然删除。所以总的来看，在出行吉日的选取上，《居家必用事类全集》呈现出与《历日》及占卜文书的高度统一。

## 第三节　八门占雷

S. P12《上都历日》的下栏，还有 6 行阐发中栏"八门"图形意义的解说文字（图 13-6）：

1　起木门，五谷
2　大收；起火门，
3　大旱；起风门，
4　多风雨；[起]石门，
5　损田苗；[起]金门，
6　同铁贵。①

图 13-6　(S. P12)　　　　　　图 13-7　(S. P6)

尽管 S. P12 下栏的前半部分文字已残，但同样可据 S. P6《乾符历日》

---

①　中国社会科学院历史研究所等编：《英藏敦煌文献（汉文佛经以外部分）》，第 14 卷，252 页。

补充完整(图 13-7)。需要说明的是，S.P6 有标题——"内行图，外占雷"，应是对中栏内外两层圆图意义的揭示。"内行图"是说内层圆中的"八天"主要用于出行吉凶的推占。"外占雷"则是以外层圆中的"八门"为据进行雷声的占卜。元代学者傅若金曾评论《至元十四年(1277)具注历》说："若八门占雷、五鼓卜盗、十干推病、八卦勘□凡以使民勤事力业趋吉避凶者，亦莫不备至。"[①]根据傅若金的描述，S.P12 中有关"八门"占卜的内容可统称为"八门占雷"。至于占辞，除了木门"五谷大收"与"五谷不成"的反差外，其余七门的预言，S.P12 与 S.P6 基本相同，大致是年岁善恶、五谷丰歉、物价贵贱等光景的描述，总体上呈现出"卜五谷之贵贱"的特征[②]。

表 13-1 "八门占雷"对照表

| 八门 | 八卦 | S.P12 | S.P6 | 四时纂要 | 管蠡汇占 |
|---|---|---|---|---|---|
| 天门 | 乾 | 残 | 人民不安 | 民多疾 | 人安 |
| 水门 | 坎 | 残 | 五谷火(大)贱 | 岁多雨 | 流水滂沱 |
| 鬼门 | 艮 | 残 | 人民暴亡 | 籴贱 | 人多病死/禾稼好 |
| 木门 | 震 | 五谷大收 | 五谷不成 | 棺木贵/岁主丰 | 棺木贵/谷贵 |
| 火门 | 离 | 大旱 | 其年大旱 | 主旱 | 夏旱蝗灾 |
| 风门 | 巽 | 多风雨 | 多风雨 | 霜卒降，蝗虫 | 五谷伤，有暴霜/多雪 |
| 石门/土门 | 坤 | 损田苗 | 注损田苗 | 有蝗灾 | 五□□/多疾病 |
| 金门 | 兑 | 同铁贵 | 同铁贵 | 金铁贵 | 铜铁贵 |

如表所示，由于"占雷"往往关涉年景收成的揭示，因而在传统的农家典籍中常有记载。韩鄂《四时纂要》卷一《正月》"占雷"云："元日雷鸣，主禾、黍、麦大吉。正月有雷，人民不炊。甲子雷，主五谷丰稔。"[③]就性质而言，《四时纂要》也是谷物丰歉情况的描述，但在占法上则以时间为据，故与 S.P12"八门占雷"明显不同。不过，与此相关者，《四时纂要》还记载

① 《傅与砺文集》卷七《书邓敬渊所藏大明历后》，见《北京图书馆古籍珍本丛刊》，影印本，第 92 册，721 页，书目文献出版社，1991。
② (唐)韩鄂原编，缪启愉校释：《四时纂要校释》，1 页，农业出版社，1981。
③ (唐)韩鄂原编，缪启愉校释：《四时纂要校释》，8 页。

了一种"八卦占雷"，尤其值得注意：

> 凡雷声初发和雅，岁善。声击烈惊异者，有灾害。起艮，籴贱；起震，棺木贵，岁主丰；起巽，霜卒降，蝗虫；起离，主旱；起坤，有蝗灾；起兑，金铁贵；起乾，民多疾；起坎，岁多雨。春甲子雷，五谷丰稔。①

众所周知，传统的八卦方位图中，乾、坤、坎、离、巽、震、艮、兑分别象征着天、地、水、火、风、雷、山、泽，所居方位依次为西北、西南、北方、南方、东南、东方、东北、西方。根据这样的分布规则，S. P12中的"八门占雷"与韩鄂描述的"八卦占雷"就建立了特定的对应关系。即天门——乾，水门——坎，鬼门——艮，木门——震，火门——离，风门——巽，石门／土门——坤，金门——兑。这种对应关系，清代学者周人甲撰述的《管蠡汇占》卷九《雷占》有明确描述：

> 凡占雷，初起天门，人安。初起水门，流水滂沱。初起土门，五□□，一云多疾病。初起木门，棺木贵，一云谷贵。初起风门，五谷伤，有暴霜，一云多雪。初起火门，夏旱蝗灾。初起金门，铜铁贵。初起鬼门，人多病死，一云禾稼好。坎为水门，艮为鬼门，震为木门，巽为风门，离为火门，坤为土门，兑为金门，乾为天门。②

尽管在占辞方面，《管蠡汇占》的记载似与《四时纂要》比较接近③。但以占法而论，《管蠡汇占》呈现的仍是以"八门"为据的"占雷"模式，因而在结构上与S. P6、S. P12相同，甚至火门、金门的占辞，也与《历日》保持一致。另一方面，"八卦"与"八门"固然可以相互转化，乃至"八卦占雷"一度在《四时纂要》中得到了较好的运用。但总体来看，中国古代的"占雷"方式中，以"八门"为据而进行年岁光景的预言或占卜无疑居于主流位置，反映在具注历日中，这些"卜五谷之贵贱"的术数元素，通常以"八门占雷"的形

---

① （唐）韩鄂原编，缪启愉校释：《四时纂要校释》，46页。

② 《四库未收书辑刊》，影印本，第四辑，第27册，461～462页，北京出版社，1998年。

③ 比如，S. P6、S. P12中"石门"，《四时纂要》《管蠡汇占》均作"土门"。

式凸显出来，借此满足民众农业生产和社会生活的需要。由此，我们在后世的《至元十四年(1277)具注历日》中看到类似的条目，也就不足为奇了。

## 本章小结

就性质而言，S.P12 是公元 9 世纪末在长安东市"大刀家"刻印的一件历日残本。此时象征大一统王权的官方历本不能及时有效地颁行全国，剑南东、西两川的成都府，淮南道的扬州，"皆以版印历日鬻于市"①，甚至天子脚下的京师长安，也有专门的印刷店铺堂而皇之地印制历日。这些在市场上鬻卖的印本私历，使用者主要是社会中下层，因而是不同于"太史历本"的民间"小历"，可谓是"一种流传在当时社会中的次文化产物，所反映的思维形态是民间文化的一部分"②。如"周公五鼓"所见的失物、走失占卜，敦煌文献中有 P.3602v、P.3081、P.4996、P.4761、P.4711v、Дx.1236、BD14684、BD10225、羽 56v 9 件文书都涉及了"占走失"的相关内容，但正史书目仅有《隋志》收录"京君明推偷盗书一卷"，这说明"占走失"可能只是民间流行的占卜术，不为士君子重视，所以在传统志书中没有著录③。

就内容来说，S.P12《上都历日》渗透着浓烈的"阴阳杂占"元素。不论是周公五鼓逐失物法，还是周公八天出行图以及"八门占雷"，都有特定的阴阳术数文献相依托，并在日期、方位呈现的时间、空间变化中进行失物（走失）、出行及年岁光景的推占。于是，"所有日常活动的成败以至个人的命运皆取决于宇宙运动的时间和空间秩序"④，进而在民众的日常生活和社会实践中起到"决万民之犹豫"⑤的作用。

---

① 《全唐文》卷六二四冯宿《禁版印时宪书奏》，6301 页，中华书局，1983。

② 蒲慕州：《睡虎地秦简〈日书〉的世界》，载《历史语言研究所集刊》，第 62 本，第 4 分，1993，623～675 页。

③ 黄正建：《敦煌占卜文书与唐五代占卜研究》，增订本，135～137 页。

④ 王爱和：《中国古代宇宙观与政治文化》，111～112 页，中华书局，2012。

⑤ 《唐六典》卷一四《太卜署》，413 页，中华书局，1992。

就纂修而言，编者结合民众"卜择吉凶"的需要，对中古社会颇为流行的阴阳术数文献（《推神龟占走失法》《周公八天出行图》等）进行加工、改造，进而将术数文献表达的主旨和核心内容，以一种简明扼要的图文并茂形式融入具注历日中。这就使得中古历日不仅通过"敬授人时""序日纪事"的功能给人们的立身行事提供时间指南。而且，通过五姓修造、八门占雷、九曜行年(S. P10)、十干推病、十二属相(S. P6)、周公出行等术数元素的渗透，使得历日在民间社会中还扮演着"检吉定凶"和"阴阳杂占"的作用，并对人们的日常生活和各种活动（如公务、医疗、农事、丧葬）施加影响。晚唐五代，民间私造、印历之风屡禁不止，某种程度上应与私家历日渗透的禄命推占和趋吉避凶内容有很大关系。

北京师范大学史学探索丛书

# 参考文献

一、古籍

1. (西汉)司马迁：《史记》，北京：中华书局，1959。

2. (东汉)班固：《汉书》，北京：中华书局，1962。

3. (东晋)干宝撰，汪绍楹校注：《搜神记》，北京：中华书局，1979。

4. (东晋)干宝撰，李剑国辑校：《新辑搜神记》，北京：中华书局，2007。

5. (东晋)常璩撰，刘琳校注：《华阳国志校注》，成都：巴蜀书社，1984。

6. (南朝·宋)范晔：《后汉书》，北京：中华书局，1965。

7. (梁)萧统编，(唐)李善注：《文选》，上海：上海古籍出版社，1986。

8. (梁)释慧皎：《高僧传》，北京：中华书局，1992。

9. (北齐)魏收：《魏书》，北京：中华书局，1974。

10. (唐)欧阳询：《艺文类聚》，上海：上海古籍出版社，1982。

11. (唐)房玄龄等：《晋书》，北京：中华书局，1974。

12. (唐)李延寿：《北史》，北京：中华书局，1974。

13. (唐)魏徵等：《隋书》，北京：中华书局，1973。

14. (唐)长孙无忌撰，刘俊文笺解：《唐律疏议笺解》，北京：中华书局，1996。

15. (唐)李林甫：《唐六典》，北京：中华书局，1992。

16. (唐)杜佑：《通典》，北京：中华书局，1988。

17. (唐)中敕撰：《大唐开元礼(附大唐郊祀录)》，北京：民族出版社，2000。

18. (唐)李淳风：《乙巳占》，丛书集成初编，北京：中华书局，1985。

19. (唐)瞿昙悉达：《唐开元占经》，北京：中国书店，1989。

20. (唐)徐坚：《初学记》，北京：中华书局，1962。

21. (唐)李吉甫：《元和郡县图志》，北京：中华书局，1983。

22. （唐）白居易原本，（宋）孔传续撰：《白孔六帖》，《景印文渊阁四库全书》第892册，台北：台湾商务印书馆，1983。

23. （唐）刘知幾撰，（清）浦起龙释：《史通通释》，上海：上海古籍出版社，1978。

24. （唐）张鷟：《朝野金载》，北京：中华书局，1979。

25. （唐）元稹撰，冀勤点校：《元稹集》，北京：中华书局，1982。

26. （唐）张籍撰，徐礼节、余恕诚校注：《张籍集系年校注》，北京：中华书局，2011。

27. （唐）韩愈撰，钱仲联集释：《韩昌黎诗系年集释》，上海：上海古籍出版社，1984。

28. （唐）段成式：《酉阳杂俎》，丛书集成初编，北京：中华书局，1985。

29. （唐）崔令钦撰，任半塘笺订：《教坊记笺订》，北京：中华书局，1962。

30. （唐）韩鄂原编，缪启愉校释：《四时纂要校释》，北京：农业出版社，1981。

31. ［日］圆仁著，白化文、李鼎霞、许德楠校注：《入唐求法巡礼行记校注》，石家庄：花山文艺出版社，1992。

32. （五代·后晋）刘昫：《旧唐书》，北京：中华书局，1975。

33. （宋）欧阳修、宋祁：《新唐书》，北京：中华书局，1975。

34. （宋）薛居正：《旧五代史》，北京：中华书局，1976。

35. （宋）欧阳修：《新五代史》，北京：中华书局，1974。

36. （宋）司马光：《资治通鉴》，北京：中华书局，1956。

37. （宋）宋敏求：《唐大诏令集》，北京：商务印书馆，1959。

38. （宋）王溥：《唐会要》，北京：中华书局，1955。

39. （宋）王溥：《五代会要》，北京：中华书局，1998。

40. （宋）窦仪：《宋刑统》，北京：中华书局，1984。

41. （宋）李昉等：《太平广记》，北京：中华书局，1961。

42. （宋）李昉等：《文苑英华》，北京：中华书局，1966。

43. (宋)李昉等：《太平御览》，北京：中华书局，1960。

44. (宋)王钦若等：《宋本册府元龟》，北京：中华书局，1989。

45. (宋)王钦若等：《册府元龟》，北京：中华书局，1960。

46. (宋)李焘：《续资治通鉴长编》，北京：中华书局，1979。

47. (宋)谢深浦编：《庆元条法事类》，北京大学图书馆藏版，1948。

48. (宋)洪迈：《容斋随笔》，上海：上海古籍出版社，1996。

49. (宋)叶梦得撰，宇文绍奕考异：《石林燕语》，北京：中华书局，1984。

50. (宋)周密撰，吴企命点校：《癸辛杂识》，北京：中华书局，1988。

51. (宋)高承撰，[明]李果订，金圆、徐沛藻点校：《事物纪原》，北京：中华书局，1989。

52. (宋)钱易撰，黄寿成点校：《南部新书》，北京：中华书局，2002。

53. (宋)王应麟：《玉海》，南京：江苏古籍出版社，上海：上海书店，1987。

54. (宋)赵彦卫撰，傅根清点校：《云麓漫钞》，北京：中华书局，1996。

55. (宋)赞宁：《宋高僧传》，北京：中华书局，1987。

56. (元)脱脱：《宋史》，北京：中华书局，1977。

57. (元)脱脱：《金史》，北京：中华书局，1975。

58. (元)马端临：《文献通考》，北京：中华书局，1986。

59. (元)《大元圣政国朝典章》，北京：中国广播电视出版社，1998。

60. (明)宋濂：《元史》，北京：中华书局，1976。

61. (明)李东阳：《大明会典》，上海：上海古籍出版社，1997。

62. (清)彭定求等编：《全唐诗》，北京：中华书局，1960。

63. (清)徐松：《唐两京城坊考》，北京：中华书局，1985。

64. (清)徐松辑：《宋会要辑稿》，北京：中华书局，1957。

65. (清)董诰等编：《全唐文》，上海：上海古籍出版社，1990。

66. (清)阮元校刻：《十三经注疏》，北京：中华书局，1980。

67. (清)孙诒让：《周礼正义》，北京：中华书局，1987。

68. (清)章学诚著，叶瑛校注：《文史通义校注》，北京：中华书局，1985。

69.（清）顾炎武撰，黄汝成释：《日知录集释》，上海：上海古籍出版社，2006。

70.（清）赵翼：《陔余丛考》，北京：商务印书馆，1957。

71.（清）仇占鳌：《杜诗详注》，北京：中华书局，1979。

72.（清）允禄、梅谷成等：《钦定协纪辨方书》，上海：上海古籍出版社，1991。

73.（清）李光地等编：《御定星历考原》，上海：上海古籍出版社，1991。

74.（清）茅泮林辑：《古孝子传》，丛书集成初编，北京：中华书局，1985。

75. 大正一切经刊行会编：《大正新修大藏经》，台北：新文丰出版公司，1983。

76.《北京图书馆古籍珍本丛刊》第 61 册，北京：书目文献出版社，1989。

77.《北京图书馆古籍珍本丛刊》第 92 册，北京：书目文献出版社，1991。

78.《四库未收书辑刊》第四辑，第 27 册，北京：北京出版社，1998。

79. 二十五史刊行委员会：《二十五史补编》（1—6 册），北京：中华书局，1989。

80. 陈尚君辑纂：《旧五代史新辑会证》，上海：复旦大学出版社，2005。

81. 天一阁博物馆、中国社会科学院历史研究所天圣令整理课题组校证：《天一阁藏明钞本天圣令校证（附唐令复原研究）》，北京：中华书局，2006。

**二、敦煌吐鲁番文献图录、索引及辑校本**

1. 中国社会科学院历史研究所等编：《英藏敦煌文献（汉文佛经以外部分）》（1—14 卷），成都：四川人民出版社，1990—1995。

2. 俄罗斯科学院东方研究所圣彼得分所等编：《俄罗斯科学院东方研

究所圣彼得分所藏敦煌文献》（1—17 册），上海：上海古籍出版社，1992—2001。

3. 上海古籍出版社、法国国家图书馆编：《法国国家图书馆藏敦煌西域文献》（1—34 册），上海：上海古籍出版社，1995—2005。

4. 黄永武主编：《敦煌宝藏》（1—140 册），台北：新文丰出版公司，1981—1986。

5. 唐长孺主编：《吐鲁番出土文书》（壹—肆），全 4 册，北京：文物出版社，1996。

6. ［日］矶部彰编：《台東区立书道博物馆所藏中村不折旧藏禹域墨书集成》（全三卷），東アジア善本叢刊，2005。

7. ［日］武田科学振兴财团编集：《杏雨书屋藏敦煌秘笈》影片册一，大阪：はまや印刷株式会社，2009。

8. 中国国家图书馆编：《国家图书馆藏敦煌遗书》第 107—110 册，北京：北京图书馆出版社，2009。

9. 中国国家图书馆编：《国家图书馆藏敦煌遗书》第 131 册，北京：北京图书馆出版社，2010。

10. 中国国家图书馆编：《国家图书馆藏敦煌遗书》第 146 册，北京：北京图书馆出版社，2012。

11. 王重民编：《敦煌遗书总目索引》，北京：中华书局，1962。

12. 荣新江：《英国图书馆藏敦煌汉文非佛教文献残卷目录（S.6981—13624）》，台北：新文丰出版公司，1994。

13. 施萍婷编：《敦煌遗书总目索引新编》，北京：中华书局，2000。

14. 陈国灿、刘安志主编：《吐鲁番出土文书总目（日本收藏卷）》，武汉：武汉大学出版社，2005。

15. 荣新江主编：《吐鲁番出土文书总目（欧美收藏卷）》，武汉：武汉大学出版社，2007。

16. 中国科学院历史研究所资料室编：《敦煌资料》第一辑，北京：中华书局，1961。

17. 王重民等编：《敦煌变文集》，北京：人民文学出版社，1957。

18. 王重民编:《敦煌古籍叙录》,北京:中华书局,1979。

19. 国家文物局古文献研究室等编:《吐鲁番出土文书》(1—10 册),北京:文物出版社,1981—1991。

20. [日]小田义久编:《大谷文书集成》(1—3 卷),京都:法藏馆,1984—2003。

21. 唐耕耦、陆宏基编:《敦煌社会经济文献真迹释录》(第 1 辑),北京:书目文献出版社,1986。

22. 刘俊文:《敦煌吐鲁番唐代法制文书考释》,北京:中华书局,1989。

23. 郑炳林校注:《敦煌地理文书汇辑校注》,兰州:甘肃教育出版社,1989。

24. 唐耕耦、陆宏基编:《敦煌社会经济文献真迹释录》(2—5 辑),全国图书馆文献缩微复制中心,1990。

25. 郑炳林辑释:《敦煌碑铭赞辑释》,兰州:甘肃教育出版社,1992。

26. 王仲荦:《敦煌石室地志残卷考释》,上海:上海古籍出版社,1993。

27. 王三庆:《敦煌类书》,高雄:丽文文化事业股份有限公司,1993。

28. 潘重规:《敦煌变文集新书》,台北:文津出版社,1994。

29. 邓文宽:《敦煌天文历法文献辑校》,南京:江苏古籍出版社,1996。

30. 赵和平:《敦煌写本书仪研究》,台北:新文丰出版公司,1993。

31. 黄征、吴伟编校:《敦煌愿文集》,长沙:岳麓书社,1995。

32. 宁可、郝春文:《敦煌社邑文书辑校》,南京:江苏古籍出版社,1997。

33. 赵和平:《敦煌表状笺启书仪辑校》,南京:江苏古籍出版社,1997。

34. 黄征、张涌泉:《敦煌变文校注》,北京:中华书局,1997。

35. 陈国灿、刘永增编:《日本宁乐美术馆藏吐鲁番文书》,北京:文物出版社,1997。

36. 柳洪亮：《新出吐鲁番文书及其研究》，乌鲁木齐：新疆人民出版社，1997。

37. 沙知：《敦煌契约文书辑校》，南京：江苏古籍出版社，1998。

38. 郝春文编著：《英藏敦煌社会历史文献释录》第 1 卷，北京：科学出版社，2001。

39. 郝春文编著：《英藏敦煌社会历史文献释录》（2—10 卷），北京：社会科学文献出版社，2003—2013。

40. 沙知、吴芳思编：《斯坦因第三次中亚考古所获汉文文献》（非佛经部分），上海：上海辞书出版社，2005。

41. 李正宇：《古本敦煌乡土志八种笺证》，兰州：甘肃人民出版社，2008。

42. 荣新江、李肖、孟宪实主编：《新获吐鲁番出土文献》，北京：中华书局，2008。

### 三、外文及译文论著

1. ［英］Lionel Giles，Descriptive Catalogue of the Chinese Manuscripts from Tunhuang in the British Museum，London，1957．

2. ［日］道端良秀：《唐代佛教史の研究》，京都：法藏馆，1957。

3. ［英］李约瑟：《中国科学技术史》第四卷《天学》，中译本，北京：科学出版社，1975。

4. ［英］李约瑟：《中国科学技术史》第五卷《地学》，中译本，北京：科学出版社，1975。

5. ［日］榎一雄主编：《敦煌の自然と現状》，《讲座敦煌》第 1 卷，东京：大东出版社，1980。

6. ［日］榎一雄主编：《敦煌の历史》，《讲座敦煌》第 2 卷，东京：大东出版社，1980。

7. ［日］池田温主编：《敦煌の社会》，《讲座敦煌》第 3 卷，东京：大东出版社，1980。

8. ［日］竺沙雅章：《中国佛教社会史研究》，京都：同朋社，1982。

9. ［日］仁井田陞：《唐宋法律文书の研究》，复刻版，东京：东京大学出版会，1983。

10.［日］周藤吉之等著，姜镇庆、那向芹译：《敦煌学译文集》，兰州：甘肃人民出版社，1985。

11.［日］仁井田陞著，栗劲等译：《唐令拾遗》，吉林：长春出版社，1989。

12.［英］崔瑞德主编：《剑桥中国隋唐史》，北京：中国社会科学出版社，1990。

13.［日］池田温：《中国古代写本识语集录》，东京：东京大学东洋文物研究所，1990。

14.［日］池田温主编：《敦煌汉文文献》，《讲座敦煌》第 5 卷，东京：大东出版社，1992。

15.［法］谢和耐、苏远鸣等著，耿昇译：《法国学者敦煌学论文选萃》，北京：中华书局，1993。

16.［美］谢弗著，吴玉贵译：《唐代的外来文明》，北京：中国社会科学出版社，1995。

17.［日］中村裕一：《唐代公文书研究》，东京：汲古书院，1996。

18.［日］池田温：《唐研究论文选集》，北京：中国社会科学出版社，1999。

19.［俄］孟列夫主编，袁席箴、陈华平译：《俄藏敦煌汉文写卷叙录》，上海：上海古籍出版社，1999。

20.［俄］丘古耶夫斯基著，王克孝译、王国勇校：《敦煌汉文文书》，上海：上海古籍出版社，2000。

21.［日］中村不折著，李德范译：《禹域出土书法墨宝源流考》，北京：中华书局，2003。

22.［法］童丕著，余欣、陈建伟译：《敦煌的借贷：中国中古时代的物质生活与社会》，北京：中华书局，2003。

23.［法］Marc Kalinowski, Divination et sociétédans la Chine médéivale, Bibliothèque nationale de France，2003.

24.［法］谢和耐著，耿昇译：《中国 5—10 世纪的寺院经济》，上海：

上海古籍出版社，2004。

25.〔日〕羽田亨著，耿世民译：《西域文明史概论》，北京：中华书局，2005。

26.〔日〕羽田亨著，耿世民译：《西域文化史》，北京：中华书局，2005。

27.〔日〕高田时雄著，仲翀等译：《敦煌·民族·语言》，北京：中华书局，2005。

28.〔日〕池田温著，龚泽铣译：《中国古代籍帐研究》，北京：中华书局，2007。

29.〔日〕岸本美绪著，刘迪瑞译：《清代中国的物价与经济波动》，北京：社会科学文献出版社，2010。

**四、著作及学位论文**

1. 向达：《唐代长安与西域文明》，北京：生活·读书·新知三联书店，1957。

2. 唐长孺：《唐书兵志笺正》，北京：科学出版社，1957。

3. 陈垣：《二十史朔闰表》，北京：中华书局，1962。

4. 范文澜主编：《中国通史》（第四册），北京：人民出版社，1965。

5. 严耕望：《唐史研究丛稿》，香港：新亚研究所，1969。

6. 吴廷燮：《唐方镇年表》，北京：中华书局，1980。

7. 苏莹辉：《敦煌学概要》，台北：五南图书出版公司，1988。

8. 北京大学中国中古史研究中心编：《敦煌吐鲁番文献研究论集》，北京：中华书局，1982。

9. 唐长孺主编：《敦煌吐鲁番文书初探》，武汉：武汉大学出版社，1983。

10. 王重民：《敦煌遗书论文集》，北京：中华书局，1984。

11. 沙知、孔祥星主编：《敦煌吐鲁番文书研究》，兰州：甘肃人民出版社，1984。

12. 姜亮夫：《莫高窟年表》，上海：上海古籍出版社，1985。

13. 敦煌文物研究所编：《敦煌译丛》，兰州：甘肃人民出版社，1985。

14. 韩国磐主编：《敦煌吐鲁番出土经济文书研究》，厦门：厦门大学出版社，1986。

15. 严耕望：《唐代交通图考》(1—6卷)，历史语言研究所专刊之八十三，1985年印行；上海：上海古籍出版社，2007。

16. 张泽咸：《唐五代赋役史草》，北京：中华书局，1986。

17. 敦煌研究院编：《敦煌莫高窟供养人题记》，北京：文物出版社，1986。

18. 张国刚：《唐代官制》，西安：三秦出版社，1987。

19. 姜伯勤：《唐五代敦煌寺户制度》，北京：中华书局，1987。

20. 王尧、陈践：《吐蕃时期的占卜研究》，香港：中文大学出版社，1987。

21. 王尧、陈践：《敦煌吐蕃文书论文集》，成都：四川民族出版社，1988。

22. 王仲荦：《隋唐五代史》，上海：上海人民出版社，1988。

23. 北京大学中古史研究中心编：《纪念陈寅恪先生诞辰百年学术论文集》，北京：北京大学出版社，1989。

24. 岑仲勉：《岑仲勉史学论文集》，北京：中华书局，1990。

25. 仓修良：《方志学通论》，济南：齐鲁书社，1990。

26. 汉语大词典编辑委员会、汉语大词典编纂处编纂：《汉语大词典》，上海：汉语大词典出版社，1990。

27. 王永兴：《唐勾检制研究》，上海：上海古籍出版社，1991。

28. 李铮、蒋忠新主编：《季羡林教授八十华诞论文集》，南昌：江西人民出版社，1991。

29. 中国敦煌吐鲁番学会编：《敦煌吐鲁番学研究论文集》，上海：汉语大词典出版社，1991。

30. 项楚：《王梵志诗校注》，上海：上海古籍出版社，1991。

31. 陈寅恪：《陈寅恪史学论文选集》，上海：上海古籍出版社，1992。

32. 姜伯勤：《敦煌社会文书导论》，台北：新文丰出版公司，1992。

33. 卢向前：《敦煌吐鲁番文书论稿》，南昌：江西人民出版社，1992。

34. 中国敦煌吐鲁番学会主编：《国外敦煌吐蕃文书研究选译》，兰州：甘肃人民出版社，1992。

35. 耿昇主编：《国外藏学研究译文集》第八辑，拉萨：西藏人民出版社，1992。

36. 姜伯勤：《敦煌吐鲁番文书与丝绸之路》，北京：文物出版社，1994。

37. 陈国灿：《斯坦因所获吐鲁番文书研究》，武汉：武汉大学出版社，1994。

38. 周一良、赵和平：《唐五代书仪研究》，北京：中国社会科学出版社，1995。

39. 张泽咸：《唐代工商业》，北京：中国社会科学出版社，1995。

40. 李锦绣：《唐代财政史稿》上卷，北京：北京大学出版社，1995。

41. 谢生保主编：《敦煌民俗研究》，兰州：甘肃人民出版社，1995。

42. 李并成：《河西走廊历史地理》，兰州：甘肃人民出版社，1995。

43. 王仲荦：《金泥玉屑丛考》，北京：中华书局，1996。

44. 姜伯勤：《敦煌艺术宗教与礼乐文明》，北京：中国社会科学出版社，1996。

45. 荣新江：《归义军史研究》，上海：上海古籍出版社，1996。

46. 李正宇：《敦煌史地新论》，台北：新文丰出版公司，1996。

47. 张泽咸：《唐代阶级结构研究》，郑州：中州古籍出版社，1996。

48. 柳存仁等编：《庆祝潘石禅先生九秩华诞敦煌学特刊》，台北：文津出版社，1996。

49. 北京图书馆敦煌吐鲁番学资料中心等编：《敦煌吐鲁番学研究论集》，北京：书目文献出版社，1996。

50. 程蔷、董乃斌：《唐帝国的精神文明——民俗与文学》，北京：中国社会科学出版社，1996。

51. 张弓：《汉唐佛寺文化史》，北京：中国社会科学出版社，1997。

52. 郑炳林主编：《敦煌归义军史专题研究》，兰州：兰州大学出版社，1997。

53. 李正宇：《敦煌历史地理导论》，台北：新文丰出版公司，1997。

54. 白化文等编：《周绍良先生欣开九秩庆寿文集》，北京：中华书局，1997。

55. 中国唐代学会编辑委员会编：《第三届中国唐代文化学术研讨会论文集》，台北：学生书局，1997。

56. 刘纬毅：《汉唐方志辑佚》，北京：北京图书馆出版社，1997。

57. 季羡林主编：《敦煌学大辞典》，上海：上海辞书出版社，1998。

58. 谭蝉雪：《敦煌岁时文化导论》，台北：新文丰出版公司，1998。

59. 郝春文：《唐后期五代宋初敦煌僧尼的社会生活》，北京：中国社会科学出版社，1998。

60. 刘俊文：《唐代法制研究》，台北：文津出版社，1999。

61. 邓文宽、马德主编：《中国敦煌学百年文库》（科技卷），兰州：甘肃文化出版社，1999。

62. 高明士：《中国教育制度史论》，台北：联经出版事业公司，1999。

63. 朱雷：《敦煌吐鲁番文书论丛》，兰州：甘肃人民出版社，2000。

64. 程喜霖：《唐代过所研究》，北京：中华书局，2000。

65. 孙继民：《敦煌吐鲁番所出唐代军事文书初探》，北京：中国社会科学出版社，2000。

66. 荣新江：《中古中国与外来文明》，北京：生活·读书·新知三联书店，2001。

67. 李锦绣：《唐代财政史稿》（下卷），北京：北京大学出版社，2001。

68. 段文杰等主编：《敦煌学与中国史研究论集——纪念孙修身先生逝世一周年》，兰州：甘肃人民出版社，2001。

69. 胡戟主编：《二十世纪唐研究》，北京：中国社会科学出版社，2002。

70. 陈国灿：《吐鲁番出土唐代文献编年》，台北：新文丰出版公司，2002。

71. 郑阿财、朱凤玉：《敦煌蒙书研究》，兰州：甘肃教育出版社，2002。

72. 邓文宽：《敦煌吐鲁番天文历法研究》，兰州：甘肃教育出版社，2002。

73. 吴丽娱：《唐礼遮遗——中古书仪研究》，北京：商务印书馆，2002。

74. 李并成：《河西走廊历史时期沙漠化研究》，北京：科学出版社，2003。

75. 钮卫星：《西望梵天——汉译佛经中的天文学源流》，上海：上海交通大学出版社，2004。

76. 郑显文：《唐代律令制研究》，北京：北京大学出版社，2004。

77. 郑炳林主编：《敦煌归义军史专题研究三编》，兰州：甘肃文化出版社，2005。

78. 仓修良：《仓修良探方志》，上海：华东师范大学出版社，2005。

79. 高明士：《中国中古的教育与学礼》，台北：台湾大学出版中心，2005。

80. 黄征：《敦煌俗字典》，上海：上海教育出版社，2005。

81. 王启涛：《吐鲁番出土文书词语考释》，成都：巴蜀书社，2005。

82. 谢思炜：《白居易诗集校注》，北京：中华书局，2006。

83. 张弓主编：《敦煌典籍与唐五代历史文化》，北京：中国社会科学出版社，2006。

84. 郝春文：《中古时期社邑研究》，台北：新文丰出版公司，2006。

85. 郝春文：《二十世纪的敦煌学》，上海：上海古籍出版社，2006。

86. 许建平：《敦煌经籍叙录》，北京：中华书局，2006。

87. 李锦绣：《敦煌吐鲁番文书与唐史研究》，福州：福建人民出版社，2006。

88. 余欣：《神道人心——唐宋之际敦煌民生宗教社会史研究》，北京：中华书局，2006。

89. 乜小红：《唐五代畜牧经济研究》，北京：中华书局，2006。

90. 刘进宝：《唐宋之际归义军经济史研究》，北京：中国社会科学出版社，2007。

91. 刘进宝、高田时雄主编：《转型期的敦煌学》，上海：上海古籍出版社，2007。

92. 郑阿财、朱凤玉：《开蒙养正——敦煌的学校教育》，兰州：甘肃教育出版社，2007。

93. 屈直敏：《敦煌写本类书〈励忠节钞〉研究》，北京：民族出版社，2007。

94. 张广达、荣新江：《于阗史丛考》（增订版），北京：中国人民大学出版社，2008。

95. 李正宇：《敦煌学导论》，兰州：甘肃人民出版社，2008。

96. 刘进宝主编：《百年敦煌学：历史·现状·趋势》，兰州：甘肃人民出版社，2009。

97. 郝春文：《郝春文敦煌学论集》，上海：上海古籍出版社，2010。

98. 邓文宽：《敦煌天文历法考索》，上海：上海古籍出版社，2010。

99. 赵贞：《归义军史事考论》，北京：北京师范大学出版社，2010。

100. 唐长孺：《山居存稿三编》，北京：中华书局，2011。

101. 余欣：《中古异相：写本时代的学术、信仰与社会》，上海：上海古籍出版社，2011。

102. 陈国灿：《吐鲁番敦煌出土文献史事论集》，上海：上海古籍出版社，2012。

103. 王爱和：《中国古代宇宙观与政治文化》，北京：中华书局，2012。

104. 黄正建：《敦煌占卜文书与唐五代占卜研究》（增订版），北京：中国社会科学出版社，2014。

105. 冯培红：《敦煌归义军职官制度——唐五代藩镇官制个案研究》，兰州大学博士论文，2004。

106. 房继荣：《敦煌本〈乌鸣占〉吉凶书研究》，兰州大学硕士学位论文，2007。